Heike Kleffner, Matthias Meisner (Hg.)
Unter Sachsen

W0175266

Heike Kleffner
Matthias Meisner (Hg.)

Unter Sachsen

Zwischen Wut
und Willkommen

Mit Fotos von Christian Ditsch und
Karikaturen von Klaus Stuttmann

Ch. Links Verlag, Berlin

In Zusammenarbeit mit Weiterdenken – Heinrich-Böll-Stiftung Sachsen

Die Deutsche Nationalbibliothek verzeichnet diese Publikation
in der Deutschen Nationalbibliografie; detaillierte bibliografische Daten
sind im Internet über www.dnb.de abrufbar.

1. Auflage, März 2017
© Christoph Links Verlag GmbH
Schönhauser Allee 36, 10435 Berlin, Tel.: (030) 44 02 32-0
www.christoph-links-verlag.de; mail@christoph-links-verlag.de
Umschlaggestaltung: Nadja Caspar, Ch. Links Verlag, unter Verwendung eines
Fotos von David Brandt von einer NoPegida-Demonstration vor dem Zwinger
in Dresden am 5.1.2015.
Satz: Nadja Caspar, Ch. Links Verlag
Druck und Bindung: Druckerei F. Pustet, Regensburg

ISBN 978-3-86153-937-7

Inhalt

Anhang

Heike Kleffner, Matthias Meisner

Vorwort

1990 bis 2016 – Unter Sachsen

Es konnte kein bequemes Buch werden.

»Merkel muss weg« und »Lügenpresse, Lügenpresse« grölen seit über zwei Jahren immer montags in Dresden die Pegida-Demonstranten. Vor einer brennenden geplanten Flüchtlingsunterkunft in Bautzen klatschen Gaffer Beifall und behindern die Rettungskräfte. In Dörfern und Kleinstädten wie Clausnitz und Meerane werden Busse mit ankommenden Geflüchteten blockiert.

Längst geht es bei dieser neuen Bewegung von rechts, die ihren Ausgangspunkt in Sachsen hat und die Berichterstattung über den Freistaat dominiert, nicht mehr nur um ein Image-Problem, wie mancher Politiker in Sachsen der Öffentlichkeit einreden möchte. Die gesellschaftliche Auseinandersetzung, die mit dieser Bewegung einhergeht, spaltet Familien, polarisiert an Arbeitsplätzen und Schulen und hat auch sonst handfeste Folgen: Investoren bleiben aus, Wissenschaftler und Studierende kehren Universitätsstädten wie Dresden und Leipzig den Rücken. Einige verteidigen ihre Heimat, andere denken ans Auswandern.

Die Frage »Warum Sachsen?« wird von vielen gestellt, von Bewohnerinnen und Bewohnern des Freistaats ebenso wie von Menschen jenseits der Landesgrenzen. Sie fragen sich: Ist das wirklich alles ein nur sächsisches Phänomen – oder etwas, das ähnlich auch andernorts geschehen kann?

In diesem Buch begeben sich über 40 Autorinnen und Autoren auf die Suche nach Antworten. Für eine neue Heimatkunde vermessen Journalisten wie Oliver Hach und Thomas Datt die kleinen Ortschaften des Erzgebirges und im Leipziger Umland, analysieren Tino Moritz und Toralf Staud die parlamentarische Präsenz am rechten Rand, erinnert Dirk Laabs an die vielen offenen Fragen zum Netzwerk des »Nationalsozialistischen Untergrunds« in Sachsen. Julia Oelkers befragt Betroffene und Zeitzeugen des ersten rassistischen Pogroms nach 1989 in Hoyerswerda. Stefan Locke beschreibt die Entwicklung der Pegida-Bewegung.

Analysen von Andreas Wassermann zum System Biedenkopf, von Joachim Huber zur Geschichte des *MDR* und von Arndt Ginzel zu Bautzen erinnern auch daran, dass die Frage »Warum Sachsen?« nicht erst seit dem kurzen Sommer des Willkommens 2015 für einige Hunderttausend Bürgerkriegsflüchtlinge aus Syrien, Afghanistan, Irak und anderen Krisenregionen aktuell ist. 2004 zog die NPD mit 9,2 Prozent der Stimmen in den Sächsischen Landtag ein. Die Neonazipartei war damit erstmals seit 1968 wieder in einem Landesparlament vertreten und landete nur knapp hinter der SPD. Zeitgleich wurden junge Linke und Migranten von Neonazis in der Sächsischen Schweiz oder in Wurzen im Muldentalkreis (heute Landkreis Leipzig) angegriffen. Michael Bartsch hat dazu eine Chronik »sächsischer Verhältnisse« seit 1990 zusammengestellt.

»Die Sachsen«, sagte der Vorsitzende der CDU-Landtagsfraktion Frank Kupfer im Herbst 2016, seien »konservativ in ihrer Grundhaltung, stolz auf das Erreichte und skeptisch vor dem Fremden«. Er fügte hinzu: »Das ist aber auch ihr gutes Recht.« Damit reagierte die CDU-Landtagsfraktion auf den sogenannten Sachsen-Monitor, mit dem im Auftrag der Staatskanzlei rund 1000 Bürgerinnen und Bürger unter anderem dazu befragt wurden, welche Ressentiments es im Freistaat gibt.

Der Aussage »Die Bundesrepublik ist durch die vielen Ausländer in einem gefährlichen Maß überfremdet« stimmten mit 58 Prozent mehr als die Hälfte der befragten Sachsen und Sächsinnen zu. Vergleichbare Erhebungen wie beispielsweise die »Mitte-Studie 2016« der Universität Leipzig kommen für dieselbe Aussage bei bundesweiten Befragungen auf einen Zustimmungswert von einem Drittel der Befragten. Der Anteil von »Ausländern« liegt in Sachsen mit 3,9 Prozent deutlich unter dem Bundesdurchschnitt von 10,5 Prozent.

Aber warum sind die Sachsen so skeptisch gegenüber Fremdem und Fremden? Und wann schlägt diese Skepsis um in Gewalt beispielsweise gegen Flüchtlinge, ihre Helfer und Helferinnen oder auch Politikerinnen und Politiker? Andrea Hübler und Robert Kusche unterstützen seit mehr als 15 Jahren Opfer rechter Gewalt im Freistaat und stellen nüchtern fest: »Für pogromartige Zustände wie in Heidenau im Sommer 2015 und in Bautzen im Februar 2016 braucht es die rassistische gewaltbereite Menge, die applaudierende Deckungsmasse und eine nicht handelnde Ordnungsmacht.«

Auch uns als Herausgeber und Herausgeberin dieses Sammelbands bewegt die Frage »Warum Sachsen?« seit den 1990er Jahren. Wir erlebten die überragenden Erfolge der CDU bei der ersten freien Volkskammerwahl und der Landtagswahl 1990, ebenso wie wir die Vertreibung einer türkischen Familie aus Pirna zur Jahrtausendwende begleitet haben, die dort einen Imbiss betrieb. Wir beschrieben, wie damals NPD- und »Blood & Honour«-Kader Jugendklubs übernahmen und das Leugnen von Angstzonen und rechter Dominanz dennoch zum guten Ton in den Amtsstuben gehörte. Und wir lernten Menschen kennen, die – oft genug mit dem Rücken zur Wand – in Orten wie Freital, Meißen oder Bautzen die demokratischen Grundwerte verteidigen und gegen alle Widerstände an der Idee festhalten, dass die Würde aller in Sachsen lebenden Menschen unantastbar sein sollte.

»Werft euch in Warnwesten und schnappt eure Besen!«, hieß es Anfang 2015 in Dresden in einem Aufruf. Eine der kreativen Aktionen gegen Pegida. Dresdner Kulturschaffende hatten dazu augerufen, in Anbetracht von immer mehr Deutschlandfahnen und hasserfülltem, verbalem Müll auf den Straßen der Landeshauptstadt den »Patrioten« hinterherzufegen. Die Symbolik kam an: Bis zu 5000 Menschen beteiligten sich an der »Aktion Neujahrsputz«, um sich gegen rassistische und ausgrenzende Ressentiments zu wehren. Nach nur zwei Runden war dann auch schon wieder Schluss mit der Aktion – nun erinnert das Titelbild dieses Buches von dem Fotografen David Brandt daran. Die Fotos im Buch stammen von Christian Ditsch. Und Klaus Stuttmann hat seine besten Sachsen-Karikaturen beigesteuert.

Das Erstarken von Rechtspopulismus und rechter Gewalt ist bei weitem kein allein sächsisches Problem. Doch in dem Freistaat mit knapp vier Millionen Einwohnern und Einwohnerinnen zeigen sich wie im Brennglas Probleme, die es auch in anderen Teilen Deutschlands und Europas gibt. Deshalb lohnt der genaue Blick. Stilistisch fällt er bewusst heterogen aus: Analysen und Reportagen wechseln sich ab. Und wir haben ganz unterschiedliche Sachsen-Kennerinnen und -Kenner um »Zwischenrufe« gebeten: zum Beispiel die Opernsängerin Iris Stefanie Maier, den Maler Michael Triegel, den syrischen Journalisten Tarek Khello, die Schauspielerin Annedore Bauer, den ehemaligen sächsischen Innenminister Heinz Eggert, die Bloggerin Nhi Le. Hinzu kommen einige eher literarische Beiträge, etwa von Jaroslav Rudiš, Anna Kaleri und Küf Kaufmann. Imran Ayata bilanziert: »Deutschland liegt in Sachsen.«

Wir bedanken uns bei den vielen, die dieses Buch mit Hinweisen, Rat und tatkräftiger Hilfe möglich gemacht haben, stellvertretend bei unserem Verleger Christoph Links, unserem Lektor Patrick Oelze und dem Team des Verlags.

1

Die gesellschaftliche Mitte als Gefahrengebiet

Matthias Meisner

Die Relativierer

Die Staatspartei CDU unternimmt zu wenig gegen Fremdenhass

Der Mann hat Chuzpe. »Der Freistaat ist unglaublich stark dabei, diese rechtsextremistische Gewalt zurückzudrängen«, sagt Michael Kretschmer. September 2016, der sächsische CDU-Generalsekretär sitzt in einer Talkrunde bei *Anne Will*. Wieder einmal diskutiert die Republik die Warum-Sachsen-Frage, die immer auch lauten muss: Was kann die CDU dafür? Seit zweieinhalb Jahrzehnten ist sie die dominierende Kraft in Sachsen. Bis 2004 regierte sie mit absoluter Mehrheit, gewählt mit Ergebnissen von bis zu 58,1 Prozent.

Der gebürtige Görlitzer Kretschmer ist in der Partei nicht irgendwer – seit mehr als zehn Jahren ist er nun Generalsekretär. Auch wurde er stellvertretender Vorsitzender der CDU/CSU-Bundestagsfraktion und ist Anführer der sächsischen CDU-Bundestagsabgeordneten. Aktuell gestritten wurde im TV-Talk, wie es dazu kommen konnte, dass in Bautzen rund 80 Neonazis junge Flüchtlinge vom Kornmarkt am Rande der Innenstadt verjagten. Kretschmer spricht beschwichtigend davon, dass »mit aller Intensität« für ein »weltoffenes Sachsen« gekämpft werde. Mit Blick auf rechte Gewalt in Sachsen biegt er die Wirklichkeit nach CDU-Vorstellungen zurecht: »Und die Zahl geht auch nach unten, Gott sei Dank.«

Die Lage schöner reden als sie ist – für die Sachsen-Union ist das Prinzip. Und Kretschmer steht nicht allein. Relativieren, die Probleme mit Rechtsextremismus, Rassismus und Fremdenfeindlichkeit weitgehend negieren, wegsehen – darin ist die Partei groß. Wer für einen liberaleren Kurs in der Landespartei streitet, für den sind meist nur Statistenrollen übrig.

Tillich gibt Probleme zu, Konsequenzen bleiben aus

Zwar hat der CDU-Landesvorsitzende und Ministerpräsident Stanislaw Tillich im Februar 2016 nach der Blockade eines Busses mit neu eintreffenden Flüchtlingen in Clausnitz und dem Brandanschlag auf die noch unbewohnte Flüchtlingsunterkunft im ehemaligen Hotel »Husarenhof« in Bautzen einen Erkenntnisgewinn zugegeben. »Ja, es stimmt: Sachsen hat ein Problem mit Rechtsextremismus, und es ist größer, als viele – ich sage ehrlich: auch ich – wahrhaben wollten«, erklärte er damals im Landtag. Das Vorgehen der Wutbürger sei jämmerlich und abstoßend, »der Humanismus wird durch Barbarei verdrängt«. Seine markigen Worte blieben praktisch fast ohne Konsequenzen. Dem ehemaligen Ost-CDU-Mitglied Tillich fehlt es offenbar an der notwendigen Autorität.

Der bis heute vorherrschende Umgang der CDU in Sachsen mit rechten Umtrieben ist in den 1990er Jahren geprägt worden – vom damaligen Regierungschef Kurt Biedenkopf. Er wollte nicht, dass sich rechts von der CDU eine Partei breitmachte. Einzelne versuchten vom Vogtland in der Nähe der Grenze zu Bayern aus, einen sächsischen CSU-Landesverband zu gründen. Mit der Deutschen Sozialen Union (DSU) entstand eine aus München geduldete und zunächst sogar geförderte Schwesterpartei. Biedenkopf widersetzte sie sich, indem sie Rechtspopulisten und Rechtskonservativen in der CDU eine politische Heimat bot.

Vorsitzender des CDU-Landesverbandes war der Westdeutsche Biedenkopf nur von 1991 bis 1995. Das Parteimilieu blieb ein ostdeutsches. Viele Mitglieder kamen aus der DDR-Blockpartei CDU, ein paar waren Bürgerrechtler, die sich aus Gruppen wie dem »Demokratischen Aufbruch« anschlossen. Attraktiv war die Partei als Pöstchenverteilerverein. Westdeutsche hatten an der Basis so gut wie nichts zu bestimmen, das rheinisch-katholische Element fehlte damit so gut wie ganz. Im Ergebnis: deutschnationale Töne, aber null Verständnis für Multikulti. Sachsens CDU ist eine Adresse für die Ängste abstiegsbedrohter Kleinbürger.

Bundesweit Bekanntheit von den CDU-Granden aus Sachsen erlangte neben Biedenkopf zunächst Steffen Heitmann. Bundeskanzler Helmut Kohl wollte ihn 1993 im Einvernehmen mit Biedenkopf zum Nachfolger von Richard von Weizsäcker als Kandidaten für die Wahl des Bundespräsidenten nominieren. Heitmann scheiterte schon vor der offiziellen Ernennung, an seinen Äußerungen zur Ausländerpolitik, zum Holocaust und zur Rolle der Frau. Der »organisierte Tod von Millionen

Juden in Gaskammern« war nach seinen Worten »tatsächlich einmalig«, allerdings nur »so wie es viele historisch einmalige Vorgänge gibt«. Deshalb »bis ans Ende der Geschichte« eine »Sonderrolle Deutschlands abzuleiten, sei falsch. Der CDU-Politiker blieb bis zum Jahr 2000 Minister in Sachsen, im Landtag bis 2009. Im Dezember 2015 verkündete er seinen Parteiaustritt – verbunden mit dem Vorwurf an Angela Merkel, sie habe Deutschland durch eine »einsame Entscheidung« zum »bevorzugten Ziel für Flüchtlinge« gemacht, ihre Koalition habe sich »in einer nationalen Krise als handlungsunfähig« erwiesen.

Ganze Regionen zu »national befreiten Zonen« erklärt

Parallel etablierte sich in der Biedenkopf-Ära eine rechte gewaltbereite Szene in Sachsen. Das Pogrom 1991 in Hoyerswerda bildete den Auftakt für eine kreuzgefährliche Entwicklung in vielen Landesteilen, vor allem in der Provinz. Ganze Regionen wurden zu »national befreiten Zonen« erklärt, mit offener Gewalt, Einschüchterung an Schulen und Terror gegen politisch links stehende Jugendliche – zum Beispiel in Kleinstädten wie in Sebnitz, Zittau und Wurzen. Mit »Sturm 34« in Mittweida und den »Skinheads Sächsische Schweiz« entstanden paramilitärische Organisationen.

Zwar bildete Heinz Eggert, Innenminister von 1991 bis 1995, früh die SoKo Rex, um die gewaltbereite Neonazi-Szene besser verfolgen zu können. Biedenkopf aber konterkarierte das mit seiner 2000 getroffenen Feststellung, laut der die Sachsen gegen Rechtsextremismus »immun« seien. Eggert erklärt Biedenkopfs Satz im Rückblick so: »Ich vermute, das beruhte nicht auf einer Fehleinschätzung, sondern für Biedenkopf war das eine Imagefrage. Er wollte nicht, dass dieser Schatten auf sein Land fällt.« Biedenkopf derweil verteidigte seine Einschätzung noch Ende 2015. Zugleich lobte der Ex-Ministerpräsident damals Pegida als »politische Innovation«, die »in Anlehnung an frühere Protesterscheinungen in der Zeit vor der Wiedervereinigung« entstanden sei.

Hubertus Grass, langjähriger Landesgeschäftsführer der Grünen, weist auf eine weitere wesentliche Ursache dafür hin, dass rechte Gewalt in Sachsen grassiert. Die Grünen warben Mitte der 1990er Jahre bei der Sachsen-CDU für einen Schulterschluss aller Demokraten gegen die rechten Feinde der Demokratie, prallten aber mit diesem Ansinnen ab. Denn Biedenkopf und andere führende Vertreter der CDU meinten, wenn sie vom politischen Extremismus sprachen, sowohl die PDS als auch Neonazis. An dieser Argumentationslinie der Landes-CDU, linke und rechte Gefahr gleichzusetzen, hat sich bis heute nichts geändert. Grass bilanziert, auch heute komme kein gemeinsamer Widerstand aller Demokraten gegen Pegida zu Stande, »weil sich die Abgrenzung nach links tief in die sächsische CDU eingebrannt« habe. »Links da steht der Feind. Rechts – da geht es aus Sicht der CDU in Sachsen um Wählerstimmen.«[1]

Erst zog die NPD, dann die AfD in den Landtag ein

Verhindern konnte die CDU mit ihrer Strategie nicht, dass die NPD in Sachsen erstmals in ein ostdeutsches Landesparlament einzog. Gezielt hatte die NPD den Freistaat zum Ziel ihrer Agitation ausgewählt, sammelte die Verlierer ein. Das Partei-Hetzblatt *Deutsche Stimme* nahm seinen Sitz in Riesa. Sie kam bei der Wahl 2004 auf 9,2 Prozent, die SPD erhielt nur 0,6 Prozentpunkte mehr. Zwei Legislaturperioden lang blieb die rechtsextreme Partei im Landesparlament, scheiterte 2014 nur knapp an der Fünf-Prozent-Hürde. Abgelöst wurde sie 2014 von der AfD, die aus dem Stand 9,7 Prozent erzielte und erstmals überhaupt in ein Landesparlament einzog. In Umfragen wird sie inzwischen mehr als doppelt so hoch taxiert.

Klare Grenzen zu Rechtspopulisten in den eigenen Reihen zieht die Sachsen-CDU nur selten. Eine Ausnahme bildet der Fall des Bundestagsabgeordneten Henry Nitzsche aus dem ostsächsischen Kamenz, der 2006 auf einer Parteiveranstaltung in Anspielung auf die von Gerhard Schröder geführte Bundesregierung von »Multikultischwuchteln« sprach, von denen Deutschland nie wieder regiert werden dürfe. Drei Jahre zuvor hatte er behauptet, einem »Muslim würde eher die Hand abfaulen, als dass er CDU wählen würde«. Auf Druck aus der Partei trat Nitzsche Ende 2006 aus der Partei und der Bundestagsfraktion aus, behielt sein Mandat aber bis zum Ende der Wahlperiode.

Ihre dominierende Stellung hat die CDU im Freistaat behaupten können. Die Ministerpräsidenten gehörten seit 1990 alle der CDU an, das einzige Bundesland, in dem das so ist. Im Landtag ist die CDU-Fraktion mit 59 von 126 Abgeordneten die mit Abstand größte. Überhaupt nur ein Direktmandat ging bei der Landtagswahl 2014 an die Politikerin einer anderen Partei – die Linke Juliane Nagel in Leipzig. Die CDU stellt die meisten Kommunalpolitiker, auch wenn sie zuletzt in Großstädten einbüßte. Alle Landräte gehören der CDU an. 2015 sagte SPD-Landeschef und Vizeministerpräsident Martin Dulig:»25 Jahre Staatspartei haben Sachsen auch zu einem demokratiepolitischen Entwicklungsland werden lassen.«Dulig macht die CDU maßgeblich verantwortlich für das Versagen der Politik im Umgang mit Pegida & Co. Rassismus, Anbiederung an die AfD, Stimmungsmache gegen Flüchtlinge – viele CDU-Politiker mischen kräftig mit. Und Aufrechte der Partei haben es vergleichsweise schwer. In Großrückerswalde im Erzgebirge ließ die CDU 2014 sogar einen ehemaligen NPD-Gemeinderat auf ihrer Liste zur Kommunalwahl antreten. Der CDU-Ortsbürgermeister verteidigte das mit dem Hinweis, der Mann habe »nie rechtsgerichtete oder menschenverachtende Gedanken geäußert«. Der CDU-Ortsverbandschef sagte:»Man sollte solche Leute integrieren und nicht ausgrenzen.« In Johanngeorgenstadt, der »Stadt des Schwibbogens«, drohten zwei Stadträte, darunter der CDU-Fraktionschef, mit Rücktritt, sollten die Pläne zur Flüchtlingsunterbringung umgesetzt werden.

Als im Mai 2016 eine Männertruppe in Arnsdorf bei Dresden einen irakischen Flüchtling nach Streit im Supermarkt mit Kabelbindern in Bürgerwehr-Manier an einem Baum fesselte, war auch ein CDU-Gemeinderat mit dabei. Die Landespartei verzichtete auf Kritik, für ein Urteil sei es zu früh. In diesem Fall ging wenigstens der CDU-Ortsverband auf Distanz.»Menschen an Bäume zu fesseln, entspricht keinesfalls dem christlichen Selbstbild der CDU und auch nicht unserer Auffassung eines Rechtsstaats. Es darf keine Selbstjustiz unter dem Deckmantel einer Bürgerwehr geben.«

Generell gilt: Die CDU in Sachsen lässt ihren Funktionären und Mandatsträgern sehr viel durchgehen, bevor sie entschieden einschreitet. Im September 2016 twitterte die Leipziger CDU-Bundestagsabgeordnete Bettina Kudla:»BK #Merkel streitet es ab, #Tauber träumt. Die #Umvolkung #Deutschlands hat längst begonnen. Handlungsbedarf besteht!«»Umvolkung« – ein Nazibegriff, mit dem zu jener Zeit die Germanisierung deutschfreundlicher Bevölkerungsgruppen in eroberten Gebieten Osteuropas gemeint war. Auch die Landespartei distanzierte sich, einen Ausschluss aus der Bundestagsfraktion aber suchte deren Führung tunlichst zu vermeiden. Kudla selbst sah die Angelegenheit mit dem Löschen des Tweets als erledigt an.

Landkreis Meißen ist Pegida-Kernland

Bemerkenswert sind die Zustände auch in Meißen, dem Bundestagswahlkreis von Innenminister Thomas de Maizière. Hier sorgte der CDU-Landrat, Arndt Steinbach, Anfang 2015 für Aufsehen, als er die Teilnehmer einer NPD-Kundgebung unter dem Motto »Asyl-Chaos in Meißen verhindern« zum Dialog ins Landratsamt einlud. Bei dem laut Steinbach »sachlichen Gespräch« wurde die Idee geboren, Asylbewerber künftig in der Justizvollzugsanstalt Zeithain 25 Kilometer von Meißen entfernt unterzubringen. Die Begründung des Landrats: Die Umzäunung würde die Bewohner drinnen genauso vor Übergriffen schützen wie die Leute draußen. Als im Juni 2015 ein Brandanschlag auf die kurz vor dem Bezug stehende Flüchtlingsunterkunft verübt wurde, verteidigte Steinbach seine Heimat und herrschte Reporter an: »Die rechten Umtriebe sehe ich nicht, die Sie meinen. [...] Sie quatschen da ja einen Mist nach.«

Andreas Vorrath, der sich seit Jahren mit den rechten Strukturen in Sachsen beschäftigt, sagt: »Der Bundestagswahlkreis von Minister de Maizière ist Pegida-Kernland, seine CDU ist hier, man muss das leider so sagen, völlig verwoben mit diesen Strukturen, mit Pegida, AfD und Co. Die CDU im Landkreis Meißen ist schlicht und einfach antidemokratisch eingestellt.«[2]

Auch der zum rechten Flügel der ohnehin schon im Ländervergleich rechten Sachsen-CDU gehörende Großenhainer Landtagsabgeordnete Sebastian Fischer ist im Landkreis Meißen daheim. Immer wieder bringt er sich mit spektakulären Vorstößen ins Gespräch. Mal bietet er sich als Redner bei Pegida an, dann tritt er einer Facebook-Gruppe »Betroffene von Ausländerkriminalität in Sachsen« bei. Kritik daran weist er zurück: »Kritische Diskussion mit Nicht-NPDlern ist unerlässlich! Vorurteile abbauen! Toleranz.« Als er einen neuen NSU-Untersuchungsausschuss im Dresdner Landtag als »Beschäftigungstherapie« abtut, erklärt CDU-Generalsekretär Kretschmer: »Wir können doch nicht jeden Quark, der bei Twitter läuft, kommentieren.«

Die Sachsen-CDU fühlt sich der CSU näher als der von Angela Merkel geführten Bundespartei. Bei Debatten im Landtag bekommen manche CDU-Redner mehr Beifall von der AfD als vom Koalitionspartner SPD. Ermuntert fühlen sich von ihren Spitzenfunktionären Landtags-, Bundestags- und Europaabgeordnete der Sachsen-CDU. Sie verteidigen den Grenzzaun in Ungarn. Streben, wie der sächsische Innenminister Markus Ulbig, nach einem Dialog mit Pegida. Fordern, Flüchtlinge ohne Papiere im Gefängnis unterzubringen (»Ein Aufenthalt hinter Gittern fördert die Gedächtnisleistung enorm«). Warnen vor »übermäßiger Toleranz zu No-go-Areas wie in Westdeutschland« und »fortschreitender Islamisierung«. Gern geben viele dieser Abgeordneten ihre Interviews der *Jungen Freiheit,* dem AfD-Zentralorgan, oder wahlweise der *Super Illu.* Sowohl da wie dort kommt das an.

Im Oktober 2016 schrieb der ehemalige DDR-Bürgerrechtler Arnold Vaatz, auch er stellvertretender CDU/CSU-Fraktionsvorsitzender, zum Anschlag auf eine Moschee in Dresden kurz vor dem Tag der deutschen Einheit, solche Aggression könne sich überhaupt nur entladen, weil eine »gewalttätige westdeutsche Linke« die Hemmschwellen schon seit Jahrzehnten aus dem Weg geräumt habe. »Der Steinewerfer Fischer wurde deutscher Außenminister, und die vor Verständnis für den linken Terror triefenden Sympathisanten sitzen in allen möglichen Gremien.«

Im selben Monat verlangte der CDU-EU-Parlamentarier Hermann Winkler eine »bürgerliche Mehrheit mit der AfD«, wo immer diese möglich werde. »Sonst steuern wir auf eine linke Republik zu.« Ähnlich äußerte sich die sächsische CDU-Bundestagsabgeordnete Veronika Bellmann. Spielraum für solche Debatten lässt Tillich durchaus: Vor der Landtagswahl 2014 wollte auch er eine Koalition mit der AfD nicht ausschließen, anders als Bündnisse mit NPD oder Linkspartei. Sein Argument damals: Man kenne die AfD ja noch gar nicht so richtig.

Inzwischen beteuert die Spitze der Landes-CDU, für eine Koalition mit der AfD nicht bereit zu sein. Doch das gilt nur, weil sie ihren Koalitionspartner SPD nicht allzu ernst nimmt – und der das recht geduldig erträgt. Umgekehrt nimmt es die CDU hin, wenn aus den Reihen der SPD doch mal etwas gegen die »sächsischen Verhältnisse« gesagt wird.

Das heißt nicht, dass eine Koalition mit der AfD nach der nächsten Landtagswahl 2019 unwahrscheinlich ist. Bis dahin dient »die AfD in der sächsischen Union als Drohkulisse gegen den noch vorhandenen liberalkonservativen Flügel«, schätzt die Linken-Landtagsabgeordnete Kerstin Köditz ein. Sie sagt:»Die Parteirechte will die AfD durch die Übernahme ihrer Positionen schwächen. Da das aber nicht alle Wählerschichten erreicht, wird der AfD die Rolle des späteren Juniorpartners zugewiesen.«[3]

»Heimat und Patriotismus als Kraftquellen«

Zu den wichtigen Männern, die Sachsens CDU auf Rechtskurs halten, gehört Matthias Rößler, Präsident des Landtags. Gemeinsam mit Generalsekretär Kretschmer und mehreren CSU-Politikern trieb er im September 2016 seine Lieblingsdebatte voran und pries»Leitkultur« sowie»Heimat und Patriotismus« als»Kraftquellen«. Die schwarz-rotgoldene Fahne und die Nationalhymne seien»Voraussetzungen gemeinsamen Glücks«. Weiter heißt es in dem Papier von Sachsen-CDU und CSU:»Gerechtigkeitsempfinden wird verletzt, wenn Solidarität überbeansprucht wird. Auch humanitär begründete Zuwanderung darf nicht die Belastbarkeitsgrenzen der Bevölkerung Deutschlands überschreiten oder den Zusammenhalt unserer Gesellschaft gefährden.«

Im Parteiprogramm der Bundes-AfD heißt es zum selben Thema: »Die Ideologie des Multikulturalismus, die importierte kulturelle Strömungen auf geschichtsblinde Weise der einheimischen Kultur gleichstellt und deren Werte damit zutiefst relativiert, betrachtet die AfD als ernste Bedrohung für den sozialen Frieden und für den Fortbestand der Nation als kulturelle Einheit. Ihr gegenüber müssen der Staat und die Zivilgesellschaft die deutsche kulturelle Identität als Leitkultur selbstbewusst verteidigen.« Eine Allianz also nicht nur von CDU und CSU, sondern eine Lockerungsübung auch in Richtung AfD.

Bemerkenswert: Entstanden ist der»Aufruf zu einer Leit- und Rahmenkultur« der CDU Sachsen unter»sachverständiger Beratung« des Dresdner Politikprofessors Werner Patzelt. Er ist einfaches CDU-Mitglied und machte sich einen Namen mit Pegida-freundlichen Analysen. Ein Strippenzieher im Hintergrund: Patzelt betrachtet die AfD zwar als Gegner, von dem man jedoch lernen solle, wenn er die besseren Argumente habe. Die AfD habe»in der rechten Spielfeldhälfte angefangen, sich als neue Partei zu etablieren«. Die CDU müsse ein »vernünftiges

Verhältnis« zu ihr finden. Eine mögliche Koalition der CDU mit der AfD denkt Patzelt dabei immer mit, so »wie mit den Grünen erst die SPD und jetzt die CDU«.

Tillichs Autorität ist begrenzt. Er ist seit 2008 Ministerpräsident und Landesvorsitzender der CDU. Als er sehr spät deutliche Worte zum Rassismus und Rechtsextremismus in Sachsen findet, geht es ihm in erster Linie um das Image des Landes. Seinen Satz »Der Islam gehört nicht zu Sachsen« hat er nie zurückgenommen. Und als im Januar 2015 die Stadt Dresden und die Landesregierung eine Kundgebung für Weltoffenheit organisierten, sollte diese ausdrücklich nicht als Veranstaltung gegen Pegida verstanden werden. Zur »Staatskundgebung« waren die CDU-Mitglieder per SMS mit der Botschaft mobilisiert worden: »Unseren Stanislaw Tillich unterstützen.«

Nach den rassistischen Krawallen im August 2015 in Heidenau hielt Tillich eine vergleichsweise klare Rede im Landtag. Er bescheinigte der »überragenden Mehrheit der Sachsen« Menschlichkeit. »Aber eine enthemmte Minderheit besudelt und beschämt unser ganzes Land in einer Art und in einem Ausmaß, die ich mir nicht habe vorstellen können.« Der CDU-Fraktionschef im Landtag, Frank Kupfer, sagte, quasi in einer Erwiderung auf Tillich: »Die muslimische Religion ist keine Religion, die hier in Sachsen ihre Heimat hat.« Dass Muslime »kein Schweinefleisch essen und keinen Alkohol trinken, kann man ja noch tolerieren, das ist ja sogar gesund«. Aber dass die Töchter »oft nicht freiwillig ihren Lebenspartner suchen können, sondern zwangsverheiratet werden, das sind Fragen, und diese muss man beantworten«. Ansatz der CDU sei, »die Bürger in ihren Sorgen ernst zu nehmen und nicht zu versuchen, sie zu erziehen«.

Das Szenario sollte sich ähnlich im Februar 2016 wiederholen, als Tillich zugegeben hatte, dass Sachsen ein Problem mit Rechtsextremismus habe. Wieder hielt Kupfer eine Art Gegenrede für die »besorgten Bürger« und warf der Opposition vor, Fremdenfeindlichkeit lediglich zu instrumentalisieren, »um unsere erfolgreiche Politik der vergangenen 26 Jahre zu diskreditieren«. Tillich hörte sich das emotionslos an und ging nicht mehr darauf ein.

Ein Spiel mit verteilten Rollen? Immer wieder fällt auch Tillich ins Relativieren zurück. Kurz nach der Landtagsrede zu den Ausschreitungen in Clausnitz und Bautzen verwahrte er sich dagegen, dass »pauschalisiert über Sachsen gesprochen wird«. Im »heute journal« von Claus Kleber befragt, verglich er die rassistischen Attacken im Freistaat mit den Protesten gegen das Stuttgarter Bahnhofsprojekt S 21: »In den letzten Jahren haben wir durchaus das eine oder andere Beispiel erlebt, wo es auch sehr unsachlich zugegangen ist, denken wir zum Beispiel an die Auseinandersetzungen in Stuttgart um den Bahnhof.«

Nachdem am 3. Oktober 2016 Pegida-Anhänger und andere rechte Pöbler Merkel, Bundespräsident Joachim Gauck und andere Spitzenpolitiker in Dresden zur Einheitsfeier mit »Volksverräter«-Rufen empfingen, sagte Tillich bei der Festveranstaltung in der Semperoper: »Es gibt Fremdenfeindlichkeit nicht nur bei Radikalen und Rechtsextremisten, deren rassistisches Weltbild auf Ausgrenzung beruht. Es gibt Linksextremisten, die unseren demokratischen Staat und seine Vertreter ablehnen, ja sie angreifen. Es gibt die islamischen Extremisten, die ebenfalls Hass predigen und unsere Demokratie ablehnen.«

Wieder die angesichts der Lage in Sachsen irreführende Gleichsetzung von rechter und linker Gewalt. Sie führt zur Dauer-Verharmlosung des Rechtsextremismus. Der Dresdner Politikwissenschaftler Dietrich Herrmann bilanziert: »Es wurde alles vermischt, anstatt sich klar gegen rechte Gewalttaten abzugrenzen, die nun einmal deutlich häufiger passieren. Man hat es sich zu leicht gemacht.«[4]

Anmerkungen

1 Hubertus Grass: Wie die Tillich-CDU Sachsen schädigt, Tagesspiegel, 27. 8. 2015, www.tagesspiegel.de/politik/heidenau-freital-pegida-wie-die-tillich-cdu-sachsen-schaedigt/12241666.html [gesehen am 27. 1. 2017]

2 Matthias Meisner: »Die CDU bei uns ist antidemokratisch eingestellt«, Tagesspiegel, 1. 9. 2015, www.tagesspiegel.de/politik/pegida-afd-und-npd-in-sachsen-die-cdu-bei-uns-ist-antidemokratisch-eingestellt/12262174.html [gesehen am 27. 1. 2017]

3 Richard Gebhardt: Bedingt abkehrbereit, Jungle World, 27. 10. 2016, http://jungle-world.com/artikel/2016/43/55055.html [gesehen am 27. 1. 2017]

4 Bernhard Honnigfort: »Rechtsextremismus wird verharmlost«, Frankfurter Rundschau, 23. 2. 2016, www.fr-online.de/flucht-und-zuwanderung/rechte-in-sachsen--rechtsextremismus-wird-verharmlost-,24931854,33840190.html [gesehen am 27. 1. 2017]

Heinz Eggert (Politiker)

Am Vormittag lese ich in meinem Heimatblatt, dass ganz in meiner Nähe auf einem Gebirgsparkplatz das Auto einer tschechischen Familie gestohlen worden ist.

Autodiebstähle sind ein Ärgernis in unserem Dreiländereck. Auf allen drei Seiten.

Was Demagogen nicht schaffen, schaffen diese Diebstähle. Misstrauen gegeneinander und Unsicherheiten machen sich breit. Alte Vorurteile leben wieder auf. Natürlich sind es die Polen und die Tschechen, die unsere guten deutschen Autos klauen. Während meine tschechischen Freunde erklärend auf die Zigeunerkonzentration (dass man inzwischen Sinti und Roma sagen soll, wissen sie nicht) in der Grenzregion verweisen.

So hat jeder seine einfachen Erklärungen.

Ein Klingeln an der Haustür unterbricht meine Überlegungen. Draußen steht eine Gruppe von Jugendlichen aus dem tschechischen Kinderheim gleich hinter unserer Grenze, die nur 300 Meter von unserem Haus ent-

fernt ist. Als ich als Pfarrer 1974 hier nach Oybin kam, war diese stachel-drahtbewehrte Grenze gut bewacht. Jetzt sind die Grenzen wieder offen. Die Erzieher der Jugendlichen warten auf der anderen Straßenseite. Ein junger großer brauner Cigan (wie sie sich selber gern nennen) hält mir eine Nähnadel entgegen und fragt mich ein wenig aufgeregt auf Deutsch, ob ich sie gegen irgendetwas eintauschen würde. Gespannt beobachtet die Gruppe unser Gespräch.

Jetzt bin ich verblüfft. Vielleicht sammeln sie für eine Feier, denke ich und frage: Zehn Euro?

Alle Jugendlichen schütteln den Kopf. Kein Geld!

Ja, was dann? Ich bin unsicher, weil ich das Prinzip nicht kapiert habe. Eigentlich kann man mit Geld doch immer alles regeln.

Was würdest du nehmen?, frage ich direkt. Ein Ei, sagt er.

O. k., sage ich, zehn Eier? Mein Gott, wir haben's doch.

Er schüttelt den Kopf.

Die Jugendlichen lachen. Kompromissbereit zeigt mir ein kleiner Dicker drei Finger.

Also gehe ich ins Haus, packe fünf (!) Eier in eine Packung, nehme noch eine Riesenpackung Gummibären mit und mache den Tausch perfekt. Erleichtert bedankt sich mein Tauschpartner. Die anderen freuen sich mit, während die Erzieher noch ein Erinnerungsfoto machen.

Dann erfahre ich, dass nach dem Hans-im-Glück-Prinzip jeder Jugend-liche ein Tauschobjekt bei sich hat und sich selber einen Ansprechpartner suchen muss, um zu tauschen. Das kostet Überwindung und Mut, denn Zurückweisung und Ablehnung drohen ja immer. Respekt!

Dieses Erlebnis beflügelt meine Fantasie immer noch. Vielleicht sollten das mal die Erwachsenen in unserem landschaftlich traumhaften Dreiländer-eck spielen.

Es könnte doch befreiend sein, wenn Nationalität, Status und Geld keine Rolle mehr spielen, sondern nur noch das, was wir bereit sind zu geben und füreinander in großer gegenseitiger Freundlichkeit einzusetzen. Hier im Dreiländereck kann es nur Mut machen.

Heinz Eggert war CDU-Politiker und von 1991 bis 1995 Innenminister in Sachsen.

Andreas Wassermann

Ein bisschen Singapur – nur ohne Stockhiebe

Wie der erste Ministerpräsident Kurt Biedenkopf das Land prägte

Es ist ein bürgerliches Heim an einem der oberbayrischen Seen, wo Reiche unter sich sind. Doch an diesem Abend kommen die Armen mit dunkler Haut. Sie könnten Flüchtlinge sein aus Nordafrika oder dem Nahen Osten. Sie stehen am Zaun des Reichen. Zuerst ist es eine kleine Gruppe, dann kommen immer mehr, dunkelhäutige Menschen in weißen Gewändern, Kopftüchern und Turbanen. Sie überwinden den Zaun, werfen Mülleimer und dringen auf den wohlständigen Besitz. Dann wird ein Brandsatz geworfen, ganz nah beim Haus ein Feuer entfacht. Einer der Invasoren, ein kräftiger, groß gewachsener Mann, hat einen schweren Gegenstand in der Hand, es könnte eine Eisenstange sein. Er rennt auf den Hauseigentümer zu ...

Es war nur ein Traum. Kurt Hans Biedenkopf hat ihn geträumt, wenige Wochen bevor er Ministerpräsident von Sachsen wurde. So nachhaltig wirkte offenbar der Traum, dass er ihn aufgeschrieben hat, in seinem Tagebuch unter dem Datum des 12. September 1990. Er habe viel über »die Gefahr eines Einwanderungsdrucks aus dem Süden auf Europa gesprochen«, schreibt Biedenkopf, »das war wohl eine Umsetzung dieser Gedanken in Bilder«.

Und es war ein Traum, der vielen Sachsen den Tiefschlaf raubt: Fremde in Massen vor dem eigenen Haus, die christlich-abendländische Identität in Gefahr, wie in jener Zeit, als die Türken vor Wien standen – der sächsische Albtraum. Kurt Biedenkopf, der CDU-Politiker aus Nordrhein-Westfalen mit Villa am bayerischen Chiemsee, war da schon einer von ihnen, er hatte tief im Inneren die gleichen Ängste.

Vielleicht ist es diese Furcht im Unterbewussten, die Biedenkopf in den darauffolgenden Jahren so nachsichtig hat sein lassen mit den xenophoben Exzessen in Sachsen. Nein, die Sachsen seien nicht ausländerfeindlich, sie seien hingegen weltoffen, sagt Biedenkopf bis heute. Und er sagte es bereits, als zum ersten Mal rassistische Pogrome im Lande weltweit für Schlagzeilen sorgten, 1991, als die angeblich so weltoffenen

Sachsen in Hoyerswerda Jagd auf ehemalige DDR-Vertragsarbeiter aus Mosambik und Vietnam machten. Entschuldigt hat Biedenkopf die Gewalt nie, aber sie kleingeredet, marginalisiert zu Übergangserscheinungen nach dem Zusammenbruch der DDR. Unschöne, lästige Flecken, die Sachsens Gloria beschmutzen, aber nicht zerstören können. Biedenkopf fand den Ton, den die Sachsen hören wollten. Nur der Wirklichkeit entsprach er nicht.

Von Beginn an ist die Beziehung zwischen Sachsen und Biedenkopf symbiotisch. Die Sachsen brauchten einen wie Biedenkopf. Und Biedenkopf brauchte ein Land wie Sachsen.

Im Westen war der CDU-Politiker auf dem Abstellgleis gelandet. Als der Ostblock erodierte, war der kluge Professor nur noch Zaungast. Ganz am Rand der politischen Bühne musste er verfolgen, wie sein alter Widersacher Helmut Kohl mit der Vorbereitung der deutschen Einheit Geschichte schrieb. Biedenkopf, in den 1970er Jahren CDU-General-sekretär, Wahlkampfmanager, Vor- und Querdenker seiner Partei, hatte abgeschlossen mit der aktiven Politik. Sein vorerst letzter Versuch in der Landespolitik Nordrhein-Westfalens war jämmerlich gescheitert. Biedenkopf zog sich zurück in eine kleine, aber mit lukrativen Mandaten ausgestattete Anwaltskanzlei in Bonn, schrieb Bücher über die Zukunft der Rente und die Probleme in einer überalterten Gesellschaft.

Dann sollte eine von vermögenden Freunden subventionierte Gast-professur für Volkswirtschaft an der Karl-Marx-Universität in Leipzig alles ändern. Im Osten, wo alles im Umbruch war, der Sozialismus ab-gewirtschaftet und der Kapitalismus sich noch ungewohnt und fremd anfühlte, fand Biedenkopf wieder aufmerksame Zuhörer. Sein Rat war gefragt, bei alten SED-Genossen, die sich zum persönlichen Wohler-gehen wenden wollten, genauso wie bei ehemaligen Montagsdemons-tranten, die eine reformierte DDR längst in der Sehnsucht nach einem vereinten Deutschland und einem auferstandenen Sachsen aufgegeben hatten. Biedenkopf versprach keine Wunder, erklärte immer wieder, wie steinig der Weg zu Wohlstand und Wohlergehen sein werde. Doch wenn es ein Volk schaffen könnte, dann die Sachsen, die in der Vergangenheit prächtige Reiche gegründet hatten und im 19. Jahrhundert den Takt der Industrialisierung vorgegeben hatten.

Und irgendwie war Biedenkopf ja auch einer von ihnen. Er war in

Ludwigshafen geboren, aber seine Kindheit und frühe Jugend hat er in Schkopau verbracht, das damals, in den 1930er Jahren, noch zu Sachsen gehörte.

Wer also, wenn nicht er, könnte Sachsen wieder zur alten Größe führen? Kurt Biedenkopf, der Sohn eines Buna-Betriebsleiters, der in den USA studiert hatte, Präsident der Ruhr-Universität Bochum war, beim Waschmittelkonzern Henkel im Vorstand saß und die Union mit einem demagogischen Freiheit-statt-Sozialismus-Wahlkampf zur stärksten Partei gemacht hatte.

Als sich die DDR in Abwicklung befand, saß Biedenkopf in mehreren Aufsichtsräten ehemaliger volkseigener Betriebe und Kombinate. An einem Tag im August 1990 war er auf dem Rückweg von der Aufsichtsratssitzung der Buna-Werke nach Leipzig in die Universität. Die Gewerkschaft ÖTV hatte den Verkehr lahmgelegt, der Platz vor der Hochschule war gesperrt. Biedenkopf parkte seinen Wagen vor dem Gewandhaus, ausgerechnet auf jenem Stellplatz, der für den Chefdirigenten Kurt Masur reserviert war. Doch der aufgeregt herbeieilende Pförtner war nicht etwa ungehalten, sondern erfreut und schon ein wenig huldvoll, als er den Falschparker erkannte: »Ei verbibsch. Der neie sächs'sche Kenich.«

Die Geburtsstunde von König Kurt. Am 14. Oktober, einem sonnigen Herbstsonntag, ist Landtagswahl in Sachsen. Biedenkopf sitzt nach Schließung der Wahllokale im Fernsehraum des Dresdner Hotels »Bellevue« und wartet auf die erste Hochrechnung. Die Prognosen, die er seit dem späten Nachmittag kennt, versprechen einen fulminanten Wahlsieg für die CDU und ihren Spitzenkandidaten.

Am Ende waren es 53,8 Prozent, das beste Ergebnis für die CDU bei den ersten Landtagswahlen im Osten. Biedenkopf hatte mit 48 Prozent gerechnet und damit zwei Flaschen Champagner an seine Frau Ingrid verloren. Biedenkopfs Gemahlin lag mit ihrem Tipp von 54 Prozent dem Ergebnis am nächsten.

Dann wird gefeiert bis in die Nacht hinein in einer Kneipe im DDR-patinierten Dresdner Großbürgerviertel Blasewitz; der Linie 6, deren Wahrzeichen ein alter Straßenbahnwaggon war, und deren Wirt mit seinem mächtigen Schnurrbart aussah, als sei er übriggeblieben aus Sachsens Fürsten-Gloria. CDU-Mitglieder und Anhänger sind wie im Rausch, sie stimmen einen Schlager des westdeutschen Blödel-Barden

Frank Zander an: »Hier kommt Kurt, ohne Helm und ohne Gurt«. Ständig wiederholen sie den Refrain. Mit ihrem Kurt als Spitzenkandidaten hatten sie nicht nur landesweit gesiegt, sondern auch alle 80 Wahlkreise erobert.

Dabei war der Wessi, der sich sogar noch in die DDR hat einbürgern lassen, alles andere als erste Wahl für Sachsens CDU. Der Blockpartei-Funktionär Klaus Reichenbach, einst Vorsitzender der Partei im DDR-Bezirk Karl-Marx-Stadt, hatte seinen Hut in den Ring geworfen. Dessen innerparteiliche Gegner brachten Walter Priesnitz, einen ehemaligen Staatssekretär des gerade in Abwicklung befindlichen Bundesministeriums für innerdeutsche Beziehungen, als Spitzenkandidaten ins Gespräch. Dann schlug der Dresdner Trompeter und Alt-Ost-CDUler Ludwig Güttler die West-CDU-Frau Rita Süssmuth vor, und DDR-Ministerpräsident Lothar de Maizière hätte am liebsten einen DDR-Bürger an der Spitze Sachsens gesehen. Bundeskanzler Helmut Kohl war jeder recht, wie er de Maizière erklärte, nur nicht »dieser Traumtänzer«. Und damit meinte Kohl seinen Querdenker Biedenkopf.

Gegen Heiner Geißler, Biedenkopfs Nachfolger als CDU-Generalsekretär, hatte Kohl nichts, und die Sachsen-CDU hätte ihn liebend gern als Spitzenkandidat aufgestellt. Doch Geißler mochte nicht. Und so wurde Kurt Biedenkopf am 27. August 1990, um ein Uhr morgens am Chiemsee aus dem Schlaf geklingelt. Am Telefon war Parteifreund Lothar Späth, damals Ministerpräsident Baden-Württembergs, der sich ein wenig verantwortlich fühlte für die Gestaltung der politischen Zukunft in Sachsen. Er, Biedenkopf, müsse es jetzt machen, sagte Späth, und der Umworbene legte sich wieder schlafen.

Nach Sonnenaufgang und einer Tasse Tee mit der Gemahlin stimmte Biedenkopf seinem politischen Karriere-Comeback zu – unter Bedingungen: freie Hand beim Personal und keine Intrigen – gegen ihn, versteht sich. Ein Angebot, das Späth weder ablehnen konnte noch wollte. Die Entscheidung auf der CDU-Landesvorstandssitzung in Chemnitz war nur noch Formsache. Und selbst Kohl überließ nun, wenn auch zähneknirschend, dem »Traumtänzer« den Südosten der DDR, der alsbald der Freistaat Sachsen werden sollte. Biedenkopf notierte in sein Tagebuch: »Eine Genugtuung habe ich. Ich werde nun wohl doch Ministerpräsident werden, wenn auch nicht in NRW.«

Die CDU-Notlösung sollte sich für die Sachsen als Glücksfall erweisen. Sie bekamen einen Regierungschef, der ihnen zwar wirtschaftlich einiges zumutete, aber nie ihre Selbstgewissheit anzweifelte oder auch nur kritisch in Frage stellte. Mit Biedenkopf bekamen sie in einer wirren Umbruchzeit genau den Mann, den sie brauchten; der sie darin bestärkte, dass nur das Joch des realexistierenden Sozialismus die Sachsen bisher daran hinderte, ein glückliches und prosperierendes Völkchen zu sein. Wie die Mehrheit der Sachsen wollte auch Biedenkopf niemals reformieren, sondern restaurieren. Gemeinsames Ziel war die Wiederherstellung einer präsozialistischen Bürgerlichkeit. Vor allem die ehemalige Residenzstadt Dresden sollte – möglichst von der Moderne unangetastet – ins glorreiche 18. Jahrhundert renoviert werden und der Rest des Landes zur bürgerlichen Puppenstube oder Modelleisenbahnlandschaft mit Hightech-Leuchttürmen mutieren – mit Biedenkopf, dem passionierten Spielzeugeisenbahner, an den Schaltköpfen.

Dem Spätberufenen machte so das Regieren große Freude. Ganz anders als in Nordrhein-Westfalen himmelte die gesamte Partei Biedenkopf an, und in Sachsen wurde der spröde, selbstgewisse Professor sogar populär, ein richtiger Landesvater. »Eine Art höheres Wesen zum Anfassen«, schwärmte ein CDU-Landtagsabgeordneter der ersten Stunde. Und für Biedenkopf wohl das Überraschendste von allem, er musste sich dafür nicht einmal ändern. »Erstmals in seinem Leben agiert Kurt Biedenkopf nun ohne Korrektiv. Kein Kanzler kann ihn hindern, kein Gegenspieler ausbremsen. Die Sachsen erleben Biedenkopf pur.« So bewertete der *Spiegel* das erste Dresdner Regierungsjahr.

Biedenkopf pur, das hieß: Regieren im Stil des Oberseminars oder eines Vorstandskonzern-Meetings. Von seinen Ministern will er nichts von Problemen hören, sondern Lösungen präsentiert bekommen. Er liebt den Diskurs, solange am Ende alle seiner Meinung sind. Denn Biedenkopf weiß alles, oder zumindest alles besser. Die Ressorts, die ihm besonders nahe sind, Finanzen und Wirtschaft, hat er mit Männern seines Vertrauens aus dem Westen besetzt.

Das Innen- und Justizministerium interessieren Biedenkopf nicht so sehr. Hier kommen Ostdeutsche zum Zuge: Den Dresdner Kirchenjuristen Steffen Heitmann, einen der stockkonservativen Vertreter aus der DDR-Bürgerrechtsbewegung, beruft Biedenkopf zum Justizminister, Rudolf Krause, langjähriges Mitglied der CDU-Blockpartei in der DDR aus Leipzig, zum Innenminister.

Die beiden sich eigentlich abstoßenden Pole der Nachwende-Gesellschaft sollten das deutschnationale Dreamteam des ersten Regierungsjahres werden. Heitmann gefiel sich als unerbittlicher Stasi-Jäger und DDR-Unrechts-Rachegott, Krause hingegen als Verharmloser rechtsextremer Gewaltexzesse.

Entlarvend ein Interview, das Krause im Sommer 1991 dem *Stern* gab, nachdem mehr als 1000 Neonazis mit Hitler-Gruß durch Dresdens Innenstadt gezogen waren und die Polizei es nicht für nötig erachtete, dem Spuk ein Ende zu machen. Krause lobte die Untätigkeit seiner Beamten:»Wir haben da eine gute Entscheidung getroffen, es gab an diesem Tag keine Vorkommnisse.« Außerdem erklärte Krause den reichlich konsternierten *Stern*-Reportern, dass die Polizei nie dafür ausgebildet war,»auf der Strecke Rechtsextremismus wirksam zu werden«, es im Übrigen Rechtsextreme auch im Westen gebe und dass»von den Medien bedauerlicherweise alles sehr hochgespielt« werde.

Im Kern war Biedenkopf der gleichen Meinung. Die Sieg-Heil-Rufe seien»einfaches Ganoventum«, nichts politisch Brisantes, lediglich »Rechtswidrigkeiten von jungen Leuten, die entwurzelt sind«, so Biedenkopf in einem Interview mit der *Bild*-Zeitung am 15. Juni 1991. In Kurts Welt erschienen Neonazismus und Rassismus als ein politischer Faktor erst, als die rechtsextreme NPD und neofaschistische Kameradschaften bereits dabei waren, ganze Landstriche zu bestimmen und ausländische Investoren zu verschrecken.

Kein großes Problem hatte Biedenkopf hingegen mit den Rechts-Blinkern in den eigenen Reihen. Sein Justizminister Heitmann sprach von einer angeblichen Überfremdung, und Biedenkopf schwieg. CDU-Landtagsabgeordnete mit DDR-Biografie gefielen sich darin,»stolz Deutsche zu sein«, und zelebrierten einen provinziellen Sachsen-Chauvinismus. Biedenkopf ließ sie gewähren. Denn derartige naive Geschichts- und Weltvergessenheit, dieses scheinbar trotzige »Man-wird-es-doch-noch-sagen-dürfen«, wirkte zwar etwas schrullig und gestrig, doch es erschwerte Biedenkopfs Sachsen-Wiedergeburtshilfe nicht. Sachsen wieder groß zu machen und glänzen zu lassen, nur das zählte.

Und so entwickelte sich in der Biedenkopf-pur-Ära Sachsen zu einem recht eigenartigen Land. So ein bisschen Singapur – nur ohne Stockhiebe. Wie in den Tigerstaaten des Fernen Ostens war auch in Biedenkopfs Sachsen Kritik eher unerwünscht. Große Teile der Opposition ließen sich ohnehin und ganz freiwillig vom Wir-Sachsen-Gefühl einlullen, und so manche Journalisten, vor allem beim öffentlich-rechtlichen *Mitteldeutschen Rundfunk,* verstanden sich lange Zeit als Herolde der Biedenkopf'schen Großtaten. »Guter Journalismus«, so sagte einst ein ehemaliger Staatssekretär, »muss Sachsen dienen.«

Für Biedenkopf war parlamentarische und außerparlamentarische Opposition beim Aufbau Sachsens ohnehin eine zu vernachlässigende Größe, denn wie er selbst gern alle wissen ließ, seine Opposition sei die Wirklichkeit. Und so wurde die CDU eine Staatspartei, die über Jahre das Gefühl vermittelte, wenn man sie und Biedenkopf nur ungehindert machen ließe, werde alles gut. Und sie hatten ja durchaus Erfolge vorzuweisen: spektakuläre Firmenansiedlungen wie VW bei Zwickau, BMW und Porsche in Leipzig und eine ganzes Cluster von Hightech-Betrieben in Dresden. Zudem belegten Sachsens Schüler bei den Pisa-Tests regelmäßig vordere Plätze in Mathematik und Naturwissenschaften. Sachsen wurde der Streber, der ostdeutsche Klassenprimus.

Das tat der Seele vieler Sachsen gut. Endlich wieder vorn, endlich nicht nur verlacht wegen des ulkigen Dialekts. Die Sachsen waren Biedenkopf dankbar, zweimal wurde er mit Adenauer-Ergebnissen wiedergewählt. Und sie akzeptierten bereitwillig jene Marotten, die sich bei Regierenden mitunter flugs ausprägen, wenn sie unangefochten herrschen dürfen: den Missbrauch des Amtes, um Freunden und Verwandten den einen oder anderen Vorteil und das ein oder andere gute Geschäft zu verschaffen, selbst wenn der sächsische Steuerzahler dafür herhalten muss. Oder das Missverständnis, ein demokratisches Amt auf Zeit sei mit quasi monarchischen Privilegien verbunden.

Biedenkopf pur bedeutete nicht nur Kurt, sondern immer auch Ingrid. Die zweite Frau des damaligen Ministerpräsidenten ist die Tochter von Konsul Fritz Ries, einem der einflussreichsten und skrupellosesten Strippenzieher in der westdeutschen CDU der 1960er und 1970er Jahre. Und wie ihr Vater vermochte auch Ingrid Biedenkopf Einfluss auf die Geschicke des Landes zu nehmen, ohne von irgendwem politisch legitimiert zu sein. Und die meisten Sachsen waren begeistert. Für lange Zeit.

Ingrid Biedenkopf kümmerte sich um große und kleine Nöte der Landeskinder. Ein eigenes Amt wurde eingerichtet mit Personal und Budget. Das Büro Ingrid Biedenkopf, in der Staatskanzlei am Elbufer, die inzwischen wieder eine goldene Krone schmückte. Die Landesmutter warb für Dresdner Christstollen und Räuchermännchen aus dem Erzgebirge, gab ein sächsisches Kochbuch heraus und mischte sich beherzt in staatliche Entscheidungen ein, so dass es Ministerialbeamten oft ein Graus war. Denn Vorschriften, Regeln und Gesetze mochten vielleicht für andere gelten, nicht jedoch für Ingrid Biedenkopf, die auch schon mal öffentlich erklärte: »Als wir Ministerpräsident wurden.«

Mitunter vergaß die Ministerpräsidentenfrau, dass die Wahl ihres Mannes nicht bedeutete, dass nun der Freistaat Sachsen im Besitz und zur alleinigen Verfügung der Familie Biedenkopf steht. Weder war das Regierungsamt damit verbunden, sich ungeniert an staatlichen Kunstschätzen zur Verschönerung der Dienstvilla zu vergreifen, noch sächsische Polizisten als Rasenpfleger auf dem Privatgrundstück der Biedenkopfs am Chiemsee zweckzuentfremden.

Letztlich war es Ingrids eigenwilliges Kostenmanagement, das Biedenkopf vom Sachsen-Thron stürzte. Eine Petitesse, verglichen mit den sonstigen Nehmerqualitäten der Landesmutter. Ausgerechnet ein Spezialrabatt bei Ikea wurde dem Regentenpaar zum Verhängnis. Das war dann selbst den sonst so nachsichtigen Sachsen zu kleinkariert.

2002 endete schließlich die Biedenkopf-Ära. Doch auch heute ist der Politrentner in Dresden ein hofierter Gesprächspartner. Ob bei Pegida oder rassistischen Ausschreitungen, Biedenkopf ist seiner Meinung treu geblieben: Ausländerfeindlichkeit in Sachsen – das ist nur von den Medien aufgebauscht. Zum ersten Pegida-Geburtstag 2015 würdigte Biedenkopf die fremdenfeindliche Bewegung in einem *ZDF*-Interview als sächsische Innovation – und zog Verbindungen zur Bürgerrechtsbewegung der DDR. Auch kennt er ein wirksames Mittel, wie man den Protest der »besorgten und verunsicherten Bürger« von der Straße und aus den Medien bekommt. Die Staatsregierung sollte wieder ein Büro Ingrid Biedenkopf einrichten. Aber in anderer Besetzung.

Die Sachsen, als alte Bewohner des Ostens, sind: Deutsche. Dennoch geben sie den alten Bewohnern des Westens und den überhaupt ganz neuen Bewohnern Deutschlands ein Rätsel auf: Warum herrscht heute dort diese spezielle Stimmung? Da ich aus der Innenperspektive nichts über das Äußere sagen kann, will ich es gar nicht erst versuchen. Allerdings habe ich von dort, von außen, schon verschiedene Erklärungen vernommen: Von Undankbarkeit ist die Rede, Dummheit, fehlender Weit- und Weltsicht oder vom toxischen Erbe der erlittenen Ideologien. Doch was bedeutete der Sozialismus in seiner real-abgelebten Form für mich?

Wäre ich eine Erzählung, spielten meine maßgeblichen Kapitel in jeweils verschiedenen Welten. Im ersten herrschte ständig Angst vor einer übermächtigen Vorherbestimmung der Sinnleere, des allgegenwärtigen Ohnmachtgefühls und der endlosen Langeweile eines sozialistisch verregneten Sonntagnachmittags auf deutschem Boden. Das zweite handelte von genau denselben Dingen, jedoch in der Hektik einer niemals stillstehenden Welt aus Konsum und Konkurrenz. Zusammen kartografieren sie die bisher von mir erlebte Welt namens Sachsen, jenem Vakuum, das von Verunsicherung und Orientierungslosigkeit eingegrenzt wird.

Früher hielten sich hier alle für frei, aber nicht weil sie es waren, sondern weil es mit »Berlin« oder »Moskau« Instanzen gab, auf die individuell alles abgeschoben werden konnte. Die Wirtschaft darbt? Die Läden sind leer? Das Land ist Richtung Westen isoliert? DIE haben es versaut! ICH habe damit nichts zu tun, wie auch? DIE sind weit weg und stellen sich über alles! ICH kann an dem nichts ändern, selbst im Kleinsten nicht. Gesetz ist Gesetz – ich habe die Regeln nicht gemacht. Die Gängelung des eigenen Selbst als heilige Praxis: Wer dagegen aufbegehrte, stiftete Aufruhr und gehörte sanktioniert. Ruhe als erste Bürgerpflicht war unser 47. Chromosom. Wären wir alle hier, in Sachsen, im Osten, eine Erzählung, wäre genau das unser Plot. Noch heute fürchten wir uns vor der Häme, die ein Scheiternder in der tüpfelhyänesken Welt ertragen muss, jenem Dung, auf dem das Autoritäre gedeiht. Der ursprünglich versprochene Glanz des Deutschseins erwies sich als Irrlicht, und nun herrscht Dunkelheit. Die Suche nach Drama, Erregung und Sieg verlief ergebnislos, weil das Spiel kein Ende,

keinen Gewinner vorsieht. Und nirgends ein ZK der SED, auf das man die
Schuld für den eigenen moralischen Kleinmut abschieben könnte.
So wurde Selbstgerechtigkeit unsere vergiftete Form von Gerechtigkeit.
Aber das darf so nicht bleiben. Wir müssen lernen, uns auszudrücken, um
faulen Konsens in vitalen Dissens umwandeln zu können. Wir müssen
lernen, füreinander zu fühlen, miteinander schöpferisch tätig zu werden,
um einander zu bangen, kurz: die durch den Autoritarismus eingetretenen
Marschpfade verlassen. Nur so entsteht für alle ein neues Land, in dem
»Sachse sein« keine Frage der Geburt, sondern der inneren Einstellung ist.
Und in dem man streitet, ohne zu hassen.
Ja.
Das wäre dann auch mein Land.

Der Autor ist Blogger in Leipzig. Er twittert unter @flohbude.

Stefan Locke

Sächsische Wut
Pegida: Über Ursachen und Entwicklung einer
sehr sächsischen Bewegung

»An Donald Trump herzlichen Glückwunsch!«, ruft Lutz Bachmann
von der Ladefläche des kleinen Lkw, der ihm als Bühne dient; an der
Rückwand steht wie immer: »Stoppt die Islamisierung Europas!« Seine
etwa 2000 Fans auf dem Dresdner Schlossplatz jubeln, allerdings nicht
so frenetisch wie sonst, denn das Verhältnis der Pegida-Gänger zu Amerika war bisher vor allem ablehnend bis feindlich. »Ami go home!«,
heißt es auf einem Schild, das auch am Montag nach der Wahl in den
Vereinigten Staaten wieder zu sehen ist. »He, Ami verpiss dich! Und
nimm deine Vasallen gleich mit«, ist auf einem anderen zu lesen. Aber
gleich daneben tauchen erstmals auch drei Flaggen der USA unter all
den Deutschland-, Wirmer-[1] und Sachsen-Fahnen auf – und nur eine
russische, die aber zählt inzwischen schon zum Inventar.

»Donald ist nur der Anfang gewesen eines Reigens der Politikveränderung in Europa und auch in Deutschland«, ruft Bachmann. So macht er das immer, Leute, die er gut findet, beim Vornamen nennen. Und Trump ringt ihm Respekt ab, weil er sich »gegen das Establishment, gegen sämtliche Medien und gegen die Hochfinanz durchgesetzt« habe. Für Bachmann und seine Anhänger ist dieser Sieg eine Genugtuung, weil ein verlachter Außenseiter, dem kaum jemand eine Chance gab, am Ende gegen alle Prognosen das mächtigste politische Amt der Welt erobert hat. Dass Trump ein mindestens im New Yorker Establishment bestens vernetzter Milliardär ist, spielt bei den Zuhörern (wie auch bei den Trump-Wählern in Amerika) keine Rolle, es gehört vielmehr zu den üblichen Widersprüchen der Bewegung, die vor allem ein großes »Dagegen!« verbindet. Oder, wie es Bachmann an jenem Montag in Dresden formuliert: »Die (da oben) müssen alle weg. Wir brauchen einen kompletten Wechsel.«

Als Pegida im Herbst 2014 montagabends in der Dresdner Innenstadt auftaucht, ist es eine Demonstration wie keine andere. Einige Hundert Menschen versammeln sich zu einer Kundgebung und spazieren schweigend durch das Zentrum. Sie nennen sich »Pegida«, ein Akronym für »Patriotische Europäer gegen die Islamisierung des Abendlandes«, sie wenden sich »gewaltfrei und vereint gegen Glaubens- und Stellvertreterkriege auf deutschem Boden«, auf ihrem Transparent fliegen eine IS-Flagge, ein roter Stern und ein Hakenkreuz als Zeichen politischer und religiöser Extremisten in einen Papierkorb. Am Schluss halten sie alle ihre Handys in die Höhe, das wirkt wie ein Lichtermeer, und vorne ruft ihr Anführer: »Dresden zeigt, wie's geht!« Die Organisatoren geben keine Interviews, und sie schärfen den Teilnehmern bei jeder der ersten Veranstaltungen ausdrücklich ein, nicht mit der Presse zu sprechen: »Die drehen euch das Wort im Mund herum!« Die Journalisten sind irritiert, aber noch hat Pegida keine nationale Aufmerksamkeit. Die *Sächsische Zeitung* druckt nach der zweiten Veranstaltung folgende Meldung am 28. Oktober 2014 im Dresdner Lokalteil:

> »Mehr als 500 Dresdner haben gestern friedlich in der Innenstadt gegen ›Glaubenskriege‹ auf deutschem Boden demonstriert. Es war bereits die zweite Kundgebung eines Bündnisses namens ›Patriotische Europäer gegen die Islamisierung des Abendlandes‹ (Pegida).

Die Veranstalter wollen nun jeden Montagabend in Dresden marschieren, solange sich die Politik der drängenden Probleme nicht annehme. Lutz Bachmann, einer der Initiatoren, sagte unter Applaus: ›Bei allem Verständnis für das Elend und den Schrecken der kriegerischen Auseinandersetzungen in allen Kriegsgebieten der Erde können wir Deutschen und Europäer nicht das Auffanglager der Welt sein und damit diese Kriege auf unsere Straßen holen, so schön unser Land auch ist.‹ Er betonte, Gewalt, von welcher Seite auch immer, entschieden abzulehnen. Vereinzelt waren jedoch auch bekannte rechtsextreme Parolen zu hören.«

Der Text beweist zweierlei: Pegida wurde anfangs nicht totgeschwiegen, vor allem aber wurden die Demonstranten mit keinem Wort als Nazis oder Rechtsextreme bezeichnet, wie die Organisatoren später immer wieder behaupten werden und was viele ihrer Anhänger nur zu gern wiederholen, weil es die gemeinschaftliche Opferrolle gegen »die da oben« stärkt, zu denen sie Politik und Presse gleichermaßen zählen. Bald darauf allerdings verletzen vor allem Bundespolitiker und überregionale Medien die Regeln fairer Kommentierung und Berichterstattung über die Bewegung. »Schande für Deutschland« (Bundesjustizminister Heiko Maas, SPD), »Mischpoke« (Grünen-Chef Cem Özdemir) und »Nazis in Nadelstreifen« (NRW-Innenminister Ralf Jäger, SPD) schimpfen sie aus der Ferne, es ist von »Dunkeldeutschland« und dem »Tal der Ahnungslosen« die Rede, und es werden bei Pegida vor allem Neonazis gezeigt, die unter den Demonstranten zu finden, aber dort eben eine absolute Minderheit sind.

Es ist eine oft billige Abrechnung mit einem Landesteil, den viele derjenigen, die sich dazu äußern und die darüber berichten, nicht verstehen, auch weil sie ihn 25 Jahre nach der Wiedervereinigung zum Teil noch nicht einmal selbst betreten haben. Also versuchen sie, das unbekannte Phänomen mit bewährten Mitteln abzumoderieren: Osten eben, alle ein bisschen deformiert dort, alle ein bisschen Nazi.[2] Damit aber helfen sie vor allem Pegida selbst. Montag für Montag verdoppelt sich jetzt die Teilnehmerzahl, immer mehr Menschen kommen, die aus verschiedensten Gründen unzufrieden sind. Und sie reden, trotz Verbots ihrer Anführer, denn zu viel hat sich angestaut: Vermeintliche Banalitäten wie die Rundfunkgebührenpflicht, Strafzettel vom Ordnungsamt oder Zuzahlungen beim Arzt, aber auch Einbrüche, Drogen-handel am Hauptbahnhof, »kriminelle Asylanten«, der Euro und eine »untätige Politik« regen sie genauso auf wie Asylbewerberheime, die angeblich den Wert des eigenen Häuschens mindern, sowie das Gefühl, noch immer »Deutsche zweiter Klasse« zu sein.

Besonders zwei Probleme verbinden viele der Demonstranten: eine wachsende Zahl an Asylbewerbern, die sie als Bedrohung empfinden, sowie die nicht verarbeiteten Verletzungen der Nachwendezeit, die, so hoffen die »Spaziergänger«, jetzt endlich aufs Tapet kommen. Es ist eine spezifisch ostdeutsche, wenn nicht gar sächsisch-dresdnerische Melange. Drei Viertel der Teilnehmer, das zeigen später Analysen der TU Dresden,[3] sind männlich und jenseits der 50 Jahre, überwiegend gebildete Leute (38 Prozent mit mittlerem Schul- und 28 Prozent mit Hochschulabschluss, lediglich fünf Prozent schlossen die Schule nach nur acht Jahren ab), fast die Hälfte sind Arbeiter oder Angestellte, je ein Fünftel selbstständig oder Rentner. Als Hauptgrund für ihre Teilnahme geben mehr als die Hälfte »Unzufriedenheit mit der Politik« an, knapp 20 Prozent kritisieren die Medien, 15 Prozent äußern »grundlegende Vorbehalte gegen Zuwanderer und Asylbewerber«, und nicht mal fünf Prozent protestieren gegen »religiöse und politisch motivierte Gewalt«, also den eigentlichen Daseinsgrund von Pegida. Eines aber haben fast alle Teilnehmer gemeinsam: Sie haben, ob beruflich oder privat, Nie-derlagen erlitten oder Zurückweisungen empfunden, für die sie jedoch nicht sich selbst, sondern andere, allen voran »das System«, die »Eliten«, »Asylanten« oder »Wessis« verantwortlich machen.

Das Pegida-Organisationsteam ist von Zulauf wie Themenviel-falt überrumpelt. Es besteht aus zwölf Leuten zwischen Mitte 30 und Mitte 50, die teils Freunde, teils Bekannte sind und die alle aus dem glei-chen Milieu stammen: Kleinbürger aus der Stadt und dem Umland Dres-dens, die mit einem Laden oder einer Firma gerade so über die Runden kommen oder damit gescheitert sind, die sich für Fußball und Eishockey begeistern, Partys feiern und darüber auf Facebook wort- und bildreich berichten, und die sich bisher nicht viel aus Politik gemacht haben. Sie sind keine Rechtsextremisten und hatten – mit Ausnahmen – auch keine Kontakte in die Szene, aber schon mit der ersten Demonstration heften sich auch Neonazis und Hooligans an ihre Fersen.[4]

Lutz Bachmann tut ganz bewusst nichts dagegen, sondern genießt die Aufmerksamkeit, die er mit seinem Aufruf ausgelöst hat. Angefangen hat alles im Oktober 2014, als er auf der Prager Straße in Dresden einige Hundert Kurden sieht, die für Waffenlieferungen an die PKK demonstrieren. Etwa zur gleichen Zeit liefern sich in Hamburg und Celle Kurden und Salafisten Straßenschlachten parallel zum Kampf um die syrische Stadt Kobane. Bachmann findet, dass diese Konflikte nicht nach Deutschland gehören und »dass Waffenlieferungen, egal in welchen Teil der Welt, immer der falsche Weg sind«.[5] Er diskutiert das auf Facebook, und als jemand eine Demo vorschlägt, ruft er zum Protest vor die Frauenkirche, einige Hundert Leute folgen dem Aufruf. Von da an sollte sich ihre Zahl Woche für Woche verdoppeln.

Bachmann hat damit nicht gerechnet, im Gegenteil. Mitte November fliegt er wie geplant in den Pauschalurlaub nach Ägypten. »30 Grad, Sonne, coole Drinks … Life is beautiful«, teilt er via Twitter mit. Als er wiederkommt, steht er vor 5000 Leuten. Bachmann, der aus einer Fleischerfamilie aus Coswig bei Dresden stammt und sich mit einer kleinen Werbeagentur über Wasser hält, spürt, dass die Sache groß werden kann, und er gibt den Leuten, was sie hören wollen. Er und seine Mitstreiter sprechen jetzt weniger über Glaubenskriege und Islamisierung, sondern über »kriminelle Ausländer«, sie nennen Flüchtlinge »Glücksritter«, die vom Staat Vollpension bekämen, während arme deutsche Rentner ohne Strom in kalten Wohnungen säßen und sich nicht mal ein Stückchen Stollen leisten könnten. Auch »gleichgeschaltete« Medien, »abgehobene Politiker« und den Weltfrieden, den Russland angeblich will, haben sie im Programm.

Die Leute jubeln, denn für jeden ist etwas dabei. Sie rufen »Volksverräter« und »Wir sind das Volk!«, »Lügenpresse« und »Merkel muss weg!«. Sie sehen Pegida als *die* Chance, endlich ihrem Ärger Luft machen zu können und auch noch gehört zu werden. Denn der kalkulierte Tabubruch ist für Pegida Mittel zum Zweck: Er verschafft ein Maximum an Aufmerksamkeit. Der Frust der Teilnehmer ist so groß, dass sie selbst Enthüllungen über das kriminelle Vorleben ihres Anführers hinnehmen oder als Widerstand feiern. Bachmann ist 16-fach vorbestraft, unter anderem wegen vielfachen Diebstahls, Anstiftung zur Falschaussage, Fahrens ohne Führerschein. Als ihn das Landgericht Dresden Ende der

1990er Jahre wegen Einbruchs und Diebstahls in 16 Fällen zu drei Jahren und acht Monaten Haft verurteilt, flieht er, der jetzt »null Toleranz gegenüber straffälligen Asylbewerbern« fordert, nach Südafrika.[6] Von dort wird er zwei Jahre später nach Deutschland abgeschoben, wo er noch 14 Monate seiner Strafe absitzen muss. Danach wird er mit Kokain erwischt, sitzt wieder in Untersuchungshaft, kommt auf Bewährung frei, wird wegen falscher Verdächtigung verurteilt, ist pleite, wechselt mehrfach den Wohnsitz. Den Unterhalt für seinen Sohn zahlt zum Teil der Staat, dem Bachmann montags bescheinigt, »völlig verkommen« zu sein. Die Pegidisten aber sehen Berichte darüber als Teil einer Verschwörung von Politikern und Medien, um »unseren Lutz« fertigzumachen, die meisten wollen sich wohl auch nicht eingestehen, einem Kleinkriminellen zu folgen, jetzt, da die Sache so gut läuft.

Vor Weihnachten 2014 kommen 15 000 Menschen zu Pegida. Die Bewegung ist Thema Nummer eins in Deutschland, überall gründen sich Ableger: Bogida in Bonn, Dügida in Düsseldorf, Legida in Leipzig. Sie alle sind deutlich radikaler als ihr Dresdner Vorbild, vor allem im Westen gründen Rechtsextremisten eine Gida-Gruppierung nach der anderen, haben aber auch deshalb kaum Zulauf, was dort wiederum den Eindruck verstärkt, auf der guten Seite zu sein und es im Osten mit einer Fülle von Neonazis zu tun zu haben. Bachmann droht die Sache jetzt über den Kopf zu wachsen, er distanziert sich von radikalen Ablegern, aber das wird kaum noch wahrgenommen.

Mitte Dezember 2014 veröffentlicht Pegida ein Positionspapier, darin fordert die Bewegung etwa die Aufnahme von Kriegsflüchtlingen (»Das ist Menschenpflicht!«), ihre dezentrale Unterbringung und gerechte Verteilung in Europa, schnellere Bearbeitung von Asylanträgen und mehr Sozialarbeiter für traumatisierte Flüchtlinge, aber auch mehr Polizei, konsequente Abschiebung, Null-Toleranz bei ausländischen Straftätern sowie ein Einwanderungsgesetz, mehr direkte Demokratie, das Verbot von Waffenlieferungen, Parallelgesellschaften und Gender-Mainstreaming. Die meisten der 19 Punkte könnte wohl jeder Integrationsbeauftragte unterschreiben, sie sind ja auch größtenteils aus den Programmen anderer Parteien abgeschrieben, aber sie werden nie öffentlich vollständig verlesen. »Dann müssten Bachmann & Co. fürchten, dass ihnen die Hälfte der Leute von der Fahne gehen«, analysiert der Dresdner Politikwissenschaftler Werner Patzelt, der die Bewegung von Anfang an beobachtet.[7] Später werden aus den 19 Punkten sechs »Kernforderungen«, noch später schließlich zehn »Forderungen«, von denen aber bald gar nicht mehr die Rede ist.

Ziele scheinen den meisten Teilnehmern zu dieser Zeit ohnehin zweitrangig zu sein, für sie ist Pegida vor allem ein Ventil, um ihren angestauten Frust abzulassen. Die Reden der Organisatoren sind häufig vulgär, herabwürdigend und hetzerisch, bisweilen auch rassistisch, sie gleichen damit dem Diskussionsniveau auf Facebook, wo Pegida inzwischen 160 000 Leute folgen, fünf Mal mehr als allen Parteien Sachsens zusammen. Die Ambivalenz der Bewegung aber ist auch einer der Hauptgründe für das Scheitern eines wirksamen Gegenprotests. Der wird zunächst aus dem bewährten Anti-Rechts-Lager organisiert, schlägt aber von Anfang an fehl, weil die Mehrzahl der Teilnehmer eben keine Nazis, sondern oft Nachbarn, Arbeitskollegen und Sportfreunde sind.

Eine zweite Gegenprotest-Bewegung formiert sich aus überwiegend Westdeutschen, die nach der Wiedervereinigung nach Dresden gezogen waren und in der Stadt führende Positionen in Kultur, Wirtschaft, Wissenschaft und Verwaltung einnehmen. Sie veranstalten ein Großkonzert für Weltoffenheit mit Herbert Grönemeyer als Stargast, zu dem zwar 25 000 Dresdner kommen, treffen aber den Nerv der Einwohner nicht nachhaltig. Das liegt auch an öffentlichen Äußerungen des Hauptorganisators Gerhard Ehninger, eines aus Baden-Württemberg stammenden Mediziners, wonach zu seiner Veranstaltung alle willkommen seien, »die offen sind und sich belehren lassen«, was Ost-West-Befindlichkeiten abermals hochkochen lässt. Nicht nur Pegida-Gänger kritisieren die bis heute währende Dominanz Westdeutscher in ostdeutschen Führungspositionen und ihren bisweilen erhobenen Zeigefinger gegenüber Ostdeutschen.

Als schließlich die damalige Dresdner Oberbürgermeisterin und Sachsens Ministerpräsident Anfang Januar 2015 zu einer Kundgebung für Weltoffenheit rufen, kommen 35 000 Menschen. Den meisten Beifall erhält der Schlagersänger Roland Kaiser, weil er mit klaren Worten Hass und Hetze verurteilt. Ministerpräsident Stanislaw Tillich und der Koalitionspartner SPD dagegen finden genauso wie die Opposition im Landtag keinen Weg, mit Pegida umzugehen. Die Lücke füllt Frank Richter,

Direktor der Sächsischen Landeszentrale für politische Bildung, der Pegida-Gegner und -Befürworter zur Diskussion einlädt. Dabei zeigt sich, wie enorm der »Gefühlsstau« ist, der sich nun bei vielen Teilnehmern Bahn bricht. Ein jüngerer Mann erklärt Richter, dass dieser sich keine Mühe zu geben brauche: Er werde so lange zu Pegida gehen, bis er eine Frau und einen Job gefunden habe. Bei einer dieser Veranstaltungen sitzt auch Vizekanzler Sigmar Gabriel im Publikum, als »Privatperson«, wie er danach sagt, weil ihn Kollegen und (West-)Medien als »Pegida-Versteher« angreifen, obwohl er nur das getan hat, was Politiker gerade in solchen Zeiten tun sollten: zuhören.

Der Begriff »Pegida-Versteher« hat in dieser Zeit Konjunktur, auch Frank Richter und Politikwissenschaftler Patzelt werden auf diese Weise angegriffen, obwohl sie für einen differenzierten Blick, um das Verstehen des Phänomens im Wortsinn werben. So werden beide in dieser Zeit zu gefragten Gesprächspartnern und erlangen nationale Prominenz. Vor allem Patzelt, der stets sehr forsch und meinungsfreudig agiert, werden besonders im Universitäts-Milieu zu viel Verständnis für die Demonstranten und Einseitigkeit bei ihrer sowie bei der Analyse des Gegenprotests vorgeworfen; manche, darunter auch Pegida-Teilnehmer, sehen in ihm gar ein »Sprachrohr« der Bewegung, was jedoch beides, liest man seine Ausführungen genau, ebenso einseitig wie unsinnig ist.[8]

Die Pegida-Demonstrationen verlaufen meist friedlich, trotz der durch Hetze erheblich aufgeladenen Atmosphäre gibt es keine Gewalt, worauf vor allem die eigenen Ordner der Veranstalter achten. Allerdings kommt es am Rande der Veranstaltungen und bei Gegenprotesten auch zu körperlichen Auseinandersetzungen, und in der Hochphase der Bewegung werden aus der Menge heraus auch Journalisten angegriffen und zum Teil verletzt, die Stimmung gegenüber Medien aber ist vor allem verbal aggressiv.

Mitte Januar 2015, nach dem Attentat auf das Pariser Satiremagazin *Charlie Hebdo*, kommen 25 000 Menschen zu Pegida. Für Bachmann ist es der größte Erfolg, den er je errungen hat, aber er und sein Orga-Team wirken auch zunehmend unsicher, wie sie diese Masse überhaupt noch steuern sollen. Mit einer Pressekonferenz versuchen sie, bei den bisher geschmähten Medien um Verständnis zu werben. Kurz darauf erscheint jedoch in der *Bild*-Zeitung bundesweit auf dem Titel ein Foto, das Lutz

Bachmann mit Hitler-Bärtchen zeigt. Das Bild geht um die Welt, und es lässt sich auch nicht mehr zurückholen, als herauskommt, dass ein Widersacher des Pegida-Chefs den Bart hineinretuschiert und das Foto verbreitet hatte. Bachmann als Hitler, da bedarf es keiner weiteren Erklärung, das versteht jeder, das also ist Pegida.

Als unmittelbar darauf auch noch ein (echter) Kommentar bekannt wird, in dem Bachmann (vor Pegida-Zeiten) auf Facebook Flüchtlinge als »Viehzeug«, »Dreckspack« und »Gelumpe« bezeichnet hat, geht ein Teil seiner Mitstreiter auf Distanz. Sechs der zwölf Mitglieder des Organisationsteams, darunter auch die seit ihrem Auftritt in der *ARD*-Talkshow »Günther Jauch« bundesweit bekannte Kathrin Oertel, stellen Bachmann ein Ultimatum. Weil er nicht weichen will, treten die anderen aus und gründen eine neue Gruppe. Es scheint das Ende von Pegida. Tatsächlich bleibt ein Großteil der Teilnehmer ab jetzt daheim, doch etwa 5000 Anhänger versammeln sich weiter hinter Bachmann.

Der lässt jetzt jegliche Zurückhaltung fallen und setzt auf vulgär-radikale Rechts-Rhetorik, für die ein neues Gesicht auf seiner Bühne steht: Tatjana Festerling. Die Mittfünfzigerin aus dem Ruhrgebiet, die zuvor die AfD in Hamburg mitgründete und dort wegen zu radikaler Ansichten geschasst wurde, avanciert zum neuen Liebling der Teilnehmer. Sie spricht von »Deutschland-Vernichtern«, »verkrachten Gender-Tanten« und »links versifften Schundblättern«, sie hat beste Verbindungen zu Hooligans und Rechtsextremisten, und sie fordert vom Volk, die Eliten mit Mistgabeln aus ihren Ämtern zu treiben. Für Bachmann, dem längst die Ideen ausgegangen sind, ist sie die Rettung. Festerling will die Bewegung mit europäischen Rechtspopulisten vernetzen; ein Anfang soll der Auftritt des Niederländers Geert Wilders in Dresden sein, zu dem Pegida 30 000 Teilnehmer erwartet, am Ende kommen 10 000.

Im Juni 2015 holt Festerling als Pegida-Kandidatin bei der Oberbürgermeisterwahl in Dresden 9,6 Prozent der Stimmen. Die Enttäuschung ihrer sich der Mehrheit gewiss glaubenden Anhänger ist riesig, aber erstmals hat die Bewegung ein amtliches Ergebnis, wo sie steht: Mehr als 90 Prozent der Wähler haben nicht für sie gestimmt. Das Ende aber ist das nicht, denn im Spätsommer steigen die Flüchtlingszahlen in bisher ungeahnte Höhen. Für Pegida ist das abermals eine Rettung von außen, im Herbst kommen wieder mehr Teilnehmer zu den Kundgebungen, und zum ersten Jahrestag der Bewegung, auf der sich der Katzenbuchautor Akif Pirinçci um Kopf und Kragen redet, versammeln sich 15 000 Menschen. Mit den geringer werdenden Flüchtlingszahlen 2016 verliert Pegida stetig Zulauf. Redner und Reden gleichen sich, die Bewegung ist ausgezehrt. Für die verbleibenden rund 2000 Teilnehmer gleicht der Montagabend jedoch einem Stammtisch: Sie treffen sich unter Gleichgesinnten, schwenken Fahnen, rufen »Widerstand« und »Merkel muss weg!« und hören ansonsten kaum zu. Für Aufsehen sorgt nur noch das Pegida-Personal selbst: Im Frühjahr 2016 verurteilt das Amtsgericht Dresden Lutz Bachmann aufgrund seiner Kommentare über Flüchtlinge wegen Volksverhetzung zu einer Geldstrafe von 9600 Euro. Das Urteil akzeptiert er erst, als auch das Landgericht klarmacht, nicht anders zu entscheiden, und zwar nachdem der Richter im Berufungsprozess mehr als eine Dreiviertelstunde lang Bachmanns Vorstrafenregister in Auszügen (!) verlesen hat. Im Frühsommer dann wirft Bachmann Festerling aus dem Pegida-Verein, sie revanchiert sich mit dem Vorwurf, er missbrauche Spendengeld, und enthüllt zudem, dass Bachmann inzwischen auf den Kanarischen Inseln lebt und nur noch zu seinen montäglichen »Widerstandsshows« einfliegt. Das Regionalparlament von Teneriffa wiederum erklärt den Deutschland-Flüchtling im Herbst 2016 zur »unerwünschten Person«, was freilich praktisch folgenlos bleibt.

Inhaltlich aber hat Bachmann nichts mehr zu bieten. Er kündigt eine Pegida-Partei an, von der schon eine Woche später nicht mehr die Rede ist, er sucht Kontakte zur sogenannten Neuen Rechten, auch zur extremen »Identitären Bewegung« – und in seiner Not auch zur AfD. »Pegida ist die AfD auf der Straße«, sagt Politikwissenschaftler Patzelt.[9] Doch das Verhältnis zwischen AfD und Pegida ist ausgerechnet in Sachsen zerrüttet. Frauke Petry hält nichts von Bachmann und er nichts von ihr, dennoch umgarnt er sie in seinen Reden förmlich, um sie auf seine Bühne zu holen; seinen Anhängern hat er da längst empfohlen, AfD zu wählen. »Vielleicht begreifen einige im Sachsen-AfD-Landesvorstand, dass es nur zusammen geht«, ruft Bachmann im November 2016 von der Bühne. »Frauke Petry, komm auf den Schlossplatz, hier musst du sein, das sind deine Wähler!« Es klingt fast wie ein Hilferuf, endlich den Staffelstab übergeben zu können.

Anmerkungen

1 Entworfen von Josef Wirmer, Widerstandskämpfer gegen den National-sozialismus, sollte die deutsche Staatsflagge nach dem Attentat auf Adolf Hitler am 20. Juli 1944 werden.

2 Stefan Locke: Masse und Ohnmacht, Frankfurter Allgemeine Zeitung, 21.12.2014, S. 3

3 Hans Vorländer, Maik Herold, Steven Schäller: Wer geht zu Pegida und warum? Eine empirische Untersuchung von Pegida-Demonstranten in Dresden, Schriften zur Verfassungs- und Demokratieforschung 1/2015

4 Ulrich Wolf, Alexander Schneider, Tobias Wolf: Pegida – wie alles begann, Sächsische Zeitung, 22.12.2014, S. 3

5 Stefan Locke: Die neue Wut aus dem Osten, Frankfurter Allgemeine Sonntagszeitung, 7.12.2014, S. 2

6 Alexander Schneider, Ulrich Wolf, Tobias Wolf, Heinrich Maria Löbbers: Pegida persönlich: Das krumme Leben des Pegida-Chefs, Sächsische Zeitung, 2.12.2014, S. 3

7 Werner J. Patzelt, Joachim Klose (Hg.): Pegida. Warnsignale aus Dresden, Dresden 2016

8 Ebd.

9 Ebd.

Nach 1 Jahr Pegida : Lichterkette durch Deutschland

Caro Mahn-Gauseweg (Ingenieurin)

Aufgewachsen bin ich in Werdau, einer Kleinstadt in Westsachsen, in der DDR dominiert von Textil- und Fahrzeugindustrie. Die Stadt verlor mit der deutschen Einheit nahezu ihre komplette Existenzgrundlage. Was blieb, waren viele Arbeitslose und nur wenige Perspektiven.

Sachsen hat, von außen betrachtet, seit 1990 eine beachtliche wirtschaftliche Entwicklung hingelegt: Automobilindustrie in Zwickau, Chemnitz und Leipzig; Halbleiterindustrie in Dresden. Den Oberzentren geht es gut. Das ist allerdings nur die halbe Wahrheit. Viele kleinere Städte haben mit dem Ende der DDR ihre Industrie verloren. Ersatz gab es kaum.

Auch Werdau erging es so. Der Stadt hat ihre gute Anbindung nach Leipzig, Chemnitz oder Bayern nicht geholfen. Die Einwohnerzahl schrumpft kontinuierlich. Das Stadtbild wird dadurch nicht attraktiver.

Ich zog nach Görlitz. Der Arbeit wegen. Und ich war damit eine Ausnahme. Viele der Fachkräfte, die das Unternehmen gebraucht hätte, kamen nicht. Zu weit »ab vom Schuss«. Görlitz konnte zwar die Perspektiven bieten, von denen andere Städte träumten. Doch die Abwanderung hatte lange zuvor begonnen. Mehr als 130000 Sachsen arbeiten in anderen Bundesländern.

In Görlitz könnten diese Perspektiven bald wieder Vergangenheit sein. Der Schienenfahrzeugbau in Ostsachsen steht auf der Kippe und offenbart damit eine weitere Schwäche der sächsischen Wirtschaft: Wie so viele große Industriestandorte ist Görlitz für große Unternehmen keine Zentrale, sondern nur ein Standort unter vielen. Und als solcher ist er im globalen Kampf um Aufträge und Rendite vor allem eines: entbehrlich.

Görlitz und Werdau sind zwei Beispiele aus einem Bundesland, dem es vergleichsweise gut geht und das doch voller Widersprüche und nicht ohne Schattenseiten ist: eine dynamische Wirtschaft und 80000 Aufstocker, zu wenige Fachkräfte und so viele Auspendler wie kaum ein anderes Bundesland. Die Voraussetzungen sind nicht schlecht, und doch gibt es noch zu viele Menschen, die davon nicht profitieren. Und wo es an Perspektiven fehlt, ist auch der Nährboden für Fremdenfeindlichkeit zu leicht bereitet.

Die Autorin ist Ingenieurin und Publizistin. Von 2011 bis 2016 war sie Ingenieurin für Funktionale Sicherheit und Produktsicherheit bei Bombardier Transportation in Görlitz.

Dresden, 25. Januar 2015: Zur Pegida-Demonstration versammelten sich mehr als 10 000 Menschen vor der Semperoper, darunter etliche militante Neonazis und Hooligans aus dem gesamten Bundesgebiet und dem europäischen Ausland.

Noura Maan, Fabian Schmid

»Wir sind das Volk« – auch im Netz

Wie AfD, Pegida & Co. soziale Netzwerke und rechte Blogs für ihre Propaganda nutzen

»Facebook geht also in die Knie vor den Drohungen des ›Stasi‹-Justizministers«, schrieb die weit rechts der politischen Mitte positionierte Website *Politically Incorrect (PI)* im Sommer 2016 entsetzt.[1] Der Grund für die Aufregung: Im Juli 2016 war die Facebook-Seite der Pegida-Bewegung, die online mehr als 200 000 Unterstützer und Unterstützerinnen hatte, plötzlich aus dem sozialen Netzwerk verschwunden. Aber: Pegida zeige, »wie es geht und deshalb auch, dass man sich von Denunzianten, Deutschlandfeinden und Volksverrätern nicht klein kriegen lassen« dürfe, kommentierte *PI* dann, als eine neue offizielle Pegida-Facebook-Seite auftauchte. Doch die Strahlkraft der alten Facebook-Präsenz von Pegida konnte die neue Seite nicht mehr erreichen: Mit Stand Dezember 2016 hat Pegida auf Facebook lediglich noch 39 000 Fans, also nicht einmal mehr 20 Prozent der früheren Anhängerschaft. Man kann diese Zahl auch als ein Indiz für den insgesamt geringeren Zulauf für die Bewegung lesen. Während sie im Winter 2014 noch bis zu 25 000 Unterstützer und Unterstützerinnen zum »Spaziergang« durch die Straßen Dresdens mobilisieren konnte, schwankte diese Zahl im Jahresverlauf 2016 nur mehr zwischen knapp 8000 Teilnehmenden im Februar 2016 und knapp 2000 Unterstützerinnen und Unterstützern am 7. November 2016.[2]

Rasantes Wachstum im Netz und auf der Straße

Im Winter 2014 waren die Likes für die Facebook-Page der Bewegung zunächst rasant in die Höhe geschnellt: Die Anzahl der Fans verzehnfachte sich von 3300 Anfang November innerhalb von vier Wochen auf 33 000 Anfang Dezember 2014. Eine neue Welle an Likes erhielt die Pegida-Seite Anfang des Jahres 2015. Ausschlaggebend dafür dürften zum einen deutliche Kritik an Pegida von Bundeskanzlerin Angela Merkel (CDU) in ihrer Neujahrsansprache und zum anderen die Terroranschläge auf das französische Satiremagazin *Charlie Hebdo* und einen jüdischen Supermarkt in Paris gewesen sein. Ende Januar 2015 kam die Pegida-Seite bereits auf rund 160 000 Fans, und auch die direkten Interaktionen durch Likes, Kommentare und Shares erreichten Höchstwerte.[3] Elf Wochen nach dem ersten sogenannten Abendspaziergang am 20. Oktober 2014 konnte die Pegida-Seite 1,5 Millionen Facebook-Nutzer mit ihren Posts erreichen.[4] Danach blieb die Anzahl der Likes mit zwischen 155 000 und 160 000 allerdings für rund sieben Monate relativ konstant. Durch die Fluchtbewegungen nach Europa im Herbst 2015 und die Vorfälle in Köln zur Silvesternacht 2015/16 erhielt die Pegida-Seite wieder neuen Zulauf: Bis Februar 2016 erreichte man 200 000 Likes. Anfang 2015 kam mehr als die Hälfte der Fans aus Ostdeutschland, fast 40 Prozent davon stammten aus Sachsen.[5]

Doch was hat die Nutzerinnen und Nutzer dazu bewegt, die Seite zu besuchen? Was hat den Reiz der Pegida-Seite ausgemacht? Warum konnte sie so schnell so viele – nicht nur virtuelle – Anhänger und Anhängerinnen gewinnen? Autorin und Autor dieses Beitrages haben im Juli 2016 für die österreichische Tageszeitung *Der Standard* eine Analyse der Pegida-Facebook-Seite durchgeführt.[6] Während die meisten Beiträge von Pegida selbstreferenziell waren und beispielsweise auf Ankündigungen oder Fotos vergangener oder bevorstehender Pegida-Events verwiesen, kam auch die von Pegida viel gescholtene »Lügenpresse« oft zu Wort. So sind in den Top 10 der am häufigsten von Pegida verlinkten Quellen fünf klassische Nachrichtenportale zu finden: die österreichische Boulevardzeitung *Krone,* der deutsche Nachrichtensender *NTV,* das oft auf Agenturmeldungen zurückgreifende Portal *T-Online.de* sowie das Magazin *Focus* und die deutsche Tageszeitung *Welt.* Mit deutlichem Abstand am häufigsten geteilt wurden allerdings *PI-News* und *Epoch Times,* zwei rechtsgerichtete Websites, die sich in Aufmachung, Themensetzung und Bewertung stark von den erstgenannten, klassischen Medien unterscheiden.

Ein globaler Einflussfaktor: Rechte Webseiten und Blogs

Der Blog *Politically Incorrect* wurde im Jahr 2004 gegründet. In den Texten, die teilweise unter Pseudonymen veröffentlicht werden, dominiert Islamfeindlichkeit. Längst gilt der Blog als Wortführer unter den deutschsprachigen islamfeindlichen Websites. Die Botschaft ist eindeutig: Der Islam, so *PI-News*-Gründer Stefan Herre im Jahr 2007, sei keine Religion, sondern eine »Gewaltideologie«.[7] In seinen sogenannten Leitlinien beklagt *Politically Incorrect (PI)* die Dominanz »politischer Korrektheit und Gutmenschentums« in den Medien. »Offiziell findet diese Zensur natürlich nicht statt, dennoch wird über viele Themen, selbst wenn sie von höchster Bedeutung für uns und unser Land sind, nur völlig unzureichend oder sogar verfälschend ›informiert‹«, heißt es in den *PI*-Leitlinien weiter. Man sehe sich »in der Pflicht, die schleichende Islamisierung dadurch zu verhindern, dass wir von den Mainstream-Medien unterdrückte Informationen über den real existierenden Islam in Deutschland und auf der ganzen Welt verbreiten«.

Auch die *Epoch Times* präsentiert sich gern als Bollwerk gegen die »Systempresse«. In der »Über uns«-Rubrik hieß es im Jahr 2016, man wolle Meldungen liefern, die »frei von Propaganda und Medienzensur« seien, und bringe »Nachrichten und Meinungen, die Sie sonst nirgends finden«. Die *Epoch Times* wurde im Jahr 2000 als US-amerikanische Zeitung für Exil-Chinesen als eine Reaktion auf die Unterdrückung der Falun-Gong-Gruppierung in China ins Leben gerufen. Die Falun-Gong-Bewegung basiert auf der spirituellen Konzentrations- und Meditationstechnik Qigong, sie wird von einigen Experten als harmlos, von anderen als sektenförmig bis rassistisch eingestuft.[8] In einem Urteil des Landgerichts Leipzig aus dem Jahr 2005 heißt es, Falun Gong habe »den Charakter einer neureligiösen Sekte mit sehr hierarchischen Anhängerstrukturen«.[9] Zudem entwickle die Organisation »ein elitäres und sektiererisches Gruppenbewusstsein«. Weltweit erscheint die *Epoch Times* eigenen Angaben zufolge inzwischen in 21 Sprachen in mehr als 35 Ländern, die erste deutsche Ausgabe wurde 2005 veröffentlicht. Seit dem Herbst 2015 berichtete *Epoch Times* über Fluchtbewegungen nach Europa – und fiel von Anfang an mit einer äußerst negativen Berichterstattung über Flüchtlinge und besonders Muslime auf. Dazu kam die Skizzierung aller möglichen Schreckensszenarien mit dem immer gleichen Ergebnis, dass die Integration von Flüchtlingen nicht zu bewältigen sei.

Die Etablierung und Verbreitung politisch weit rechts verorteter Internetportale ist ebenso wie deren massenhafte Verbreitung von Falschinformationen ein globales Phänomen. Das ließ sich exemplarisch auch im US-Präsidentschaftswahlkampf beobachten, wo sogenannte Alt-Right-Blogs wie *www.breitbart.com* unter deren Chefredakteur und späteren Trump-Chefberater Stephen Bannon nicht nur den republikanischen Kandidaten Donald Trump unterstützten, sondern dabei auch gezielt falsche Informationen verbreiteten. Eine Recherche des Nachrichtenportals *Buzzfeed* kam zu dem Ergebnis, dass dezidiert rechte Nachrichtenseiten in mehr als zehn Prozent aller Beiträge mit falschen Informationen hantieren.[10] Bei linken Nachrichtenseiten lag dieser Wert bei 4,7 Prozent, während bei »Mainstream«-Nachrichtenseiten keine einzige Meldung gefunden wurde, die nachweislich mit Faktenchecks widerlegt werden konnte. Gerade Beiträge mit »überwiegend falschen Informationen«, so *Buzzfeed*, wurden dann häufiger als faktisch korrekte Inhalte auf Facebook geteilt.

Deutsch-österreichische Wechselwirkungen

Auch die Facebook-Seite von Heinz-Christian Strache, Chef der österreichischen rechtspopulistischen Freiheitlichen Partei Österreichs (FPÖ), verbreitete mehrfach Falschinformationen, die häufig von den Fans der Seite geliked, kommentiert und geteilt wurden. Vergleicht man die Pegida-Facebook-Seite mit der Onlinepräsenz Straches, der die FPÖ als »wahre Pegida« in Österreich bezeichnet hatte,[11] treten erstaunliche Parallelen zu Tage. Pegida verlinkte oft auf Strache: alleine zwischen Januar und Juni 2016 mehr als 50 Mal, während der FPÖ-Chef nur ein einziges Mal auf Pegida verwies. Genau wie Pegida verlinkt auch Strache teilweise auf klassische Medien wie die *Kronen Zeitung* – die es bei den Pegida-Quellen als einziges Medium aus Österreich in die Top 10 geschafft hat; zum anderen zitiert er auch Blogs und Portale, die abseits der klassischen Medienlandschaft stehen. Im Unterschied zu Pegida und *Epoch Times* respektive *PI-News,* die zwar in einem inhaltlichen, aber in keinem organisatorischen Naheverhältnis stehen, betreiben Mitarbeiter und ehemalige Abgeordnete und Mandatsträger der FPÖ eigene Nachrichtenseiten, auf die der Parteichef dann verlinkt.

Am wichtigsten ist in diesem Netzwerk die Seite *unzensuriert.at,* die aus dem privaten Blog des hochrangigen FPÖ-Politikers Martin Graf hervorging, der bis 2013 dritter Präsident des österreichischen Nationalrats war. Mittlerweile ist unklar, wer bei *unzensuriert.at* mitarbeitet. Das Unternehmen hinter der Seite wird von einem Verein betrieben, 49 Prozent der Anteile gehören dem rechtsgerichteten Ares-Verlag, der laut Dokumentationsarchiv des Österreichischen Widerstandes (DÖW) rechtsextreme und teils antisemitische Schriften verlegt. Auf Anfrage heißt es bei *unzensuriert.at,* die Mitarbeiter würden »aus Datenschutzgründen« nicht genannt werden. Der Geschäftsführer des Verlags hinter der Seite *unzensuriert.at* ist als Referent im FPÖ-Parlamentsklub beschäftigt. Der ehemalige Chefredakteur der Seite arbeitet mittlerweile als Leiter der FPÖ-Kommunikationsabteilung.

Die von Pegida bekannten Attacken gegen Journalisten und das angebliche System der »Lügenpresse« werden auch von *unzensuriert.at* betrieben. Da überrascht es wenig, dass die Pegida-Facebook-Seite ebenfalls auf *unzensuriert.at* verlinkt. Im September 2016 wurde das Portal vom Nachrichtenmagazin *profil* verklagt, weil *unzensuriert.at*-

User in Kommentaren forderten, eine *profil*-Redakteurin »in die Gaskammer zu schicken«.[12] Auch auf der Facebook-Seite von Pegida gab es wiederholt Drohungen gegen Journalisten und Journalistinnen, die keineswegs virtuell blieben. Einige der Betroffenen sind am Rand von Pegida-Veranstaltungen beschimpft und attackiert worden.

Rechtspopulisten als ökonomischer Faktor

Für Aufregung sorgte in Österreich ein Interview mit Richard Schmitt, Chefredakteur des Onlineportals der größten Boulevardzeitung des Landes, der *Kronen Zeitung*. Mit mehr als 2,2 Millionen Lesern und Leserinnen ist die *Krone* die mit Abstand am weitesten verbreitete Tageszeitung Österreichs,[13] ihr Online-Ableger *krone.at* gehört zu den meistaufgerufenen Webseiten des Landes.[14] Deren Chefredakteur erklärte in einem Interview, dass Artikel auf *www.krone.at*, die von Straches Facebook-Seite geteilt werden, die Zugriffe auf die Seite der Zeitung um »das 1,5-Fache« steigern würden.[15] Das wäre mit ein Grund, warum FPÖ-Politiker eine erhöhte Präsenz in seinem Medium hätten. Später bestritt Schmitt jedoch, Artikel extra auf die FPÖ zuzuschneiden. Der Wirbel um das Interview zeigt unter anderem, dass rechtspopulistische Bewegungen mit einer großen Anhängerschaft auf Facebook ein ökonomisch wichtiger Faktor für Medien sein können.

Ähnlich enge Verflechtungen zwischen klassischen Medienmachern und rechtspopulistischen Bewegungen und Parteien gibt es auch in Bezug auf die AfD. Der ehemalige *Welt*-Mitarbeiter Günther Lachmann hat die rechtspopulistische Partei beraten, während er gleichzeitig über sie berichtete. Der frühere *Focus*-Mitarbeiter Michael Klonovsky ist nun als »Spin-Doctor« bei der AfD tätig. In beiden Fällen handelt es sich um ehemalige Redakteure jener klassischen Medien, die am häufigsten von der Pegida-Facebook-Seite verlinkt wurden. Im Übrigen zeigt sich auch in der virtuellen Welt, dass die AfD seit 2015 Pegida als Speerspitze einer nationalistischen, rechtspopulistischen Bewegung in Deutschland abgelöst hat. Mit mehr als 300 000 Facebook-Likes für die AfD-Seite und den 180 000 Fans, die allein die AfD-Chefin Frauke Petry über ihre Facebook-Seite erreicht (Stand Dezember 2016), ist die Pegida-Facebook-Seite in Bezug auf ihre Reichweite längst von der virtuellen Präsenz der AfD in den Schatten gestellt worden.

Bemerkenswert ist, dass rechtspopulistische Bewegungen trotz des Topos »Lügenpresse«, die FPÖ-Chef Strache auch gerne als »Systemmedien« bezeichnet, durchaus auch traditionelle Massenmedien als Quellen heranziehen. Der Journalist Patrick Gensing analysiert in seinem Buch »Rechte Hetze im Netz«, dass in rechten Facebook-Gruppen die »eigene Weltsicht durch Artikel aus etablierten Medien« belegt werden soll, allerdings nur, wenn die Inhalte mit der eigenen Meinung konform gingen. Durch die Mischung aus »alternativen« und klassischen Medien, die verlinkt werden, entstehe bei Nutzern und Nutzerinnen der Facebook-Seiten von Pegida oder AfD auf den ersten Blick der Eindruck, rechte Portale wie *PI* seien ebenso seriöse Quellen wie *Focus* oder *Welt*. Und natürlich gewännen die Quellen auch aufgrund der Verlinkung durch Pegida, AfD oder FPÖ-Chef Strache ohnehin für deren Fans an Bedeutung.

Monothematische Welt dank Algorithmen

Die Facebook-Präsenzen von Pegida, AfD und FPÖ unterstützen mit ihren Beiträgen die Entstehung eines abgeschlossenen Weltbildes, das keine Dissonanzen verträgt. FPÖ-Chef Strache wurde im Oktober 2016 vorgeworfen, auf Facebook sachliche Kommentare von Kritikern zu löschen, während Hasspostings lange online verblieben. Der *Futurezone* erklärte FPÖ-Kommunikationschef Alexander Höferl, Straches Facebook-Seite sei »keine Plattform für Kritiker«.[16] Medienforscher wie Oliver Quiring von der Johannes Gutenberg-Universität in Mainz meinen, auf diese Weise entstünden »monothematische Netzwerke«, die den jeweiligen Anhängern den Eindruck vermittelten, tatsächlich in der Mehrheit zu sein. Dementsprechend skandierten Pegida-Unterstützer voller Überzeugung bei ihren »Abendspaziergängen« eben auch den Ruf »Wir sind das Volk«.

Internetplattformen wie Facebook, aber auch Google und YouTube versuchen grundsätzlich, Inhalte für ihre Nutzer und Nutzerinnen zu personalisieren und das Angebot über Filter-Algorithmen zu optimieren. Man erhält und sieht also immer mehr Themen, Geschichten, Fotos, die nach Berechnungen der Plattformen zu den eigenen Interessen und Ansichten passen. Das kann als Serviceelement gesehen werden, bedient aber primär ökonomische Interessen der Konzerne, da die Nutzer und Nutzerinnen mehr Zeit mit den Services verbringen, wenn deren Inhalte für sie interessant sind.[17] Diese Algorithmen fördern langfristig ein Auseinanderdriften der Wahrnehmung von vollständiger Realität – und hierbei sind gezielte Falschinformationen noch gar nicht miteinbezogen. Der Internetaktivist Eli Pariser, der den Begriff »Filterblase« kreiert hat, warnt vor einer »Autopropaganda«, also vor einer Flut von agitierenden Meldungen, die auf das eigene Suchverhalten und somit die eigenen Interessen zugeschnitten sind.[18]

Die Gefahr dabei sei, dass man sich aus dieser Filterblase nicht mehr hinausbewege und sich in seinem Weltbild permanent bestätigt fühle. Ein Austausch von Meinungen und Meinungsvielfalt als Normalität finde dann kaum noch statt – die virtuelle Umgebung werde damit »frei von Widerspruch«[19] und die eigene Sichtweise radikalisiere sich zunehmend. Der Sozialforscher Cass Sunstein kam jedenfalls in einem Experiment zu dem Ergebnis, dass Diskussionen mit Gleichgesinnten zu einer Polarisierung aller Teilnehmenden führten, während sich bei Debatten mit Andersdenkenden die meisten Teilnehmer zu einer »Mitte« hin bewegten.

Konstruierte Wirklichkeit und Radikalisierung

Die Social-Media-Strategien, die von FPÖ-Chef Strache in Österreich oder durch AfD und Pegida mit großem Erfolg in Deutschland vorangetrieben werden, lassen sich also folgendermaßen zusammenfassen:

Verlinkt werden klassische Nachrichtenseiten, wenn ihre Meldungen zur ideologischen Weltsicht der Bewegungen passen. Gleichzeitig werden Meldungen neuer, »alternativer« und meist politisch weit rechts stehender Webseiten verbreitet, die oft mit Falschinformationen hantieren. Durch die große Anzahl an Facebook-Fans, die Strache oder Pegida haben, sind diese für Medien zunehmend auch ein ökonomischer Faktor, da eine Verlinkung ihre Quoten in die Höhe treibt. Pegida und Strache schaffen für ihre Anhänger eine monothematische Welt, die keine Dissonanzen erlaubt. Das wird durch die Algorithmen der wichtigsten technischen Dienste wie Facebook begünstigt. Durch diese Faktoren erhalten Fans der Seiten das Gefühl, dass eine überwiegende Mehrzahl ihrer Mitmenschen ähnlich denke und sie eine Art »schweigende Mehrheit« seien.

Zwar gibt es momentan kaum wissenschaftliche Erkenntnisse über einen »Filterblasen«-Effekt, Forscher warnen aber davor, dass soziale Medien und Suchmaschinen weiter intensiv in diese Richtung gehen. Langfristig drohe dabei der »Kitt« verloren zu gehen, der bislang große Teile der Gesellschaft zusammengehalten hat: etwa die Verständigung auf gemeinsame Fakten oder die Bereitschaft, miteinander in einen konstruktiven Dialog zu treten. Es besteht die Gefahr, dass sich die verschiedenen Teile der Gesellschaft gar nicht mehr auf Fakten einigen können, um anhand derer politische Richtungsentscheidungen zu treffen, weil Anhänger und Anhängerinnen verschiedener politischer Richtungen – mit ihren Empörungsbewegungen und -parteien als Avantgarde – ihre Realität fast ausschließlich über die von den Algorithmen von Facebook und anderen sozialen Medien ausgewählten Meldungen konstruieren.

Da auf den untersuchten Facebook-Seiten auch mit Falschinformationen hantiert wird, entsteht eine Parallelwelt, die zur gesamtgesellschaftlichen Polarisierung beiträgt. Verschwörungstheorien erhalten massenhaft Zustimmung, da schnell andere Nutzer und Nutzerinnen entdeckt werden, die ähnlich denken. Entsprechend fraglich ist, ob und wie über politische Grundsatzentscheidungen in Zukunft diskutiert werden kann, wenn sich politisch unterschiedlich orientierte Teile der Bevölkerung nicht einmal mehr ansatzweise auf eine »Realität« und deren »Fakten« einigen können.

Anmerkungen

1 PI-News: Facebook löscht PEGIDA-Seite, 23.7.2016, www.pi-news.net/2016/07/facebook-loescht-pegida-seite/ [gesehen am 15.11.2016]

2 Präzise Angaben zu Teilnehmenden-Zahlen bei Pegida und Legida sowie bei den entsprechenden Gegendemonstrationen finden sich bei https://durchgezaehlt.org/

3 Clemens Pleul, Stefan Scharf: Pegidas Entwicklung auf der Straße und im Netz. In: Werner J. Patzelt, Joachim Klose (Hg.): Pegida. Warnsignale aus Dresden, Dresden 2016, S. 302 beziehungsweise S. 342

4 Ebd., S. 296

5 Ebd., S. 335

6 Noura Maan, Fabian Schmid: Das Gegenteil von Lügenpresse, Der Standard, 10.7.2016, http://derstandard.at/2000037622930/Das-Gegenteil-von-Luegenpresse [gesehen am 15.11.2016]

7 Steven Geyer, Jörg Schindler: Im Netz der Islamfeinde, Frankfurter Rundschau, 14.9.2011, www.fr-online.de/die-neue-rechte/-politically-incorrect-im-netz-der-islamfeinde,10834438,10835026.html [gesehen am 10.11.2016]

8 Sophie Mühlmann: Herr des Gesetzesrads: Li Hongzhi erfand die Falun-Gong-Sekte, Die Welt, 6.7.2001, www.welt.de/print-welt/article461411/Herr-des-Gesetzesrads-Li-Hongzhi-erfand-die-Falun-Gong-Sekte.html [gesehen am 15.11.2016]

9 Natalie Wiesmann: Sekte oder Meditationsgruppe? Tageszeitung, 25.10.2005, www.taz.de/!527540/ [gesehen am 15.11.2016]

10 Craig Silverman, Lauren Strapagiel, Hamza Shaba, Ellie Hall, Jeremy Singer-Vine: Hyperpartisan Facebook Pages Are Publishing False and Misleading Information At an Alarming Rate, Buzzfeed, 20.10.2016, www.buzzfeed.com/craigsilverman/partisan-fb-pages-analysis [gesehen am 15.11.2016]

11 Daniel Steinlechner: FPÖ-Strache:»Wir sind die wahre Pegida«, News, 15.1.2015, www.news.at/a/fpoe-strache-wahre-pegida [gesehen am 15.11.2016]

12 Profil Redaktion: profil zeigt Hassposter von unzensuriert.at an, Profil, 24.9.2016, www.profil.at/oesterreich/anzeige-hassposter-unzensuriert-7585460 [gesehen am 12.11.2016]

13 Media Analyse 15/16, Verein Arbeitsgemeinschaft Media-Analysen, www.media-analyse.at/table/2682 [gesehen am 17.11.2016]

14 Österreichische Web-Analyse: ÖWA Plus 2016-I: Erfolgreiche Integration von App-Reichweiten, www.oewa.at/news/35 [gesehen am 17.11.2016]

15 Markus Huber:»Zu weit weg von der Bevölkerung«, Fleisch Magazin, 2016, www.fleischmagazin.at/index.php/fleisch-38-krone-richard-schmitt [gesehen am 7.11.2016]

16 Thomas Prenner:»Facebook-Seite von Strache ist keine Plattform für Kritiker«, Futurezone, 2016, https://futurezone.at/netzpolitik/facebook-seite-von-strache-ist-keine-plattform-fuer-kritiker/225.858.598 [gesehen am 18.11.2016]

17 Julian Ausserhofer: Gute Filter, böse Filter? Algorithmen, der persönliche Informationshaushalt und digitale Öffentlichkeiten. In: C. Landler, P. Parycek, M. C. Kettemann (Hg.): Netzpolitik in Österreich. Internet, Macht, Menschenrechte, Krems 2013, S. 83–90

18 Vgl. etwa: Eli Pariser:»Beware of the filter bubbles«, TED Talk, Mai 2011, www.ted.com/talks/eli_pariser_beware_online_filter_bubbles/transcript?language=en [gesehen am 15.11.2016]

19 Pleul, Scharf: Pegidas Entwicklung auf der Straße und im Netz, S. 311

Als ich nach Leipzig zog, war ich ziemlich nichtsahnend. Rassismus ist mir häufig begegnet, aber das wurde irgendwie »weggesteckt«. Mittlerweile ist Rassismus in Leipzig ein Thema, das ich so oft gern abstreifen würde, das aber wie ein Schatten an mir hängt.

Es häuften sich die kleinen Vorfälle. »Sie sprechen aber gut Deutsch« und »Wo kommst du WIRKLICH her?« sind Standard-Fragen. Es sind die alltäglichen Momente, die immer wiederkehren und mir bitterlich zeigen, dass ich nicht dazugehören soll, weil ich den Kartoffeln »zu anders« bin. Momente wie jener, als ich im Journalistik-Seminar an der Uni Leipzig saß. Es ging um Textkorrektur, und ich meldete mich. Die Dozentin: »Ach, die Ausländerin sagt es uns.« Ich war total verdattert. »So ausländisch bin ich nicht« war alles, was ich sagen konnte. »Deutsch ist Ihre Muttersprache?«, entgegnete Frau F. verdutzt. Der Tag war gelaufen. In einem späteren Gespräch sah Frau F. es gar nicht ein, rassistisch gewesen zu sein.

Viele reagieren so wie Frau F. Wenn rassistisches Verhalten angesprochen wird, wird darin ein Angriff gesehen, statt das eigene Handeln zu überdenken oder an die Konsequenzen für die Betroffenen zu denken. Um das zu erleben, muss man nicht erst an »besorgte Bürger« geraten. Auch vermeintlich Linke werfen dir vor, alles ein bisschen »zu eng« zu sehen. »Wie, du gehst an Legida-Tagen nicht mehr raus? Übertreib' mal nicht!« Auch wenn Legida-Demos nur noch unregelmäßig stattfinden: Zu Höchstphasen habe ich mich in »meiner Stadt« nicht mehr vor die Tür getraut.

Oftmals kann ich nicht, ohne emotional zu werden, über Rassismus in Deutschland, in Sachsen und Leipzig reden, und ich habe so unendlich viel Wut und Verzweiflung in mir. Wut über die Menschen, die Rassismus bewusst reproduzieren, Wut über die Menschen, die Rassismus bewusst ignorieren. Das sind Privatpersonen, Gruppen, aber auch Politiker und Politikerinnen. Menschen, die in der Position wären, ein präsentes Problem in ihrem Bundesland beim Schopfe zu packen.

Ich höre diejenigen, die meinen, dass es für sächsische Verhältnisse doch ganz gut in Leipzig sei. Aber ganz gut ist eben nicht gut genug.

Nhi Le ist Slam-Poetin und Speakerin. Sie bloggt auf nhi-le.de.

Tino Moritz, Toralf Staud

Rechtsaußen, mittendrin

Anders als zehn Jahre lang die NPD wird die AfD im Sächsischen Landtag nicht ausgegrenzt

Ein Dienstag im Dezember 2016: 16 Abgeordnete stehen im Foyer des Sächsischen Landtags in Dresden. Die meisten kommen aus der CDU-Fraktion, auch einige Leute von der SPD sind da. Martin Dulig, der Landeschef der Sozialdemokraten und in der schwarz-roten Koalition stellvertretender Ministerpräsident, spielt Trompete. Die anderen singen Weihnachtslieder, ein traditioneller Dank für die Mitarbeiter der Parlamentsverwaltung. In früheren Jahren kamen auch schon mal Abgeordnete der Bündnisgrünen oder der Linkspartei. Die NPD hingegen war nie dabei. An diesem Dienstag aber stehen und singen inmitten der anderen Parlamentarier auch zwei AfD-Abgeordnete: Frauke Petry, Bundeschefin der Partei und Vorsitzende der sächsischen Fraktion, sowie Fraktionsvize Jörg Urban, bis 2014 Geschäftsführer der Grünen Liga. Die AfD, so wirkt diese Szene, ist nach bereits zwei Jahren vollkommen angekommen.

Lange Zeit war es ziemlich dröge gewesen im Hohen Haus der Sachsen. Die Aufbruchseuphorie der Wendezeit 1989/90 war endgültig verflogen, als im Herbst 1994 nur noch drei Parteien in den Landtag gewählt wurden: CDU, SPD und PDS. Der Rest scheiterte an der Fünf-Prozent-Hürde. Ein keinesfalls untypisches Wahlergebnis für Ostdeutschland in den 1990er Jahren. Auch in anderen neuen Bundesländern wurden FDP und Bündnis 90/Die Grünen in die außerparlamentarische Opposition zurückgestuft. Was anders war in Sachsen: Hier wurden die Kleinen nicht zum Regieren gebraucht, hier verhalf NRW-Import Kurt Biedenkopf der CDU von 1990 bis 1999 in drei Landtagswahlen hintereinander zuverlässig zu absoluten Mehrheiten. Dass ein und dieselbe Partei alle Fäden in der Hand hielt und Oppositionsparteien nichts zu sagen hatten, beschränkte nicht nur den Unterhaltungswert der Landespolitik für Außenstehende, sondern auch die Demokratieerfahrung für alle

Beteiligten – inklusive des Wahlvolks. Beides änderte sich Ende August 2004 schlagartig: Nun zogen gleich sechs Parteien in den Landtag ein – darunter nach mehr als drei Jahrzehnten bundesweiter Bedeutungslosigkeit auch die NPD.

Zehn Jahre lang sollten sich die Rechtsextremen im Dresdner Landtag halten. Und beinahe wären es noch fünf Jahre mehr geworden. 2014 fehlten der Partei nur 824 Zweitstimmen: 81 875 hätten für den nochmaligen Wiedereinzug gereicht, 81 051 wurden es, mit 4,95 Prozent scheiterte die NPD ganz knapp am historischen Erfolg einer dritten Legislaturperiode in Folge.

Von CDU bis zur Linkspartei wurde das Ausscheiden der Neonazipartei noch am Wahlabend als großer Erfolg gefeiert. Mit dem nach längerer Anlaufphase irgendwann routiniert gepflegten Ritual des Nicht-Umgangs mit der NPD hatte deren Aus aber gewiss kaum etwas zu tun. Der Grund war offenkundig ein anderer – der Antritt der erst ein Jahr zuvor gegründeten Alternative für Deutschland (AfD), die in fast allen Wählermilieus erfolgreich Stimmen einsammeln konnte. In Sachsen eroberte die AfD ihre deutschlandweit ersten Landtagsmandate: 9,7 Prozent bekam die Partei unter Führung der Landesvorsitzenden Petry bei der Wahl am 31. August 2014. 159 611 Zweitstimmen – 31 298 weniger übrigens als die NPD bei ihrem Einzug in den Sächsischen Landtag im Jahr 2004.

Dass die NPD damals 9,2 Prozent erhalten hatte, wurde von Sozialwissenschaftlern mit der Protestwelle gegen Hartz IV begründet. Tatsächlich aber hatte die älteste deutsche Rechtsaußenpartei ein Jahrzehnt lang auf diesen Erfolg hingearbeitet. Die NPD hatte sich Ende der 1990er Jahre entschlossen, ihre Ressourcen auf Sachsen zu konzentrieren. Hier existierte der damals größte Landesverband mit rund 1000 Mitgliedern und einer beinahe flächendeckenden Struktur von Kreisverbänden. Die Verankerung in den Kommunen war am weitesten vorangeschritten, unter anderem durch Mandate in Gemeinderäten. Die Chancen für einen Landtagseinzug schienen in Sachsen am größten, so das Kalkül – das tatsächlich aufging. Sogar das NPD-Zentralorgan *Deutsche Stimme* war im Jahr 2000 aus Bayern ins sächsische Riesa gezogen. Mit dem Verlag kamen auch ein knappes Dutzend sicherer Arbeitsplätze für verdiente Kader ins Land, die dann zielgerichtet am Aufbau von Parteistrukturen arbeiten konnten. Ein Viertel der ersten NPD-Landtagsfraktion rekrutierte sich schließlich aus den Reihen des *Deutsche-Stimme*-Verlags.

Zunächst hatte die NPD auch eine regelrechte Glückssträhne: Die Aufmerksamkeit der Medien konzentrierte sich auf die Parlamentsneulinge, die mit gezielten Provokationen für immer neue Schlagzeilen sorgten. Vom ersten Tag an kannten sie dank einzelner erfahrener Kader aus anderen Landesverbänden alle Tricks der Geschäftsordnung. Die anderen Parteien reagierten kopflos und ließen sich von der NPD geradezu vorführen. Zwei Abgeordnete, möglicherweise aus der CDU, stimmten bei der Ministerpräsidentenwahl im Jahr 2004 mit den Rechtsextremisten. Und im Januar 2005 erregte die NPD mit einem kalkulierten Eklat – zwei Abgeordnete nannten die Bombardierung Dresdens durch die Alliierten 1945 »Bomben-Holocaust« – weltweites Aufsehen.

Die NPD feierte sich selbst: »Ein Dammbruch, ein Fanal, das Undenkbare in Fraktionsstärke«, trompetete Karl Richter, einer der damaligen Strategen der Fraktion, in der Parteizeitung.[1] »Der Bann weicht, es geht ans Erwachen. Heute Sachsen, morgen Deutschland.« Doch so kam es nicht. Fast überall, wo sie es sonst noch versuchte, scheiterte die NPD. Lediglich in Mecklenburg-Vorpommern brachte sie ebenfalls das Kunststück fertig, zweimal hintereinander in den Landtag einzuziehen. In Sachsen nutzte die NPD um ihren damaligen Vorsitzenden Holger Apfel zwar durchaus geschickt die Möglichkeiten, die eine Landtagsfraktion bot: Mit Millionen staatlicher Euro wurden Büros und andere Parteistrukturen aufgebaut, durch Anfragen im Landtag wurden nützliche Informationen für die Arbeit der zahlreichen Kommunalabgeordneten eingeholt. Doch im Parlamentsalltag konnte die NPD keine größeren Spuren hinterlassen, die anderen Parteien grenzten sie konsequent aus.

Türöffner Sachsen

Der AfD hingegen gelang es, ihrem Landtagseinzug in Sachsen weitere Triumphe im Rest der Republik folgen zu lassen. Nach Dresden folgte der Sprung in die Parlamente bei durchgängig allen nachfolgenden Landtagswahlen bis Ende 2016. Geschuldet war die Einstelligkeit in Sachsen – unter zehn Prozent lag sie sonst nur noch in den Stadtstaaten Bremen und Hamburg – wohl nur dem Zufall des Wahlkalenders. Zwei

Jahre später lag die Partei in Umfragen auch im Freistaat bei 25 Prozent (und damit auf dem Niveau des bisherigen Rekordhalters Sachsen-Anhalt).

Von der NPD unterscheidet sie einiges: Die AfD wird nicht vom Verfassungsschutz beobachtet, sie wird auch nicht als verfassungsfeindlich eingestuft,[2] zur militanten Szene der Neonazi-Kameradschaften hält sie wohlweislich Abstand. Frühere NPD-Mitglieder werden in der AfD nicht geduldet. Und die Petry-Partei will zwar vielleicht das Wort »völkisch« wieder salonfähig machen, aber doch bitte ohne die dahinterstehende NS-Ideologie. Ihre Spitzenvertreter wie Frauke Petry aus Sachsen, Alexander Gauland aus Brandenburg oder der Ex-ARD-Journalist Armin-Paul Hampel aus Niedersachsen sitzen in den Fernsehtalkshows der Republik. Und: Die AfD will auch nicht die parlamentarische Demokratie abschaffen.

Und dennoch fühlen sich Beobachter im Sächsischen Landtag zuweilen an die NPD erinnert, wenn sie die AfD erleben. Es fängt bei der Sitzordnung an, für die die 14-köpfige AfD-Fraktion allerdings nichts kann. Vergeblich hatte Frauke Petry nach dem Wahlerfolg verlangt: »Wir wollen nicht am Rand sitzen.« Die AfD fand sich trotzdem rechts außen wieder, zwischen der CDU und der Regierungsbank, also dort, wo zehn Jahre lang die NPD-Vertreter gesessen hatten. Es geht weiter bei der rhetorischen Pflege des Feindbilds: Die Konkurrenz von den Grünen bis zur CDU wird von der AfD gern – wie es auch die NPD tat – als »Parteienkartell«, »Altparteien« oder »Nationale Front«[3] bezeichnet.

Überhaupt der Umgangston: Mehr noch in den nachmittags oft stakkatohaft versandten Pressemitteilungen zu den Themen des Tages – der Fraktionssprecher der AfD arbeitete früher jahrelang für die *Bild*-Zeitung – als im Plenum selbst werden Kontrahenten und Medien rüde angegangen und verspottet, bis hin zu mindestens fragwürdigen Tatsachenbehauptungen.[4] Dabei schien Frauke Petry zunächst durchaus Wert auf Etikette zu legen. Noch im Dezember 2014 verbat sie sich das von der Abgeordneten Kerstin Köditz (Die Linke) verwendete Attribut »Schnatterinchen«. Köditz habe damit »auf die große Nachfrage von TV- und Rundfunksendern« am Interview- und Talkshowgast Petry angespielt, erkannte die AfD-Fraktion zutreffend. Dennoch wertete sie die Verwendung des eher harmlosen Beinamens zugleich als »Entgleisung der Parlamentsdisziplin«. Petry selbst ließ sich in der Pressemitteilung mit den Worten zitieren, es sei »Ausdruck argumentativer Hilflosigkeit, den politischen Gegner mit Schmähbegriffen anzugreifen, statt mit Fakten aufzuwarten«. Solche »Ausfälle« seien »eines Landesparlamentariers unwürdig«, sagte Petry weiter, die gleich noch ankündigte: »Parlamentsdebatten auf dieser Niveauebene wird es seitens der AfD-Fraktion nicht geben.«

Ein Versprechen, das weder die AfD als Ganzes noch Frauke Petry selbst einhielten – wenn man »Schnatterinchen« zum Maßstab nimmt. Von da ist es ja nicht weit zum Sandmann, wie jedes in der DDR sozialisierte Kind weiß. Keine zehn Monate nach der »Entgleisung« von Köditz warf Petry im Plenum Sachsens Ministerpräsidenten Stanislaw Tillich vor, den Bürgern mit einer »Sandmann-Rede« gerade »wieder einmal Sand in die Augen gestreut« zu haben. Meist aber versuchen die AfD-Abgeordneten tatsächlich, sich im Plenum als Musterschüler zu geben – was auch nur selten misslingt. So stellte Sebastian Wippel, ein Polizeikommissar, in einer Landtagsdebatte zur Inneren Sicherheit am 31. August 2016 Terroranschläge in Deutschland als Quittung für die »Suppe« dar, die Kanzlerin Angela Merkel dem Land »eingebrockt« habe – um dann in Anspielung auf die Herkunft von Anschlagsopfern hinzuzufügen: »Leider hat es nicht die Verantwortlichen dieser Politik getroffen, sondern es hat Chinesen getroffen, es hat Polen getroffen.«

Das Plenum reagierte empört. »Skandal«, rief SPD-Wirtschaftsminister Dulig, und die Grünen warfen Wippel vor, er habe »demokratischen Politikern den Tod gewünscht«. Landtagspräsident Matthias Rößler (CDU) erteilte dem AfD-Mann nachträglich einen Ordnungsruf für dessen »zynisches Bedauern«, dass die Anschläge aus seiner Sicht nicht die Richtigen getroffen hätten. SPD-Fraktionschef Dirk Panter sprach von einer »Masche der AfD«, zuerst etwas in die Welt hinauszuposaunen, um dann zu behaupten, es sei nicht so gemeint gewesen.

Dabei dürfte Wippel im konkreten Fall wohl tatsächlich nur das Wort »leider« verrutscht sein. Noch im Plenum versicherte er: »Ich wünsche natürlich niemandem den Tod.« Der frühere Zeitsoldat war in der FDP, bevor er 2013 in seiner Geburtsstadt Görlitz zur AfD kam. Dort kümmert er sich um eines der Lieblingsthemen der Partei: Er stellt im Landtag Anfragen zur Herkunft ausländischer Tatverdächtiger und zur Kriminalität von Asylbewerbern. Schon vor der Landtagswahl hatte eine AfD-interne Arbeitsgruppe mit dem damals noch 31-jährigen Wippel die Aufnahme eines demagogischen Kriteriums »deutschenfeindliche Straftat« in die polizeiliche Kriminalitätsstatistik vorgeschlagen.[5]

Die Niederungen des parlamentarischen Alltags

Der ehemalige Grüne-Landtagsabgeordnete Miro Jennerjahn sagt der AfD-Fraktion zwar eine »parlamentarische Faulheit« nach – aber davon kann nicht wirklich die Rede sein. Zwar fußt das Urteil des Leipziger Politikwissenschaftlers auf einer quantitativen Analyse, deren Ergebnis für die AfD im Vergleich zur Konkurrenz ernüchternd ausfiel.[6] Allerdings sagt allein die Zahl von Anträgen, Gesetzentwürfen und Kleinen Anfragen nicht wirklich viel über erfolgreiche Oppositionsarbeit aus – vor allem nicht in Sachsen, wo traditionell nur in lichten Ausnahmefällen eine Initiative der Opposition das parlamentarische Verfahren überlebt und umgesetzt wird.

Zu Recht verweist Jennerjahn auf einige an Schlichtheit nicht zu überbietende AfD-Forderungen. Nur einen Monat nach der Verabschiedung des Doppelhaushalts 2015/16 beispielsweise beantragte die Fraktion – in nur einem Satz – die Einführung eines »Begrüßungsgeldes« von steuerfrei 5000 Euro für jedes neu geborene Kind, ohne zu erklären, wie der Freistaat diese Prämie finanzieren soll. In der anschließenden Pressemitteilung kritisierte die AfD-Fraktion dann die »Altparteien« für ihre Ablehnung des Vorschlags: »Unter fadenscheinigen Ausreden« hätten sie »bewiesen, dass sie nicht bereit sind, etwa 170 Millionen Euro in die biologische Zukunft des Freistaates Sachsen zu investieren.«

Bei Anträgen wie diesen kann sich der Oppositionsführer im Landtag, Linken-Chef Rico Gebhardt, in seinem Urteil bestätigt fühlen. Schon 2014 attestierte er der AfD einen »Primitiv-Populismus«. Dieser führt zuweilen auch zu peinlichem Aktionismus, wenn etwa der Abgeordnete Carsten Hütter schriftlich einer angeblichen »Vergewaltigung durch Asylbewerber im Maxim-Gorki-Park« im Mai 2016 auf den Grund gehen will – und in der Antwort von Innenminister Markus Ulbig (CDU) zu hören bekommt, dass der Regierung in ganz Sachsen kein Park mit diesem Namen bekannt sei.

Trotzdem fällt selbst der Linken im Sächsischen Landtag der Umgang mit der AfD schwer. Anträge der NPD wurden noch aus Prinzip abgelehnt, was relativ leicht fiel, weil die Rechtsextremen ihre völkischen Motive in der Regel kaum verbargen. So forderte die NPD einst eine Verdreifachung des Landeserziehungsgeldes – um mit »aktiver Bevölkerungspolitik« der »genosuizidalen« Entwicklung entgegenzuwirken. Und Schulschließungen lehnten die Rechtsextremen schon allein deshalb ab, weil diese »Pflanzstätten« der »nationalen Identität« seien.

Gegenüber der AfD hingegen erodiert die Abgrenzung. Als die AfD die Hürden für Volksentscheide absenken und landesweite Referenden zu zuvor vom Landtag beschlossenen Gesetzen einführen wollte, wurde dies von CDU, SPD und Grünen geschlossen abgelehnt. Aus der Linkspartei aber stimmten nur elf Abgeordnete mit Nein, 16 ihrer Abgeordneten um Gebhardt, den Parlamentarischen Geschäftsführer Sebastian Scheel und Rechtspolitiker Klaus Bartl enthielten sich lediglich.

Bislang zumindest hat keine andere Landtagspartei gemeinsame Gesetzentwürfe mit der AfD eingebracht; zudem gab es noch keine Mehrheit für eines ihrer Anliegen im Plenum. Die AfD wiederum schert sich wenig um den Urheber von Anträgen oder Gesetzentwürfen, sondern stimmt über die Initiativen der anderen Fraktionen so ab, wie es ihr gefällt. Gegen die Zustimmung zu einem Antrag anderer Oppositionsfraktionen, etwa zur Unterstützung freiberuflicher Hebammen, können sich Grüne und Linke genauso wenig wehren wie die Koalitionäre gegen die Zustimmung der 14 AfD-Abgeordneten zu einem CDU/SPD-Vorstoß etwa zum Ausbau des grenzüberschreitenden Bahnverkehrs.

Auffällig oft applaudiert die Fraktion bei Redebeiträgen von Unionsvertretern. Deren konservativem Flügel steht die sächsische AfD im Landtag inhaltlich sehr nahe – und umgekehrt. Wenn es Berührungsängste gibt, fallen diese kaum auf: Während es viele Jahre dauerte, bis sich CDU-Politiker trauten, bei gemeinsamen Raucherpausen mit Kollegen der PDS gesehen zu werden, sind informelle Unterredungen zwischen Vertretern der Union und der AfD keine Seltenheit. Vor seiner Wahl zum sächsischen Ausländerbeauftragten warb Ex-Justizminister Geert Mackenroth (CDU) wie selbstverständlich auch bei der AfD um Zustimmung. Und gegen die weihnachtsliedersingenden Frauke Petry und Jörg Urban hatte im Parlamentsfoyer offenbar auch niemand etwas.

Straffe Führung, gemischtes Personal

Zwei Jahre nach dem Einzug 2014 ist jedenfalls – anders als in den zehn Jahren NPD-Präsenz – die Existenz der AfD in einem Landtag nichts Besonderes mehr. Rechts von den Unionsparteien scheint sich in Deutschland tatsächlich eine Partei im parlamentarischen Spektrum etablieren zu können. Im Vergleich zu anderen Fraktionen – etwa in Thüringen oder in Sachsen-Anhalt – gelten die sächsischen AfD-Vertreter auch nicht einmal als besonders radikal. Und während aus der ersten NPD-Fraktion schon innerhalb der ersten Monate nach der Wahl gleich drei der ursprünglich zwölf Abgeordneten austraten, hat bislang keines ihrer Mitglieder die Reihen der AfD-Fraktion in Sachsen verlassen. Erklären lässt sich das mit der fraktionsintern als straff beschriebenen Führung durch Frauke Petry. Auf ihre Autorität dürfte der Verzicht des Abgeordneten Detlev Spangenberg auf das ihm zustehende Amt des Alterspräsidenten zurückgehen, nachdem in der Presse Berichte über Kontakte Spangenbergs nach weiter rechts (zum »Bündnis Arbeit-Familie-Vaterland« und zum »Bündnis für Freiheit und Demokratie«) aufgetaucht waren. Dafür übte die Fraktion dann Anfang 2016 keinen allzu großen Druck auf den inzwischen 71-Jährigen aus, als plötzlich mehrere Jahrzehnte zurückliegende Stasi-Kontakte publik wurden.

Verlassen kann sich Petry auf Vertraute wie Michael Muster. Der Jurist arbeitete viele Jahre als Ministerialdirigent im Dresdner Regierungsapparat und gilt dort weiter als hervorragend vernetzt. Öffentlich in Erscheinung tritt freilich ein anderer Gefolgsmann von Petry: Uwe Wurlitzer, einst Mitarbeiter eines CDU-Bundestagsabgeordneten, im Landtag nun Parlamentarischer Geschäftsführer der Fraktion, im Landesverband Generalsekretär, hier wie dort die rechte Hand der Chefin. Wie sie ist auch Wurlitzer Jahrgang 1975. Immer mal wieder vergreift er sich im Ton, wenn er etwa kurz vor einem AfD-Landesparteitag Bundeskanzlerin Angela Merkel unterstellt, sie sei womöglich »ein Stasi-Schläfer, der den Auftrag erfüllt, die CDU zu zerlegen«.

Auf dem Parteitreffen Ende Februar 2016 in Markneukirchen wurde nicht nur Wurlitzer als Generalsekretär bestätigt, sondern auch ein anderer früherer Vertrauter Petrys von der Basis rehabilitiert – Thomas Hartung. Im Landtagswahlkampf 2014 musste der frühere Journalist und Journalistik-Dozent nach einem abwertenden Facebook-Kommentar darüber, dass Menschen mit Down-Syndrom keine Lehrer sein könnten, sowohl sein Parteiamt als auch seinen Listenplatz abgeben. In Markneukirchen bewarb er sich erfolgreich erneut um den Vize-Parteivorsitz. In seiner Rede bezeichnete er Angela Merkel als »poststalinistische Psychopathin in Berlin«. Beanstandet wurde die Titulierung der Kanzlerin von keinem der etwa 260 anwesenden AfD-Mitglieder – im Gegenteil: Hartung bekam tosenden Extra-Applaus, und nach dem Ende seiner etwa vierminütigen Vorstellungsrede riss es die Mehrheit von den Stühlen, die Basis applaudierte im Stehen.

Die regelmäßigen Attacken aus den Reihen der AfD auf Kanzlerin Angela Merkel machen es der sächsischen CDU-Spitze nicht schwer, zur AfD Distanz zu halten – obwohl der Unionslandesverband als einer der konservativsten bundesweit gilt. »Ein Land, in dem die AfD Verantwortung hat, will ich mir nicht vorstellen«, sagte CDU-Generalsekretär und Bundestagsfraktionsvize Michael Kretschmer im Herbst 2016. Dass Teile der Partei anders ticken, belegen nicht nur der kurz zuvor bekannt gewordene Übertritt des Dresdner Rechtsanwalts Maximilian Krah zur AfD, sondern auch die Forderungen des CDU-Europaabgeordneten und Amtsvorgängers von Kretschmer, Hermann Winkler, und der CDU-Bundestagsabgeordneten Veronika Bellmann, künftig auch über Koalitionen mit der AfD nachzudenken.

In Sachsen steht die nächste Landtagswahl indes regulär erst im Spätsommer 2019 an. Der CDU-Landeschef und Ministerpräsident Stanislaw Tillich ließ sich zwar auch schon mal darauf ein, der AfD Konzeptlosigkeit vorzuwerfen und inhaltliche Arbeit abzusprechen.[7] Zudem unterscheidet er neuerdings öffentlich bewusst zwischen Demokraten und Populisten. Den Gefallen, die AfD dabei namentlich zu nennen, will er ihr indes nicht tun – um sie nicht aufzuwerten. Ob Sachsens CDU-Spitze auch 2019 noch ein schwarz-blaues Regierungsbündnis ausschließen wird, dürfte nicht unwesentlich vom Kurs der AfD abhängen, von ihrer Stärke und auch ihrem Personal.

Frauke Petry – aus Sachsen in die Bundespolitik

Frauke Petry zieht es 2017 in den Bundestag. Sie hat in der AfD zwar einige mächtige Gegner, es aber seit 2013 vermocht, sich an der Spitze zu halten. Dabei ging sie durchaus unorthodox vor: Sie engagierte mit dem ehemaligen *Focus*-Redakteur Michael Klonovsky und Markus Frohnmaier zwei eigene Berater und ließ sich nicht mehr wie der Rest des AfD-Bundesvorstandes vom Parteisprecher vertreten. Die Ex-Unternehmerin, die NRW-Landeschef Marcus Pretzell Ende 2016 heiratete, ist für ihre Partei in der ganzen Republik unterwegs – außer an den Dresdner Plenartagen, an denen sie meist Präsenz zeigt, an ihrem Laptop arbeitet, sich an der einen oder anderen Debatte beteiligt oder Rücksprache mit dem einen oder anderen AfD-Abgeordneten hält.

Für programmatische Ansagen und gezielte Provokationen stehen ihr indes ohnehin größere Bühnen als das Pult im Sächsischen Landtag zur Verfügung – wenn nicht als Interviewpartnerin, dann als Rednerin an ausgesuchten Orten und zu ausgesuchten Anlässen. Zum Tag der Deutschen Einheit am 3. Oktober 2016 beispielsweise sprach sie von Stuttgart aus über das »von Politikern und Staatsmedien gern als Rechtsextremen-Hochburg, als brauner Schandfleck, als ein im Vorgestern steckengebliebenes Bundesland« beschriebene Sachsen. Ihre Hauptbotschaft: Die Bundesrepublik weise angeblich immer mehr Ähnlichkeiten mit der DDR in den 1980er Jahren auf. »Politik und Medien versuchten, dem Volk einzureden, dass es im fortschrittlichsten System der Welt lebte.« Es sei auch gefährlich gewesen, seine Meinung zu sagen. Heute gäbe es statt einer »Nationalen Einheitsfront« wie in der DDR den »Konsens der sogenannten Demokraten«. Unter Verweis auf Umfragen, wonach die Mehrheit der Deutschen die Flüchtlingspolitik der Bundeskanzlerin Angela Merkel ablehne und »der Widerstand gegen die massivsten Eingriffe in die Bevölkerungsstruktur unseres Landes« angeblich täglich weiter wachse, fuhr Petry fort: »26 Jahre nach der Wiedervereinigung hat unser von einer ehemaligen FDJ-Sekretärin für Agitation und Propaganda geführtes und von einem ostdeutschen Pfarrer repräsentiertes Land ein existenzielles Problem.«

Speziell auf die Ostdeutschen gemünzt, bemerkte Petry: »Statt im Gesinnungsstaat des Realsozialismus leben sie heute im Gesinnungsstaat der politischen Korrektheit« – nur dass »der heutige Gesinnungsstaat viel raffinierter« sei, weil man mit »falschen Ansichten« eben »nicht gleich eingesperrt, sondern bloß diffamiert und bei Facebook gesperrt« werde. Von den AfD-Mitgliedern in Stuttgart erhielt sie viel Beifall, ein Video vom Auftritt wurde im Internet später vielfach geteilt. Die

Talkshows der – von der AfD programmatisch abgelehnten – öffent-lich-rechtlichen Fernsehsender mögen Petry einst prominent gemacht haben; für die Verbreitung ihrer Ideen stehen ihr aber etwa mit den sozialen Netzwerken im Internet längst andere Kanäle zur Verfügung. Beim Parteitreffen zur Aufstellung der hessischen Landesliste zur Bundestagswahl 2017 sprach Gastrednerin Petry vom »politischen Mit-telfinger«, den die AfD in Deutschland wie andere Parteien in Europa dem jeweiligen »Establishment« zeigten. Doch mit dieser Anti-Haltung gibt sich Petrys AfD nicht zufrieden. Selbst die Rolle als Juniorpartner in einer Regierung wäre der Partei zu wenig – sie will höher hinaus. »Wenn wir als AfD wirklich etwas verändern wollen, dann reden wir über die Bundestagswahl 2021 und über das Ziel der AfD, bis dahin Kanzlerpartei zu sein«, formulierte Petrys Lebensgefährte Pretzell.[8] Wo immer sie es in die Parlamente schaffe, solle die AfD in der ersten Legis-laturperiode das Handwerkszeug lernen, um in der zweiten zu regieren.

Neben Bremen, Brandenburg und Thüringen gehört Sachsen zu den ersten Bundesländern, in denen die AfD im Jahr 2019 das zweite Mal ins Parlament einziehen könnte.

Anmerkungen

1 Deutsche Stimme 10/2004

2 Das der NPD drohende Parteiverbot hat das Bundesverfassungsgericht mit Urteil vom 17. Januar 2017 abgewendet. Die NPD sei zwar verfassungsfeind-lich, aber zu bedeutungslos, um die Demokratie zu gefährden.

3 Diesen Namen trug in der DDR die Einheitswahlliste, in die die SED alle Blockparteien und Massenorganisationen zwang.

4 Vgl. Jens Jessen: Wir geben nichts, Die Zeit, 2.7.2015, www.zeit.de/2015/27/afd-pressemitteilungen-frauke-petry [gesehen am 20.1.2017]

5 Vgl. Melanie Amann u.a.: Obenauf und untendurch, Der Spiegel, 22.11.2014

6 Vgl. Miro Jennerjahn: Ein Jahr AfD im Sächsischen Landtag, Februar 2016, www.boell.de/sites/default/files/2016-03-afd_im_saechsischen_landtag.pdf [gesehen am 20.1.2017]

7 Vgl. Karsten Kammholz: »Wir haben längst Parallelgesellschaften zugelas-sen«, Die Welt, 18.1.2016

8 Vgl. Westfalen-Blatt, 2.9.2016

Dresden, 19. September 2004: Nach ihrem Wahlerfolg und ersten Einzug in den Dresdner Landtag posieren die damaligen NPD-Spitzenfunktionäre Holger Apfel, Udo Voigt, Klaus Beier und Sascha Roßmüller (v. l. n. r.) für die Medien. Inzwischen ist die Parteispitze ausgetauscht und die NPD auf einem historischen Tief.

Werner Schulz (Politiker)

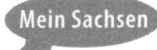

Der sächsische Dialekt hat etliche Varianten und Nuancen. Kenner unterscheiden zwischen dem melodischen Singsang der Dresdner, dem breiten und beherzten Leipziger oder dem derben proletarischen Chemnitzer Tonfall und weiteren Modulationen. Eines haben diese Mundarten allerdings gemeinsam: Sie sind weitgehend unbeliebt. Während die Einfalt der Ostfriesen noch mit zahllosen Witzen bedacht wird, reicht die kabarettistische Nachahmung des Sächsischen aus, um Beschränktheit und Blödheit aufzuspießen. Perfekt wird das Bild, wenn Zonen-Gabi mit der Salatgurke in der Hand von ihrer ersten »Baahnaane« spricht.

Mein sächsischer Akzent hat mir viele nachhaltige Erlebnisse eingebracht. Bis zum Mauerbau verbrachte ich meine großen Ferien bei meiner Großmutter in Baden-Württemberg. Es war bisher die einzige Gegend, in der ich nach gewünschter Sprachdarbietung bei Metzgern, Bäckern und in der Eisdiele die beliebten Würstchen, Brezeln und Eiskugeln spendiert bekam. Vermutlich freuten sich die Einheimischen darüber, dass es neben ihrem Schwäbisch einen noch putzigeren Dialekt gibt.

In der DDR, vor allem in den heutigen Bundesländern Berlin, Brandenburg und Mecklenburg-Vorpommern, war er verpönt. Das hing zum einen mit dem unbeliebten Staatschef Walter Ulbricht und seiner Leipziger Fistelstimme zusammen und zum anderen damit, dass viele der Parteifunktionäre aus Sachsen stammten. Zudem wurde die Mauer vorwiegend von Sachsen bewacht, weil man den Ost-Berlinern nicht traute und befürchtete, dass sie womöglich zu ihren Verwandten auf die Westseite flüchten würden.

Im Herbst '68, frisch immatrikuliert an der Humboldt-Uni, besuchte ich die berühmte »116«, eine damals legendäre Bierkneipe in der Berliner Friedrichstraße. Ein Anziehungspunkt für Arbeiter und Studenten. Im Verlauf einer leidenschaftlichen Diskussion kam einer der Bauarbeiter an unseren Tisch und sprach zu mir: »Wenn du deine sächsische Fresse nicht hältst, polieren wir sie dir!« Von da ab habe ich mich um hochdeutsche Phonetik bemüht. Ähnlich brüskierende Ablehnung haben vermutlich viele Sachsen erfahren und fühlen sich deswegen nur in ihrer Heimat sicher und unbeschwert. Im »Tal der Ahnungslosen« ist auch daraus eine Wagenburgmentalität entstanden, in der Andere und Fremde als Eindringlinge und zunächst skeptisch betrachtet werden.

Werner Schulz, geboren in Zwickau, war Bundestags- und Europaabgeordneter
von Bündnis 90/Die Grünen.

Michael Nattke

Eine neue soziale Bewegung von rechts
Der sächsische Schulterschluss von »besorgten Bürgern und Bürgerinnen« und organisierten Neonazis

In Veröffentlichungen des Landesamtes für Verfassungsschutz Sachsen wird bei Demonstrationen unterschieden zwischen »asylkritischen« und »asylfeindlichen« Versammlungen. Unter »asylkritisch« verstehen die Autoren des Verfassungsschutzes »nichtextremistische, asylbezogene Veranstaltungen«. Diese bleiben laut Einschätzung des Inlandsgeheimdienstes auch dann »asylkritisch, wenn Rechtsextremisten daran teilnehmen, aber weder Organisation noch der Gesamtcharakter der Veranstaltung als rechtsextremistisch einzuschätzen sind«.[1] Diese Einschätzung des Landesamtes für Verfassungsschutz wird in diesem Beitrag nicht geteilt. Die Extremismus-Doktrin[2] verstellt den analytischen Blick auf die Zusammenarbeit und Wechselwirkungen von organisierten Neonazis und Menschen, die in der Vergangenheit noch nicht in dieser Szene aktiv waren.

Mehr als 800 asylfeindliche Kundgebungen und Demonstrationen fanden zwischen November 2013 und November 2016 in Sachsen statt: Das heißt, in den vergangenen zwei Jahren ereignete sich statistisch fast täglich eine gegen Flüchtlinge gerichtete öffentliche Aktion irgendwo in Sachsen.[3]

Erstmals gelang organisierten Neonazis der Schulterschluss mit einer beachtlichen Zahl von Bürgerinnen und Bürgern aus dem Ort in Schneeberg. Unter den 1800 Menschen, die am 1. November 2013 bei einer vom NPD-Stadtrat angemeldeten Demonstration durch den Ort im Erzgebirge marschierten, waren zum überwiegenden Teil Bürger und Bürgerinnen, die vorher nicht in der Neonazi-Szene aktiv waren. Mit Beginn der Pegida-Kundgebungen im September 2014 ist diese Konstellation in Sachsen zur Regel geworden. An zahlreichen Orten sind Neonazis und andere Bürger und Bürgerinnen gemeinsam gegen das Recht auf Asyl auf die Straße gegangen. Zwischen einem Teil der Bürgerschaft und neonazistischen Strukturen ist bezüglich ihrer politischen Forderungen, ihrer Wortwahl und ihres Auftretens kein Unterschied mehr zu erkennen.

In letzter Konsequenz lässt sich keine einzige unter den 800 oben genannten Demonstrationen finden, in der nicht die vollständige Aufhebung des Rechts auf Asyl gefordert wurde. Neonazis müssen die Versammlungen nicht mehr dominieren, um ihnen den Charakter eines Angriffs auf die im Grundgesetz garantierten Menschenrechte zu geben. Kurzum: Die Bezeichnung »asylkritisch« ist eine Verharmlosung der realen Situation.

Selbstredend gibt es in Einzelfällen auch besorgte Menschen, die verunsichert sind, wenn Asylsuchende in ihrem Ort untergebracht werden. Allerdings zählen dazu nicht diejenigen, die sich dann zu Demonstrationen formieren, um in direkter Nähe der Unterkünfte ihren Unmut mit Parolen wie »Abschieben!« zum Besten zu geben. Sorgen und Fragen können auf zahlreichen anderen Wegen kommuniziert werden. Das verbindende Element zwischen den Bürgern und Bürgerinnen, die im Umfeld von Flüchtlingsunterkünften demonstrieren, und den organisierten Neonazis heißt nicht etwa »Asylkritik«, wie vom sächsischen Verfassungsschutz behauptet, sondern Rassismus.

Hoher Vernetzungsgrad jenseits der Neonazi-Szene

Von Beginn an war bei den asylfeindlichen Protesten wie etwa in Chemnitz-Einsiedel ein hoher Vernetzungsgrad in unterschiedliche gesellschaftliche Richtungen erkennbar. Bereits Anfang Oktober 2015 berichtete der bundesweit bekannte neu-rechte Publizist und Aktivist Jürgen Elsässer in Bezug auf diese Proteste: »Ab jetzt wachen die Bürger auf. Endlich! Der Funke fliegt.« Es ist von einer »unkontrollierten Invasion«, vom »Merkel-Regime«, »Volksbetrug« und »Volksaustausch« die Rede.[4] Chemnitz-Einsiedel wird damit bereits im Herbst 2015 zu einem Symbol für den Protest gegen die politischen Verhältnisse der demokratischen Republik als solche. Auf dem Kongress seines Magazins *Compact* verkündete Elsässer im Oktober 2015 mit Blick auf Einsiedel: »Nicht wir sind Extremisten und Radikalinskis, die Extremisten sitzen in der Regierung.«[5]

Eine wichtige Rolle bei den Protesten vor Ort spielte Sven M., der sich mit der völkischen Initiative »Heimat und Tradition Chemnitz/Erzgebirge« von »Pegida – Chemnitz-Erzgebirge« im Jahr 2015 abgespalten hatte. Immer wieder nahm er eine führende Funktion bei den Protesten vor Ort ein. Vernetzungen bestehen darüber hinaus zu anderen asylfeindlichen Gruppen, beispielsweise ins Erzgebirge und Vogtland sowie nach Dresden. Aktiv beteiligt an den Protesten in Chemnitz-Einsiedel waren unter anderem die asylfeindlichen Gruppen »Wir sind Übigau« aus Dresden, »Roßwein wehrt sich!«, »Jahnsdorf sagt NEIN« und »Flöha sagt NEIN zum Heim«. Sie mobilisierten zu den Veranstaltungen nach Chemnitz und nahmen mit eigenen Transparenten daran teil.

In Einsiedel selbst sind die Proteste in Teilen der Bevölkerung verankert. Mindestens ein Ortschaftsrats-Mitglied unterstützte die Proteste durch regelmäßige Teilnahme oder die Beschreibung der Aktivitäten in sozialen Medien oder auf eigenen Internetpräsenzen. Darüber hinaus stellten Gewerbetreibende Fahrzeuge zur Verfügung, die beim Umzug eines Infostandes gebraucht wurden. Die asylfeindlichen Proteste wurden in Chemnitz-Einsiedel maßgeblich durch eine hohe Beteiligung der Anwohnerinnen und Anwohner getragen und aufrechterhalten. In Gesprächen mit Anwohnerinnen wurde dem Kulturbüro Sachsen e.V. berichtet, dass einige von denen, die in der Hochphase der Proteste selbst nicht an den Aufmärschen teilnahmen, für den Zeitraum der Demonstrationen das Licht in ihren Häusern löschen. Es sollte nicht der Eindruck entstehen, dass man zu Hause sei und nicht am Protest teilnehme.

Von Beginn an nahmen an den Demonstrationen in Chemnitz-Einsiedel auch organisierte Neonazis aus ganz Sachsen teil. So zum Beispiel Protagonisten und Protagonistinnen der extrem rechten »Identitären Bewegung« wie der gebürtige Zwickauer Tony G.[6] Immer wieder nahmen auch Akteure und Akteurinnen der neonazistischen Partei »Der III. Weg« an den Aufmärschen in Chemnitz-Einsiedel teil. Zudem wurde über die Medien von »Pro Chemnitz« mobilisiert, der Vereinigung des rechtspopulistischen Stadtrats Martin Kohlmann.

Des Öfteren ist Nico Köhler vom damaligen CDU-Kreisverband Chemnitz am Infostand und auf den Einsiedel-Demonstrationen im Gespräch mit den Organisatoren anwesend. Er trat im Laufe der Proteste aus der CDU aus und schloss sich der AfD an.

Die Organisatorinnen und Organisatoren der asylfeindlichen Proteste in Chemnitz-Einsiedel betonten in Reden auf ihren Veranstaltungen immer wieder, es gehe ihnen nicht nur um ihren Ort, sondern um die Asylpolitik als Ganzes. Presseinterviews gaben sie hingegen im Gewand besorgter Anwohnerinnen und Anwohner, die gegen ein von außen auferlegtes »Unrecht« friedlichen demokratischen Protest üben. Zu den Verstrickungen einiger ihrer Protagonisten mit der organisierten Neonazi-Szene äußerten sie sich nicht.

Auf den Demonstrationen in Chemnitz-Einsiedel wurden mehrfach Banner des »Ein Prozent«-Netzwerkes getragen. Götz Kubitschek, Publizist und einer der bundesweit wichtigsten neu-rechten Vordenker, machte Chemnitz-Einsiedel zu einem Musterbeispiel für seine Idee einer rechten Graswurzelbewegung. Zusammen mit anderen rechten Intellektuellen, unter anderem dem bereits erwähnten Jürgen Elsässer, gründete er das Netzwerk »Ein Prozent«. Dessen Idee: Ein Prozent der deutschen Bevölkerung sei ausreichend, um mit aktiver Teilnahme an politischen Aktionen und der Verbreitung von neu-rechter Propaganda dafür zu sorgen, dass sich die Gesellschaft in ihrem Sinne verändert. Im Stil der Propagandafilme der inzwischen verbotenen Neonazi-Gruppe »Spreelichter« aus Südbrandenburg wurden mehrere Kurzfilme über den Protest in Chemnitz-Einsiedel produziert und im Internet verbreitet.

Vergleicht man die Vorgehensweise der Organisatoren der Anti-Asyl-Proteste in Chemnitz-Einsiedel mit dem Leitfaden »KEIN ASYLANTENHEIM IN MEINER NACHBARSCHAFT! Wie be- bzw. verhindere ich die Errichtung eines Asylantenheims in meiner Nachbarschaft« der Neonazi-Partei »Der III. Weg«, dann lassen sich zahlreiche Übereinstimmungen finden. In der Handreichung wird unter anderem empfohlen, Klagen vor Verwaltungsgerichten einzureichen, ohne neonazistische Parolen in der Öffentlichkeit aufzutreten, sich mit anderen Initiativen zu vernetzen, ständig präsent zu sein und in letzter Konsequenz auch Blockaden durchzuführen.

Gewalt im Kontext von rassistischen Mobilisierungen
Die Organisatorinnen und Organisatoren der asylfeindlichen Proteste in Chemnitz-Einsiedel, die Oliver Hach in seiner Reportage (S. 124 ff.) beschreibt, betonen in Interviews und Veröffentlichungen immer wieder ihre Friedlichkeit. Gewalt warfen sie den Polizisten vor, die den

Einzug der ersten Geflüchteten im Januar 2016 absicherten. Im Umfeld der Unterkunft für Geflüchtete in Einsiedel kam es zu mehreren politisch rechts motivierten Straftaten. Im Februar 2016 zogen vermummte Neonazis im Stil des rassistischen Ku-Klux-Klans mit bengalischen Feuern vor der Unterkunft auf und zündeten Böller.[7] In der Nacht zum 20. April 2016, dem von Neonazis gefeierten Geburtstag Adolf Hitlers, warfen Unbekannte Brandsätze auf die Unterkunft.[8] Das Feuer konnte vom Wachpersonal gelöscht werden. Bis zum Winter 2016 ermittelten die Strafverfolgungsbehörden erfolglos nach Tätern beziehungsweise Täterinnen. Insgesamt sind die Zahlen der politisch rechts motivierten Gewaltstraftaten in Sachsen von 2014 auf 2015 laut Statistiken der unabhängigen Opferberatung des Vereins Regionale Arbeitsstellen für Bildung, Integration und Demokratie Sachsen e.V. um mehr als 80 Prozent auf mindestens 477 Angriffe angewachsen.[9] Dies gilt auch für die Stadt Chemnitz, zu der Einsiedel zählt, wo die rechten Gewalttaten von 21 im Jahr 2014 auf mindestens 31 im Jahr 2015 anstiegen. Nach Angaben der Beratungsstellen für Betroffene rechter Gewalt war die Zahl der Angriffe im ersten Halbjahr 2016 gleichbleibend hoch.

Zum Beispiel Freital: Gewalt mit Vorlauf

Die Stadt Freital mit knapp 40 000 Einwohnern ist ein Vorort von Dresden. Bereits zur Jahreswende 2014/15 wurde in der Öffentlichkeit bekannt, dass im ehemaligen Hotel »Leonardo« in Freital eine Unterkunft für Geflüchtete eingerichtet werden solle. Infolge dessen gründete sich die Initiative »Freital wehrt sich – Nein zum Hotelheim«. An den ersten von der Initiative veranstalteten Demonstrationen im März 2015 nahmen bis zu 1500 Asylgegner und -gegnerinnen teil. In diesem Zeitraum konnte Pegida im nahegelegenen Dresden fast wöchentlich fünfstellige Teilnehmerzahlen mobilisieren. Bereits beim ersten Aufmarsch in Freital versuchte eine Gruppe von circa 130 Asylgegnern und -gegnerinnen im Anschluss an die Demonstration gewaltsam zur Flüchtlingsunterkunft zu gelangen, konnte jedoch von der Polizei aufgehalten werden. Viele derjenigen, die an den rassistischen Protesten in Freital teilnahmen oder sie organisiert hatten, wurden durch den Erfolg der Pegida-Demonstrationen im benachbarten Dresden mobilisiert – wie beispielsweise René Seyfried. Der 41-Jährige fiel unter anderem als führender Protagonist der Initiative »Freital wehrt sich – Nein zum Hotelheim« auf. Seyfried war zuvor noch nicht öffentlich in extrem rechten Zusammenhängen aufgetreten. In einem Presseinterview mit der *Sächsischen Zeitung* gab er an, er sei gemeinsam mit seinem sozialen Umfeld durch die Dresdner Pegida-Demonstrationen ab Ende 2014 politisiert worden.[10] Mehrfach nahm auch Pegida-Gründer Lutz Bachmann persönlich an Aktionen in Freital teil, beispielsweise bei den Bürgerversammlungen zum Thema Asyl in Freital, zu denen vom Pegida-Organisationsteam auch Tatjana Festerling anreiste. Neben dem Transportunternehmer Seyfried gelten Dirk J., Wirt in einer Freitaler Bar, später Mitarbeiter eines AfD-Bürgerbüros, und Mario W., langjähriger Fußballspieler im örtlichen Traditionsklub Blau-Weiß Stahl aus Freital, als Hauptorganisatoren der Anti-Asyl-Proteste. Diejenigen, die im Juni 2015 die Asylunterkunft in Freital belagerten und sich trafen, um davor Bier zu trinken und rassistische Parolen zu skandieren, waren zu großen Teilen Bürgerinnen und Bürger, die zuvor noch nicht in der organisierten Neonazi-Szene aufgefallen waren. Viele von ihnen wohnten in unmittelbarer Umgebung der Unterkunft.

Bereits mit Beginn der asylfeindlichen Proteste nahm die Anzahl von rechtsmotivierten Übergriffen und Propagandadelikten in Freital spürbar zu. Ein besonders drastischer Anstieg lässt sich ab Frühjahr 2015 mit der Gründung der »Bürgerwehr FTL 360« nachweisen, über die Matthias Meisner und Sebastian Leber in diesem Buch schreiben (S. 160 ff.). Am Rande einer antifaschistischen Demonstration am 31. Juli 2015 in Freital versuchten Freitaler und Dresdner Neonazis gemeinsam mit rechten Hooligans und Neonazis aus Thüringen deren Teilnehmer und Teilnehmerinnen anzugreifen. In dem Mob der Angreifer befanden sich auch verurteilte rechte Gewalttäter aus Dresden und Protagonisten der »Freien Kameradschaft Dresden«, die später auch bei rechten Ausschreitungen in Dresden-Friedrichstadt und Heidenau im Sommer 2015 wieder auftauchten.

Dennoch: Die asylfeindlichen Dynamiken gehen hier von einem maßgeblichen Teil der ortsansässigen Bevölkerung aus, der nicht der organisierten Neonazi-Szene zuzurechnen ist, aber keinerlei Berührungsängste dieser gegenüber zeigt. Auch einzelne Unternehmer im Ort zeigten in der Vergangenheit ihre Solidarität mit den asylfeindlichen Protesten.

Nachdem im Herbst 2015 mehrere Protagonisten und Protagonistinnen der »Bürgerwehr FTL 360« erstmalig verhaftet worden sind, ist die Anzahl der rechten Gewaltstraftaten in Freital wieder gesunken. Seit April 2016 ermittelt die Bundesanwaltschaft in Bezug auf die »Bürgerwehr FTL 360« wegen des dringenden Tatverdachts der Bildung einer terroristischen Vereinigung.

Geblieben ist in Freital auch 2016 ein überaus feindliches gesellschaftliches Klima gegenüber Asylsuchenden und denjenigen, die sich für diese engagieren.

Die gesamte Bandbreite der Bevölkerung

In Dresden entwickelte sich ab Herbst 2014 Pegida als Sammelbecken für zahlreiche asylfeindliche Zusammenschlüsse im gesamten Bundesland. Die NPD hatte das Thema während ihrer zehnjährigen Hochphase in Sachsen mehrfach gesetzt, aber konnte nur punktuell nichtorganisierte Bürgerinnen und Bürger dazu motivieren, an ihren Veranstaltungen teilzunehmen. Das hat sich seit Pegida verändert. Vielerorts wurden Menschen motiviert, Ableger zu gründen oder sich im eigenen Ort zu formieren. Die Dynamik, die von der Dresdner Demonstrationsbewegung ausging, lässt sich in Freital, Chemnitz-Einsiedel und zahlreichen anderen Orten in Sachsen ablesen. Zeitweise fanden montags eine Pegida-Demonstration in Dresden, mittwochs eine Demonstration in Chemnitz-Einsiedel und freitags eine Demonstration in Freital statt.

Auf vielen Ebenen zeigt sich unter anderem in Freital und Chemnitz-Einsiedel, wie die asylfeindlichen Demonstrationen und Aktionen fester Bestandteil der örtlichen Infrastruktur und eng verbunden mit der Bürgerschaft vor Ort funktionieren. Organisierte Neonazis sind nicht zwingend tonangebend, aber so wie an vielen anderen Orten auch unwidersprochener, selbstverständlicher Teil der Bewegung. Diejenigen, die an den Versammlungen teilnehmen, setzen sich aus Alltagsrassisten und -rassistinnen und Neonazis zusammen. Sozioökonomisch wird durch die Teilnehmenden die gesamte Bandbreite der sächsischen Bevölkerung abgebildet. Der Großteil von ihnen kommt tatsächlich aus den Orten, in denen der Protest stattfindet. Eine Abgrenzung zu Neonazis findet höchstens formal, aber nie praktisch und konsequent statt. Die Verankerung im Ort zeigt sich unter anderem auch daran, dass vielerorts die Asylfeinde bereits im Vorfeld von der Ankunft Geflüchteter erfahren. Sie sind befreundet oder in die Schule gegangen mit den Mitarbeiterinnen und Mitarbeitern von Behörden oder Betreiberinnen und Betreibern von Unterkünften. Beispielhaft hat sich dies nicht nur in Freital und Chemnitz-Einsiedel, sondern auch in Clausnitz, Bischofswerda, Niederau, Meerane oder Freiberg gezeigt. In allen Orten wurden Busse mit Geflüchteten bei ihrer Ankunft blockiert. Den Protestierenden geht es dabei an keiner Stelle um ein Mitspracherecht bei der Art und Weise der Unterbringung von asylsuchenden Menschen, sondern ausschließlich um die Ablehnung des Asylrechts.

In letzter Konsequenz sind die Proteste nicht nur ein Angriff auf die Betroffenen selbst, sondern greifen die Charta der Menschenrechte als solche an. Die Mobilisierung rassistischer Einstellungen und deren öffentliche Präsenz am Thema Asyl bilden lediglich den Anfang einer neuen sozialen Bewegung von rechts. Diese tritt regional unterschiedlich auf und ist gesellschaftlich auch unterschiedlich verankert. Die hohen Stimmenanteile für die AfD bei allen Landtagswahlen seit 2014, die breite Zustimmung zu rechtspopulistischen Forderungen und das bundesweit ungebrochen hohe Niveau rechter Gewalttaten sind ein Ausdruck dieser Bewegung.

Schon längst richten sich die Forderungen auf den Demonstrationen in Sachsen gegen das sogenannte Establishment, gegen die demokratische Verfasstheit der Gesellschaft und gegen die Gewaltenteilung und die Institutionen, welche die Demokratie tragen. Die Demonstrantinnen und Demonstranten werden sich nicht damit zufriedengeben, dass ein Großteil ihrer ursprünglichen Forderungen im Asylpaket I und II in den Jahren 2015 und 2016 durch die Bundesregierung bereits umgesetzt wurden.[11] Ihr Ziel ist eine Gesellschaft, die der Idee einer homogenen »Volksgemeinschaft« nahekommt. Die breite Beteiligung von bisher nicht organisierten Bürgerinnen und Bürgern ist in diesem Kontext eine bisher nicht dagewesene Qualität. Der Distanzverlust zu extrem rechten Positionen ist eine Legitimation für Gewalttäterinnen und Gewalttäter, mit ihren Aktionen den angeblichen »Volkswillen« in die Tat umzusetzen. Das Gefahrenpotenzial dieser neuen Allianz wird sich zukünftig nicht nur in einer höheren Wählerzustimmung für rechtspopulistische Parteien und Zusammenschlüsse offenbaren.

Indem man denjenigen, die eine Abschaffung grundlegender Menschenrechte fordern, Podien und Bühnen bietet, wird sich der gesamtgesellschaftliche Diskurs noch weiter nach rechts verschieben. Eine inhaltlich-thematische Anbiederung durch andere Parteien führt dazu, dass sich die Grenzen des Sagbaren verschieben. Asylgegnerinnen und -gegnern werden damit Möglichkeiten eröffnet, sich noch radikaler aufzustellen, ohne den Abstand zum politischen Mainstream zu vergrößern. Der Versuch, die Forderungen von Pegida als »reale Herausforderungen« anzusehen – wie von einzelnen Politikwissenschaftlerinnen und -wissenschaftlern gefordert,[12] könnte damit nach hinten losgehen. Nicht ein Mehr an Patriotismus, sondern ein offensives Streiten für Solidarität und eine konsequente Abgrenzung von denjenigen, die die Rechte von Minderheiten einschränken wollen, muss die Antwort einer Demokratie sein, die sich wehrhaft nennt.

Anmerkungen

1 Vgl. Verfassungsschutzbericht des Landesamtes für Verfassungsschutz Sachsen für das Jahr 2015.

2 Vgl. unter anderem Francesca Barp, Hannah Eitel: Weil die Mitte in der Mitte liegt. Warum Pegida mit dem Extremismus-Paradigma nicht zu erklären ist und es zur Verharmlosung der Bewegung beiträgt. In: Tino Heim (Hg.): Pegida als Spiegel und Projektionsfläche. Wechselwirkungen und Abgrenzungen zwischen Pegida, Politik, Medien, Zivilgesellschaft und Sozialwissenschaften, Wiesbaden 2017, S. 111–142

3 Laut Zählungen der unabhängigen Recherche-Website *Rechtes Land* gab es im Jahr 2015 mindestens 728 Anti-Asyl-Veranstaltungen, vgl. online: www.rechtesland.de. Die sächsische Staatsregierung zählte laut Parlamentarischen Anfragen im ersten Halbjahr 2016 mindestens 104 Versammlungen »gegen die Asylpolitik«.

4 Vgl. Hunderte blockieren Asylheim in Chemnitz, https://juergenelsaesser.wordpress.com/2015/10/06/hunderte-blockieren-asylheim-in-einsiedel-bei-chemnitz/ [gesehen am 30.11.2016]

5 Konferenz des Magazins Compact in Berlin: Jürgen Elsässer will Asylproste bündeln,www.sachsen-depesche.de/politik/konferenz-des-magazins-compact-in-berlin-j%C3%BCrgen-els%C3%A4sser-will-asylproteste-b%C3%BCndeln.html [gesehen am 30.11.2016]

6 Vgl. u.a.: Konspirative Kameraden: Der NSU und seine Helfer, https://hajofunke.wordpress.com/2012/07/20/konspirative-kameraden-der-nsu-

und-seine-helfer/ [gesehen am 30.11.2016], oder: Rechtsextreme Identitäre in Wien blockiert, Neues Deutschland, 13.6.2016. Siehe auch den Beitrag von Oliver Hach (S. 124 ff.)

7 Vgl. unter anderem: Vermummte zünden in Einsiedel Bengalos und Böller vor Flüchtlingsheim, Leipziger Volkszeitung, 28.2.2016

8 Vgl. unter anderem: Sachsen: Brandanschlag auf Flüchtlingsheim in Einsiedel, Die Zeit, 20.4.2016

9 Vgl. Jahresstatistik der Beratungsstellen für Betroffene rechter Gewalt der RAA Sachsen e.V. für das Jahr 2015

10 Plötzlich Kandidat, Sächsische Zeitung, Ausgabe Freital, 27.5.2015

11 Vgl. unter anderem: Der Mob fährt Rollator, Jungle World 38/2016

12 Werner J. Patzelt: Was tun? In: Werner J. Patzelt, Joachim Klose (Hg.): Pegida. Warnsignale aus Dresden, Dresden 2016. S. 604

Heidenau, 28. August 2015: Nach einem Willkommensfest für Flüchtlinge werden Teilnehmende unter Polizeischutz zum Bahnhof geleitet. In der Stadt hatte es zuvor rassistische Ausschreitungen vor einer Sammelunterkunft gegeben.

Iris Stefanie Maier (Opernsängerin)

Im Herbst 1997 bin ich nach Dresden gezogen, um mein Gesangsstudium an der Musikhochschule Carl Maria von Weber zu beginnen. Ich bin gebürtige Heilbronnerin und kam aus einem kleinstädtischen, schwäbischen Idyll in eine Großstadt, deren Schönheit und Hässlichkeit sich im Lauf der Jahre sehr verändert hat.

Meine erste Wohnung war im einzig sanierten Haus einer kopfsteingepflasterten Straße in der Dresdner Neustadt. Nie werde ich den Moment vergessen, als ich aus dem Küchenfenster blickte und gegenüber wuchsen Birken aus Dächern oder aus zerborstenen Glasfenstern. Die Luft roch nach Kohle, die Fassaden der Häuser waren braun.

An der Musikhochschule waren wir 17 junge, ehrgeizige Sänger, die sich in einem Jahrgang zusammenfanden. Eine Kommilitonin war aus Hamburg, ich aus Heilbronn und die anderen 15 kamen aus dem Dresdner Umland. Und unabhängig von den schweren Lehren der Gesangskunst begann ein Lernprozess, auf den ich nicht vorbereitet war und der bis heute andauert.

Ich bin anders. Ich bin ein Wessi.

Ich war meist schon ein schlechterer Mensch, sobald meine Herkunft bekannt wurde. Die allgemein klischeehaft bekannten Charakterzüge des Wessis wie Arroganz und Gier wurden mir übergestülpt. Ohne dass auch nur ein einziges Wort gewechselt wurde. Ich weiß noch, wie fleißig ich im Fach Sprecherziehung war, damit man mich nicht leicht durch dialektale, schwäbische Einfärbungen zuordnen konnte. Ein Kommilitone sagte mal im Vollbesitz seiner geistigen Kräfte zu mir: Solche Leute wie du sind schuld, dass wir jetzt Werbung auf unseren Straßenbahnen haben. Eine Kommilitonin erklärte mir damals ernsthaft, dass sie die PDS wählt, weil es früher im Zeltlager so schön war. Das größte Kompliment, das man damals bekommen konnte war: Für einen Wessi bist du ganz okay. Bei jeder Studentenparty wurden spätestens nach dem zweiten Glas Rotwein die Gespräche über Ostprodukte intensiviert. Oder über Ostkinderschallplatten oder über die viel schöneren Ostweihnachtslieder, und es endete für mich entweder so, dass ich deprimiert in einer Ecke saß oder mich aufgebracht stritt.

Mit der Zeit hat sich Dresden äußerlich sehr verändert. Die Birken wurden gefällt, die Fenster und Fassaden sind saniert, die Kohle und das Kopfsteinpflaster größtenteils verschwunden. Ich bin mittlerweile Opernsängerin an den Landesbühnen Sachsen, habe eine dreijährige Tochter und wohne immer noch hier. Am Theater sind wir ein bunter Haufen und die Ost-West-Diskussionen werden weniger. Dafür nimmt etwas anderes großen Raum ein: die Flüchtlingssituation.

Dresden nannte man zu DDR-Zeiten das Tal der Ahnungslosen.

Ahnungslos erscheinen mir die Menschen, die sich jeden Montag versammeln und gegen Themen »spazieren« gehen, denen sie sich nie geöffnet haben. Wenn jeder Bürger dieser Stadt seine eigene Freundlichkeit in sich suchen und die Angst vor Neuem und das Ewiggestrige begraben würde, würde es dieser Stadt besser gehen. Dresden ist wunderschön. Eine Perle. Aber eine Perle muss man immer wieder polieren. Sonst wird sie stumpf.

Iris Stefanie Maier ist Opernsängerin an den Landesbühnen Sachsen.

»Die Polizei braucht das Vertrauen aller Bevölkerungsgruppen«
Ein Interview mit Karlhans Liebl von der Hochschule der Sächsischen Polizei

Karlhans Liebl arbeitet seit 1995 als Professor für Kriminologie an der Hochschule der Sächsischen Polizei in Rothenburg. Er beschäftigt sich unter anderem intensiv mit der Frage, wie Polizeialltag und interkulturelle Kompetenz verbessert werden können.

Sachsens stellvertretender Ministerpräsident Martin Dulig (SPD) hat im März 2016 in einem Interview mit der Wochenzeitung Die Zeit *Teilen der sächsischen Polizei eine ausgeprägte Nähe zu AfD und Pegida unterstellt. Teilen Sie diesen Eindruck?*

Karlhans Liebl: Natürlich gibt es bei sächsischen Polizisten und Polizistinnen wie auch in der Bevölkerung einen Anteil von Sympathien für AfD oder Pegida, der jedoch meiner Ansicht nach nicht höher ist als in der Gesamtbevölkerung. Schließlich ist die Polizei ein Spiegelbild der Bevölkerung.

Immerhin würden laut einer vom Mitteldeutschen Rundfunk *im November 2016 in Auftrag gegebenen Umfrage ein Viertel aller wahlberechtigten Sachsen und Sächsinnen die Alternative für Deutschland wählen.*

Karlhans Liebl: Das Umfrageergebnis bestätigt mich in meiner Befürchtung, dass das Problem rechtspopulistischer Einstellungen sowohl in der Gesamtbevölkerung als auch bei der Polizei in Sachsen schon dramatisch genug ist. Holzschnittartige Aussagen wie die von Martin Dulig verkennen den Kern des Problems: dass wir in Zukunft noch mit einer Zunahme rassistischer Vorurteile konfrontiert sein werden, weil schon in den Regelschulen dieser Haltung nicht entschieden entgegengewirkt wird. Einer meiner Studenten an der Hochschule (FH) der Polizei hat es ziemlich gut auf dem Punkt gebracht: »Herr Liebl, wenn man wie ich aus der Gegend von Wurzen kommt, dann wird man an der Schule jeden Tag von den organisierten Rechten angesprochen, wenn man eine abweichende Meinung hat, und irgendwann fängt man selbst an, das zu glauben, weil denen ja niemand widerspricht.« Mir war es deshalb so immens wichtig, mit meinen Studierenden über ihre Erfahrungen, Vorurteile und Befürchtungen zu diskutieren, denn niemand ist von Geburt an rechtsextrem – und niemand muss es nach zwölf Jahren Regelschulerfahrungen in Regionen mit einer extrem rechten Dominanz bleiben. Aber dafür muss das Thema interkulturelle Kompetenz dringend in der Aus- und Fortbildung der Polizei verankert werden. Doch in Sachsen ist da ein weißer Fleck.

Gibt es denn gar keine Aus- und Fortbildungsangebote für die Polizei in Sachsen, die sich mit Interkulturalität befassen?

Karlhans Liebl: Soweit ich erfahren habe, ist im August 2016 interkulturelle Kompetenz in der Fortbildung für circa zwei Dutzend Beamte des Höheren Dienstes auf den Lehrplan gesetzt worden. In der Polizei und dem Vollzugsdienst in Sachsen arbeiten jedoch rund 12 000 Frauen und Männer. Und man darf ja eines nicht vergessen: Die Polizei ist immer mit der negativen Seite der Gesellschaft befasst. Das heißt, in der Regel haben Polizisten mit Flüchtlingen oder Migranten zu tun, wenn es um Gesetzesverstöße und Straftaten geht. Auch wenn alle Kriminalitätsstatistiken eindeutig sind, dass Flüchtlinge und Migranten nicht im höheren Ausmaß straffällig werden als die Gesamtbevölkerung: Subjektiv und aufgrund ihrer Erfahrungen im Polizeialltag haben Polizisten einen anderen Eindruck. Und genau deshalb ist es so wichtig, dass Polizisten und Polizistinnen gerade in Flächenländern wie Sachsen mit einem Anteil von Migrantinnen und Flüchtlingen unter drei Prozent Begegnungen und Erfahrungen mit den Durchschnittsmigranten machen. Mit Menschen also, die genauso im Arbeits- oder Studienalltag stehen wie sie selbst. Das muss aber organisiert und gewollt sein – und genau das passiert leider nicht.

Betroffene rassistischer Gewalt kritisieren häufig, dass sie – auch wenn sie selbst den Notruf gewählt haben – wie Tatverdächtige behandelt werden. Und Polizeisprecher weisen diese Kritik regelmäßig zurück. Gibt es statistische Untersuchungen dazu, wie verbreitet rassistische Vorurteile und Einstellungen unter sächsischen Polizisten und Polizistinnen sind?

Karlhans Liebl: Es gibt leider nur eine aktuelle Pilotstudie der Hochschule der Polizei in Sachsen-Anhalt dazu. Unter dem Titel »Polizeilicher Umgang mit migrantischen Opferzeugen« haben Hans-Joachim Asmus und Thomas Enke Polizeibeamte und Opfer rechter Gewalt zu den Vorwürfen mangelnder Sensibilität von Polizisten in Einsätzen bei vorurteilsmotivierten Straftaten befragt. Das Ergebnis ist ernüchternd und eine politische Aufforderung zugleich. Die beiden Wissenschaftler sagen, dass weder eine mangelnde Verpflichtung gegenüber der Verfassung noch mangelndes polizeirechtliches Wissen entscheidende Variablen für ein Fehlverhalten gegenüber migrantischen Opfern seien, sondern Defizite in interkultureller, genauer: polizeispezifischer interkultureller und sozial-kommunikativer Kompetenz. Und dass sich Polizeikultur erst ändert, wenn hier wirklich nachgebessert wird.

Warum gibt es keine derartige Untersuchung für Sachsen?

Karlhans Liebl: Ursprünglich waren wir auch angefragt, uns an der sachsen-anhaltinischen Studie zu beteiligen. Das Innenministerium in Dresden hatte das auch grundsätzlich befürwortet, aber unter der Bedingung, dass die Studie quasi nichts kosten dürfe. Da die Hochschule der Sächsischen Polizei jedoch nicht über Forschungsetats verfügt – sie hatte zum Beispiel auch zehn Jahre lang eine vakante Rektoren- und Co-Rektorenstelle und war quasi leitungslos –, mussten wir dann aussteigen. Und letztendlich muss man auch sagen, dass die Leerstelle nicht durch Länderstudien zu füllen ist, sondern dass eine aktuelle bundesweite Erhebung fehlt. Das müssen aber das BKA und die Innenministerkonferenz in die Hand nehmen. Denn sonst bleibt die Frage nach rassistischen Vorurteilen bei der Polizei immer eine Glaubens- oder Perspektivfrage.

Wie wichtig ist es für den Polizeialltag, Vorurteile abzubauen?

Karlhans Liebl: Gerade wenn es um die Prävention von islamistisch motivierten Anschlägen geht, braucht die Polizei das Vertrauen aller Bevölkerungsgruppen. Wir wissen ja aus den Erfahrungen im Fall von Jaber Al-Bakr und Anis Amri, dass es jeweils Flüchtlinge waren, die der Polizei entscheidende Hinweise gaben – bei Al-Bakr hat das zur erfolgreichen Festnahme geführt. Im Fall von Anis Amri ist unklar, ob die Hinweise ernst genug genommen wurden. Es gibt genügend Flüchtlinge, die Islamisten genauso, wenn nicht noch mehr fürchten als die Gesamtbevölkerung. Umso wichtiger sind vertrauensbildende Maßnahmen. Wenn man aber allen Asylsuchenden aus Syrien mit der Haltung begegnet, dass es sich um potenzielle Attentäter oder Straftäter handelt, untergräbt man effektive Polizeiarbeit.

Im Verfahren gegen die mutmaßliche rechtsterroristische Vereinigung in Freital haben Beschuldigte offenbar Hinweise und Tipps von Polizisten erhalten. Linke Gruppen haben 2015 unter dem Stichwort »Leipzig Leaks« Chatverläufe von Polizeibeamten mit offenen Sympathien für die extreme Rechte geoutet, und schon in den 2000er Jahren, in Ermittlungen gegen die Skinheads Sächsische Schweiz (SSS), gab es so enge Verbindungen zwischen örtlichen Polizeibeamten und Neonazis, dass bei Razzien keine lokalen Polizisten eingesetzt wurden. Sind das nur Einzelfälle?

Karlhans Liebl: Ich würde das als einen dauerhaften Regionalzustand bezeichnen – vor allem in der Sächsischen Schweiz und Freital. Und das Problem geht ja noch weiter. Wir haben es mit Staatsanwälten zu tun, die bei rechten Straftaten nur zögerlich ermitteln, die Einstellungsquote ist teilweise extrem hoch. Und je mehr Verfahren durch die Staatsanwaltschaften eingestellt werden, je mehr Verfahren vor sich hin dämmern, desto stärker ist das Signal an die Beamten in der Fläche, dass rechte Gewalt kein prioritäres Problem darstellt, und einzelne Beamte denken, »warum soll ausgerechnet ich denn etwas tun«. Das führt dann zu einem Zustand, bei dem die Betroffenen kein Vertrauen mehr in die Polizei haben. Und die Polizisten sagen dann, die wenden sich ja nicht an uns. Ein Teufelskreis, und die Sächsische Schweiz ist da sicherlich nur eine Beispielregion.

Und welche Rolle spielt die Ausdünnung der Polizeipräsenz in der Fläche bei unzureichenden oder auch erfolglosen Ermittlungen gegen rechte Gewalttäter?
Karlhans Liebl: Mit der geringen Ausstattung an Personal werden Täter vorgeladen zu Terminen, die kommen nicht, dann kommt die Akte zu Staatsanwälten, die die Verfahren einstellen, und dann ergibt sich ein Gesamtbild. Für die Betroffenen ist das ein Fiasko. Die anderen, die Täter hingegen, fühlen sich ermutigt – denn sie erleben nie Konsequenzen.

Sie haben ja auch eine Reihe von Fortbildungs- und Sensibilisierungsmaßnahmen konzipiert und evaluiert. Wie wirksam sind diese Maßnahmen?
Karlhans Liebl: Man muss die Polizisten und Polizistinnen mit ihren Erfahrungen ernst nehmen. Wenn man ihnen zuhört, dann kann man sie gewinnen, nicht wenn man ihnen etwas vorgibt oder sie belehren will. Die Politik hat immer die Hoffnung gehabt, wenn man nicht zu viel über die Gefahr von rechts redet, dann passiert schon nichts. Inzwischen ist das Ausmaß an rassistisch motivierter Gewalt so hoch, dass man sich fragt, was noch geschehen soll, bis es hier zu ernsthaften Veränderungen kommt.

Das Interview führte Heike Kleffner.

Plauen, 1. Mai 2016: Mehr als 1500 Menschen demonstrieren gegen einen Aufmarsch der Neonazi-Organisation »Der III. Weg«. Mehrfach stoppte die Polizei den Protest von Antifa-Gruppen sowie Landespolitikern von Grünen und Linken unter Einsatz von Pfefferspray und Schlagstöcken.

Annedore Bauer (Schauspielerin)　**Mein Sachsen**

Herbst 2016, am Staatsschauspiel Dresden. Eine Stückentwicklung über Europa, mit dem kroatischen Regisseur Oliver Frljic: »Requiem für Europa«. An einem Punkt der Inszenierung rollen wir langsam das Holzskelett eines riesigen Hauses über die Bühne. Es dient im Stück mal als Kirche, als Erzählraum, als Moschee. »Slowly! As slowly as you can!«, bremst uns der Regisseur. Und das tun wir. So behutsam es geht. Minutenlang bewegen wir – still – einen Raum, der nur, an den Ecken verschraubt, aus hölzernen Streben besteht, vorsichtig kippend zu fünft von der Vorder- auf die Hinterbühne. Wo wir ihn neu aufstellen. Das ist er, der zweckfreie Raum. Längst ist klar, unsere Stadt ist wie ein Brennglas der zunehmenden Radikalisierung in Deutschland, selbst in Europa. Der Untergang, den wir hier spüren – da ist für mich nichts Reines mehr. Keine Erinnerung

87

an die Idee eines friedlichen Europas. Geschweige denn darüber hinaus. Renationalisierung ist angesagt. Und das scheint nur die Spitze des Eisbergs. Das zeigt sich in gewalttätigen Ereignissen. In politischem Versagen. In gesellschaftlicher Gleichgültigkeit. In unseren Fragen, Bildern, Ängsten. Auch der viel gehätschelte Bombardierungsmythos Dresdens lässt sich kaum vom Gesamtbild Europas trennen. Er wird hier oft benutzt. Immer noch. Fehlt uns ein höheres Prinzip? Jenseits von Mehrwert, von Geld, ein zutiefst menschlicher Ursprung? Wenn es das aber in der aus Trümmern des Zweiten Weltkriegs entstandenen Annäherung nie gab – schon im Kern nicht? Wenn das zur rechten Fratze verzerrte Gesicht Europas das echte ist? Wir alle quasi »schuldig« von Anfang an. Es nie um etwas anderes ging als um Kosten / Nutzen? Europa erlebt keinen Respekt mehr. So wie Zeus sich einst an seiner gleichnamigen Geliebten vergriffen hat, tun es die Beteiligten mit der europäischen Idee. Überheblich und selbstbefriedigend. Wir nehmen, was wir brauchen, ohne zu fragen. Wer nicht mithalten kann, soll raus. Wer nicht nutzt, soll nicht rein. »Wann hat Europa seine Jungfräulichkeit verloren? Wann starb es?«, fragen wir uns auf der Bühne. Hier in Sachsen zumindest wurden diese Abgründe über Jahrzehnte verleugnet. Sind die Konsequenzen aufzuhalten?

»The rotation of mosque« nennt Frljic die Szene. Sie ist eine der stärksten Sequenzen. Manche glaubt, darin das fragile Europa zu sehen. Mancher das Schiff, das nicht rechtzeitig zu Hilfe kommt. Für mich ist es das Unantastbare. Mehrere Kubikmeter Nichts, die wir sorgfältig stützen und halten. Hoch konzentriert, aufeinander achtend. Pures Ensemble, ohne Protagonist, ohne absichtlichen Mehrwert. Nur dieser Vorgang. Endlich entspanne ich innerlich. Da ist Trauer, jedes Mal. Es liegt darin auch die Abwesenheit von Lösungsversuchen, von Aktionismus, Religion und Politik. Nicht, dass wir in Sachsen diesen Herbst 2016 noch »anwesende« Politik erlebt hätten – umso schlimmer. Aber wir suchen in diesem Moment nicht nach Er-Lösung. Wir halten aus. Schmerzlich gestehen wir unsere gegenwärtige Ohnmacht ein. Und können doch eines dabei tun: nämlich Haltung zeigen. Dabeibleiben. Ohne jede Diskussion. Beim Menschlichen an sich.

Annedore Bauer ist Schauspielerin am Staatsschauspiel in Dresden. In Volker Löschs Inszenierung »Graf Öderland / Wir sind das Volk« hielt sie die Wutrede gegen Pegida.

Paul Simon, Andreas Raabe

»Liebe Leute. Wir. Wollen. Die. Macht.«
Über Jürgen Elsässer und sein *Compact*-Magazin

Es ist der 16. Oktober 2016 in Dresden, das zweijährige Jubiläum der Pegida-Aufmärsche. Der Mann, der diese Worte von der Bühne rief, heißt Jürgen Elsässer, Chefredakteur der Zeitschrift *Compact*. Da stand er, gemeinsam mit Pegida-Chef Lutz Bachmann, mit dem Anti-Islam-Hetzer Michael Stürzenberger, mit dem rechten Ideologen Götz Kubitschek, mit dem Anführer der rechtsextremen »Identitären Bewegung« Martin Sellner, und sprach vor über 7000 Menschen von der »Umvolkung«, der »Volkszerstörung« und dem »Globalismus«. Elsässer kennt den Feind: »Weite Teile der alten Bundesländer«, schallt es über den Platz, »sind im Grunde eine islamisch besetzte Zone«. Und er kennt das Ziel: »Befreiung des deutschen Volkes«.

Jürgen Elsässer war einmal ein Linker, in den 1990ern, als viele Linke antinational, antideutsch dachten. Der Slogan »Nie wieder Deutschland« soll von ihm persönlich erdacht worden sein. Doch an diesem Tag sah man ihn als rechten Agitator. Er beschwor die »geschlossene Volksbewegung«, die die Macht ergreifen müsse. Diese Volksbewegung ist seine Hoffnung, vor allem aber: sein Publikum. Er ist vielleicht ihr schärfster Demagoge.

Zwickau, ein halbes Jahr zuvor: Trotz des eisigen Regens drängen sich mehr als 3000 Menschen auf dem historischen Marktplatz und verwandeln ihn in ein Fahnen- und Schildermeer. Ein Netzwerk regionaler Graswurzelgruppen hatte zum Aufmarsch gerufen, mit Jürgen Elsässer als Publikumsmagnet. Auch aus Bautzen, wo noch in derselben Nacht eine leer stehende Flüchtlingsunterkunft in Flammen aufgehen wird, sei eine Abordnung angereist, wird später gemeldet. Die Menge jubelt, als Elsässer das Podium betritt. Er lächelt, hebt die Faust zum Gruß. Überall sieht man Plakate mit Motiven des *Compact*-Magazins. »Mein Name ist Jürgen Elsässer«, hallt es endlich in seinem unverkennbaren badischen Dialekt über den Platz. »Ich bin Deutscher und ich werde nicht zulassen, dass dieses Land vor die Hunde geht!«

Elsässer tritt im schwarzen Mantel auf, trägt sonst bei seinen Vorträgen meist Anzug und Krawatte. »Wir sind hier die neue Mitte!«, ruft er. »Die Extremisten und Faschisten sitzen in Berlin in der Regierung!« Als er vor über einem Jahr erstmals bei Legida sprach, hatte er noch erklärt: »Wir sind keine Ausländerfeinde.« Seitdem ist auch in der Rhetorik Elsässers viel passiert. Heute hetzt er gegen »Gang-Bang-Migranten« und die »Türken, Araber und andere asoziale und schlecht erzogene Orientalen« – er weiß, wie er auf einem sächsischen Marktplatz Applaus bekommt. Er spricht vom »Hass auf das eigene Volk«, der die deutschen Eliten treibe. »Wir lassen uns nicht betrügen durch Humanitätsschwindel!«, gibt er als Losung aus. Immer wieder wird seine Rede durch Sprechchöre unterbrochen. »Wir dürfen nicht zulassen, dass wir auf zwölf dunkle Jahre reduziert werden«, fordert er. Er spricht von der »Islamisierung«, der »Kolonisierung und Invasion«. Und vom Widerstand. In prophetischen Worten beschwört er den Weg zum Umsturz: »Jetzt, in diesem Frühjahr, können wir in die Offensive gehen. Das Regime hat Angst vor uns!« Er träume davon, hier wird seine Stimme weich, fast andächtig, dass »aus dieser Bevölkerung, einer amorphen Masse atomisierter Individuen, dass aus dieser gesichtslosen Masse wieder ein Volk wird«.

Den rechten Demagogen mimt Elsässer mit bemerkenswerter Routine, setzt vor den verächtlichen Worten geübte Pausen, reckt das Kinn nach oben. Selbst seine grauen Haare trägt er seit einiger Zeit an den Seiten kurz rasiert. »Volk« und »Heimat« sind Begriffe, die den Menschen vor ihm offenbar fehlen, Elsässer gibt sie ihnen. »Ihr kommt aus einer historischen Region. Hier schlug immer das industrielle Herz Deutschlands und das romantische Herz Deutschlands«, ruft Elsässer. »Jawoll!«, rufen die Menschen zurück, sie jubeln. Nun hat er das Massenpublikum gefunden, das er als Linker nie hatte.

Es ist schwer zu sagen, was dieses Volk, das sich an diesem Tag versammelt hat, tatsächlich vereint. Da stehen ältere Ehepaare und händchenhaltende Teenager neben Halbstarken in Jogginghose und Picaldi-Pulli, Mitglieder eines »Bürgerforums« mit Friedenstaube am Revers neben der »Heimatschutzbrigade Plauen«. Elsässers Nachredner kandidierte einst für die NPD, viele der Demonstranten sind offensichtlich Neonazis. Männer mit Strickmützen in Reichsfarben trinken heim-

lich Schnaps, während Familien mit kleinen Kindern »Volksverräter«
rufen.

Die winzige Gegendemonstration ist da schon längst vom Platz ge-
drängt. Zu aggressiv war die Menge sie angegangen. »Wer Deutschland
nicht liebt, soll Deutschland verlassen!« und »Widerstand! Widerstand!«, schallte es aus tausend Kehlen.

Was haben diese Leute, Elsässers Publikum, gemeinsam? Die Antwort könnte lauten: Sie alle haben die Sehnsucht, gehört zu werden.
Warum hören sie hin bei »Volk« und hören weg, wenn die Gegendemonstranten fragen: »Um welchen Preis?« Sie jagen sie fort, sie wollen
den Zweifel nicht hören. Sie wollen sich gut fühlen an diesem Abend,
sie wollen gehört werden. Elsässer macht den Menschen hier, den vermeintlich abgeschlagenen Ossis, ein Identitätsangebot, das ihnen sonst
niemand bietet. Er gibt ihnen Halt. Doch wer spricht hier wirklich? Und
wer hört zu?

Elsässer beherrscht die Klaviatur der deutschtümelnden Hetze, denn er
hat jahrelang gegen sie angeschrieben. Nun tourt er durch das Land und
probt den nationalen Aufstand. Seine Reden werden alle im Internet
verbreitet. Unter den Videos der Hinweis: »*Compact* hat den Mut zur
Wahrheit« und: »Abonnieren Sie das *Compact*-Magazin«.

Jürgen Elsässer träumt von diesem Volksaufstand. Während andere
»Merkel muss weg« schreien, entwarf er in seiner Zeitschrift *Compact*
das dreistufige Programm dafür. Erst müsse geklagt werden, dann bei
den Wahlen mit der AfD dem »Regime« ein Denkzettel verpasst, und
schließlich, falls das noch nicht genügt, komme die Stunde des Massen-
protestes: »eine zentrale Großdemonstration«, um die Regierung zum
Abtreten zu zwingen. Schon Mitte 2015 malte er sich aus, den Reichstag zu belagern. »Es kann jetzt keine Entschuldigung mehr geben, zu
Hause zu sitzen – das Haus brennt«, sagte er auf einer Konferenz in
Berlin. »Und wenn 500 000 den Reichstag belagern – friedlich! –, dann
hat Merkel fertig!«

Gleichzeitig scheut er das Licht der Öffentlichkeit: Mit den »Mono-
polmedien« spricht er schon längst nicht mehr. Selbst die rechtskon-
servative *Junge Freiheit* ließ er abblitzen, als sie um ein Treffen in seinen
Redaktionsräumen bat: »Die sind tabu, da kam bisher noch niemand

rein«, ließ er wissen. Im Impressum der *Compact* ist lediglich ein Leipziger Postfach als Kontaktadresse zur Redaktion ausgewiesen. Sein Leben im Leipziger Kiez sollte offenbar von seinen Aktivitäten als rechter Agitator nicht getrübt werden.

Der Ex-Antideutsche, Mitbegründer der Zeitschrift *Bahamas,* Ex-Mitherausgeber der linken Wochenzeitung *Jungle World,* langjähriger Autor von *Konkret* und *Neues Deutschland,* der heute vom Befreiungskampf des deutschen Volkes predigt, ist wie die Bewegung, der er jetzt die Stichworte liefert: widersprüchlich, für Außenstehende ein Rätsel. Noch immer steckt in ihm das Revoluzzertum, das ihn offenbar einst zum Kommunistischen Bund trieb, für dessen Zeitung *Arbeiterkampf* er zu Beginn seiner Karriere schrieb. Politik betreibt Elsässer heute mit der Unerbittlichkeit eines rechten Jakobiners: Die AfD ist für ihn »der Stock, mit dem wir die Blockparteien prügeln müssen, bis sie grün und blau sind«.

Anfang der 1990er Jahre war Elsässer ein scharfer Kritiker des Völkischen. »Meine damaligen Schwachsinnigkeiten« nennt er das jetzt. Dass er nun selbst die Ressentiments unter die Leute bringt, die er damals noch knallhart auseinandernahm, lässt viele an seinen Motiven zweifeln. Pure Geschäftemacherei mit den leichtgläubigen Wutbürgern unterstellen ihm manche, Selbstdarstellerei die anderen. »Schon als Linker hatte er den Ruf des Enfant terrible, jemand, der alles in Frage stellt und sich nicht scheut, unliebsame Wahrheiten auszusprechen – und das hat er schon immer inszeniert«, erinnert sich der ehemalige *Compact*-Autor Utz Anhalt, dessen letzter Beitrag dort 2012 erschien. Statt eines trockenen Theoriestils pflegte der linksradikale Elsässer eine deftige, volkstümliche Schreibe. Gefiel ihm eine Position nicht mehr, so wechselte er zu einer anderen. Die Graben- und Lagerkämpfe der radikalen Linken boten dabei immer wieder Möglichkeiten zur politischen Neuerfindung. So wurde über die Jahre aus dem Antideutschen ein Antiimperialist und Amerikafeind, aus dem scharfen Kritiker des neuen deutschen Antisemitismus ein Antizionist, ein Kritiker der »Israel-Lobby«, und schließlich aus dem Linksradikalen ein Wiederentdecker des nationalen Gedankens. Für fast jede Zeitung, die das linke Spektrum zu bieten hat, hat Elsässer irgendwann einmal geschrieben – und mit vielen irgendwann gebrochen.

Kein Wunder, dass Elsässer mit dieser unorthodoxen Vergangenheit im rechten Lager auch aneckt. Als er Mitte 2014 die AfD-Basis zur Revolte gegen die damalige Parteiführung aufrief, widmete ihm die *Junge Freiheit*, die noch fest hinter Bernd Lucke stand, ein langes Porträt. Deutlich spürte man das Misstrauen der Traditionsnationalisten gegen das »Chamäleon« Elsässer, der immer mehr Einfluss bei den Rechten gewann. »Wer also ist Jürgen Elsässer?«, fragte die stramm konservative Zeitung zusammenfassend. »Ein Rechter, der mit der Linken gebrochen hat? Ein egomanischer Exzentriker, der es genießt, im Mittelpunkt zu stehen? Ein Verschwörungstheoretiker oder jemand, der lediglich mit verschwörungstheoretischen Geschichten Geschäfte macht?«

Für die meisten Menschen ist es bloß irgendein unseriöses Heft mit reißerischen Titelbildern, über das man in letzter Zeit immer öfter im Bahnhofskiosk stolpert. Für Tausende treue Leser aber ist die *Compact* viel mehr. Wahrheiten, die ihnen die »Mainstreammedien« und »Blockparteien« verschweigen, werden ihnen hier enthüllt – und ihre Ressentiments bestätigt. Den Chefredakteur Jürgen Elsässer verehren sie dafür wie einen Helden. Im düsteren Boulevardstil warnt das Blatt vor der fremden Bedrohung, und oft geht es um wenig anderes als »Morde, Massaker und Migranten«. Auch Interviews mit AfD-Spitzenpolitikern erscheinen regelmäßig: Gauland, Petry, Höcke.

Manchmal scheint es, als habe das Magazin weniger Leser als vielmehr Jünger, Fußsoldaten im Infokrieg, die immer wieder dazu aufgerufen werden, sich für die Zeitschrift einzusetzen: »Sorgen Sie so dafür, dass wir immer stärker werden – und unsere Gegner in den Teppich beißen«, fordert Elsässer sie auf. Im Webshop werden »Bekenner«-Utensilien verkauft, die ihre Träger als *Compact*-Anhänger zu erkennen geben. Als die Pegida-Aufmärsche begannen, erkannte Elsässer gleich großes Potenzial. »Liebe Leute, das ist der Wahnsinn! So etwas gab es zuletzt vor zig Jahren!«, konnte er sich vor Begeisterung kaum halten.

Zuletzt sei die Auflage dann auch »explodiert«. Mehr als 100 000 Leser erreiche man nach eigenen Angaben bereits jeden Monat, die *Compact*-Website hätten allein im Januar 2016 mehr als zwei Millionen Besucher angeklickt – und auf keiner asylfeindlichen Demonstration im Land scheinen die *Compact*-Plakate zu fehlen. Bei einer AfD-Demo Anfang März in Jena platzierten zwei Polizisten ein *Compact*-Magazin sogar deutlich sichtbar hinter der Frontscheibe ihres Einsatzfahrzeuges. »Dies ist eine Warnung an die Gesinnungsjäger: Hände weg von den aufrechten Polizisten!«, schlachtete Elsässer den Vorfall später auf seiner Blog-Seite aus. »Polizei, Armee und Volk stehen zusammen – gegen das Regime! Und legt Euch nicht mit *Compact* an – denn wir haben auch Freunde bei denen, von denen Ihr glaubt, dass sie Euch und Eure Geheimnisse schützen …«

Auch bei den beginnenden Legida-Demos in Leipzig wurde Werbung für *Compact* gemacht. Dreimal trat Elsässer dort als Redner auf. »Meine Zielgruppe ist das Volk«, ruft er dann ins Mikrofon – »Und ihr seid das Volk!« Die allgegenwärtigen Demo-Plakate mit *Compact*-Titelbildern werden den Lesern auf der Website kostenfrei angeboten. Ein Geniestreich des Politmarketings: Woche für Woche wird so in Dresden, Leipzig und anderswo nicht nur gegen die Überfremdung demonstriert, sondern auch für die Zeitschrift Werbung gemacht. Ein Titelbild vom Januar 2015, das eine verschleierte Angela Merkel zeigt, wurde gar zum zentralen Symbol der Pegida-Bewegung. Während Elsässer den nationalen Widerstand beschwört, baut er so auch an seinem eigenen kleinen Medienimperium. Ein Videokanal und eine monatliche Nachrichtensendung haben Tausende Zuschauer und Vortragsveranstaltungen im Umland, im thüringischen Altenburg, im sächsischen Audenhain oder im anhaltinischen Wittenberg ziehen oft Hunderte zahlender Besucher an. Selbst *Compact*-Gruppenreisen sind im Angebot – »Sachsens Glanz und Preußens Gloria« heißt es da zum Beispiel. 885 Euro kostet die viertägige Reise entlang der Elbe. Co-Reiseleiter ist der Honecker-Neffe und Elsässer-Kumpel Peter Feist.

Die regelmäßigen »Souveränitätskonferenzen« sind spektakelhafte Großevents, die auch immer wieder mit rechtspopulistischer Politprominenz aufwarten können. AfD-Politiker wie der Landeschef aus Sachsen-Anhalt, André Poggenburg, nutzen sie gerne zum Auftritt – neben Verschwörungstheoretikern und Vertretern neu-rechter Bewegungspolitik. Die rechtsextreme »Identitäre Bewegung«, die seit einigen Jahren versucht, in Deutschland Strukturen aufzubauen, hatte in Elsässer einen begeisterten Förderer: Er lud sie zu Kongressen ein, druckte ihre Literatur, pries sie in langen Magazinstrecken als die »neue Protestjugend«. Die Bewegung wird vom Verfassungsschutz beobachtet, und gezwungenermaßen müssen ihre Sympathisanten in der AfD auf Distanz gehen. Doch Elsässer bringt sie zusammen, dient als Bindeglied: Bei seinen Veranstaltungen sprechen sowohl die jungen »Identitären« wie auch ihre Verbündeten in der Partei.

Als im März 2016 die AfD bei drei Landtagswahlen triumphierte, berichtete *Compact* erstmals live von einer Wahl, aus einem Studio in Magdeburg. Vier Stunden lang wurden dem Zuschauer hier Kommentare der Wahlergebnisse geboten, dazu gaben sich Vertreter des rechten AfD-Flügels die Klinke in die Hand: Der Ex-Leipziger Hans-Thomas Tillschneider, der jetzt im Landtag von Sachsen-Anhalt sitzt, Andreas Kalbitz aus Brandenburg, der Thüringer Björn Höcke. Der Gewinner des Abends, André Poggenburg, dessen Landesverband mehr als 24 Prozent der Stimmen erhalten hatte, stand spät am Abend mit einem Glas Bier im *Compact*-Studio und ließ sich zu seinen Umsturzplänen befragen. »Wir müssen doch einen Weg finden, dieses Regime vor 2017 loszuwerden«, insistiert Elsässer mit den Händen fuchtelnd. Poggenburg weicht aus, verweist auf die Bundestagswahl, doch Elsässer lässt nicht locker: »Ich gehe immer von der Demonstration der 500 000 in Berlin aus. Also, wie kriegen wir das hin? Muss die AfD das machen, oder müssen es andere machen?« Elsässer wirkt besoffen, wedelt mit den Händen, gerät ins Wanken, steckt die Hand in die Tasche, fängt sich wieder. Dreieinhalb Stunden Live-TV hat er hinter sich. Der große Sieg der AfD! Irgendwann muss selbst Poggenburg verlegen grinsen, doch in einem ist man sich an diesem Abend einig: Die AfD müsse »Bewegungspartei« bleiben, wie es Björn Höcke immer gefordert hatte, müsse außerhalb der Parlamente und auf der Straße wirken. Und da ist Elsässer genau der Richtige dafür.

Eine besondere Rolle spielen bei seiner Art von Journalismus Verschwörungstheorien, der Kampf gegen die ausländischen Finanzeliten, denen das Volk geschlossen begegnen müsse. Eine Antifa-Aktivistin aus Leipzig hält das für Elsässers Erfolgsrezept: »Rechte Bewegungen haben es früher selten aus ihrer Nische geschafft oder sind irgendwann zersplittert.« Elsässer aber bringe die Leute zusammen. Der Kampf gegen die Banken, gegen Amerika, gegen den Krieg, gegen TTIP, die Eliten, die »Lügenpresse« und eben auch gegen die Einwanderung und »Islamisierung« – bei Elsässer ist das alles irgendwie eins. Ihren Durchbruch auf der Straße feierte diese Art des Populismus vor zwei Jahren, bei den damaligen sogenannten Montagsmahnwachen. Vom 9/11-Truther zum christlichen Fundamentalisten, vom Öko, der sich vor TTIP fürchtet, bis hin zum harten Nazi: Sie alle werden in der *Compact* etwas finden, das sie anspricht.

Als 2008 die Finanzkrise die Welt verunsicherte, war das für Elsässer offenbar das Signal, um eine neue Volksbewegung anzuzetteln. Die alten Gegensätze von Links und Rechts müssten überwunden werden, forderte er immer wieder. Es sei Zeit für eine »Achse Paris–Berlin–Moskau« gegen das angelsächsische Wirtschaftsmodell. Seine neu gegründete »Volksinitiative gegen das Finanzkapital« sollte diese Querfront bilden. Er wollte aus dem linken Ghetto ausbrechen – doch stattdessen manövrierte er sich schnell ins politische Abseits. Viele Linke spürten schon damals das reaktionäre Potenzial einer solchen Rhetorik und weigerten sich, Elsässer zu folgen. Auch die Zeitung *Neues Deutschland,* wo Elsässer unter Vertrag stand, trennte sich von ihm. »Dieses auf einen äußeren Feind orientierende Projekt hat nichts mit den tragenden redaktionellen Grundsätzen des *ND* zu tun«, erklärte die Zeitung im Januar 2009. »Wir sind [...] kein publizistisches Instrument für alte Irrtümer.«

Es schien, als sei Elsässer am Ende, aber bald brach er auf zu neuen Ufern. Erstmals erschienen seine Beiträge auf der Seite des Kopp-Verlages, Heimat vieler rechter und verschwörungstheoretischer Autoren. Beim Kai-Homilius-Verlag im brandenburgischen Werder startete eine DVD- und Buchreihe unter dem Label *Compact*. Seine ehemaligen Kollegen von der linken Presse begannen, ihn mit scharfer Kritik und sogar Spott zu überschütten: Für die *Jungle World* war eine Veranstaltung seiner »Volksinitiative« bloß »ein diffuser Haufen von etwa 500 verzweifelten Wahrheitssuchenden«. Seine alten Kollegen vom *Neuen Deutschland* wurden noch deutlicher. Die Initiative habe sich als »Sackgasse« erwiesen, schrieben sie zehn Monate nach seinem Rausschmiss. »Statt in der Mitte der Gesellschaft tummelt sich ihr Wortführer Jürgen Elsässer mittlerweile in einem unappetitlichen Milieu von Verschwörungstheoretikern, Islamisten und extrem Rechter.«

Elsässer hat viele Wandlungen vollzogen auf seinem Weg vom linken Journalisten nach rechts außen. Eine Konstante aber blieb: der Hunger, etwas Großes zu bewegen, etwas richtig Revolutionäres auf die Beine zu stellen. Bevor er sich als rechter Demagoge neu erfand, führte ihn dieser Weg in die Nischenwelt der Verschwörungstheoretiker. Nachdem alle Brücken zur linken Presse abgebrochen waren, tauchte Elsässer ein in die Netzwerke der »Wahrheitssuchenden«. Auf Seiten wie *SteinZeit. TV*, *NeueHorizonte.TV* oder *NuoViso* buhlt eine kleine Szene um Zuschauer. Man veranstaltet Kongresse, zeichnet lange Gespräche auf – nur gegenseitige Kritik gibt es nicht. Anstatt wie erträumt eine Allianz »von Lafontaine bis Gauweiler« zu schmieden, begann Elsässer mit so dubiosen Figuren zusammenzuarbeiten wie dem Filmemacher Michael Vogt, der 2007 seine Honorarprofessur an der Universität Leipzig verlor, als man ihm unter anderem Umgang mit Rechtsextremisten vorwarf. Heute betreibt Vogt die verschwörungsesoterische Seite *Querdenken.tv* und sitzt oft mit Jürgen Elsässer für *Compact.tv* gemeinsam vor der Kamera. Auch bei der Leipziger Filmproduktionsfirma NuoViso, die mit *Querdenken.tv* und ähnlichen Seiten ein Netzwerk bildet, erschienen lange Zeit regelmäßige Interviews mit Elsässer. Seine monatliche Nachrichtenshow *Compact.tv* wird später in Zusammenarbeit mit der Firma NuoViso entstehen, die auch Videos der *Compact*-Konferenzen vertreibt.

Aber Elsässer war offenbar zu ehrgeizig und talentiert, um dauerhaft in dieser kleinen Welt der Spinner, Zinskritiker und Don-Quijote-haften Kleinstparteiler zu bleiben. Endlich musste eine eigene Zeitschrift her. Mit kaum mehr als 25 000 Euro Startkapital war zwar auch das 2010 gegründete *Compact*-Magazin ein bescheidenes Unternehmen, doch über die Jahre baute sich Elsässer hartnäckig und mit Gespür für politische Stimmungen ein neues Massenpublikum auf. Kaum eine Krise der letzten Jahre, die in der *Compact* nicht ausgeschlachtet worden wäre, um mit düsteren Storys Auflage zu machen: NSU, Ebola, Terror und Krieg.

Vor allem der Ukrainekonflikt sorgte für Auftrieb. Dass Elsässer dabei strikt eine radikal prorussische Linie vertrat, machte ihn in den Augen vieler zum mutigen Entlarver der Nato-Propaganda. Gleichzeitig wurde immer wieder der Verdacht laut, seine Zeitschrift werde vom

Kreml finanziert. Der langjährige Russlandkorrespondent Boris Reitschuster, der die russische Propaganda untersucht, ist sich sicher, dass auch Elsässer seinen Teil zur russischen Medienstrategie beiträgt. Er beobachtete bei *Compact* »Kontakte zu genau den Organisationen beziehungsweise Personen aus Moskau, die am lautesten davon reden, dass der Westen propagandistisch zu unterwandern ist«. Viele Texte würden sich lesen »wie aus der Propaganda-Abteilung des Kremls. Da nur an Zufall zu glauben wäre so, wie wenn man bei dicken Rauchschwaden sagen würde, die kommen von alleine, da ist nirgends ein Brand«. Zumindest einige der regelmäßigen »Souveränitätskonferenzen« organisiert *Compact* nach eigenen Angaben in Zusammenarbeit mit dem Think Tank »Institut für Demokratie und Zusammenarbeit«, der Reitschuster zufolge aus Russland finanziert werde und hochrangige russische Referenten vermitteln konnte. Auf der »Familienkonferenz«, die *Compact* 2013 in Leipzig veranstaltete, sprach etwa die russische Duma-Abgeordnete Jelena Misulina.

Die zu Beginn unklare, zwischen rechts und links schillernde Ausrichtung der Zeitschrift war dabei wohl auch ein Versuch, möglichst viele Leute mit ins Boot zu nehmen. »Die einen gehen in dieses Spektrum, die anderen gehen mehr in jenes Spektrum, und am Schluss haben wir alles zusammen und haben 'ne Mordspower!«, hatte Elsässer schon auf der Leipziger *NuoViso*-Konferenz als Losung ausgegeben. Selbst muslimische Autoren fanden lange ein Forum. Das Rezept ging auf, und die Auflage stieg. Figuren wie der Ex-Bundesminister Andreas von Bülow oder der ehemalige Leiter des Thüringer Verfassungsschutzes Helmut Roewer verliehen der *Compact* eine Aura des Seriösen. Doch während man sich immer mehr Namen politischer B-Promis an die Brust heften konnte, blieben die linken Stimmen zunehmend weg und die rechte Schlagseite wurde stärker. Auch die Qualität habe immer mehr abgenommen, sagt der ehemalige *Compact*-Autor Utz Anhalt. »Es wurde immer rechtslastiger und verschwörungstheoretischer. Immer öfter wurden einfach Gerüchte aufgegriffen und nicht mehr kritisch gegenrecherchiert«, erinnert er sich. Heute bestehen Beiträge der Zeitschrift oft aus zahlreichen Zitaten anderer Pressequellen, die so arrangiert werden, dass sie dem gewünschten Narrativ entsprechen – erstaunlich für ein Magazin, das angeblich den Mainstreammedien nicht vertraut.

Als sich Elsässer 2014 Pegida verschrieb und auch die AfD wohlwollend begleitete, befand er sich bereits seit Jahren auf Rechtskurs. Die Montagsmahnwachen hatten sich da schon lange totgelaufen, viele der Protagonisten der Friedensbewegung sich von Elsässer wegen dessen Äußerungen distanziert. Jetzt musste ihm auch sein Duzfreund Yavuz Özoguz, Betreiber der Webseite *Muslim-Markt,* mit dem Elsässer wenige Jahre zuvor noch in den Iran zu einer Audienz bei Mahmud Ahmadinedschad gereist war, herzzerreißende Briefe schreiben, in denen er bitter beklagte, dass Elsässer mit »Islamhassern« gemeinsame Sache mache.

»Elsässer hat erkannt, dass es Nachfrage gibt bei diesen Themen und diesem Meinungsbild. Dieses und nichts anderes bedient er«, sagt auch Frank Höfer von *NuoViso.* »Und zweistellige Wahlergebnisse für die AfD zeigen ja, dass *Compact* damit völlig recht hat.« Vorwerfen wolle Höfer ihm das nicht, obwohl er selbst seit einem Jahr keine Interviews mehr mit Elsässer führe, weil er dessen politischen Weg nicht mitgehen wolle.

Schon im November 2015 sagte Elsässer in einer Rede: »Opposition ist, wenn ich sage: Das und das passt mir nicht. Widerstand ist, wenn ich sage, das, was mir nicht passt, das soll auch nicht passieren. Und wir müssen den Schritt von der Opposition zum Widerstand gehen!« Er zitierte damit, nur leicht abgewandelt, die spätere RAF-Terroristin Ulrike Meinhof, die einst mit diesen Worten den Weg der APO in die Militanz beschrieb. Zu Gewalt rief Elsässer nie auf. Aber eine rechte außerparlamentarische Revolte, eine radikale Bewegung, welche die Verhältnisse zum Tanzen bringt, mit ihm an der Spitze – das wäre wohl ganz nach seinem Geschmack.

Eines ist klar: Elsässer fängt gerade erst an. Der ideologische Zickzackkurs, den er sein Leben lang fuhr, ist an sein Ende gelangt: Aus der rechten Ecke dürfte er nicht mehr herausfinden. Aber da will er offenbar noch Großes auf die Beine stellen.

Mein Sachsen

Leipzig. Du und ich.

Juni 2013. Leichtfüßig betrat ich deine Plätze, leichtsinnig zog ich um die Häuser. Von Connewitz bis nach Reudnitz, vom Kleingarten bis zum Konsum, alles kann, nichts muss, dein Grün, mein Fahrrad. Es war keine schwere Entscheidung, willst du mich, will ich dich.

Leipzig, so leicht und doch so fern.

Oktober 2016. Leipzig, was hast du inzwischen mit mir gemacht? Wie oft wollte ich dich verlassen. Ein ständiges Auf und Ab.

Was wäre gewesen, wenn es dich nicht gegeben hätte?

Ohne dich würde ich wohl bis heute nicht wissen, was ein »Fidschi«, wer eine »Frau Ho Chi Minh« und was ein »asiatisches Leckerli« ist.
Und ohne dich, Leipzig, wüsste ich nicht, wie es ist, wenn Leute mir sagen, dass ich mich blamieren würde, weil mein Deutsch so schlecht sei. Beruf verfehlt.
Ich wüsste nicht, was es heißt, sich zu empören und für seine Rechte einzustehen anstatt einfach zu schweigen. Und was ich immer schon mal wissen wollte: Welche Folgen hat es für mich, wenn die sächsischen Behörden sich aus Willkür erlauben, mir wegen meiner vietnamesischen »Namenskette« meinen Vornamen offiziell mit einem »+«-Zeichen zu ersetzen? Es gebe »Anweisungen«, sagen sie. Alle Einwohnermeldeämter aus anderen Bundesländern haben meine Vornamen nie getilgt.

Leipzig, warum bist du auf einmal so nah und doch so schwer?

Zum ersten Mal habe ich mich geschämt: für meine schwarzen Haare, meinen Namen, meine Eltern. Weißt du eigentlich, was Scham ist?
Erklär mir bitte, warum du Legida erlaubst, mit Fackeln und Fahnen Angst und Schrecken zu verbreiten. Der kleine Terror im Kopf will nicht weg. Leipzig, wenn du wüsstest, was Terror im Kopf mit einem macht, dann willst du nicht meine schwarzen Haare haben, meinen Namen und meine Eltern. Aber du musst es ja auch nicht.

Ich habe den Ruf von meiner Mutter von zu Hause, aus München, verdrängen wollen: »Komm nach Hause, Kind. Ich habe negative Nachrichten aus Leipzig gehört.« Ich, das Kind aber, habe trotzdem die Herausforderung angenommen, in der Hoffnung, dass ich mich eines Tages mit dir versöhnen würde, dem viel versprechenden »wilden Osten«.

Leipzig, ich habe dir meine Angst nie offen gezeigt. Ich weiß, ich hätte das eher machen sollen. Aber hättest du meine Angst verstanden?

Trang Dang, Studentin der Journalistik an der Universität Leipzig, ist immerhin an einem Ort angekommen: den Medien.

Amrei Drechsler

Der Fackelträger
Der Dresdner Kabarettist Uwe Steimle, seine Mission und sein Publikum

Im Mai 2016 läuft Pegida schon seit mehr als anderthalb Jahren durch Dresden. Die Teilnehmerzahlen sind rückläufig, weit von denen der vergangenen Winter entfernt. Die paar Tausend, die sich nach wie vor beinahe jeden Montag um die immer gleichen Protagonisten versammeln, hören nichts Neues. Der Nachrichtenwert ist gleich null.

Nicht so an diesem Montag:

30. Mai 2016, Lutz Bachmann, Script:

»[…] Das ist jetzt hier so ein kleines Dankeschön, eine kleine Würdigung von einem sächsischen, einem Dresdner Comedian, der einfach das Maul jetzt mal aufgemacht hat … der Herr Steimle, Uwe Steimle! – Uwe! Uwe! Uwe! – das war Ihr Applaus! Sie sind herzlich eingeladen, hier mal ein paar Worte zu verlieren. […] Ich hab bloß nur bewundert, dass jemand einfach im Staatsfernsehen das dort rausgehauen hat, was er gebracht hat, das war spektakulär! […] Er sagt einen ganz wichtigen Satz als letzten Satz dort, und der lautet: Wer für Frieden und die Heimat ist, ist unantastbar.«

Lutz Bachmann ein Fan von Uwe Steimle, seiner knuffigen Comedy-figur Günther Zieschong, vom liebenswürdigen Sachsenreisenden aus »Steimles Welt«? Stand der nicht der Linkspartei nahe? Uwe Steimle ein umjubeltes Idol der Pegida-Spaziergänger – das konnte kaum sein. Man meint zu wissen, wer Steimle ist.

Uwe Steimle, Jahrgang 1963, mehrfach preisdekorierter Schauspieler, Kabarettist, Autor und als Sprinter ehemaliger Leistungssportler, ist im Hauptberuf Dresdner. Er will »die Fackel weitertragen«, wie er sich einmal ausdrückte, womit wohl gemeint ist, sächsischen Dialekt und ostdeutsche Identität entschlossen zu verteidigen. Gut so, denken viele, endlich mal einer, der sein Sächsisch nicht versteckt. Und es gab ja auch ein normales Leben, viel Schönes im Arbeiter-und-Bauern-Staat. Wohlige Wärme steigt auf, wenn Steimle seine Welt der Schlagersüßtafeln, Dederonbeutel, Kollektive, des echten Bohnenkaffees, von Schweineohren vom deutschen Bäcker, Pulmotin und Kaufhallen beschwört. Es sind Zeitreisen in eine Vergangenheit, die kuschlig warm und freundlich war, ohne Immobilienhaie, Banken, Großkapital, und dafür voller lieber Menschen ohne jeden Arg. Manch einer erinnert und freut sich, an sich selbst und seinen Erinnerungen. Sie müssen schön sein. Stimmen müssen sie nicht.

Aber es gibt ja auch die Gegenwart, in der man ihn heute die sächsische Provinz erkunden sieht, mit wirklich liebevollem Blick und großer Aufmerksamkeit, und man staunt und freut sich: Steimle hat sich etwas bewahrt, er weitet den Blick. Diese Fackel weitertragen? Unbedingt.

Und doch galt Lutz Bachmanns Begeisterung ihm. Also bleibt nichts weiter übrig, als Günther Zieschong zu hören, Steimles Alter Ego.

8. Mai 2016, *MDR,* »Kanzleramt Pforte D«, Uwe Steimle als Günther Zieschong, Script:

»Und deswegen, ganz ehrlich gesprochen, ich bin froh, dass es den 8. Mai gibt, und mir sind die Bayern höchst sympathisch, denn die haben das schöne Staatsmotto: Mir san mir. Ja, da kommt zweimal das Wort MIR vor. Hochsympathisch. Und, Leute, genau [macht Jacke auf und zeigt T-Shirt mit der Aufschrift »MIR san MIR«, wobei MIR kyrillisch geschrieben ist]: Lassen wir uns nicht verrückt machen. Wer für den Frieden ist und für die Heimat, ist unantastbar.«

Was hat Lutz Bachmann so gefallen, dass er diesen letzten Satz sogar zitiert, der übrigens mit frenetischer Zustimmung durch sein »Volk« quittiert wird? Was begeistert ihn so, dass er sich eine Kopie des Nickis drucken lässt, das Steimle in der Sendung trägt? Politikerschelte kann Pegida selbst, es geht um Frieden, um Heimat. Und natürlich um Russland. MIR, russisch für Frieden, bayerisch und sächsisch für Wir. In dem besagten Satz geht es um Rechtfertigung und um vermeintliche Tabus, um Moral und eine düster bedrohte Heimat. Es geht ums Wir, um uns, das Volk mit dem Herz auf dem rechten Fleck. Uwe Steimle hat instinktsicher die richtige Vorlage geliefert. Lutz Bachmann zeigt sich dankbar, seine Leute auch. Der Fackelträger hat alles richtig gemacht, das T-Shirt findet Verbreitung.

Friedrichshafen, 2007. Steimle sollte auftreten, die Vorfreude war groß. Wer nicht kam, war Steimle. Er hatte sich in der BRD, wie er sagen würde, verfahren – nach Freiburg. Die Unübersichtlichkeit des nicht mehr so Neuen hinter der Demarkationslinie hatte ihm Probleme bereitet, das war lustig wie alles andere, für Sachsen in der Diaspora wie für Daheimgebliebene. Uwe Steimle war der nette, liebe Ornithologe, der schon vor der Wende Honecker nachmachte wie kein anderer. Er war Kommissar Hinrichs aus dem »Polizeiruf Schwerin«, authentisch und besonders. Dann schien er, 2009 war das, für eine Weile weg vom Fenster, sein Vertrag beim *NDR* wurde gelöst. Steimle war überzeugt, dass seine Kündigung zu Stande kam, weil ihn die Linkspartei für die Bundesversammlung nominiert hatte, die den Bundespräsidenten wählt. Und ganz allgemein wegen Aufmüpfigkeit dem Sender gegenüber. Er war »gekränkt«, wie Stefan Locke damals in der *FAZ* schrieb.[1] Das ist nachvollziehbar, ähnliche Kränkungen mussten viele erfahren, wenn auch nicht unbedingt unter vergleichbaren Umständen. Vielleicht war diese Sache, das Ende beim »Polizeiruf«, der entscheidende Einschnitt für Steimle, der bei ihm bis heute nachwirkt. Vorher gänzlich ohne Mission, begann in ihm zu diesem Zeitpunkt wohl etwas, das seinen Zuhörern, bestimmt vielen bis heute, verborgen geblieben ist. Es war auch der Zeitpunkt, als er von »Kehre« zu sprechen begann, wenn vom Umbruch 1989 die Rede war. Vielleicht war es der Moment, als für den Schauspieler Uwe Steimle alles Deutsch-Demokratische an Bedeutung gewann. Ab da war Verklärung.

Auch diese Verklärung ist bis dahin harmlos. Uwe Steimle hat sich ja den Begriff der »Ostalgie« 1997 schon patentieren lassen (Urkundennummer 2053569). Für ihn war es schön in der DDR, der Kombinatsdirektor nahm den Lehrling an der Bushaltestelle mit, Dresden ist wunderbar, schöne Gaslaternen, guter Stollen, die Kohlenmänner tun dies und das und jenes, das heute keiner mehr weiß – alles heimelig. Und alles falsch. Seine Bücher sind zu guten Teilen Beschreibungen eines Landes, in dem er wohl gelebt hat, das es so aber nie gegeben hat. Steimle fand einmal, 2014 bei »Hart aber Fair«, nur Worte der Verachtung für Republikflüchtlinge. Das löste viel Aufregung aus, ob während der Sendung oder danach. Aber, und das gehört der Ehrlichkeit halber dazu, das war vor 1989 die allgemeine Sicht der Dinge. Er vertritt sie einfach immer noch.

Zu diesem Zeitpunkt, 2014, war Steimle schon seit mindestens zwei Jahren unterwegs auf seiner Mission. Es bekam nur kaum einer mit. Er war und ist für die meisten einfach der ewige Sachse, einer von früher, absurd und daneben und nicht so wichtig. Für viele war und ist er eine Identifikationsfigur. Einige erschreckt er. Und manche haben verstanden, was er macht, haben das Licht seiner Fackel gesehen. Dazu muss Lutz Bachmann gehören, nicht erst seit dem Frühjahr, als er in einer Nachahmung von Steimles T-Shirt auf der Pegida-Bühne stand. Wirklich nur ein Nicki, nicht der Rede wert?

Kleine weiße Friedenstaube auf hellblauem Grund. Da war doch was. Es ist nicht unschuldig und süß wie Dresdner Stollen, auch wenn auf den ersten Blick nichts Falsches an diesem alten Logo ist. Diese Taube ist seit 2014 das Symbol der »Mahnwachen für den Frieden«, die sich ebenfalls den Montag für ihre Aktionen ausgesucht haben, in Berlin, Dresden, Erfurt und anderswo. Diese Friedensmahnwachen sind eines der vielen Spielfelder von Neuen Rechten wie Elsässer und Medien wie dessen *Compact*-Magazin (Titelblatt im Oktober 2016: »Wollt ihr den totalen Maas?«) oder *RT Deutsch*, das erste eine schreiend rassistische Plattform für Neue Rechte, das zweite ein russischer Staatssender im deutschen Auslandseinsatz. Beide, wie auch weitere Medien und Gruppierungen aus dieser Richtung, engagieren sich im Umfeld der Mahnwachen.

Trotzdem kann auch das noch Zufall sein. Nicht wirklich viele wissen, wer sich unter diesem Schirm tummelt, auch Steimle muss das nicht unbedingt wissen. Wer wäre nicht für Völkerverständigung und Frieden, wer wäre nicht für mehr Bankenaufsicht, weniger Lobbyismus und lehnte Rüstungsexporte ab. Niemand hat, abseits der Politik, etwas gegen Russen, der Krieg in der Ukraine ist aus den Nachrichten beinahe verschwunden, die Krim vergessen. Noch gab es keine Bilderberg-Konferenz in Dresden, als diese Mahnwächter dort ihre Botschaften in der Altstadt durch Megaphone brüllten. Es war möglich, davon nichts mitzubekommen, auch für politische Kabarettisten. Uwe Steimle singt einfach gern alte DDR-Lieder, dazu gehört auch jenes von der Friedenstaube, und seine Zuhörer erkennen es und singen mit. Es ist ein schönes Lied, und er trägt eben die Fackel weiter. Auch gern mal von und nach Russland, und auch gern mal ganz unbedarft am Tag vor dem Bachmann-Lob:

29. Mai 2016, *RT Deutsch,* Interview Uwe Steimle (US) mit dem Chefredakteur Iwan Rodionow (IR), Script (Fehler im Original):

US: »Darf man sagen: Dobrij Djen?«

IR: »Auf keinen Fall.«

US: »Auf keinen Fall. Schon Propaganda.« [...]

IR: »Da möchte ich gleich mit einem weiteren Zitat aus einem Ihrer Auftritte machen, [...]: Wir leben ja unter einer Demokratie, da halte ich lieber den Mund?«

US: »Ja [...]. Ich trag ja nur zusammen. Ich fühle mich als Seismograph, und ich sag dann immer, egal ob Osten oder Westen, ich sag dann immer: Können Sie sich vorstellen, dass 25 Jahre nach der Wende das gemeinsame Deutschland regiert wird von einer ehemaligen FDJ-Sekretärin? Als Pfarrerstochter? Zuständig für Agitation und Propaganda? [...] Deutschland ging es immer gut, wenn wir mit den Russen gemeinsame Sache gemacht haben. Und ich, als Überlebender, sag ich auch noch mal, werde nie vergessen, [....] ich bin eben anders sozialisiert. [...]«

Da hätte er wohl lieber den Mund gehalten, als »Überlebender« (Jahrgang 1963). Im vollständigen Interview ist wieder alles drin. Medienschelte, Russland- und Putinharmonie, Ostromantik, Frieden natürlich, Merkel, Antiamerikanismus, der ganze Bogen – dieses Mal nicht auf einer Bühne, sondern im Studio. Das ist, da hat Steimle schon recht, Propaganda.

Spätestens jetzt glaubt man nicht mehr an Zufälle. Lutz Bachmann wird Steimle schon ganz richtig verstanden haben. Es stellt sich die Frage, wer hier wem folgt, wer von den beiden diese Agenda zuerst hatte. Ein wenig Recherche lässt keine Zweifel aufkommen – Steimle war schneller.

Geht man von hier aus etwas weiter in die Vergangenheit, stellt man schnell fest, dass keine von Steimles Aussagen bei »Kanzleramt Pforte D« oder *RT Deutsch* dort zum ersten Mal gefallen oder in besonderer Weise scharf sind. Schaut man sich also zunächst beim *WDR* um, landet man bei einer Sendung, die ziemlich genau ein Jahr vor den beiden anderen ausgestrahlt wurde und ein fassungsloses Publikum in Köln zurückließ.

23. Mai 2015, »Mitternachtsspitzen«, *WDR*, Uwe Steimle, Script:

»[…] Ich kann Ihnen eins versprechen, spätestens wenn die Rote Armee im *ZDF*-Studio in Mainz steht, dann spricht Marionetta Slomka auch anders […] Ernsthaft, mir vergeht jeden Tag ein bisschen mehr das Lachen hier, und es gibt Leute in diesem Land, die reden schon wieder vom totalen Krieg! […] Und ich sag Ihnen eins, es gab Zeiten, Landsleute, da wurde man wenigstens noch gefragt, ob man den totalen Krieg überhaupt will. […] Und hier, die neuen Machthaber, die wir ja nun schon seit 25 Jahren haben, also dort, wo ich herkomme, Deutsch-Nahost, ja, man könnte auch sagen, die besetzten Gebiete. […] Was sagen hier die neuen Machthaber? Wir nehmen mal zwei Ossis an die Spitze des Staates, Mutti und Vati, beide aus Meck-Pomm, beides Pfaffenbrut, nicht zu verwechseln mit Drachenbrut. […] Wer Wind sät, wird Sturm ernten? Und wer Flüchtlingsströme produziert, der hat Krieg gesät. […] Und wieso zetteln die Amerikaner und Israelis die Kriege an, und wir dürfen als Deutsche die Scheiße bezahlen, was passiert hier? Wo ist der Aufstand der Anständigen, was passiert hier? […]«

So geht es immer weiter. Kaum jemand wird sich an diese Kampfrede erinnern. Wenige Fans fragten sich kopfschüttelnd, was mit Uwe Steimle los war – so befremdlich war das Ganze. Den Schluss, ihn irgendwo anders zu verorten als in der Ostalgie-Ecke, zog kaum jemand, auch wenn er nicht in der Zieschong-Rolle auftrat und man davon ausgehen musste, seine Worte seien blanker Ernst und keineswegs satirisch gemeint. Heute sind Begriffe wie »Machthaber« zur Verunglimpfung von Politikern ganz alltäglich geworden, aber ein halbes Jahr nach Entstehen von Pegida war das noch nicht unbedingt Usus. Es gab ein kleines Medienecho, antisemitische Ressentiments wurden ihm in einem Kommentar vorgeworfen. Ein größerer Zusammenhang mit irgendetwas wurde nicht gesehen, der Vorwurf des Antisemitismus nicht aufgegriffen – die Deutschen interessierte es nicht, etliche fanden es aber auch toll – einfache Suche im Internet reicht, um sich das klarzumachen. Dann wurde es vergessen. Steimle selbst hat jedoch darauf geachtet, dass sein Anliegen nicht untergeht – die Fackel muss schließlich weitergetragen werden. Das hat er bei diversen Gelegenheiten getan.

Besonders skurril war sein Talkshowauftritt aus Anlass von Gregor Gysis Abschied als Chef der Linksfraktion im Bundestag einige Monate nach der Kölner Polemik. Steimle war offensichtlich als Experte für Osten, Die Linke und Altkader eingeladen. Dann wurde es schräg:

13. Oktober 2015, »Menschen bei Maischberger«, *ARD*, Uwe Steimle, Script:

»[…] Was, glaube ich, passieren wird in unserem Land, davor habe ich auch ein bisschen Angst, muss ich sagen, ich denke, wir werden einen Vereinigungsparteitag haben zwischen der SPD und der CDU, und wir nennen dann die Partei Kapitalistische Einheitspartei Deutschlands. […] Frieden mit Russland vor allem, Frieden mit Russland. Schon Bismarck hat gesagt: ›Nur mit Russland, und niemals gegen Russland‹. […] Sie [Merkel] hat auf Anweisung der Amerikaner gehandelt. Das war keine eigene … Wir sind eigentlich schon nach Merkel.«

Niemand machte sich irgendwelche Sorgen. Das war eben Blödsinn, man konnte Steimle sowieso nicht folgen. Wirres Geschwätz, wie auch hier:

16. Juli 2016, »Schleich Fernsehen«, *BR*, Uwe Steimle als »Russe«, Script:

»Und spätestens, wenn Rote Armee steht im *ZDF*-Studio in Mainz, spricht Marionetta Slomka auch anders, ja! Wollen wir wetten? Wir Russen sind das friedlichste Volk der Welt! Wenn man den russischen Bären nicht kitzelt, ja, ansonsten haut er auf die Tatzen. […] Amerikanski alle Rechte von dieser Welt sich genommen. Amerikanski gesagt, Friedensnobelpreis geht in diesem Jahr an: Mittelmeer! Hat die meisten Flüchtlinge aufgenommen. [...] Es lebe die russisch-bayerische Freundschaft. Mir san mir!«

Soweit, so konsistent. Die *ZDF*-Moderatorin Marietta Slomka wird es wohl kaum gemocht haben, hier als »Marionetta Slomka« stellvertretend für die »ferngesteuerten« Medien nicht zum ersten Mal, sogar gern und immer wieder bemüht worden zu sein. Das ist kompakte Querfront, in all diesen spaßigen Reden Steimles. Allen wurde stets erst im Nachhinein widersprochen, sie waren dadurch überaus wirksam. Schelte im Nachhinein, noch dazu im Feuilleton, erreicht kaum jemanden.

Sieht man sich diese Auftritte an, drängt sich unweigerlich die Frage auf, warum Uwe Steimle so oft zur besten Sendezeit als Experte für den Osten eingeladen wurde. Mindestens möchte man wissen, ob sich die Redaktionen nicht im Klaren darüber waren, wen sie da eingeladen hatten. Steimle hat sich nachweisbar schon um den Jahreswechsel 2014/15, als Pegida kurz nach Entstehen am stärksten mobilisieren konnte, deutlich auf deren Seite gestellt. Während eines Auftritts in Kreuztal in Nordrhein-Westfalen am 8. Januar 2015, im Programm »Heimatstunde – Neues vom Zauberer von Ost«, legte er sich fest:

10. Januar 2015, Michael Kunz in der *WAZ* über den Auftritt in Kreuztal:

»[...] Heiko Maas, der für den Sachsen nicht mehr als eine ›Flachzange‹ und ein ›Arsch‹ ist, vor allem nach dessen Kritik an Pegida. Steimle präsentiert sich als Unterstützer der neuen Protestbewegung, bei der ›ich übrigens keine Islamkritik gehört, dafür aber viele russische Fahnen gesehen habe‹. Und das ist eindeutig als Lob gemeint; an Leute, die ja nur auf eine völlig verfehlte Politik aufmerksam machen, von einer Regierung, deren Parteien sich in ein paar Jahren garantiert zur ›Kapitalistischen Deutschen Einheitsparty mit Kanzler Sigmar Merkel‹ zusammenschlössen, ›wir sind doch ganz klar auf dem Weg‹, und von einem Parlament, in dem es fast ›nur verkappte Lehrer gibt. Arbeitsscheues Gesindel! Die müssen alle weg.‹ Das meint er eindeutig nicht ironisch. Auch nicht den Ärger über die für ihn einseitig berichtenden ›Qualitätsmedien‹. Immerhin verzichtet Steimle auf den Begriff ›Lügenpresse‹. Aber er liegt in der Luft.«

Es gab übrigens viel Beifall in Kreuztal, und Zugaben natürlich. Der

»Zauberer von Ost« hat das Publikum in der BRD mit seinen Puder-zuckergeschichten erreicht. Steimle, als »denkender Schauspieler«, begeistert mit Verweisen auf Tucholsky und Schiller, schiebt seine un-vermeidliche Honecker-Parodie ein und leitet geräuschlos zum blauen Wunder über, das »denen da oben« blühen werde. Schlüssige Argumen-tation? Die Kreuztaler werden sich gefreut haben, den Mann später in den Talkshows wiederzusehen.

Ein Thema geht der Meister des Butterstollengeschmacks vorsichti-ger an, wenn er als Uwe Steimle auftritt. Das Flüchtlingsthema spielt in den Auftritten noch immer eine eher untergeordnete Rolle. Aber so lieb ihm seine Sachsen sind, so wenig scheint er Geflüchtete anders sehen zu können als in Massen zu uns »Herrammelnde«, nicht als Kriegsopfer. Sie kommen in Strömen, die Merkel und Gauck in seinen Augen pro-duzieren, weil sie Krieg säten. Der Friedenswunsch, der Steimle so viel bedeutet, wird bei ihm zur hohlen Phrase, weil er nicht mit der Bereit-schaft zur Verantwortungsübernahme verbunden ist – die Flüchtlinge sollen wegbleiben. Relativ spät erst, wohl weil die tägliche Rhetorik auf den Straßen nicht mehr zu überbieten war, hat Steimle dann angefan-gen, auch das Thema der Gastarbeiter als Teil der DDR-Vergangenheit in seine Wohlfühlkuschelecke einzuräumen. Der Sachse ist weltoffen, wird er nie müde zu betonen. Dem hier und da entstandenen Eindruck, es könnte sich anders mit dieser Offenheit verhalten, gilt es entgegenzutre-ten. Steimle versucht das sicherheitshalber als Günther Zieschong, dem ohnehin verschrobenen langzeitarbeitslosen Ex-Parteisekretär im Blau-mann. In dieser Verkleidung teilt er dann gewohnt alltagstauglich aus.

19. Juni 2016, »Kanzleramt Pforte D«, *MDR,* Uwe Steimle als Günther Zieschong, Script:

»[…] Leute, ich mach's kurz. Wir haben die Leute ins Land geholt, haben sie ausgebildet und dann in ihre Heimat zurückgeschickt, da-mit sie dort den Wohlstand mehren. Das war eine verantwortungs-volle Politik. Was hier passiert, ist Irrsinn. […]«

Diesen Auftritt hat ein fassungsloser Dresdner auf seiner Facebook-Seite geteilt, der als Gastarbeiter aus Mosambik kam und sich bis heute hier durchgekämpft hat. Auch er hat in einer anderen DDR gelebt als Steimle, in einem anderen Dresden. Unwahrscheinlich, dass er warme Gefühle beim Gedanken an die Zeit der Kaufhallen und Pionierlager bekommt. Aber gut Deutsch kann er, das müsste Steimle freuen, dem seine Sprache so wichtig ist. Im erwähnten Auftritt freut es Steimle denn auch, in Vietnam (»Fittnam«) gut deutschsprechende Leute zu finden. Nur hier will er sie nicht haben. Überraschend war auch das nicht, man weiß, was man bekommt mit Uwe Steimle. Der Überforderung und Verärgerung über die Zuwanderung gab er schon ein halbes Jahr vorher, wieder als Zieschong und damit natürlich satirisch, in der gleichen Sendung Ausdruck:

22. November 2015, »Kanzleramt Pforte D«, *MDR*, Uwe Steimle als Günther Zieschong, Script:

»[…] Ist das nicht Wahnsinn, was hier alles herrammelt! Manche reden ja schon von einer Völkerwanderung. […] Also so gesehen, ist das hier erst der Anfang vom Ende. Und am Ende musst du dich ja fragen, wenn das hier so weitergeht, Leute, wofür hat Deutschland zwei Kriege geführt, wenn sie nun doch alle kommen? […] Ich sag immer, wenn ich einen Ausländer sehen will, fahr ich dorthin. Früher nannte man so was Urlaub. […]«

Mehr Beispiele lassen sich finden, viel mehr Beispiele. Es gibt kaum ein Thema, das die Volksseele berührt, das Steimle auslassen würde, und das ist keine neue Erkenntnis. Was könnte zum Beispiel »spaßiger« sein, als sich über Schwule zu echauffieren? Das kommt immer an beim kleinen Mann auf der Straße. Mit dieser Sendung wurde ganz bestimmt ein Volltreffer gelandet – aber erst jetzt, mit Jahren Verspätung, wird das Video dieses Auftritts vielfach begeistert geteilt.

1999, »Günther allein zu Haus«, *3Sat*, Uwe Steimle als Günther Zieschong, Script:

»[…] Ich habe nichts gegen Schwule. Ach wo. Sind auch Menschen… irgendwo. Ich sag immer, solange sie uns Normale in Ruhe lassen. […] Na klar, die schießen doch wie Ratten aus dem Boden. Es vergeht doch nicht ein Tag, wo die sich nicht irgendwo ›zusammenratten‹, äh rotten …, um zu demonstrieren. […] Dass da der Staat nichts unternimmt. Ein bisschen Diktatur bekäme denen ganz gut. Mensch, das wäre es doch überhaupt: für die die Diktatur und für uns die Demokratie. Ich sage Ihnen: Ganz schnell ginge das wieder andersrum. […] Das Deutsche in uns stirbt doch aus!! Der Deutsche, genau! […] Wer für unser Land keine Kinder produ… zeugt, der bekäme bei mir auch keine Rente. Das ist doch nicht normal! [...] Mein Nachbar zum Beispiel, der war 60 Jahre lang schwul. [...] Aber – und das rechne ich dem Mann hoch an – er hat niemanden damit belästigt. Er hat es unterdrückt. Und ist schwul gestorben [lacht]. Letzte Woche hat er sich aufgehängt. Und an dem Beispiel sehen Sie – es geht! [...]«

Das Publikum hat herzlich gelacht. War das Satire? Diejenigen, die das jetzt begeistert zum ersten Mal anschauen und ohne Hinweis auf das Entstehungsjahr teilen, nehmen es als bare Münze, wie die Kommentare auf YouTube deutlich machen (»Steimle sagt's, wie es ist.«).

Niemals tritt er dem entgegen, und gerade das lässt wenig Spielraum bei der Überlegung zu, ob es sich tatsächlich um kabarettistische Überspitzung handeln könnte, die uns den Spiegel vorhält. Ob er über Politiker, Geflüchtete, Schwule, Manager, Amerikaner oder Russen spricht – aus dem Spiegel schaut immer nur Uwe Steimle.

Er ist gern gesehener, regelmäßiger Gast im öffentlich-rechtlichen . TV. Selten wird ihm dort widersprochen. Seine Auftritte werden – nicht erst seit der kostenlosen Werbung durch Pegida – im Netz auf einschlägigen Seiten euphorisch gefeiert, Kostprobe: »Als Dresdner schäme ich mich für den Systemschleimbeutel Olaf Schubert. Aber wir haben den Steimle.« Ja, Dresden hat den Steimle, Sachsen hat den Steimle. Wann immer er jetzt in Talkshows wie dem *MDR*-»Riverboat« auftritt, ist die Vorfreude so groß wie die folgende Begeisterung über seine verlässlich kommenden altbekannten Sätze, in denen es immer um deutsches Brauchtum, deutschen Sprachgebrauch, deutsches »Maulaufmachen« und deutsches »Für-blöd-verkauft-Werden« geht.

Sachsen hat seine Heimatgeschichten, seine Pionierlieder, es hat seine Bücher. Alles, was Steimle sagt, ist in einem so netten, lustig anheimelnden Sächsisch vorgetragen, dass die Worte selbst fast in den Hintergrund treten. Deshalb lohnt es sich, noch einmal auf seine Nickis zurückzukommen. Steimle trägt Nickis. Darauf stehen dann Dinge wie »Nicki«, »Uwe Steimle«, »Forschbar«, »Hädsch Fongs« oder so etwas. In Vorbereitung auf seinen *RT*-Termin hat er wohl das Friedenstaubenhemd entworfen, das Bachmann so sehr gefiel, dass er die Idee übernahm. Uwe Steimle selber klaut keine Ideen bei anderen. Manche gefallen ihm aber so gut, dass er Geld dafür ausgibt.

19,95 Euro, um genau zu sein. So viel kostet ein »Bekennershirt« bei *Compact*, Elsässers Magazin, online erhältlich. Uwe Steimle trägt es beim Interview mit der *Thüringer Allgemeinen*, am 13. Mai 2016. »Domplatz 1« heißt die Interviewreihe, er ist dort wegen eines bevorstehenden Auftritts. Er beantwortet die Fragen vor einem Bücherregal, wie es sich gehört. Online zu sehen ist heute nur noch Steimles Kopf.[2] In der Urfassung des Artikels war das anders, dort zeigt das Foto eben jenes *Compact*-Shirt, mit der roten Aufschrift »Ami Go Home« über einem Deutschland ganz in Stars & Stripes. Besatzer raus. Hier ist sie, seine Front. So oft er schon seinen Antiamerikanismus, seine prorussische Begeisterung auf der Bühne mitteilte, es muss ihm zu undeutlich gewesen sein. Der Griff zu diesem T-Shirt, ganz bewusst getragen für ein Interview, beseitigt den letzten Zweifel daran, auf welcher Mission dieser Mann sich befindet.

Uwe Steimle ist seit Jahren konsequent und konsistent in seinen Ansichten. Er vertritt sie offen und leidenschaftlich. Es ist seine Schuld, wenn er bei Pegida montags so gern gehört wird. Es ist aber nicht sein Fehler, dass er nur kaum hörbaren Widerspruch erfährt. Ein großer Teil seines Publikums hat sich täuschen lassen von niedlichen Retrogeschichten, die eigentlich nicht seine waren – nur zu schön, um genau hinzuhören.

Der Mann im *Compact*-Nicki ist der echte Uwe Steimle, nicht der sächselnde, verpeilte nette Mann aus »Steimles Welt«. Das ist der Uwe Steimle, der allzu gern im *MDR* vom »Maul aufmachen« redet und davon, dass eine »nächste Revolution hoffentlich auch friedlich« werde. Das ist der Uwe Steimle, dessen oft und gern verwendetes (und sehr richtiges) Zitat ist: »Sprechen ist immer Denken.«

Anmerkungen

1 Stefan Locke: Uwe Steimle. Der Gekränkte, FAZ Online, 28.6.2009, www.faz.net/aktuell/gesellschaft/menschen/ein-letzter-polizeiruf-uwe-steimle-der-gekraenkte-1811514.html [gesehen am 27.1.2017]
2 Domplatz 1 mit Uwe Steimle: »Es ist keine Satire, jemanden zu beleidigen«, Thüringer Allgemeine Online, 21.5.2016, www.thueringer-allgemeine.de/web/zgt/leben/detail/-/specific/Domplatz-1-mit-Uwe-Steimle-Es-ist-keine-Satire-jemanden-zu-beleidigen-1993118703 [gesehen am 27.1.2017]

Khaldun Al Saadi (Referent und Autor)

Deutschland, Angst ist kein guter Berater, rief die Poetry-Slammerin Nemi Al-Hassan den Dresdnern von der Bühne zu. Es war kalt und regnerisch an diesem Tag im Januar 2015, als sich Tausende vor der Frauenkirche versammelten und Weltoffenheit und Toleranz repräsentierten in Dresden. Kalt und unsicher war die allgemeine Stimmung, und Nemi schenkte der Stadt mit ihren Worten ein wenig Wärme, Hoffnung und Zuversicht.»Der Sommer kommt«, versprach sie.

Es ist nun der zweite Sommer, der kam und ging, und wir Sachsen lernen zu verstehen, dass der Jahreszeitenwechsel allein nicht für den erhofften gesellschaftspolitischen Wandel sorgt. Pegida würde sich auflösen, tönte es zwischendurch immer wieder aus den Kreisen der politischen Elite, und doch existiert die fremdenfeindliche Bewegung immer noch.

Angst ist kein guter Berater, aber anscheinend für viele in Sachsen der einzig wahrgenommene Berater in unsicheren Zeiten von Globalisierung und digitalem Wandel. Angst bringt den Menschen dazu, in allem Unbekannten existenzielle Bedrohungen zu sehen. Egal wie abwegig die Begründung sein mag. Flüchtlinge kämen aus Gründen der Islamisierung nach Europa, nicht, weil sie ihre Heimat verloren haben. Dass der Afghane noch sein Afghanistan und der Syrer noch sein Syrien hätten, wie es der thüringische AfD-Politiker Björn Höcke einmal formulierte, und der Deutsche dabei sei, sein Deutschland zu verlieren, ist die Spitze rhetorischer Perversion der desolaten Lebenssituation von Flüchtlingen innerhalb und außerhalb ihrer Heimat. Oberflächlich kohärent aneinandergereihte Worte, die letztlich doch nur verächtliche Botschaften sind: Das ist die Währung einer menschenfeindlichen Gemeinschaft mitten unter uns, die aus Angst vor dem Fremden die Empathie für den Menschen verloren hat.

Ich will nie vergessen, wie mich der alte Mann an einem dunklen Montag umarmt hat, obwohl er zuvor noch wutschnaubend die Gefahr des Islam proklamierte.»Ich will Sie nicht töten«, waren meine entschiedenen und entscheidenden Worte, die die Brücke schlugen. Schön und erschreckend zugleich diese Begegnung mit der existenziellen Angst.

Doch Minderheiten sollen nicht ihr Leben danach ausrichten müssen, die Angst anderer zu entkräften. Hier hilft nur eine faire, empathische und öffentlich ausgetragene Kulturkritik durch und an uns Europäern, Deutschen, Sachsen. Wenn das passiert, dann kann ich auch glauben, dass »der Sommer kommt«.

Khaldun Al Saadi studierte Arabistik in Leipzig und ist Mitglied der Jungen Islam Konferenz.

Joachim Huber

Aus für die Wernesgrüner Musikantenschenke
Wie der *MDR* die ostalgische Grundierung seines Programms langsam abbaut

Achim Mentzel war ein respektabler Musiker, er war Entertainer, noch ehe es das Wort gab, und er hat die DDR überwunden, um dann mit ihr überleben zu können. Achim Mentzel reüssierte mit »Achims Hitparade« im DDR-Fernsehen, die er nach dessen Sendeschluss im *Deutschen Fernsehfunk* fortführte und dann im Fernsehen des *Mitteldeutschen Rundfunks (MDR)* zu neuer Blüte brachte. Nach 217 Ausgaben war 2006 Schluss. Im selben Jahr wurde in der »Wernesgrüner Musikantenschenke« noch geschunkelt, dass die Gelenke des Publikums knackten. Eine sehr volkstümliche Sendung, erstmals 1993 im *MDR*-Fernsehen ausgestrahlt und vom Duo Manuela Wolf / Reinhard Mirmseker mit bester Laune in der Primetime präsentiert. Nach 185 Folgen stellte der Sender die Musikantenschenke Ende 2011 ein, mit der Begründung, die Sendung passe nicht mehr ins Sendekonzept. Also wurde auch die Gruß-Tanten-Sendung »Alles Gute« verbannt.

So was kommt von so was: Bis heute hängt am Fernsehen aus und für Mitteldeutschland der Ostalgie-Mief, selbst heute, da die Flure nicht länger mit Wofasept gereinigt werden. Lange, und für seine Feinde zu lange, hielt der *MDR* an dem Programm fest, das wenigstens in seinem unterhaltenden Teil die »Zonensucht« – ein Diktum von Jens Bisky[1] – emsig beförderte.

Ostalgie-Kitsch, wenn es nur das wäre. Tatsächlich kämpft der *MDR* 2016 mit zwei weiteren Images: CDU-Sender und Wessis Ausklingbecken. Alle drei Zutaten hat sich die Anstalt für Sachsen, Sachsen-Anhalt und Thüringen verdient – und alle Merkmale verbinden sich sehr viel mehr mit Sachsen als mit Sachsen-Anhalt und Thüringen.

Und das kam so: Der *Rundfunk der DDR* sollte laut Einigungsvertrag bis zum 1. Januar 1992 vollständig abgewickelt werden, sollte statt seiner in einer öffentlich-rechtlichen Betonhülle Radio und Fernsehen produziert werden. In Sachsen regierte die CDU im Alleingang, in Sachsen-Anhalt führte die CDU die schwarz-gelbe Koalition an, nicht anders wurde in Thüringen regiert. Eine einmalige Konstellation, die »Sachsenkönig« Kurt Biedenkopf mit seinen Ministerpräsidentenparteikollegen Gerd Gies und Josef Duchac auszunutzen wusste.

Und schon da war Nostalgie im Spiel. Die Mitteldeutsche Rundfunk AG, untergepflügt im Nazireich, der Mitteldeutsche Rundfunk, zentralisiert im *Rundfunk der DDR,* sollten als *Mitteldeutscher Rundfunk (MDR)* wiederauferstehen. Wäre es nicht zum Dreibund gekommen, hätte nur Sachsen (4,1 Millionen Einwohner) eine aus eigener Finanzkraft lebensfähige Rundfunkeinheit aufbauen können, in Thüringen (2,2 Millionen) und Sachsen-Anhalt (2,3 Millionen) wären »nehmende Anstalten« entstanden, wie Gründungsintendant Udo Reiter im *Tagesspiegel*-Interview anmerkte,[2] also analog zu *Saarländischem Rundfunk* und *Radio Bremen* vom *ARD*-Finanzausgleich abhängige Anstalten. Der *MDR* als Dreiländeranstalt war und ist vital: 2014 hatte der Sender Beitragseinnahmen von fast 630 Millionen Euro.

Es ging schnell, weil es schnell gehen musste. Im Mai 1991 gegründet, Sendestart am 1. Januar 1992, erster Intendant der Hörfunkdirektor des *Bayerischen Rundfunks (BR),* Udo Reiter, ein Biedenkopf-Ausguck. Reiter holte – bis auf den Technischen Direktor – nur Westkräfte an die *MDR*-Spitze. Sachsen begriff sich von Beginn an als Ansager: Fernsehen und Leitung nach Leipzig, Hörfunk nach Halle, Thüringen ging bis aufs Landesrundfunkhaus leer aus und bekam erst später mit dem von *ARD* und *ZDF* gegründeten Kinderkanal ein Trostpflaster.[3] Die Sächsische Staatskanzlei in Dresden, wie in allen Länderkanzleien der Bundesrepublik auch die Zentrale der Rundfunkpolitik, wurde zum Akteur, die Mehrheit im Dresdner Landtag zum Notar.[4]

In der Staatskanzlei an der Archivstraße 1 wurde das in Anspielung auf die Ministerpräsidenten-Namen so genannte »SMS-Papier« mitformuliert, das Edmund Stoiber (Bayern), Georg Milbradt (Sachsen) und Peer Steinbrück (Nordrhein-Westfalen) 2003 präsentierten. In ihm wurde eine umfassende Reform des öffentlich-rechtlichen Rundfunks verlangt. Das Papier verschwand nach einigem Geraschel in den Schubladen, in der jüngeren Vergangenheit hat der (ehemalige) Chef der Sächsischen Staatskanzlei, Johannes Beermann (CDU), kritisch Stellung genommen zur Höhe der Rundfunkgebühren und zum Umfang des öffentlich-rechtlichen Programmauftrags. Aktuell wird an neuen Papieren gearbeitet. Rheinland-Pfalz und wiederum Sachsen haben den Vorsitz der Arbeitsgruppe »Auftrag und Strukturoptimierung der öffentlich-rechtlichen Anstalten« übernommen. Im Kern geht es um die künftige Verfassung wie den künftigen Programmauftrag von *ARD*, *ZDF* und *Deutschlandradio*. Die Länder-AG ist mächtig, und so werden die Intendanten sich herausgefordert fühlen, in Mainz wie auch in Dresden die Zukunft des öffentlich-rechtlichen Rundfunks zu sichern.

Im Nachwende-Sachsen funktionierte eine klare Aufgabenteilung zum gegenseitigen Nutzen und Frommen: Kurt Biedenkopfs CDU regierte das Land in Dresden und in Alleinherrschaft, und Udo Reiter regierte den *MDR* in Leipzig und in Alleinherrschaft. Letzteres war schon erstaunlich, da sich der *MDR,* der Stolz und Identitätsstifter Mitteldeutschlands, zur unangefochtenen Skandalnudel in Rundfunk-Deutschland entwickelte: Stasi-Affären trotz verschiedener Gauck-Wellen, millionenschwerer Betrug beim Kinderkanal, Bestechlichkeit im Sport- und im Unterhaltungssektor. Intendant Reiter wurde mehrfach wiedergewählt, das *MDR*-Fernsehen war von der Quote her zum erfolgreichsten Dritten Programm der *ARD* aufgestiegen, die Hörfunkprogramme, speziell die Landeswellen, verwiesen den Privatfunk auf die Plätze, der *MDR* zahlte in den *ARD*-Finanzausgleich ein. Der Soli war in der Gegenrichtung unterwegs, was für ein Erfolg der CDU-Gründung *MDR* nach West-Vorbild.

Aber da war auch Zement angerührt worden. Andreas Raabe von Leipziger Stadtmagazin *kreuzer* befindet in der Rückschau: »Überhaupt ist es bemerkenswert, wie Politiker und Manager unmittelbar nach der Wende politische und mediale Verhältnisse in Sachsen zementierten – und dabei die gesellschaftliche Infrastruktur, die sie nach 40 Jahren SED-Diktatur vorfanden, für ihre Ziele nutzten.«[5] Nein, es gibt in Ostdeutschland keinen staatlich gelenkten Rundfunk mehr, einen tatsächlich staatsfernen aber noch nicht. Die *MDR*-Aufsichtsgremien genügen längst noch nicht den Vorgaben, die das Bundesverfassungsgericht für das *ZDF* formuliert hatte. Nur noch ein Drittel staatliche und staatsnahe Vertreter sind erlaubt. Ein neuer Staatsvertrag für den *MDR* muss her.

Wenigstens unterschwellig war schon eine Gegenbewegung zum politischen Patronat in Gang gekommen. Die konservative Alleinregierung in Sachsen gelangte an ihr Ende, der *MDR*, genauer seine Aufsichtsgremien entließen sich zusehends aus ihrer sächsisch-staatskanzleiischen Unmündigkeit. Bekannt und geschmäht als Abnickgremien, ließen sie Bernd Hilder, den Chefredakteur der *Leipziger Volkszeitung*, im Herbst 2011 als ausgeguckten Intendanten und Reiter-Nachfolger durchfallen. Hilder galt als Wunschkandidat der CDU Sachsen, das war kein Zufall. Der Verwaltungsrat hatte die Personalie noch gutgeheißen, doch der Rundfunkrat als Wahlgremium schickte Hilder mit nur zwölf Ja- und 29 Nein-Stimmen vor die Tür. Hilder durfte sich von seinen CDU-Protegés im Stich gelassen fühlen. Danach kam die Gegenkandidatin, *MDR*-Justiziarin Karola Wille, einstimmig zu Amt und Würden. Und Wille, geboren in Karl-Marx-Stadt, trieb die Ablösung der West- durch Ostdirektoren voran. Udo Reiter selbst war, wie er dem *Tagesspiegel* sagte, in 20 Jahren *MDR*-Intendant ein anderer geworden, er habe sich in seiner Zeit in Ostdeutschland »sicher verändert. Früher war ich geachtetes Mitglied der Münchner Bussi-Gesellschaft. Das ist mir später immer fremder geworden.«[6] Acht Direktoren hat die Dreiländeranstalt *MDR*, fünf von ihnen stammen mittlerweile aus Ostdeutschland. Nathalie Wappler-Hagen, die Nachfolgerin von Hörfunkdirektor Johann Michael Möller, ist Schweizerin. Diese Personalie ist keine Übersprungshandlung, das ist Souveränität.

Und mit dem Entstehen einer sächsischen, einer sachsen-anhaltischen, einer thüringischen Identität, überwölbt vom mitteldeutschen Gedanken, konnte auch die ostalgische Grundierung des Programms abgebaut werden. Die war übrigens kalkuliert! Gründungsintendant Udo Reiter sagte später:»Bei Politik, Wirtschaft, Kultur haben wir das

Programm von Grund auf erneuert, aber in der Unterhaltung haben wir bewusst an DDR-Traditionen angeknüpft. Das hat vielen Leuten gutgetan, für die sich damals ja alles verändert hat. Wenigstens die Schlagersänger und die Unterhaltungskünstler sind die alten geblieben – das war psychologisch nicht verkehrt.« Das habe die Zustimmung zum *Mitteldeutschen Rundfunk* sicherlich beträchtlich befördert.[7]

Auf dem Fundament des erfolgreichsten Dritten Programms im *ARD*-Rund holten die Fernsehmacher ihr Programm aus dem Ostalgie-Kokon heraus; die Bewährungsprobe für das erstarkte Selbstbewusstsein des *Mitteldeutschen Rundfunks* kam rascher und aus einer anderen Ecke als gedacht. Pegida in Dresden und Legida in Leipzig und Thügida in Erfurt haben den *MDR* auf die Probe gestellt – Rundfunkfreiheit mit Ja und Aber oder Rundfunkfreiheit ohne Wenn und Aber? Journalisten und Reporter von Hörfunk und Fernsehen wurden bedrängt und beschimpft, sie wurden attackiert, und der Eindruck stellte sich ein, dass Sachsens CDU-Regierungschef Stanislaw Tillich stärker lavierte als der *MDR*. »Sachsen, ein Trauerspiel«, titelte der *Stern* auf dem Cover einer Ausgabe im Oktober 2016, das konnte den *MDR* nicht miteinschließen.

Die Rundfunkfreiheit wird nicht preisgegeben. Auf die anhaltenden »Lügenpresse«-Vorwürfe reagierte der Sender mit fortgesetzter, teilweise unter Begleitschutz erfolgter Berichterstattung, mit offenem Visier in den Programmen und auf der *MDR*-Homepage – und mit Eigeninitiative.[8] Pegida-Demonstranten werden ins *MDR*-Fernsehen eingeladen, um sich ein Bild von der Arbeit bei der »Lügenpresse« zu machen.[9] Es kommt dabei zu einer gewissen Annäherung, nicht mehr, aber auch nicht weniger. Der *MDR* mit Intendantin Wille hält Kurs.

Aber die Vergangenheit lässt sich so leicht nicht abschütteln. Als die Otto-Brenner-Stiftung 2015 in der Studie »Information oder Unterhaltung? Eine Programmanalyse von WDR und MDR« zu dem Schluss kam, unter den untersuchten Sendern – *MDR* und *WDR* sowie *SWR* und *NDR* – sei »der *MDR* mit Abstand der unterhaltungsorientierteste«,[10] da reagierte das Funkhaus mit Schärfe, ja Empörung. In einer Stellungnahme Ende Juli 2015 heißt es, von auffälligen Fehlern in der Methodik abgesehen, enthalte die Darstellung der Stiftung einseitige Zuspitzungen und plakative Wertungen, die einer fachlichen Diskussion nicht standhalten können.[11] »Gerade der große Anteil hochwertiger und regional geprägter Informationsprogramme trägt dazu bei, dass der *MDR* bereits im 17. Jahr das erfolgreichste Programm unter den Dritten der *ARD* im jeweiligen Sendegebiet ist.« Dann werden – repräsentative – Befragungen herangezogen, die laut Sender belegen, dass der *MDR* bei den Zuschauern in Sachsen, Sachsen-Anhalt und Thüringen ein starkes Informationsimage habe. Spezifisch für den Sender sei, dass diese Prägung mit hohen Werten für »unterhaltend« und »sympathisch« einhergehe.

Die befragten Zuschauer und Zuhörer wissen, wovon sie reden. Fernsehen, und damit das *MDR*-Fernsehen, spielt im Tagesverlauf wie in der gesamten Mediennutzung eine herausragende Rolle. Sachsen schauen (2014) durchschnittlich vier Stunden und 34 Minuten am Tag fern, im bundesweiten Ranking der »Zuschauerkönige« liegen sie damit vor Sachsen-Anhalt (4:32 Stunden) und Thüringen (4:25 Stunden).[12] Heißt für Sachsen auch: Seit 1994 von 3:41 Stunden aus ist die durchschnittliche Sehdauer pro Tag kontinuierlich gewachsen. Die Sächsin und der Sachse, sie sehen gerne fern.

Nimmt man den Faktor hinzu, dass das *MDR*-Fernsehen 2016 im Schnitt auf einen Zuschauermarktanteil von sehr hohen 9,4 Prozent kommt, wird schon erkennbar, dass diese Werte mit Unterhaltung und mit Information erzielt werden. Aber in der Weise, wie sich die Unterhaltung in journalistische Unterhaltung verwandelt hat, hat sich der Umfang an Unterhaltung verkleinert. Die Hardcore-Ware wie »Achims Hitparade« oder »Wernesgrüner Musikantenschenke« wurde verbannt, »Außenseiter Spitzenreiter« modernisiert, Allzweckmoderator Peter Escher konnte seine »lebensretterischen« Formate ausbauen. Sicher, gegen das breite Publikum und seine akzeptierten Bedürfnisse wurde und wird im *MDR*-Fernsehen nicht angesendet.

Das Programm ist nicht mehr nur ein »Unterhaltungsdampfer«, mag die Talkshow »Riverboat« auch weiter durch seichte Gewässer schippern und im *ARD*-Fernsehen die quotenträchtige Krankenhaussoap »In aller Freundschaft« das Bild vom *MDR*-Fernsehen prägen. »Riverboat« und »IaF« werden in Leipzig, in der *MDR*-Mediencity produziert. Der *MDR*-Zugang zum Medium ist vor allem: sächsisch.

Fernsehgewohnheiten wie Fernsehprogramme ändern sich langsam, aber stetig, die freundliche »Begleitung« des Senders durch die sächsischen Staatskanzlisten lässt stetig, aber langsam nach. Und wenn Wesentliches in den Wellen und Programmen des MDR schiefgeht, ist nicht die West-Besetzung schuld. Die ist zur Minderheit geschrumpft, die Ost-Kräfte sind vollumfänglich verantwortlich. In Sachsen, um Sachsen und um Sachsen herum.

Anmerkungen

1 Jens Bisky: Zonensucht. Kritik der neuen Ostalgie, Merkur 58 (2004), H. 2, S. 117–127

2 Joachim Huber: Udo Reiter plädiert für Körperschaftsmodell »ARD-Berlin«, Der Tagesspiegel, 13.4.1997, S. 4

3 Vgl. Peter Stawowy: MDR-Direktorium beschließt neue Struktur, Flurfunk. Der Medienblog aus Dresden, 20.7.2014, www.flurfunk-dresden.de/?s=MDR-Direktorium [gesehen am 27.1.2017]

4 Vgl. Peter Stawowy: Medien in Sachsen. Hg. von der Sächsischen Landeszentrale für politische Bildung mit Unterstützung der Sächsischen Landesanstalt für privaten Rundfunk und neue Medien, Dresden 2011

5 Andreas Raabe: Schluss mit dem Einheitsbrei, kreuzer online, 11.1.2013, http://kreuzer-leipzig.de/2013/01/11/schluss-mit-dem-einheitsbrei/ [gesehen am 27.1.2017]

6 Joachim Huber: Der Bayer, der in den Osten ging, Der Tagesspiegel, 11.10.2014, S. 33

7 Thomas Eckert, Joachim Huber: »Grenzen der Gerechtigkeit«, Der Tagesspiegel, 8.11.2009, S. 34

8 Vgl. www.mdr.de, Stichwort »Pegida«

9 Stephan Zimmermann: Pegida zu Besuch bei der »Lügenpresse«, 25.1.2016, www.mdr.de/nachrichten/vermischtes/pegida-mdr100.html [gesehen am 27.1.2017]

10 Joachim Trebbe, Anne Beier, Matthias Wagner: Information oder Unterhaltung? Eine Programmanalyse von WDR und MDR, OBS-Arbeitspapier 17. Hg. von der Otto Brenner Stiftung, Frankfurt am Main 2015

11 MDR-Stellungnahme: Der MDR erfüllt seinen Programmauftrag vollumfänglich, 30.7.2015, www.mdr.de/unternehmen/studie-otto-brenner-stiftung100.html [gesehen am 27.1.2017]

12 Gerlinde Frey-Vor, Inge Mohr: 25 Jahre Einheit – Fernsehnutzung in Ost und West, Media Perspektiven 45 (2015), H. 10, S. 453–469

Küf Kaufmann (Schriftsteller)

Mich verschlug es nach Sachsen mit der Welle der jüdischen Immigration aus der Sowjetunion ganz zu Beginn der 1990er Jahre des vergangenen Jahrhunderts. So geschah es damals, weil meine Frau mich nach langer Überlegung überzeugt hatte, das Glück lieber weiter weg der Schönheiten des geliebten St. Petersburgs zu suchen. Nach Ausfüllen aller Formalitäten in Berlin begaben wir uns mitsamt der ganzen Familie durch die Gunst des Zufalls in die Stadt Leipzig – wo wir eine Wohnung bezogen, die gerade verlassen worden war von jenen, die jetzt ausgezogen waren, ihr Glück wiederum im Westen Deutschlands zu suchen.

An der Wohnungstür prangte das Namensschild »Kretschmar«, die Zimmer der Wohnung waren leer, bis auf diese eine Ecke, in der, an den Ofen gelehnt, eine riesige rote Flagge mit Hammer und Sichel stand. Auf der Tapete daneben begrüßte uns wie hingerotzt in gesprühter Schrift der Satz »Geht zur Hölle«. Für mich, so wie für ganz Sachsen, begann damals die Zeit des wenn auch unblutigen, so doch nicht schmerzfreien Übergangs vom Sozialismus in den Kapitalismus. Die nackten, vom Kohleofen verrußten Wände waren trist – also zog es uns raus, in unser neues Leben.

Es war Frühling, die Sonne blendete, die Menschen auf den Straßen lächelten einander zu, als hätten sie gerade gemeinsam etwas Unfassbares und gleichermaßen sehr Nützliches zu Stande gebracht. Wir schauten uns mit Freude diese Gesichter an, hörten uns in ihre Sprache hinein – und verliebten uns. Beinah vom ersten Augenblick an. Wir verliebten uns in die Sachsen. In ihre gurgelnde, weiche Sprache, ihre Kommunikationsfreude und ihre Freundlichkeit, ihren unerschütterlichen, dem jüdischen so artverwandten Optimismus und Humor. Ein Humor voller Doppeldeutigkeit, Wärme, Herzlichkeit, Sarkasmus und – das Wichtigste von Allem – voller Ironie sich selbst gegenüber.

Und als auch noch der berühmte sächsische Kabarettist und Buchautor Bernd Lutz Lange mir vorschlug, mit ihm zusammen das gemeinsame Programm »Fröhlich und Meschugge« zu machen, welches gleichermaßen sächsische und jüdische Witze beinhalten sollte, sagte ich natürlich sofort und ohne Widerworte zu.

Selbst der lange und strapaziöse Prozess der gemeinsamen Arbeit an diesem Programm hat mich in meinem Gefühl der Zuneigung dem Sächsischen gegenüber nur bestärkt. Und als ich dann geblendet von den Scheinwerfern zur Premiere auf die Bühne des Kabaretts »Pfeffermühle« trat und nach dem ersten jüdischen Witz, den ich erzählte, das schallende, donnernde Lachen des Publikums vernahm, hatte ich verstanden: Diese meine Liebe ist gegenseitig.

In sowohl kleineren als auch größeren Orten des Landes, die ich mit meinen Lesungen besuchen durfte, traf ich nicht nur auf Wogen des fröhlichen Gelächters, sondern auch auf einen ganzen Ozean menschlicher Wärme und Anteilnahme. Die Wellen dieses Ozeans haben die Kraft, selbst die unangenehmsten Erscheinungen, die auf seiner Oberfläche sichtbar sein mögen oder sich in seinen vereinzelten Buchten tummeln, zu überdecken. Und dennoch schwimmen wir zusammen in diesem Ozean, und das Leben prüft uns ohne Unterlass. Auf Rechtschaffenheit, auf Standhaftigkeit, auf Liebe und Hass. Und sehr oft, egal ob ich Fernsehen schaue, im Internet bin oder unter Menschen, erinnere ich mich des Spruches an der Tapete meiner ersten Leipziger Behausung. Und zuweilen denke ich mir dann, dass ich noch immer nicht recht weiß – ob wir nun wirklich alle zur Hölle gehen oder aber vielleicht gerade endlich nach und nach ihren Klauen entsteigen ...

Ich glaube aber, das Wichtigste ist, dass wir uns in Bewegung befinden – beflügelt von Liebe und bestärkt von Humor.

Küf Kaufmann ist Schriftsteller in Leipzig und Mitglied des Präsidiums des Zentralrats der Juden in Deutschland.

2

Unterwegs.
Eine andere Heimatkunde

Oliver Hach

»Deitsch un frei« im Erzgebirge

Der Südwesten Sachsens, das ist das Erzgebirge. Es lebt von seiner Landschaft, seiner Geschichte, seinen Traditionen. Dank seiner Volkskunst – Schwibbögen, Nussknacker und Räuchermänner – wirbt es heute mit dem Titel »Weihnachtsland«. Berühmtester Sohn des Erzgebirges ist der Volksdichter und -sänger Anton Günther (1876–1937). Nach ihm sind in der Region viele Straßen und Plätze benannt. Als Deutschböhme aus Gottesgab, dem heutigen Boží Dar an der sächsisch-böhmischen Grenze, schrieb Anton Günther Lieder wie »Drham is drham« (»Daheim ist daheim«), »Wu da Wälder hamlich rauschn« und – geprägt von den nationalen Spannungen zwischen Tschechen und Deutschen im Sudetenland – »Deitsch un frei wolln mer sei!«. Die Nationalsozialisten versuchten, den Heimatdichter zu vereinnahmen. Deshalb, so heißt es, sei er zunehmend schwermütig geworden. 1937 nahm er sich das Leben.[1]

Heute rauschen die Wälder wieder im Erzgebirge. Die Fichten sind grün, das Waldsterben der 1980er Jahre ist überwunden. Und Anton Günther wird wieder vereinnahmt. »Unser Anton würde NPD wählen!« – mit diesem Slogan zog die NPD hier im Sommer 2013 in den Bundestagswahlkampf.[2] *Deitsch un frei* – so nannte der NPD-Kreisverband Erzgebirge eine Postille, mit der die Partei ihre Propaganda unters Volk brachte.

Das NPD-Zeitungsprojekt startete etwa zu jener Zeit, als es rechten Strategen in Sachsen erstmals gelang, in größerer Zahl Menschen aus der sogenannten bürgerlichen Mitte gegen Flüchtlinge auf die Straße zu bringen. Im Sommer 2013 waren die Asylbewerberzahlen in Deutschland nach etlichen Jahren wieder deutlich angestiegen. Sachsens Erstaufnahmeeinrichtung in Chemnitz war überfüllt, es kam dort zu gewalttätigen Auseinandersetzungen zwischen Flüchtlingsgruppen aus unterschiedlichen Herkunftsländern. Der Freistaat beschloss daraufhin, eine leerstehende Bundeswehrkaserne im Erzgebirge anzumieten und zur Außenstelle für die Erstaufnahme von Flüchtlingen zu machen. Gut 500 Asylbewerber kamen dann in die 15 000-Einwohner-

Stadt Schneeberg, freilich weit entfernt vom Stadtzentrum und von den meisten Wohnungen der Einheimischen. Dennoch formierte sich sofort Widerstand. Angeführt wurde er von Stefan Hartung, einem jungen Mann aus dem Nachbarort Bad Schlema, der dort seit 2009 für die NPD im Gemeinderat sitzt.

Mit seinem NPD-Parteibuch ging Hartung dabei nicht hausieren. Seine Facebook-Gruppe »Schneeberg wehrt sich« setzte einfach auf Heimatgefühle und auf die Angst vor Fremden. Bei »Lichtelläufen« brachte Hartung mehrmals über 1000 Menschen auf die Straße – unter ihnen Rentner und Familien mit Kindern –, die in Fackelzügen gegen das Asylheim durch die Stadt marschierten. Kommunalpolitik und Zivilgesellschaft waren überrumpelt.[3]

Schneeberg landete bundesweit in den Medien, das Echo war verheerend. Als der Bestsellerautor Timur Vermes im November 2013 in Schneeberg aus seiner Hitler-Fiktion »Er ist wieder da« lesen wollte, wurde die Veranstaltung in den Nachbarort verlegt. Dem örtlichen Buchhändler, der ein städtisches Veranstaltungszentrum angemietet hatte, wurde mitgeteilt, eine solche Lesung sei zu diesem Zeitpunkt schwierig. Die Regionalzeitung *Freie Presse* schrieb damals: »›Hitler in Schneeberg‹ – diese Schlagzeile wollte sich die leidgeprüfte erzgebirgische Kleinstadt in diesen Tagen nicht auch noch zumuten.«[4]

Die Schneeberger »Lichtelläufe« – sie waren der Vorläufer der »Abendspaziergänge« von Pegida in Dresden. Bereits im Herbst 2013 im Erzgebirge konnte man ahnen, was passieren würde, wenn noch viel mehr Flüchtlinge nach Deutschland und damit auch nach Sachsen kommen würden. In den Folgejahren wurden etliche Orte auf der Landkarte des Freistaats zu Synonymen für Fremdenfeindlichkeit und rassistisch motivierte Gewalt: Freital, Bautzen, Heidenau – die Schlagzeilen und Bilder bleiben im Kopf. Diese Städte mit all ihren Menschen, mit den Ausländerhassern ebenso wie mit den engagierten Flüchtlingshelfern und der großen schweigenden Mehrheit, wurden stigmatisiert, pauschal zu Orten der Schande erklärt.

Auch im Erzgebirge füllte sich die »braune Landkarte«. Ein Bürgermeister in Nassau, der auf einer Informationsveranstaltung zur Einrichtung eines Asylheims vor aufgebrachten Bürgern mit den Worten kapitulierte: »Dann stellen Sie sich hin und protestieren – aber bitte gewaltlos«, ein wütender Mob vor dem Freiberger Bahnhof, der die Abfahrt von Bussen mit Flüchtlingen blockierte, aufgespießte Schweineköpfe vor Flüchtlingsunterkünften in Thalheim, Niederdorf und Johanngeorgenstadt, schließlich Molotow-Cocktails auf ein bezugsfertiges Asylheim in Schlettau – zu Weihnachten 2015 im Weihnachtsland Erzgebirge.

Wer als »besorgter Bürger« gegen die Aufnahme von Flüchtlingen war, der fand im Erzgebirge vielerorts Initiativen, denen er sich anschließen konnte. Einige begannen sich zu vernetzen. In der Kleinstadt Stollberg gab es im Januar 2016 einen Sternmarsch von Asylgegnern aus mehr als einem Dutzend südsächsischer Orte. Organisiert von einem Bündnis »Stollberger Patrioten«, zogen etwa 2000 Menschen mit Parolen wie »Heimat, Freiheit, Tradition – Multikulti Endstation« durch die Stadt, mittendrin ein Block der neu-rechten »Identitären Bewegung«. Beteiligt war auch die Initiative »Ein Prozent für unser Land« des Publizisten und Politaktivisten Götz Kubitschek. Ein Prozent der Bevölkerung, so die Idee seiner rechten Graswurzelbewegung, reiche aus, um sich »gegen die Auflösung unseres Staates« durch die »Flüchtlingsinvasion« zur Wehr zu setzen. In Einsiedel, einem Vorort von Chemnitz, wo Asylgegner ein Jahr lang den Dauerwiderstand organisierten, drehte die Initiative »Ein Prozent« Kurzfilme über den »zivilen Ungehorsam« und sicherte Unterstützung zu. Es gab aber auch Orte wie Clausnitz, wo sich der Hass auf Fremde eher spontan entlud. Oder Jahnsdorf, wo ankommende Flüchtlinge zunächst mit Böllern empfangen wurden und wo der rechte Block später auch auf demokratischem Weg die Machtübernahme anstrebte.

Aus Zwickau, Einsiedel, Clausnitz und Jahnsdorf kommen die folgenden Berichte. Eines haben diese Schauplätze im Erzgebirge alle gemeinsam: Rechtes Denken und Xenophobie kommen ohne Glatze und Springerstiefel daher, keiner will ein Nazi sein. Das macht es umso gefährlicher.

Von Zwickau nach Aue: »Identitäre« und Identitäten

Es sollte ein Symbol werden für das friedliche Miteinander von Einheimischen und Migranten, als junge Leute im Frühjahr 2015 in Zwickau zum Spaten griffen. In jener Stadt, in der die Terroristen des NSU, des »Nationalsozialistischen Untergrunds«, jahrelang untertauchen konnten, wurde zu den Demokratietagen am Mulde-Ufer ein Baum gepflanzt. Ein Feld-Ahorn, der Baum des Jahres. Doch er blieb nicht mal eine Woche stehen, dann wurde er eines Nachts abgesägt.

In Zwickau machte damals zum ersten Mal in der Region eine Organisation auf sich aufmerksam, die in Frankreich entstand und die sich seit einigen Jahren auch zunehmend in Deutschland ausbreitet. Die »Identitäre Bewegung« propagiert eine geschlossene »europäische Kultur«, die von Islamisierung bedroht sei, und wirbt um »opferbereite Aktivisten« zur Verteidigung der Heimat. Politikwissenschaftler sehen in der Gruppierung eine neue Spielart des Rechtsextremismus. Kerstin Köditz, Extremismusexpertin der Linke-Fraktion im Sächsischen Landtag, spricht von einer subtilen Rhetorik: »Es ist nicht mehr das platte ›Ausländer raus‹ der alten Rechtsextremen, aber im Grunde dasselbe in neuem Gewand.«[5]

Als in Zwickau der Feld-Ahorn gepflanzt wurde, standen auch fünf Mitglieder der »Identitären Bewegung« Sachsen an der Mulde. Sie trugen ein Plakat mit der Aufschrift: »Lass deine Wurzeln nicht verdorren – bewahre deine ethnokulturelle Identität«.

Seither treten die »Identitären« in verschiedenen Orten in Südwestsachsen immer wieder in Erscheinung. Sie mischen sich unter die Bürgerschaft, lenken Informationsveranstaltungen zur Unterbringung von Flüchtlingen, geben logistische Unterstützung bei asylfeindlichen Demonstrationen, sorgen mit kreativen Protestaktionen für Aufsehen – und schüchtern Flüchtlingshelfer ein. Besonders aktiv ist der Zwickauer Tony G., Sprecher der Bewegung in Sachsen. 2009 hatte er auf der Liste der NPD für den Zwickauer Stadtrat kandidiert, als Mitglied der »Nationalen Sozialisten Zwickau« pflegte er einst Kontakte zum mutmaßlichen Terrorhelfer André Eminger, einem der Angeklagten im Münchner NSU-Prozess.

Im Herbst 2015 gründen »besorgte Bürger« in Zwickau das Bürgerforum Sachsen. Auf dessen »Spaziergängen« laufen Leute mit, die in sozialen Netzwerken als Schule »Wehrmacht« angeben oder dazu aufrufen, vor der örtlichen Asylbewerberunterkunft mal ordentlich am Zaun zu rütteln. Der Sprecher des Bürgerforums erklärt freimütig, die »Identitären« spielten in seinem Verein »keine tragende, wohl aber eine unterstützende Rolle«. Und er hat kein Problem damit: »Ihr Ziel, lokale, regionale, nationale und europäische Identitäten, Kulturen und Traditionen zu erhalten, unterstütze ich voll und ganz.«[6]

Die »Identitäre Bewegung« hat inzwischen ein Netz über Sachsen gespannt. 2016 gibt es fünf Ortsgruppen: Dresden, Leipzig, Zwickau, Bautzen und Erzgebirge. In Grünhain-Beierfeld im Erzgebirgskreis findet der Bürgermeister an einem Morgen im März die Rathaustür zugemauert vor. Unbekannte hatten den Eingang über Nacht mit einer zwei Meter hohen und anderthalb Meter breiten Mauer aus Gasbetonsteinen und Bauschaum blockiert, darauf das gelb-schwarze Logo der »Identitären« mit dem griechischen Lambda-Zeichen. Wenige Wochen später werden im Nachbarort Bad Schlema nachts Misthaufen vor dem Rathaus abgeladen, darauf Schilder mit Botschaften wie: »Wer Multikulti sät, wird Scheiße ernten.« Auf ihrer Facebook-Seite bekennt sich die »Identitäre Bewegung« Sachsen zu der Aktion. Im September 2016 tauchen in Zwönitz Signets der »Identitären Bewegung« auf, wiederum in Bad Schlema wird nachts die Zufahrt zu einem Asylheim für unbegleitete minderjährige Flüchtlinge mit einem Baumstamm gesperrt, auf Transparenten mit dem Lambda-Symbol fordern Unbekannte »Remigration jetzt« und »Abschiebungen vorantreiben«. Im Oktober schließlich erhält eine Migrationsexpertin in Aue eine persönliche Drohung. Die Flüchtlingsaktivistin wird auf einem Plakat am Bürgerhaus als Heuchlerin beschimpft. Über die »Identitäre Bewegung« hatte sie gesagt: »Sie fasst bei uns im Erzgebirge immer stärker Fuß.«[7]

Inzwischen wird die »Identitäre Bewegung« vom Verfassungsschutz beobachtet – in Sachsen wie auch in mehreren anderen Bundesländern und beim Bundesamt. Die Verfassungsschützer sehen Anhaltspunkte für Bestrebungen gegen die freiheitlich-demokratische Grundordnung.

Ein Jahr Widerstand in Einsiedel

Für Speisen und Getränke ist gesorgt in Einsiedel. Für Kinder gibt es eine Hüpfburg, Knüppelkuchen und Kremserfahrten, für die Erwachsenen Spanferkel vom Spieß, Tombola und den großen Jahresrückblick. Anschließend versammeln sich alle gemeinsam zum Abendspaziergang mit Lampions und Fackeln. Es ist Samstag, der 15. Oktober 2016. Ein Dorf bei Chemnitz erinnert an ein Jahr Widerstand gegen Ausländer.

»Einsiedel sagt danke – 365 Tage« – so erinnert die asylfeindliche Bewegung »Nein zum Heim« an die Ereignisse, die den Ort in ganz Deutschland bekannt machten. Auch der 1. Vogtländische Schalmeienzug aus Auerbach spielt auf dem rechten Fest – und fürchtet anschließend um seinen Ruf. Man sei getäuscht worden, beklagt die Vereinschefin auf Nachfrage der Presse. Man habe nicht gewusst, für wen man da tatsächlich auftrete.[8]

Ein Jahr zuvor, Einsiedel im Herbst 2015: Wo die Straße bergan geht, hinaus aus dem Dorf, wurden Party-Pavillons in den Vorgarten eines Mehrfamilienhauses gestellt. An den Zäunen hängen Transparente: »Einsiedel sagt Nein zum Erstaufnahmeheim« und »Wir müssen unsere Kinder schützen«. Auch mitten in der Nacht brennt hier Licht. Es ist eine Art Kontrollpunkt. Jeder Passant, jedes Fahrzeug kann registriert werden an dieser einzigen Zufahrt zum künftigen Flüchtlingsheim. Eine Gruppe von 60 bis 80 Menschen hat sich hier zum Dauerprotest eingerichtet.[9]

Einsiedel, das sind 3600 Einwohner in einem ländlichen Vorort von Chemnitz mit Gymnasium, Brauerei und Trinkwassertalsperre. Einsiedel, das klingt nach Ruhe, nach Abgeschiedenheit. Und diese Ruhe wollen einige Bewohner mit aller Macht verteidigen. Dabei war durchaus schon Leben im Ort: 1951 eröffnete hier das Pionierlager »Palmiro Togliatti«, benannt nach dem Chef der Kommunistischen Partei Italiens. Zunächst waren es Baracken und Zelte, Anfang der 1980er Jahre wurde eine Siedlung aus modernen, holzverkleideten Flachbauten errichtet, eine architektonische Vorzeigeeinrichtung der DDR. Schüler verbrachten hier ihre Ferien im Geist des Sozialismus. Nach der Wende kam ein Bildungsdienstleister aus Heidelberg und quartierte ausländische Sprachschüler ein. Doch dann hat er das Objekt an den Freistaat vermietet. Und der will Flüchtlinge unterbringen.

An einem Nachmittag im November steht der Chef der Zentralen Ausländerbehörde vor dem Haupteingang und winkt die versammelten Menschen heran. Die Landesdirektion hat die Bevölkerung von Einsiedel zum Tag der offenen Tür eingeladen. Ganz Deutschland und auch Sachsen steuert in jenen Herbsttagen des Jahres 2015 auf den Höhepunkt der Flüchtlingskrise zu. Rund 14 000 Asylbewerber hat der Freistaat schon in Erstaufnahmelagern untergebracht. Einsiedel soll das

42. Camp werden – für 500 Menschen. Seit die Pläne bekannt wurden, gehen zahlreiche Menschen im Ort Woche für Woche auf die Straße. Und sie sind zum Widerstand bereit: Als der regionale Pegida-Ableger im Internet die Falschmeldung verbreitet, »die Busse mit den Invasoren« seien unterwegs, versammeln sich Hunderte, Lkw versperren die Straße.

Der Tag der offenen Tür im November 2015 soll eine vertrauensbildende Maßnahme sein: Landesbehörden und Mitarbeiter des Deutschen Roten Kreuzes, die die Flüchtlinge hier betreuen werden, wollen der skeptischen Bevölkerung zeigen, wie es laufen soll am Dittersdorfer Weg, man will Vorbehalte abbauen. Doch die Stimmung kippt. Um den künftigen Heimleiter scharen sich aufgebrachte Leute, der junge Dresdner DRK-Mitarbeiter gerät in die Defensive. Eine alte Frau schimpft: »Die Ausländer halten sich nicht an die deutschen Regeln.« Jemand stellt die Ausweiskarte in Frage, die jeder Flüchtling in Einsiedel bekommen soll: Ob der Heimleiter glaube, dass die Leute die Karten mitnehmen, wenn sie bei Edeka klauen gehen? Dann mischt sich ein kräftig gebauter Mann in Daunenjacke ein: »Ist hier 'ne Entzugsstation im Heim?« Bei den Afghanen sei der Konsum von Haschisch und Marihuana doch so normal wie in Deutschland das Biertrinken. Und schließlich: »Warum legt ihr eure Arbeit nicht einfach nieder?«

Während unter Gejohle das Transparent »Nein zum Erstaufnahmeheim« ausgerollt wird, wehrt sich der Heimleiter vorsichtig, er sei zum Helfen hier. »Ich bin kein Politiker.« Aus der Menge schallt es zurück: »Aber ihr unterstützt das mit.« DRK-Sprecher Kai Kranich, der dazugestoßen ist, muss sich für die Ausgangsfreiheit der Bewohner rechtfertigen. Das Haus sei kein Gefängnis, sagt er. Ein Mann kontert: »Natürlich können Sie die Leute einsperren – andere Länder können das auch.« Eine junge Mutter ruft erregt dazwischen: »Wenn mein Kind krank ist, muss es auch zu Hause bleiben.«

Am nächsten Abend ist die Zufahrtsstraße zum einstigen Pionierlager dicht. Um die 1500 Menschen haben sich vor dem »Infostand« der Heimgegner versammelt. Mittwoch ist hier Demo-Tag, jede Woche. Ein Sprecher der Bürgerinitiative sagt der Presse noch einmal: »Wir wollen hier keine Erstaufnahmeeinrichtung – und dabei bleiben wir.« Man habe selbst nicht vor, sich an Gewalttaten zu beteiligen. »Doch ich kann nur für uns sprechen.« Hinter ihm flimmert über eine Videoeinwand der Satz:»Wundert Euch nicht, wenn der Widerstand und die Wut der Bürger weiter wächst.«

Im Januar 2016 ziehen die ersten Flüchtlinge im ehemaligen Pionierlager ein. Mit Pfiffen und Buhrufen und Worten wie »Dreckspack«, »Haut ab«, »Not welcome!« werden sie von Anwohnern begrüßt, 400 Polizeibeamte sichern die Anfahrt der Busse.[10] Im April gibt es einen Anschlag. Brandsätze fliegen auf das Gelände, es gibt jedoch keine Schäden.[11] Weil später aber immer weniger Flüchtlinge kommen, lässt die Landesregierung im Laufe des Jahres etliche Erstaufnahmeeinrichtungen schließen. Auch für Einsiedel kommt das Aus, am 13. Oktober 2016 werden die letzten Fremden unter Polizeischutz weggebracht. Bei den Protestlern, die zwei Tage später feiern, wird der Eindruck bleiben: Ein Jahr Widerstand und rund 50 Demonstrationen haben sich gelohnt.

Reisegenuss in Clausnitz

Am Haltepunkt Clausnitz steigt niemand aus. Das Wetter ist auch wenig einladend an diesem Samstagmittag im Februar 2016, nasser Schnee fällt aus einem grauen Himmel. Immerhin rollt die Freiberger Eisenbahn noch ins Osterzgebirge. Die Deutsche Bahn hatte die Strecke schon aufgegeben.

An diesem Haltepunkt steht ein einsamer Wanderer, zieht die Kapuze hoch, im Rucksack einen Strauß Blumen, um das schlechte Gewissen zu beruhigen, um irgendwas zu tun nach den Bildern jenes Abends, zwei Tage zuvor, als ein grölender Mob hier einen Bus mit Asylbewerbern blockierte. Die Winterferien gehen zu Ende, und man wollte ohnehin noch einmal raus aus der nahen Kreisstadt Freiberg – gerade an diesem Tag, an dem die AfD dort wieder mobilisiert, die Partei, deren Vorsitzende an der Grenze auf Flüchtlinge schießen lassen würde. An einer Grenze zwischen europäischen Nachbarländern, wie sie auch hier oben bei Clausnitz verläuft.

Hier oben ist das Erzgebirge, »Haamitland Arzgebirg«. Die sanft ansteigenden Berge, die rauschenden Wälder, die Häuser mit den kleinen Sprossenfenstern, mit viel Holz und Fachwerk, liebevoll restauriert. Im Sommer und Herbst kann man hier wunderbar wandern, im Winter die Ski anschnallen – wenn mal wieder richtiger Winter ist. Doch die Menschen in der Gegend waren schon immer eigen. »Drham is drham«, so steht es an einem der Häuser an der Straße.

In Clausnitz muss man gut zu Fuß sein, um den Ort zu durchqueren. Aber das tut hier eigentlich kaum jemand, der Autor dieses Berichts[12] ist allein unterwegs mit sich und seinen Gedanken: Wer sind diese Menschen, die mit ihrem Kleinwagen einen Flüchtlingsbus stoppen, die mit Radlader vorfahren, sich zusammenrotten, so gut organisiert? Woher kommt dieser Hass?

»Clausnitz früher und heute – ein Ort mit Geschichte«. So steht es auf einer Informationstafel in der Ortsmitte. Im nahen Heimathaus wird dazu eine Ausstellung gezeigt. Vor über 800 Jahren kamen hier die ersten fränkischen Siedler an. Jetzt kennt man in Deutschland von diesem Dorf nur noch ein Datum, dokumentiert in einem Video: ein Bus mit dem grün leuchtenden Schriftzug »Reisegenuss«, in dem fremde, angsterfüllte Menschen sitzen, davor wütende, pöbelnde Einheimische. Die Ortschronik hat ein neues Kapitel bekommen, bei Wikipedia ist es zwei Tage später bereits eingearbeitet. Erinnert wird dort an »Die Schande von Clausnitz«. So werden die Ereignisse vom 18. Februar 2016 in überregionalen Medien genannt. Die Reaktion vor Ort ist auch schon da: An die Fassade des Heimathauses sprühte jemand mit schwarzer Farbe »Clausnitz aufs Maul«.

Man trifft niemanden, mit dem man das besprechen könnte. Am »Holzkunststübl« informiert der Inhaber die Kundschaft: »Unser Ladengeschäft hat nicht mehr geöffnet, sie erhalten meine Artikel im Onlineshop.« Das ist verständlich, wer soll hier noch einkaufen? In Clausnitz werden abends nicht mal die Fußwege hochgeklappt, denn es gibt gar keine.

Weiter geht's am Straßenrand bergan, vorbei an einem leerstehenden Gebäude, wo der »Rat der Gemeinde« von der Fassade blättert. Zu DDR-Zeiten lebten in Clausnitz mal bis zu 1500 Menschen, heute sind es noch gut 800, nun in einem Ortsteil, zugehörig zur Gemeinde von Rechenberg-Bienenmühle. Mehr als ein Viertel der Bewohner ist über 65. Man fragt sich: Wer wird hier in 50 Jahren noch »Wir sind das Volk!« rufen?

Nach einer Dreiviertelstunde Fußmarsch ist das Ende des Oberdorfs erreicht. Hier liegt die kleine Siedlung aus Mehrfamilienhäusern, die es bundesweit in die Medien schaffte. Es ist ruhig jetzt, anders als zwei Tage zuvor. Nur das Banner mit der Aufschrift »Widerstand« flattert unversehrt im Wind. Auf drei Häuser sind die etwa 20 Flüchtlinge – Männer, Frauen und Kinder aus Iran, Afghanistan, Syrien und Libanon – verteilt. Das bedeutet Zusammenleben mit deutschen Mietern.

Auf das Klingeln reagiert bei den Flüchtlingen niemand, dafür kommt ein Einheimischer, ein untersetzter Mann Ende 40, die Treppe herunter. Über die Vorfälle am Bus mag er nicht sprechen, zu seinen neuen Nachbarn sagt er: »Was soll man machen.« Bis jetzt gebe es keine Probleme. Aber vielleicht sei das ja nur die Vorhut: Erst schicken sie Familien, und wenn die weg sind – lange bleibe ja hier niemand –, dann kommen allein reisende junge Männer.

Im Parterre von Nummer 13 sitzt der Wachschutz. Der Mitarbeiter ist neu hier und hat gleich viel zu tun, ständig klingeln irgendwelche Medienvertreter. Die Flüchtlinge hätten bereits etliche Interviews gegeben, erzählt er, sie bräuchten jetzt mal Ruhe. Aber ist denn jemand von der Gemeinde oder vom Landkreis da gewesen, um den Menschen beizustehen, um Bedauern auszudrücken für das Geschehene? Der Wachschützer hat keinen gesehen, vielleicht kommen sie ja noch. Immerhin, der katholische Pfarrer aus der Region fährt vor. Er sagt, er wolle mal schauen, wie er helfen kann.

Es ist kein guter Tag, um mit den Menschen zu sprechen, die hier nicht willkommen sind und die nun doch hier leben sollen. Und wem man doch begegnet, der versteht weder Deutsch noch Englisch. Den Blumenstrauß wird der Gast dann aber doch noch los. Luai Khatun nimmt ihn und gibt ihn seinem Vater. Es ist der Junge, den ein Polizist bei der Ankunft in den Würgegriff nahm und aus dem Bus ins Haus schleifte. Er habe noch Schmerzen, erklärt der 15-Jährige und zeigt auf seinen Hals. Er habe nicht aussteigen wollen, weil die Menschen draußen so wütend waren, weil jemand ein Zeichen wie »Kehle durch« machte. Auf der Pressekonferenz in Chemnitz sagt der Polizeipräsident zur selben Stunde, der Junge habe provoziert. Luai stammt aus dem Libanon, kam mit seinem jüngeren Bruder vor drei Monaten nach Dresden, die Mutter blieb in der Heimat. »Ich will Dresden«, sagt er in gebrochenem Deutsch. »Hier nicht gut, eine Stunde Bahnhof, kein Bus.«

Abschied aus Clausnitz. Auf dem Weg aus dem Ort hinaus, wieder am Straßenrand: Der stärker werdende Wind bläst die Schneeflocken ins Gesicht, ein Wagen stoppt. Man hat Mitleid mit dem einsamen Wanderer. Ein Rentnerehepaar aus Clausnitz, unterwegs zum verspäteten Fasching ins Nachbardorf. Ihr Ort sei ja nun mächtig in den Medien, sagt die ältere Dame auf dem Beifahrersitz. Und:»Man muss sich schon schämen.« Immerhin.

Zu Fuß geht's weiter nach Deutschgeorgenthal, hinüber über die Grenzbrücke. Man will vergessen, abschalten bei böhmischem Fassbier und Gulasch mit Knödel. Hier in Tschechien ist eine andere Welt. Hier wurden noch keine Busse vor Flüchtlingsheimen blockiert, es gibt ja hier gar keine Flüchtlinge, weil die Tschechische Republik erst gar keine aufnimmt. Ausländer? Die Deutschen, die hier einkaufen und wandern, sind abends wieder weg. Es bleiben nur ein paar Vietnamesen, die in ihren schlecht isolierten Verkaufsbuden vor dem Holzofen frieren.

Hinter Český Jiřetín, früher Georgendorf, steigt der Weg bergan. Die Flocken werden jetzt dichter, der Schnee bleibt liegen, bald bedeckt er knöcheltief den Waldweg. Auf dem Heimweg ist doch noch richtiger Winter. Man ist versöhnt mit dem Erzgebirge – mit der Natur wenigstens, Menschen trifft man hier keine. Am Battleck, einer Wüstung auf dem Kamm, wo es einen Schutzpavillon und Informationstafeln zur Ortsgeschichte gibt, stand vor zehn Jahren noch ein Schlagbaum. Ja, man mag es kaum glauben: Erst 2007 wurden hier die letzten Sperren weggeräumt, die die»Merkel muss weg!«-Rufer jetzt am liebsten wieder hochziehen würden. Ein Schritt, und man ist wieder zurück in Deutschland. Ein bisschen Offenheit ist noch in Sachsen und Europa.

Epilog: Ab März 2017 soll die Flüchtlingsbus-Blockade am Amtsgericht Freiberg verhandelt werden. Drei mutmaßliche Blockierer des Flüchtlingsbusses müssen sich dann verantworten. Sie haben selbst auf den Prozess bestanden. Einen Strafbefehl wollten sie nicht akzeptieren.

Drei gegen einen: Griff nach der Macht in Jahnsdorf

Albrecht Spindler kennt die Arbeit in der Gemeinde wie kaum ein anderer. Seit neun Jahren ist er in Jahnsdorf Verwaltungsleiter, zuständig für Bauprojekte ebenso wie fürs Kita-Personal und die Kommunalfinanzen. Der 37-jährige parteilose Diplom-Verwaltungswirt bringt beste

Voraussetzungen mit, um hier im Herbst 2016 Bürgermeister zu werden. Aber er hat zwei Probleme.

Jahnsdorf im Erzgebirge ist eine Gemeinde mit vier Ortsteilen und 5500 Einwohnern im Süden von Chemnitz. Es gibt hier einen Steinbruch, wo Schotter für den Straßenbau abgebaut wird, den Flugplatz Chemnitz-Jahnsdorf – und ein Asylbewerberheim. Bis zum Sommer 2016 war der CDU-Politiker Carsten Michaelis Bürgermeister. Doch Michaelis hatte sich erfolgreich um eine Führungsposition beim Landkreis Zwickau beworben, Ende Juli verließ er das Gemeindeamt. Nun muss ein Nachfolger her. Zur Wahl am 16. Oktober hat der Gemeindewahlausschuss vier Kandidaten zugelassen. Neben Albrecht Spindler sind das ein örtlicher Vertreter der AfD, ein parteiloser Einzelbewerber mit der Selbstbeschreibung »konservativ, familiär, evangelisch« und Mario Löffler (NPD). Spindler sagt: »Es ist ein Kampf drei gegen einen.«[13]

Ein Montagabend, wenige Wochen vor der Wahl, Gemeinderatssitzung im Vereinssaal. Albrecht Spindler erläutert den geplanten Kauf einer neuen Doppelrutsche für das Freibad. Er wirbt für die geänderte, teurere Variante, den besseren Schutz für Nichtschwimmer, den höheren Erlebnisfaktor. Von Mario Löffler bekommt er Lob dafür. Der 53-Jährige ist Mitglied der NPD, war zeitweise auch Landtagsabgeordneter und Vorsitzender der Partei in Sachsen. Neben seinem Mandat im Gemeinderat Jahnsdorf sitzt der Händler für Schnitzerei und Holzkunst noch im Kreistag des Erzgebirgskreises. »Persönlich, verlässlich, wähl' ich!« – mit diesem Slogan wirbt Löffler um Wählerstimmen, als unabhängiger Bürgermeisterkandidat. Das Design seiner Wahlwerbung erinnert an die NPD. NPD steht aber nicht drauf.

Als die öffentliche Sitzung des Gemeinderats zu Ende geht, hat der NPD-Mann noch zwei Fragen an die Verwaltung. Er will wissen, warum sein parteiloser Mitbewerber den Vereinssaal nicht für eine Wahlkampfveranstaltung nutzen darf. Das könne er nicht nachvollziehen. Der stellvertretende Bürgermeister, der die Sitzung leitet, erklärt: »Es gab in unserem Vereinssaal noch keine politischen Veranstaltungen und keine Wahlkampfveranstaltungen. Und dabei soll es bleiben.«

Die Mitglieder des Verwaltungsausschusses, die diese Entscheidung trafen, wissen, wie der Einzelbewerber mit der Selbstbeschreibung

»konservativ, familiär, evangelisch« tickt. Der 45-jährige Installateurmeister führt seinen Wahlkampf via Facebook. Als »besorgter Bürger« teilt er dort Statements wie: »Merkel würde die Zeit zurückdrehen. Ich würde die Asylbewerber zurückschicken.« Er verbreitet Beiträge der Heimgegner in Einsiedel, der rechtslastigen Bürgerbewegungen »Pro Chemnitz« und »Heimat und Tradition Chemnitz-Erzgebirge«, aber auch Verschwörungstheorien von *Russia Today* über kontrollierte Sprengungen am 11. September 2001 in New York oder über »geheime Moscheebau-Pläne« der CDU. Dafür bekommt er Likes und Reaktionen im Netz, viele sind wohlwollend. Jemand schrieb ihm: »Zumindest bist du einer von uns!!!«

Und hier liegt das erste Problem von Albrecht Spindler. Er wohnt in Chemnitz, seine Frau hat dort ein Geschäft, die vier Kinder gehen dort zur Schule. Auch mittelfristig, so erklärt er, werde er in der Großstadt wohnen bleiben. Spindler verspricht, er werde aus dieser Not eine Tugend machen: Als Auswärtiger werde er dafür sorgen, dass keiner der vier Ortsteile bevorzugt behandelt wird. Doch wie werden die Jahnsdorfer entscheiden? Wollen sie einen zum Bürgermeister machen, der nicht von ihnen ist? Drham is drham.

Der AfD-Kandidat betont, es sei wichtig, dass der künftige Bürgermeister aus dem Ort kommt. Seine Familie ist in Jahnsdorf fest verwurzelt. Sollte im ersten Wahlgang keine Entscheidung fallen und er selbst nicht unter die besten zwei kommen, will er seine Kandidatur zurückziehen und einen anderen Kandidaten unterstützen – aber keinesfalls Albrecht Spindler. Begründung: »Herr Spindler ist ja nicht von hier« – und außerdem ein Günstling des CDU-Amtsvorgängers. Der AfD-Mann, Unternehmer und ehrenamtlicher Fußballtrainer, spricht vom Zusammenrücken der Ortsteile, von besserer Vereinsförderung, aber auch von der baldigen Schließung des Asylbewerberheims. Mit seinem parteilosen konservativen Mitbewerber liegt er da auf einer Linie. Auch der steht dem Heim »grundsätzlich ablehnend« gegenüber.

Das Asylheim, ein Containerdorf am Rande des Ortsteils Pfaffenhain, hatte Jahnsdorf im Jahr 2015 bundesweit in die Schlagzeilen gebracht. Als dort im Dezember die ersten Flüchtlinge eintrafen, blockierten mehrere Dutzend Asylfeinde die Zufahrt. Es flogen Steine und Böller, eine Fensterscheibe am Bus wurde zerstört. Bis zur Bürgermeisterwahl, ein Dreivierteljahr später, ist der fremdenfeindliche Anschlag nicht aufgeklärt.

Schon bevor das Heim öffnete, gab es viel Widerstand im Ort, aber auch Engagement. Es bildete sich ein Helferkreis für die Flüchtlinge, den Albrecht Spindler unterstützt. Und der Helferkreis unterstützt nun Spindler. Auch der Gemeinderat steht nahezu geschlossen hinter der Kandidatur des Verwaltungschefs. Die zehnköpfige CDU-Fraktion, die beiden Abgeordneten der Freien Wähler, die Vertreter von Linken und SPD: Keiner wollte einen eigenen Bürgermeisterkandidaten aufstellen. Es gibt in Jahnsdorf keine andere Alternative gegen rechts.

Und hier liegt Albrecht Spindlers zweites Problem: Für seine Gegner erscheint er wie der Kandidat der Nationalen Front in der DDR – oder der Vertreter des BRD-Establishments, angeführt von der Merkel-CDU, das es zu bezwingen gilt. Wenn einer der drei rechten Bürgermeisterkandidaten auf Facebook gegen die Gemeinde und ihren Verwaltungschef schießt, bekommt er zustimmende Kommentare von den anderen, sie halten zusammen. Der NPD-Politiker, der dem »besorgten Bürger« zur Seite springt, der AfD-Mann, gut vernetzt im Ort – sie wollen den Kandidaten der »Altparteien« gemeinsam zu Fall bringen. So geht das im Erzgebirge.

Jahnsdorf hätte wieder Negativschlagzeilen machen können im Herbst 2016. Doch es kommt anders: Bei der Wahl am 16. Oktober gewinnt Albrecht Spindler. Mit gut 63 Prozent schlägt er seine drei rechten Konkurrenten deutlich. Der erfahrene NPD-Politiker Löffler erreicht 25 Prozent, der AfD-Mann schafft nicht mal 7 Prozent. Der Tag wird sogar eine kleine Sternstunde der Demokratie: Fast 72 Prozent der Wahlberechtigten geben ihre Stimme ab; beim letzten Mal, als nur ein Kandidat auf dem Stimmzettel stand, waren es gerade 38 Prozent. Das Wahlergebnis in Jahnsdorf dürfte ziemlich gut die Verhältnisse abbilden, wie sie vielerorts im Erzgebirge herrschen. Es zeigt aber auch: Es gibt zwar eine große Ablehnung gegenüber der etablierten Politik, das Regieren will eine Mehrheit den Rechten dann aber doch nicht überlassen. Noch nicht.

Anmerkungen

1 Erik Kiwitter: Was trieb Anton Günther in den Tod?, Freie Presse, 20.4. 2012, www.freiepresse.de/LOKALES/ERZGEBIRGE/ANNABERG/Wastrieb-Anton-Guenther-in-den-Tod-artikel7966612.php [gesehen am 31.10. 2016]

2 Oliver Hach: Wie die NPD mit Anton Günther auf Stimmenfang geht, Freie Presse, 6.9.2013, www.freiepresse.de/NACHRICHTEN/DEUTSCH-LAND/Wie-die-NPD-mit-Anton-Guenther-auf-Stimmenfang-geht-artikel8521222.php [gesehen am 31.10.2016]

3 Oliver Hach: Schneeberg. Die NPD ruft zum Fackelzug – viele marschieren mit, Freie Presse, 20.10.2013, www.freiepresse.de/NACHRICHTEN/SACH-SEN/Schneeberg-Die-NPD-ruft-zum-Fackelzug-viele-marschieren-mit-artikel8575041.php [gesehen am 31.10.2016]

4 Oliver Hach: Der Führer im Exil, Freie Presse, 14.11.2013, www.freiepresse. de/NACHRICHTEN/KULTUR/Der-Fuehrer-im-Exil-artikel8603695.php [gesehen am 31.10.2016]

5 Jens Eumann: Horrorfilm-Drohung an Flüchtlingshelfer, Freie Presse, 3.6.2016

6 Sven Frommhold: Wir lassen die Spaziergänge hinter uns, Freie Presse, 23.12.2015, www.freiepresse.de/LOKALES/ZWICKAU/ZWICKAU/Wir-lassen-die-Spaziergaenge-hinter-uns-artikel9390790.php# [gesehen am 1.11.2016]

7 Jürgen Freitag: Flüchtlingsdebatte: Was tun gegen Hass?, Freie Presse, 4.10.2016, www.freiepresse.de/LOKALES/ERZGEBIRGE/AUE/Fluecht-lingsdebatte-Was-tun-gegen-Hass-artikel9647754.php [gesehen am 1.11. 2016]

8 Susanne Kiwitter: Schalmeien spielen auf rechtem Fest, Freie Presse, 20.10.2016, www.freiepresse.de/LOKALES/VOGTLAND/PLAUEN/Schal-meien-spielen-auf-rechtem-Fest-artikel9661660.php [gesehen am 1.11. 2016]

9 Oliver Hach: Die Wut von Einsiedel, Freie Presse, 13.11.2015, www.freie-presse.de/LOKALES/CHEMNITZ/Die-Wut-von-Einsiedel-artikel9354622. php [gesehen am 1.11.2016]

10 Michael Müller: Massives Polizeiaufgebot sichert Einzug weiterer Flücht-linge, Freie Presse, 7.1.2016, www.freiepresse.de/LOKALES/CHEMNITZ/ Massives-Polizeiaufgebot-sichert-Einzug-weiterer-Fluechtlinge-arti-kel9400894.php [gesehen am 1.11.2016]

11 Michael Müller: Entsetzen nach Anschlag auf Flüchtlingsheim in Einsiedel, Freie Presse, 21.4.2016, www.freiepresse.de/LOKALES/CHEMNITZ/Ent-

setzen-nach-Anschlag-auf-Fluechtlingsheim-in-Einsiedel-artikel9496344.
php [gesehen am 1.11.2016]

12 Vollständiger Bericht: Winterreise nach Clausnitz – Versuch einer Selbst-
verarbeitung, Freie Presse, 21.2.2016, www.freiepresse.de/LOKALES/MIT-
TELSACHSEN/FREIBERG/Winterreise-nach-Clausnitz-Versuch-einer-
Selbstverarbeitung-artikel9442149.php [gesehen am 1.11.2016]

13 Oliver Hach, Björn Josten, Jan Oechsner: Bürgermeister-Wahl in Jahnsdorf: Drei gegen einen, Freie Presse, 6.10.2016, www.freiepresse.de/NACH-
RICHTEN/TOP-THEMA/Buergermeister-Wahl-in-Jahnsdorf-Drei-
gegen-einen-artikel9649417.php [gesehen am 2.11.2016]

Wenn Bethlehem ein Dorf in Sachsen gewesen wäre ...

Carsten Michaelis (ehemaliger Bürgermeister)

Ich bin stolz auf unser Land und das Geschaffene und lebe gern in Sachsen. Aber wie ist das mit den vielen, die in den vergangenen Jahren in Sachsen Asyl gesucht haben? Werden auch sie gern hier leben? Werden sie in Sachsen überhaupt gewollt, akzeptiert, integriert?

Ich war Bürgermeister von Jahnsdorf, einer kleinen Gemeinde im Erzgebirge. Und bin Mitglied der CDU. Als im Frühjahr 2014 bei einer Bürgermeisterzusammenkunft erstmals über ansteigende Asylbewerberzahlen informiert wurde, hätte niemand geahnt, welche Kraft und Energie notwendig würde, um die bevorstehenden Aufgaben zu bewältigen. Die Aufnahme der ersten zwei Dutzend Flüchtlinge aus Afghanistan und dem Irak gelang noch problemlos, in privaten oder kommunalen Wohnungen. Schwieriger wurde es 2015. Eine Containeranlage für bis zu 160 Flüchtlinge war im Gewerbegebiet errichtet worden – und längst nicht jeder im Ort damit einverstanden. Ein Teil der Bevölkerung war aufgebracht.

Man sah Nachbarn, die eine Armbinde als Ordner trugen und sich so zu »Jahnsdorf sagt Nein zum Containerdorf« bekannten. Ein bekannter NPD-Kader sprach auf den Demonstrationen und peitschte, rhetorisch begabt, die Stimmung auf. Rechtsradikale suchten ein Feindbild – und fanden es auch in mir als Ortsbürgermeister. Waren diejenigen, die gegen die Flüchtlingsunterkunft auf die Straße gingen, alle »rechts«? Nein. Aber ich musste einen Teil der Bevölkerung von einer völlig anderen Seite kennenlernen. Manche verbale Entgleisung »besorgter Bürger« erschütterte mich. Zum Glück etablierte sich eine Gegenbewegung: Mitbürger, die aus Mitmenschlichkeit und Nächstenliebe handelten. Es entstand in der Gemeinde ein Helferkreis, der sich um die ankommenden Flüchtlinge kümmerte und damit zeigte, dass es auch Andersdenkende gibt. Ohne diese Bürger hätte die Gemeinde wohl noch mehr Schaden genommen als ohnehin schon. Einige leisteten Alltagshilfe, erste Integrationsarbeit. Andere lehrten die Flüchtlinge Deutsch, kümmerten sich und spielten mit den Kindern der Familien.

Aber immer wieder gab es auch Rückschläge. Im Dezember 2015 wurden Böller auf einen Bus mit ankommenden Flüchtlingen geworfen. Waren es auswärtige Störer, wie viele im Dorf vermuten? Aufgeklärt ist der Anschlag bis heute nicht. Warum der Bus bei der Ankunft nicht von der Polizei begleitet wurde? Gute Frage. Ein Hepatitis-A-Fall im Kurs »Deutsch als Zweitsprache« im Juni 2016 an der Grundschule ließ alte Ängste und Vorurteile im Ort wieder aufbrechen. Auf Facebook wurde spekuliert, nicht wenige hetzten pauschal gegen die Flüchtlinge. Die enthemmte verbale Gewalt im Internet, speziell auf Facebook, hat Fremdenfeindlichkeit potenziert. Auch bei uns.

Die Demonstrationen hörten irgendwann auf. Die Bürgerschaft war couragiert und vernünftig genug, um ihren Ort vor einem Führungsanspruch von rechts zu schützen. Dennoch geht ein Riss durch den Ort, durch Familien und Freundschaften – wie vielerorts auch. Für die Zukunft kommt es darauf an, den Teil der Bevölkerung, der gegen die Flüchtlinge demonstriert hat, in die »Mitte« zurückzuholen.

Carsten Michaelis war Bürgermeister von Jahnsdorf im Erzgebirge.

Robert Feustel, Tobias Prüwer

Rosarotes Leipzig
Die Pleißestadt gibt sich aufgeklärt und weltoffen

»Wir sind Leipzig, ihr Fotzen!!!« Lautstark und mit den obligatorischen Ausrufezeichen auf dem Fronttransparent artikulierte die Vermummtenschar im September 2015 ihren Alleinvertretungsanspruch auf Leipzigs Straßen. Der provokativ wortgewandte Hool-Mob (hihi, die haben »Fotze« gesagt!) wurde beim Eintreffen von den anderen Legida-Teilnehmern freudig beklatscht. Beim vereinten Überrennen der Polizeiketten übten beide selbstredend nur das Demonstrationsrecht aus. Ein bisschen Schieben wird wohl noch erlaubt sein. Diese Szene verdeutlicht die Eigenheiten des Leipziger Pegida-Ablegers. Während Pegida zunächst den Anschein erwecken wollte, überwiegend Ansammlung verängstigter Bürger zu sein, mischten in Leipzig von Beginn an unverhohlen harte Neonazis mit. Legida, wie sich der örtliche Pegida-Ableger nennt, wird die Straßen nicht lange heimsuchen, waren sich die lokalen Beobachter sicher. Doch inzwischen läuft Legida seit dem 12. Januar 2015 monatlich, wenn auch mit manchmal weniger als 100 Teilnehmenden.

Dabei fing alles gut an. Als Anfang 2015 der beachtliche Zulauf zu Pegida in Dresden dafür gesorgt hatte, dass vielerorts Ableger aus dem Boden schossen, und ein Mediengewitter dem Phänomen ungeahnte Aufmerksamkeit bescherte, stand auch in Leipzig die erste Demonstration auf dem Plan. Sollte es im von rechten Kreisen zur »Frontstadt« deklarierten, vermeintlich »roten« Leipzig nicht doch möglich sein, der Bewegung ordentlich Auftrieb zu geben? Am erwähnten kalten 12. Januar 2015 lief dann mit etwa 3000 Teilnehmern die mit Abstand größte *Gida-Demonstration außerhalb Dresdens. Was allerdings mehr beeindruckte und das zumindest in Teilen verzerrte Bild Leipzigs als Anti-Dresden verfestigte, waren die geschätzt 45 000 Gegendemonstranten und -demonstrantinnen. Irgendwie schien alles anders als sonst in Sachsen – und gleichzeitig vertraut. Schließlich haben es Neonazis und Reaktionäre (die sich nicht für Nazis halten, aber vergleichbare Einstellungsmuster mitbringen) länger schon schwer an der Pleiße. Um Legida und Leipzig zu verstehen, bedarf es also eines kleinen historischen Schlenkers, der eher von einem (durchaus nützlichen) Mythos berichtet.

Rote Bastion und Frontstadt

Die Wiege der deutschen Arbeiterbewegung steht in Sachsen, genauer in Chemnitz und Leipzig. Zwar nicht nur dort, aber das erzählt sich nicht so schön. Mit dem Allgemeinen Deutschen Arbeiterverein entstand zudem 1863 in Leipzig die Keimzelle der SPD, einer ehemals linken Arbeiterpartei. Das Volkshaus – schon beim Kapp-Putsch, später von der SA gestürmt – ist bis heute Zentrum der Gewerkschaftsbewegung. Es liegt direkt an der Karl-Liebknecht-Straße; deren Namensgeber wiederum wurde gleich um die Ecke in der Braustraße geboren, und die Verfasser des »Kommunistischen Manifests« Karl Marx und Friedrich Engels waren seine Taufpaten. Lenin war einmal in Leipzig, um den Druck seiner revolutionären Zeitschrift *Iskra* zu überwachen. Auch »Das Kapital« wurde erstmals an der Pleiße gedruckt. Die Stadt wird seit der Wende von SPD-Oberbürgermeistern regiert. Und es ist ein ernsthaft roter Hauch übrig, der sich aus dieser selbstredend quasi mythologisch begradigten Geschichte speist. So gilt die hiesige linksalternative Szene gemeinhin als die größte in Ostdeutschland (was vergleichsweise wenig über Leipzig und viel über Ostdeutschland verrät). Die Linkspartei hält nur einen Stadtratssitz weniger als die CDU, und das landesweit einzige Linke-Direktmandat für den Landtag wurde 2014 in Leipzig gewonnen – die Kandidatin Juliane Nagel warb mit dem Slogan:»Leipzig bleibt rot«. Es nimmt also nicht Wunder, dass die Stadt für eingefleischte Neonazis und »besorgte Bürger« ein rotes Tuch ist und die historisch informierte Stadtgesellschaft an jenem kalten Januartag 2015 gleich die Fronten klären wollte.

Das Etikett »linke Stadt« ist genauso historisch wie imaginiert – und hat bis heute seinen Effekt. Christian Worch, über zwei Jahrzehnte bundesweit führender Neonazikader aus Norddeutschland und gelernter Rechtsanwaltsgehilfe, wählte zwischen 2001 und 2007 Leipzig 17 Mal als Aufmarschort und erklärte es zur »Frontstadt«. Worch hatte von Beginn an eine Obsession mit der Stadt. In seiner Logik: Wäre Leipzig national befreite Zone, dann kann nichts die neuen Nazis stoppen. Schräger Gedanke, und dennoch hätte man es damals ahnen können: Wenn Leipzig die Front ist, dann gehört der Rest Sachsens schon zum nationalen Hinterland. Als die lokal angebundenen Nazis nach reichlich Misserfolgen Worch die Gefolgschaft verweigerten, brach die als Endlosschleife erscheinende Serie von Demonstrationen ab, die über Jahre das falsche Bild etablierte, Nazis seien in Leipzig in erster Linie ein auswärtiges, ein anreisendes Problem. Eine Mischung aus Antifa-Aktionen und bürgerlichem Protest bis zur Stadtspitze hatte die Aufmärsche regelmäßig zur Farce werden lassen. Zu Worchs letzter Leipzig-Demo kam nur noch eine Handvoll Nazis.

Seither schien die Sache gelaufen, jedenfalls auf politischer Bühne. Die Leipziger Naziszene, die sicher größer ist als in vergleichbaren westdeutschen Städten, aber um einiges kleiner als die Dresdner beziehungsweise die im ländlichen Raum, muckte von Zeit zu Zeit auf, zumeist in loser Verbindung mit dem Fußballverein 1. FC Lokomotive Leipzig. Beim letzten größeren Aufzug im Oktober 2009 kesselte die Polizei etwa 1350 Nazis am Startpunkt S-Bahnhof Sellerhausen bis in die Nachtstunden ein, weil es zu Gewalt aus den Reihen der Demonstrierenden kam.

Verstärkt mobilisieren konnten die Nazis erst wieder im Rahmen jüngerer Proteste gegen einen Moscheebau und Flüchtlingsheime. Dazu kamen fortlaufend Sachbeschädigungen und Gewalt – bis hin zum Mord. In den 1990ern wurden in Leipzig zahlreiche nazistisch und rassistisch motivierte Gewalttaten verübt, vier Menschen wurden ermordet. Zuletzt starben Karl-Heinz Teichmann und Kamal Kilade 2008 beziehungsweise 2010 nach rechtsmotivierten Angriffen. Damit hat Leipzig, die linke Stadt, die meisten bekannten Todesopfer rechter Gewalt in ganz Sachsen. Und dennoch gelang es reaktionären Kräften und Nazis nie, das Bild einer linken und vielleicht sogar toleranten Stadt zu durchbrechen.

Seitdem die Themen Asyl und Islam Konjunktur haben, verspüren auch die Leipziger Nazis Oberwasser und solidarisieren sich mit den »Besorgten«. Als 2012 im Stadtteil Wahren Anwohner gegen eine geplante Flüchtlingsunterkunft protestierten, mischte die NPD fröhlich mit. Eine Wahrener Bürgerinitiative beklagte zwar die Vereinnahmung von rechts, gab sich aber lieber als das Opfer von Stadtspitze und Antifa aus, statt gegen eine NPD-Kundgebung Stellung zu beziehen. Ein Jahr später haben »besorgte Bürger« noch weniger Probleme mit der Nähe zu Nazis. In einer via Facebook organisierten Bürgerinitiative »Gohlis sagt Nein« gegen die Errichtung einer Moschee der Ahmadiyya-Gemeinde im Stadtviertel traten Nazis und Bürger gemeinsam auf und sangen sogar in einem Chor zusammen. Bei der Übergabe von Unterschriften gegen den Sakralbau probten NPD-Funktionäre 2014 im Rathaus den Saalsturm. Unbekannte pflockten zwei Schweinsköpfe auf dem Gelände des geplanten Baus auf. In Schönefeld wurde mehrfach gegen eine geplante Flüchtlingsunterkunft unter anderem mit einem Fackelmarsch mobilisiert. An einer Kundgebung der nazigeführten Bürgerbewegung »Leipzig steht auf« nahmen nicht nur Nazis teil. Hier gelang den Rechten, was ihrer Hegemonie-Strategie sonst verwehrt blieb: In einem Klima zwischen Rassismus und Wohlstandschauvinismus öffnete sich ein neuer Aktionsraum. Die Wahrener Bürgerinitiative ließ verlauten: »Das tausendjährige Wahren besitzt noch heute einen malerischen alten Ortskern mit dörflichen Siedlungsstrukturen. Die Bürgerinitiative

Wahren setzt sich für den Erhalt Wahrens und umliegender Ortsteile als historisch gewachsenes Wohngebiet mit homogener sozio-kultureller Bevölkerungsstruktur ein.«

All dies lief mehrheitlich unter dem Radar einer Stadtgesellschaft, die sich selbst als weltoffen und tolerant versteht.

Montagsmahnwachen und Auftritt Legida

Das bundesweite Phänomen der Montagsmahnwachen ging 2014 auch an Leipzig nicht vorbei – und entpuppte sich hier später als Vorläufer zu Legida. Mit ein bisschen Frieden, Querfront, Kapitalismuskritik und Kleine-Leute-Wut lockten die Veranstalter mitunter einige hundert Menschen an. Im Publikum befanden sich besonders anfangs auch NPD- und AfD-Mitglieder wie das sächsische AfD-Vorstandsmitglied Hans-Thomas Tillschneider (der 2016 für seine Partei in den Landtag von Sachsen-Anhalt einzog). Ein Teil von Legida wurde hier politisiert – auch einige Führungsfiguren. Markus Johnke, zu diesem Zeitpunkt ein unbeschriebenes Blatt, machte seine ersten Erfahrungen als Mahnwachenredner.

Nachdem der Motor der Montagsmahnwachen festgefahren war und der Rückzug zum Stammtisch anstand, wehte mit der Prominenz von Pediga auch in Leipzig ein neuer Wind. Die scheinbar bürgerliche Kontur des Dresdner Flaggschiffs reaktivierte einen Teil der Mahnwächter und spülte ihnen weiteres Personal aus jener Gruppe zu, die mittlerweile »besorgte Bürger« genannt wurden. Flankiert wurde Legida von Beginn an von rechtsradikalen Figuren und Hooligans.

Mit dem L in Legida werden insgesamt eher falsche Tatsachen vorgetäuscht. Soweit sich dies erfassen lässt, fliegt ein beträchtlicher Teil der Teilnehmenden Montag für Montag von außerhalb ein, was sich nicht zuletzt an der großen Gruppe zeigte, die jeweils vom Hauptbahnhof an- und abreiste. Den bei Facebook notierten Zusagen zu den Veranstaltungen folgend, greift Legida »besorgte Bürger« in einem Radius ab, der sich von Magdeburg über Halle bis nach Altenburg erstreckt. Zudem vertreten sind Nordsachsen und das Leipziger Umland. Diese Struktur der Demonstrationsteilnehmer passt übrigens recht gut zur soziologischen Argumentation, wonach wir es dieser Tage mit einem veritablen Stadt-Land-Konflikt zu tun haben. Während gerade in den urbanen Zentren gelebte Heterogenität das Ressentiment abkühlt, weil »der Ali« als Kollege, Freund oder Nachbar weniger zur Projektionsfläche taugt, dreht die autochthone sächsische Fläche ihr eigenes Ding und macht selbst da noch Geflüchtete oder Muslime zum Sündenbock, wo es sie faktisch nicht gibt. Die Schwäche von *Gida in den größeren und großen Städten ist bundesweit erkennbar – außer in Dresden.

Als Erster hielt mit Silvio Rösler ein einschlägig bekannter Hool mit Kontakten in Nazikreise seinen Kopf als Galionsfigur hin – genauer: seine markante grüne Mütze. Der Arbeitslose hat eine Nähe zur »Bürgerinitiative Gohlis«. Früh zeigten sich Differenzen zu Pegida, deren Alleinvertretungsanspruch Rösler beklagte. Zwischenzeitlich initiierte er gar einen *Gida-Dachverband, der beim Dresdner Pegida-Anführer Lutz Bachmann allerdings auf wenig Gegenliebe stieß. Im Herbst 2015 trat Rösler zurück und gründete die nun offen rechtsextreme Splittergruppe »Offensive für Deutschland« (OfD), die über ein paar Kleinstdemos und ein paar Pöbeleien auf Facebook nicht hinauskam.

Nachdem sich die anfängliche Aufregung gepaart mit vergleichsweise hohen Teilnehmerzahlen (maximal 5000 beim zweiten Auftritt am 21. Januar 2015) gelegt hatte und die Montage etwas zäh wurden, übernahm Markus Johnke. Die Zahl der Demonstranten hatte sich nun auf 400 bis 800 eingependelt. Statt zunächst wöchentlich, war der Aufmarschturnus bereits auf einmal im Monat reduziert worden. Im Sommer wurde zudem gänzlich pausiert. Johnke versuchte, mit anderen Ablegern auch im Umland Fuß zu fassen, was an fehlender Resonanz scheiterte. Ein Wiedererstarken in Leipzig misslang. Meist traf sich Legida im Bahnhof, lief eine illegale, aber polizeilich geschützte Demo zum Richard-Wagner-Platz. Dort marschierte man nach zähen, immer gleichen Reden über den Ring zum Neuen Rathaus und retour. Das letzte Mal, dass Legida überregional von sich reden machte, war zum einjährigen Jubiläum am 11. Januar 2016. Offensichtlich nicht zufällig, womöglich sogar gut abgestimmt, nutzten Nazischläger den Umstand, dass ein guter Teil des »linken« Viertels Connewitz zum Protest gegen Legida in der Innenstadt angetreten war, um den »Kiez« zu überfallen. Bilanz: erheblicher Sachschaden, einige verletzte Personen, 215 Festnahmen. Null Verurteilungen bis Jahresende 2016.

Ohne markantes Gesicht (Johnke ist mittlerweile zurückgetreten) dümpelt Legida seitdem bei einer sehr bescheidenen Marke von 100 bis 150 Demonstrierenden. Kurzzeitig versuchten die in Dresden abtrünnig gewordenen Tatjana Festerling und Edwin Wagensveld auf den Zug aufzuspringen. Festerling rief von Leipzig aus Männer dazu auf, sich paramilitärischen Bürgerwehren in Bulgarien anzuschließen, die dort Jagd auf Flüchtlinge machen. Nachhaltigen Erfolg bescherte das den beiden Pegida-Abtrünnigen nicht. Schließlich scheinen die Tage des Leipziger Ablegers gezählt. Die AfD hat offenbar das völkisch-reaktionäre Spektrum abgegrast und auf sich vereinen können. Für eine außerparlamentarische »besorgte« Rechte bleibt wenig Raum.

Leipziger »Besonderheit«

Dass Legida nie – trotz tatkräftiger Unterstützung der Bereitschaftspolizei – den Raum bekam wie das Dresdner Mutterschiff, verweist auf Besonderheiten – vor allem in Bezug zu Dresden. In einem solchen Städtevergleich schneidet Leipzig geradezu hervorragend ab. Dies sollte allerdings nicht den Blick dafür verstellen, dass die »Patriotischen Europäer« in urbanen Zentren außer in Dresden nirgendwo ernsthaft Fuß fassen konnten. Die Kontur der Polizeieinsätze beziehungsweise das Verhalten der Polizei verdeutlicht substanzielle Unterschiede zwischen den beiden sächsischen Metropolen.

Ist in Dresden ein Schulterschluss von Polizei, Teilen der Stadtverwaltung und rechten Kräften sowie das Ausbleiben einer massiven Gegenbewegung zu beobachten, fällt die Konstellation in Leipzig komplizierter aus. Von Beginn an war der Gegenprotest zumeist deutlich stärker. Mit einer Mischung aus zivilgesellschaftlichen Akteuren und Aktivisten, die dem Spektrum der Antifa zugeordnet werden, verschränkten sich zudem zwei Protestformen, die es Legida auf unterschiedliche Weise schwer machten: lautstarker Widerspruch und ziviler Ungehorsam in Form von Sitzblockaden.

Ohne Zweifel gab es dabei auch Aktionen, die nicht mehr vom Demonstrationsrecht abgedeckt waren. Leipzig als traditionelle Hochburg einer weithin überschätzten autonomen Szene, die sich in den 1990er Jahren Connewitz »gesichert« hatte, eilt in diesen Dingen ein Ruf voraus. Mehr oder weniger militanter Protest gehört seither zum

Repertoire wie zum Etikett einer dem Klischee nach roten Stadt. Die Stilisierung zum militanten Krieg »der Antifa« gegen »die Bürger« entspringt allerdings dem Opferblick der Lediga-Lautsprecher. Unterstützt wird dieser Eindruck vom Landesamt für Verfassungsschutz, das den (Leipziger) Linksextremismus genauso starkredet wie den sächsischen Rechtsextremismus. Und in Leipzig das »stärkste gewaltbereite Potenzial« Autonomer in ganz Sachsen verortet. Das hat, nebenbei bemerkt, in Sachsen Tradition. Wann immer ein veritables Problem mit Neonazis und rechten Einstellungen zu Sprache kommt, wird eine linke Gefahr beschworen – womöglich auch aufgebauscht. Weil in Leipzig die Bewegung bei weitem nicht die Dynamik annahm, wie die »Querfrontler« erhofft und erwartet hatten, mussten andere Erklärungen her. Da bot es sich gewissermaßen an, die »brutale Antifa« (die »antideutschen Faschisten«, wie Johnke polterte) dafür verantwortlich zu machen, dass die Leipziger Bürger nicht zum Spaziergang antreten konnten.

Die Polizei verhielt sich anders als in Dresden. Während sich der Leipziger Polizeipräsident Bernd Merbitz, ein Beamter mit CDU-Parteibuch, gegen reaktionäre und völkische Einstellungen positionierte, scheint seine Bereitschaftspolizei im Gros anders aufgestellt. Merbitz warnte im Januar 2016 vor einer »Pogromstimmung« in Sachsen, Pressesprecher Andreas Loepki sprach sogar mal von einem »braunen Schatten«, der über der Leipziger Polizei schwebe – eine Äußerung, die indes bald zurückgezogen wurde.

Von Beginn an waren die Sympathien klar verteilt, wenn sächsische Polizisten im Einsatz waren. Ein Beispiel: Während etwa 50 zum Großteil vermummte Personen aus dem Umfeld des 1. FC Lokomotive Leipzig am 14. September 2015 unbehelligt zum Hauptbahnhof laufen durften und die Polizei entspannt nebenherlief, griff sie etwas später mit aller Konsequenz einzelne Personen aus den Gegendemonstrationen heraus, die auch nur ansatzweise Stoff, etwa Schals, vorm Gesicht trugen. Zweierlei Maß war Prinzip und offene Sympathiebekundungen für die völkischen Bürger häufig zu vernehmen. Wie brutal Legida auch auftrat, wie offensichtlich Angriffe auf Journalisten und Gegendemonstranten auch waren, die von der Polizei einzig wahrgenommene Gefahr lauerte auf der anderen Seite. Selbst als Legida eine Polizeikette durchbrach, führte dies nicht, wie sonst üblich, zum Abbruch der Veranstaltung.

Leipzig ist nicht das bessere Dresden, aber ein bisschen anders ist es schon. Nicht, dass in der Stadt Nazis keine Gefahr wären oder die Gesellschaft weniger rassistisch ist. Aber den Rechten wird mehr und lauter widersprochen. Und wenn es nur am Mythos der »Friedlichen Revolution« liegt oder an jenem einer linken Stadt, die man verteidigt, so ist dem ja doch noch etwas Gutes abzugewinnen. Das Leipziger Bürgertum ist jedenfalls agiler und erkannte recht schnell, dass es sich bei Pegida und Legida nicht nur um »bürgerlichen« und damit verständlichen Protest handelt. Der reaktionäre Kern, das völkische Gedankengut, das in Leipzig von Beginn an offenkundig und in Dresden anfänglich noch leicht verdeckt war, rief umgehend jenen Protest wach, den man linksliberal nennen könnte und mit dem die Leipziger seit den 1990er Jahren einige Übung hatten.

Anders als in Dresden grassiert in Leipzig zudem kein falscher Mythos einer unschuldigen Opferstadt. Wenn sich die Pleißestadt seit 1989 als aufgeklärt, vielfältig und weltoffen profilieren konnte, dann aus drei Gründen: Einerseits im Kontrast zu Dresden und der sächsischen Provinz, was vergleichsweise einfach ist. Andererseits speist sich dies aus jenem Milieu, das auch innerhalb der Stadt unter beinahe ständigem Beschuss steht – der linken, bisweilen auch als autonom bezeichneten Szene. Selbst die schärfsten Kritiker angeblich anarchischer Zustände, etwa in Connewitz, spielen mit dem Sexappeal solcher Viertel. Leipzig ist zuweilen größenwahnsinnig, was sich ziemlich deutlich bei der Olympiabewerbung zeigte. Die Stadt will Metropole sein und feiert sich schon mal gern dafür, als Geheimtipp in der *New York Times* aufzutauchen. Ohne Connewitz, dessen gern kolportiertes Zerrbild eines wilden rechtsfreien Raums wenig mit der Wirklichkeit eines vergleichsweise normalen und kriminalitätsarmen Viertels zu tun hat, lässt sich das Bild einer Metropole nicht aufrechterhalten. Ein durchaus politisiertes Bürgertum, das bei Anti-Nazi-Protesten am Start ist, spielt also gern mit der doppelten Konnotation einer Szene, die man – ob zu Recht oder nicht – missbilligt und gleichzeitig als wesentliche Eigenschaft des so gewollten Metropolencharakters unter der Hand feiert. Was ist eine Großstadt ohne Brennpunkt? Drittens dürften auch längere Linien eine Rolle spielen. Als Messestadt zu DDR-Zeiten, welche zwei Mal im Jahr von Menschen aus aller Welt besucht wurde, kannte das Bürgertum breitere Einflüsse und spielte schon länger mit dem Selbstbild einer weltoffenen Stadt.

Zu dieser Konstellation gesellen sich noch Persönlichkeiten in Leitungspositionen, die sich vergleichsweise klar positionierten. Oberbürgermeister Burkhard Jung (SPD) hat umgehend deutlich gemacht, dass es mit Nazis und Rassisten nichts zu bereden gebe – für Sachsen ist diese Selbstverständlichkeit etwas Besonderes. Hinzu kommen Akteure von Gewerkschaften, Vereinen und Kirchen, die lauter oder leiser ebenfalls recht klar zu erkennen geben, was sie von »besorgten Bürgern« halten.

Was bleibt, ist eine Stadt, die – ihrem Selbstbild nach – zu gern nicht sächsisch und ein wenig wie Paris oder New York wäre. Das Stadtmagazin *kreuzer* titelte im Dezember 2016 »Lieber, guter Weihnachtsmann, mach dass ich RAUS AUS SACHSEN kann«. Auch Leipzig wird vom reaktionären Trend der Zeit eingeholt, allerdings glücklicherweise nicht beinahe komplett absorbiert wie Dresden. Legida jedenfalls war – als vermeintlicher Vertreter des gesamten Leipziger Volks – großspurig angetreten und ist recht kleinlaut versackt. Das mag ein Teilerfolg sein. Mit Blick auf die politische Großwetterlage erscheint es dennoch eher als Kosmetik, von der man sich nicht täuschen lassen sollte.

Michael Triegel (Maler)

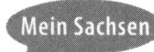
Mein Sachsen

Es mag manchem Zugezogenen so gehen wie einigen Konvertiten: Um in einer neuen Umgebung wie in einer anderen Konfession heimisch zu werden, forciert der Neuling zuweilen die Identifikation stärker als derjenige, der von Anfang an die quasi familiäre Bindung als etwas Selbstverständliches erlebt hat, das auch den Widerspruch aushält.

Ich selbst, der ich in Thüringen geboren wurde, lebe seit 1990 in Sachsen und bin stolz darauf, als Teil der Leipziger Malerschule angesehen zu werden. Während zahlreicher Gespräche in verschiedenen Teilen Deutschlands, ja selbst in den USA, wurde ich gefragt, wie ich die fremdenfeindlichen Proteste und Ausschreitungen in Sachsen wahrnehmen würde, wie es denn zu Pegida kommen konnte. Ich versuchte zu verteidigen, Erklärungen zu finden in der Geschichte Sachsens und der DDR, versuchte als Entschul-

digung anzuführen, dass es bei Pegida ebenso einen Krawalltourismus aus anderen Bundesländern gegeben habe wie bei den Neonazi-Aufmärschen am Leipziger Völkerschlachtdenkmal in den 1990er Jahren. Und natürlich verwies ich auch auf die vielen Menschen, die sich für ein friedliches Miteinander in Sachsen und Deutschland starkmachen.

Umso schmerzlicher empfinde ich, dass mir bei immer neuen Meldungen über gegen Fremde gerichtete Märsche und Gewalttaten und der zu zögerlichen Haltung der hiesigen Landesregierung dazu die Argumente ausgehen und das Gefühl der Scham zum Bestimmenden wird.

Während eines Treffens von Künstlern mit dem sächsischen Ministerpräsidenten im Herbst 2015 tauchte die Idee auf, ob nicht durch den Fokus auf die Künste das Bild Sachsens in der öffentlichen Wahrnehmung positiver erscheinen könnte. Ja, wir haben Orchester und Chöre von Weltrang, einmalige Museen und Sammlungen, Schlösser und Kirchen und Silbermannorgeln. Doch ist es nicht zynisch, dort, wo mancher einheimische Kritiker sächsischer Verhältnisse als Nestbeschmutzer diffamiert wird, die Kunst benutzen zu wollen, um den eigentlichen Dreck mit einem goldenen Mantel zuzudecken und sie lediglich für eine Imagekampagne einzuspannen? Ist dies das barocke Erbe der sächsischen Könige?

Natürlich kündet der Theaterplatz in Dresden von Sachsens Glanz. Dieser Ort steht symbolisch für die Künste, den Glauben, die Werte des Abendlandes. Doch was wäre all dies ohne die Einflüsse von außen – die Perspektive der Renaissancemalerei ohne arabische Mathematik, das berühmte Meissener Porzellan ohne die Anregungen aus China, der christliche Glaube ohne die Propheten Israels oder jenen Wanderprediger aus Nazareth? Gerade auch im barocken Welttheater, von dem die Dresdner Sammlungen Zeugnis geben, zeigt sich doch die Fähigkeit einer starken abendländischen Kultur, sich das Fremde anzueignen, es in seinem Anderssein auszuhalten, zu bestaunen, es ein Eigenes zu verwandeln, es als Bereicherung und Jungbrunnen zu verstehen.

Ich habe Sorge, dass der dem letzten sächsischen König Friedrich August III. anlässlich seiner Abdankung im Jahre 1918 nachgesagte Satz uns Sachsen von Deutschland und der Welt zugerufen werden könnte: »Nu da machd doch eiern Drägg alleene.«

Michael Triegel ist Maler in Leipzig.

Olaf Sundermeyer

Eine alltägliche Tat
Zwei Familienväter verüben in Meißen einen Brandanschlag auf eine Flüchtlingsunterkunft

Zwei Polizisten klingelten Ingolf Brumm in der Nacht zum 28. Juni 2015 aus dem Schlaf und richteten eine Taschenlampe auf ihn. Schlaftrunken bestätigte der Bauunternehmer ihre Frage, ob er Herr Brumm sei. Daraufhin sagten die Polizisten: »Uns liegt eine Anzeige wegen verstärkter Rauchentwicklung in Ihrem Haus vor.« In dem Moment wusste er, was passiert war, und hatte eine Ahnung davon, wie die Sache weitergehen würde.

Drei Wochen zuvor hatte er an der Haustür seines Mietshauses einen Zettel mit der Botschaft gefunden, die Flüchtlinge, die bald in das Haus in der Rauhentalstraße 14 einziehen würden, sollten gleich wieder in ihre Heimatländer zurückkehren. Und dass er, Ingolf Brumm, die Mitschuld für ihre baldige Ankunft in Meißen trage. Der Bauunternehmer hatte acht Wohnungen eines leerstehenden fünfstöckigen Wohnhauses zunächst saniert und dann für soziale Zwecke an den Landkreis vermietet, der dringend auf der Suche nach Wohnraum für Flüchtlinge war. Unmittelbar nachdem die Lokalzeitung den geplanten Einzugstermin der Flüchtlinge veröffentlicht hatte, hing das Papier an der Tür. Eine Drohung. Als Ingolf Brumm mit dem Zettel zur Polizei ging, um Anzeige zu erstatten, wies man ihn ab.»Alles Satire«, sagte die Polizei zu seiner Angst, den schlaflosen Nächten, den quälenden Gesprächen mit seiner Frau, zu den Ahnungen. Und jetzt stand die Polizei mitten in der Nacht vor seiner Tür, weil der Spaß vorbei war. Der Drohung waren Taten gefolgt. Sein Haus stand in Flammen. Um 0.17 Uhr hatte ein Nachbar die Feuerwehr gerufen.

Eine gute Stunde später fährt Ingolf Brumm – nunmehr hellwach – in seinem schweren Geländewagen in der Rauhentalstraße vor und sieht Flammen aus der Fensteröffnung über der Haustür schlagen. Er bleibt noch kurz sitzen, denkt ruhig nach. Das Wummern der Löschwasserpumpe und das Grölen einiger Menschen, die sich teils feixend vor dem brennenden Haus versammelt haben, dringen zu ihm. Einige von ihnen machen Selfies, zeichnen mit ihrem Smartphone ein Video auf, in dem ihr Brüllen zu hören ist und das später vor Gericht der Beweisführung dient: »Einer geht noch! Ein Asylant geht noch rein!« In das brennende Haus.

Für Ingolf Brumm, den gebürtigen Meißener, der 75 Menschen in der Stadt beschäftigt, ist es eine bedrohliche Situation. Im Augenwinkel erkennt er Mirko Schmidt, einen Nachbarn von gegenüber. Vor ein paar Jahren saß er für die NPD im Sächsischen Landtag. Die Kneipe ein paar Meter weiter ist ein Treffpunkt der extrem rechten Szene, auch davon hat Ingolf Brumm schon gehört. Er hat auch davon gehört, dass einer der drei Mitbegründer von Pegida hier in der Straße wohnt. Auch zwei rechte Hooligans von Dynamo Dresden leben hier, die Teil der Schutztruppe von Pegida sind, deren Sicherheitschef ebenfalls aus Meißen stammt. Sie alle sind miteinander bekannt. Unter den 27 000 Einwohnern gibt es viele, die so denken wie Pegida.

Bevor der Zettel an der Haustür hing, hatte Brumm alldem keine große Bedeutung beigemessen. Obwohl er wusste, dass Fremde in seiner Heimat nicht gern gesehen sind. Seit er denken kann, ist das Elbtal rechts und links von Dresden erfüllt mit einer Art Abwehrhaltung gegenüber allen, die anders denken, anders aussehen, anders sprechen. All dies wird ihm im Angesicht der Flammen plötzlich bewusst. Dann steigt er aus seinem Wagen.

Den Mob freut das brennende Haus

Sehr viel später wird auch Mirko Schmidt sich an diese Situation erinnern. Ihn wird die Polizei ebenfalls zur Zeugenvernehmung laden – ergebnislos. Noch Monate nach dem Anschlag wirbt er um Verständnis für die Überfremdungsangst: »Ich muss Ihnen ehrlich sagen – auf der Straße war niemand böse. Das habe ich dem Herrn Brumm damals auch gesagt. Die Leute haben ja gejubelt. Die Nachbarn wollten diese Leute nicht in der Umgebung haben.«

Während sich der Mob über das brennende Haus freut, dauern die Löscharbeiten an. Ingolf Brumm ist klar, dass die Brandstifter den Einzug der Flüchtlinge durch das Feuer verhindern wollten. Schnell verbreitet sich das Gerücht, er habe den Brand gelegt.

Noch am Abend verkündet Brumm öffentlich, dass er das Haus sanieren werde, dass er sich dem Anschlag nicht beugen werde. Von nun an erhält der Bauunternehmer anonyme Anrufe, E-Mails, sogar Todesdrohungen. Selbst einflussreiche Kommunalpolitiker stimmen mit ein, bezichtigen den gebürtigen Meißener, den Ruf seiner Heimatstadt zu beschmutzen. Plötzlich steht er als Täter da. Die Stadt wendet sich von ihm ab.

Die beiden Feuerwehrleute Jörg Z. und Christoph R. waren die beiden ersten in dem brennenden Haus. Später wird sich herausstellen, dass im ersten Obergeschoss Matratzen mit Benzin übergossen und angezündet wurden. Als die beiden zu ihrem Einsatzort kommen, steht die Haustür offen. Daniel G. leitet den Einsatz.

Kurz vor dem Anschlag waren die Möbel für die neue Flüchtlingsunterkunft geliefert worden: Etagenbetten und Matratzen von einer örtlichen Firma. Dem Landkreis war es wichtig, dass die lokale Wirtschaft von dem Zuzug der Flüchtlinge profitiert, auch um dem spürbaren Unmut in der Bevölkerung entgegenzuwirken. Hat einer der Mitarbeiter absichtlich die Tür offen gelassen? Das ist eine der vielen Fragen, die zehn Monate später bei dem Prozess gegen die Brandstifter nicht geklärt werden kann.

Aber sie alle, zwei der Feuerwehrleute, Mitarbeiter der Möbelfirma, Mirko Schmidt und ein paar andere Rechte aus der Rauhentalstraße sowie die beiden Männer, die das Landgericht Dresden später wegen dieses Brandanschlags zu einer Haftstrafe verurteilen wird, hatten sich am Abend vor dem Brand jenseits der Altstadt, am gegenüberliegenden Ufer der Elbe, mit drei Dutzend Leuten unter der Eisenbahnbrücke versammelt.

Sie trafen sich zu einer Aktion der neugegründeten »Initiative Heimatschutz«, eine Art Bürgerwehr, die zwei junge Frauen via Facebook initiiert hatten. Um gegen angebliche Gewalt von Asylbewerbern gegen Meißener zu protestieren, hatten die selbsternannten Heimatschützer fünf Stunden vor dem Brand ein weißes Spruchbanner an die Eisenbahnbrücke gehängt: »Schweigen heißt zustimmen – Es ist unser Land.«

Jörg Z. und Daniel G., der Feuerwehrmann und sein Einsatzleiter, fuhren nach der Demonstration des »Heimatschutzes« im Auto an dem

Haus Rauhentalstraße 14 vorbei, die Straße rauf und runter. Nur so zum Spaß, eine »Riemrunde«, wie Jörg Z. aussagen wird, Spritztour auf Sächsisch. In ihren Kreisen ist die geplante Flüchtlingsunterkunft eine Attraktion.

Zusammenschluss der Rassisten

In diesem Sommer 2015 bestimmen Begriffe wie »Flüchtlingskrise« und Balkanroute die Nachrichtenlage. Eine Bilderflut spült sich durch Fernsehsendungen, Internet und soziale Medien, mit der die zahlreichen Menschen auf der Suche nach Asyl immer näher kommen: an die Grenzen der Europäischen Union, nach Deutschland und schließlich in die Rauhentalstraße nach Meißen. Für Menschen, die mit flüchtlingsfeindlichen Einstellungen gesättigt sind, die Rassisten sind, ergibt sich daraus eine akute Bedrohungslage. Ihre Angst vor Überfremdung wächst mit der steigenden Zahl von Flüchtlingen.

Unterdessen vollzieht die populistische AfD bundesweit ihren Rechtsruck unter der sächsischen Landesvorsitzenden Frauke Petry, nicht zuletzt auch angetrieben von der Zustimmungswelle für das islamfeindliche und rassistische Pegida-Bündnis. Und hier, im grünen Elbtal und seinem Umfeld, liegt das Kernland von Pegida. Meißen, Freital, Heidenau sind Satelliten in der Umlaufbahn von Dresden, dem Epizentrum der flüchtlingsfeindlichen Bewegung, deren gewalttätige Exzesse den Rechtsruck in ganz Deutschland beschleunigen.

Von Anfang an betrachtete Bernd Oehler, der evangelische Pfarrer in Meißen, den Zusammenschluss der Rassisten in seiner Stadt mit Sorge. Er ist ein drahtiger Mann, dessen Wertegerüst in der Zeit der Bürgerbewegung in der DDR entstanden ist. Der Brandanschlag erinnert ihn an die wütende rassistische Gewalt der 1990er Jahre: »Hier wird wieder der Schwächste gesucht, denke ich, das ist vergleichbar. Es ist also der Sündenbock, der wieder nach Hause gejagt werden soll. Und der daran schuld ist, dass ich mit dieser Gesellschaft nicht zurechtkomme.«

Der Pfarrer hat ein gutes Gespür für das Seelenleben seiner Gemeinde, das ihn wiederum massiv beunruhigt. »Es gibt jedenfalls eine Radikalisierung, die wir auf Facebook sehen, die wir in Alltagsgesprächen beim Bäcker und im Discounter hören«, sagt Oehler leise. Er spricht von einer sich »aufbauenden Fremdenfeindlichkeit«, die möglicherweise zwei junge Kerle motiviert habe, hier das Abendland auf ihre Weise zu verteidigen.

Mit den beiden Kerlen sollte der Pfarrer recht behalten. Auch mit der Verteidigung des Abendlandes, das die beiden später überführten Täter durch die steigende Zahl von Flüchtlingen bedroht sahen. Und durch ebendiese Bedrohung durch »Fremde« fühlten sich beide in einer vermeintlichen Notwehrsituation zum Handeln legitimiert.

Für die Gewaltforscherin Claudia Luzar ist das eine logische Täterperspektive sowohl bei tätlichen Angriffen auf einzelne Menschen, die stellvertretend für eine ganze Gruppe angegriffen werden, als auch bei Brandanschlägen auf noch nicht bewohnte Flüchtlingsunterkünfte, bei denen es in der Regel darum geht, die Geflüchteten zu vertreiben, bevor sie überhaupt da sind. So wie in Meißen, wo diese Begründung dem Anschlag schon als Ankündigung vorausging. »Überfremdungsangst ist das gängige Erklärungsmuster von rassistisch motivierten Gewalttätern«, sagt Luzar, die 2015 an der Universität Bielefeld eine Studie zur rechtsextremen Gewalt vorgelegt hat.

Sie gehört zu den Mitbegründern der ersten Beratungsstelle für Opfer rechtsextremer Gewalt in Deutschland: Die »Opferperspektive« in Brandenburg wurde 2000 ins Leben gerufen, als Reaktion auf die entfesselte rassistische Gewalt in diesem ostdeutschen Bundesland in den Jahren zuvor. Elf Jahre hat es dann gedauert, bis Luzar die erste professionelle Beratungsstelle in Westdeutschland, in Nordrhein-Westfalen, aufbauen durfte. Sie heißt »Back up«. »So unterschiedlich die Verfasstheit der rechtsextremen Szene in Ost und West auch ist, das Motiv für rassistische Gewalt ist immer gleich: Angst vor Überfremdung«, sagt die Wissenschaftlerin.

Die Familienväter von gegenüber

So war es auch bei den beiden Tätern von Meißen. Abwechselnd werden die beiden Nachbarn aus der Rauhentalstraße verhört, ein Vierteljahr nach dem Anschlag gestehen sie: Die Polizei überführt sie schließlich über einen Schuhabdruck im Brandhaus. »In den meisten Fällen kommen rechte Gewalttäter aus relativer räumlicher Nähe zu ihren Opfern und meistens sind es Männer. Frauen agieren in der Regel als *bystander,* nehmen also – wenn überhaupt – eine mittelbare Rolle ein«, sagt Luzar.

Am Abend vor dem Brand saßen beide Täter nach der Aktion des »Heimatschutzes« mit ihren Familien, Freunden und Nachbarn an einem langen Tisch im Garten, bei Würstchen, Wein und Bier. Einige aus dieser Gesellschaft waren auch zuvor unten an der Elbe bei der Eisenbahnbrücke.

Gerüstbauer Eric P. erinnert sich: »Wir saßen beim Grillen, hatten was getrunken, und dann gab es eben das Gespräch, dass da welche einziehen, und in dem Gespräch hat sich das dann aufgebaut.« Und dann spricht er über seinen Kumpel und Nachbarn, den Kraftfahrer Daniel Z. »Er hat zu mir gesagt: ›Ich will nicht, dass die dort einziehen, schon wegen meinen Kindern, das lass ich nicht zu.‹ Ich habe dann halt mitgemacht«, sagte Eric P. bei seiner polizeilichen Vernehmung. »Wir haben aus dem Moped vom Daniel Z. Benzin in eine Weinflasche gefüllt. Die Flasche stand hinten beim Grillen. Die war leer, die war ausgetrunken.« Und Daniel Z. ergänzt: »Na wir wollten mal in das Haus gehen, was sie frisch renoviert haben, und ein kleines Feuer legen.«

So kam es dann. Eine ganze Etage brannte aus. Der Sachschaden betrug 280 000 Euro. Einige Wochen später brachen die beiden Täter erneut in das Haus ein und versuchten vergeblich, es durch das Öffnen von Wasserhähnen zu fluten. Das Gebäude war monatelang unbewohnbar.

Erst im Oktober 2015 konnten sieben Flüchtlingsfamilien aus Syrien und Afghanistan einziehen. Zu diesem Zeitpunkt waren die Täter noch nicht gefasst. Die Vorgeschichte ihres neuen Zuhauses erfuhren die Flüchtlinge erst später. Im Frühjahr 2016 wurden Eric P. und Daniel Z. vom Landgericht Dresden zu einer Freiheitsstrafe von jeweils drei Jahren und acht Monaten verurteilt – wegen vorsätzlicher Brandstiftung, Sachbeschädigung und Hausfriedensbruch. Sie sitzen in Haft. Die Vorsitzende Richterin nannte als Tatmotiv eindeutig Fremdenfeindlichkeit – auch wenn die Männer, wie es im Urteil hieß, keiner ausländerfeindlichen Organisation angehörten. Das Gericht wertete die Einstellung der Angeklagten als strafverschärfend.

Ingolf Brumm ist rehabilitiert. Geblieben ist der Makel, der Meißen nun anhaftet. Bundesweit gilt Sachsen durch die Ereignisse des Vorjahres, in Meißen, Freital, Heidenau und vor allem durch Pegida, als rassistischer Landstrich. Und in der Stadt selbst müssen Menschen wie

Ingolf Brumm und Bernd Oehler mit massiven Vorwürfen leben, sie hätten das Ansehen Meißens beschädigt, weil sie das Problem des gewaltstiftenden Rassismus benannt haben.

Gemeinsam kümmern sie sich in der Willkommensinitiative »Buntes Meißen« um ein friedliches Miteinander derjenigen, die schon immer in der Stadt waren, mit denen, die nun neu hinzugekommen sind. In der Wohnung in der Rauhentalstraße, in der Eric P. und Daniel Z. das Feuer gelegt hatten, steht nun ein langer Tisch, an der Wand hängt ein Whiteboard, Schulbücher stehen in einem großen Regal. Es ist der Unterrichtsraum, in dem das »Bunte Meißen« Flüchtlingen aus der ganzen Stadt Deutsch beibringt. Von hier aus wird die lokale Flüchtlingshilfe organisiert, ein Landesminister hat seine alten Büromöbel gestiftet. An der Wand zur Straße ist hinter einer großen rechteckigen Plexiglasscheibe das verrußte Mauerwerk zu erkennen – als Mahnung, wie in einer Gedenkstätte.

Sören Skalicks (Kommunalpolitiker)

Mein Sachsen

Aktuell ist Sachsen für mich vor allem ein Ort des »Hier musst du schnell weg!«. Es fällt in der aktuellen Stimmungslage schwer, sich zu motivieren hierzubleiben und die demokratische Fahne zu hissen. In den vergangenen drei Jahren haben sich der Ton und der Umgang miteinander mehr und mehr verschärft. Rassismus, Ausgrenzungen und eine dazugehörige herabwürdigende Wortwahl sind zur Normalität geworden. Unterstützung aus der Landespolitik? Ja, aber in den meisten Fällen nicht so wie gewünscht. Rechtspopulistische oder sogar rassistische Ausfälle in den eigenen Reihen werden kleingeredet.

Es wird immer offensichtlicher, dass seit der Wiedervereinigung viel Arbeit in die sächsische Infrastruktur investiert wurde, aber viel zu wenig in die heimische Bevölkerung. Diese fühlt sich nun durch alle Schichten hindurch abgehängt. Warum sollte man also weitermachen, wenn der Gegenwind so groß ist und die Chancen auf Veränderungen (eine Stärke, welche die Sachsen noch nie wirklich hatten) so gering sind?

Vielleicht genau aus diesem Grund. Aufgeben würde nur bedeuten, dass Sachsen einen weiteren Schritt in Richtung Mittelalter machen würde. Es gibt zum Glück noch Menschen vor Ort, die ein vollumfängliches Demokratieverständnis haben. Man muss sie nur finden und motivieren, dem Hass und der Rückwärtsgewandtheit etwas entgegenzusetzen, anstatt sich damit zu verbrüdern. Ich habe diese Leute zum Teil bereits gefunden und bin froh, dass ich für meinen Weg nicht nur Gegenwind, sondern auch Zustimmung und – viel wichtiger – Unterstützung bekommen habe. Vielleicht kann ich in ein paar Jahren auch wieder ein positiveres Bild über »mein Sachsen« zeichnen.

Sören Skalicks ist Kreisvorsitzender der Piratenpartei in Meißen.

Sebastian Leber, Matthias Meisner

Wegschauen. Verdrängen. Versagen

Hass in Freital – auch nach der Anklage gegen eine Gruppe von mutmaßlichen Rechtsterroristen

Zunächst einmal: Hier gibt es keine Nazis. Jedenfalls nicht viele. Und Terroristen schon gar nicht. Das könne er garantieren, sagt Mock[*], aber zu 100 Prozent. Bierbauchansatz, das Piercing in der Augenbraue als modischer Kontrast zu den Geheimratsecken, Mock lächelt gewinnend. Fast will man ihm glauben. Dieser Typ kann nicht verkehrt sein. Außerdem ist Mock hier geboren und betreibt eine der beliebtesten Kneipen Freitals. Sie liegt an der Hauptstraße unweit einer Discounterfiliale. Er steht hinterm Holztresen und bietet eine Zigarette an, Benson & Hedges, hat er drüben in Tschechien gekauft. Unter der Voraussetzung, dass weder sein bürgerlicher Name noch der seiner Gaststätte in der Presse auftauchen, ist Mock bereit, so einiges über Freital klarzustellen.

Seit Monaten schon war viel Schlimmes berichtet worden über die 40 000-Einwohner-Stadt, zehn Bahnminuten südlich von Dresden. Die massiven Proteste gegen die Geflüchtetenunterkunft »Leonardo«, die früher ein Hotel war. Sprengstoffanschläge auf Flüchtlinge und Linke. Und die Festnahme der Terror-Clique, die von Bundesinnenminister Thomas de Maizière als »entscheidender Schlag gegen eine regionale rechtsterroristische Struktur« gefeiert wurde.

Absolut lächerlich, findet Mock. Diese Leute seien keine Gewalttäter, höchstens welche, die es etwas übertrieben und die Mist gebaut hätten. Ob er sie kenne? »Nu«, antwortet Mock. So sagt man hier, wenn man »ja« meint. »Ich bin sicher, die wollten mit ihren Böllern Flüchtlinge erschrecken, aber doch nicht verletzen.« Dann sagt er noch: »Die sind ganz normal.« Sollte Mock mit diesem Satz tatsächlich recht haben, wäre die Frage: Was bedeutet es in Freital, ganz normal zu sein?

Um diese Frage zu beantworten, muss man sich zunächst auf die Spur einer Buslinie begeben. Der 360er des Regionalverkehrs Dresden

[*] *Name geändert*

160

fährt von der sächsischen Landeshauptstadt bis nach Altenberg im Erzgebirge. Auf dem Weg liegt das Städtchen Schmiedeberg, eine der ersten zentralen Flüchtlingsunterkünfte in Sachsen. Hier auf dieser Buslinie hat Anfang 2015 ein marokkanischer Flüchtling ein Mädchen angemacht. Die »Bürgerwehr FTL/360« ist nach dieser Buslinie benannt. Für den Regionalverkehr Dresden als Busfahrer auf dieser Linie unterwegs war bis November 2015 auch Timo S. – früher in der norddeutschen Naziszene unterwegs, nach seinem Umzug nach Freital in der sogenannten Anti-Asyl-Szene. Den Busfahrer Timo S. hat der Generalbundesanwalt im November 2016 als einen von zwei Rädelsführern der »Gruppe Freital« angeklagt. Die Bundesanwaltschaft geht davon aus, dass der 27-jährige Timo S. mit seiner achtköpfigen Neonazi-Gruppe – sieben Männer und eine Frau im Alter von 19 bis 38 Jahren – eine terroristische Vereinigung gegründet hat, um, wie es in der Anklageschrift heißt, »Sprengstoffanschläge auf Asylbewerberunterkünfte sowie auf Wohnungen, Büros und Fahrzeuge politisch Andersdenkender zu begehen. Dadurch wollten die Angeschuldigten ein Klima der Angst und Repression erzeugen.«

Timo S. gehörte zum Gründungszirkel der »Bürgerwehr FTL/360«, die seit Beginn der Proteste in Freital gegen die Präsenz von Flüchtlingen und gegen deren Unterstützerinnen und Unterstützer Gewaltbereitschaft demonstrierte. Von Anfang an ging es um Macht, Gewalt und Dominanz. Die »Bürgerwehr FTL/360« organisierte beispielsweise »Kontrollfahrten« auf mehreren Buslinien. Im Mai 2015 postete sie auf ihrer Facebook-Seite: »Meine Fresse!!! Kurz vor einer Eskalation!! Asylbewerber klatschen schreien treten gegen die Sitze und fassen Jugendliche Kinder an. Meldung wurde gemacht!!« Anhänger verstanden das als Aufruf zur Selbstjustiz. »Ist die Fahrt umsonst?«, fragte einer. »Einsteigen Gut ist und beim Fahrer melden!!«, antwortete die Bürgerwehr. Mit anderen Worten: Wer sich der Bürgerwehr angeschlossen hatte, den ließ der Fahrer gratis mitfahren.

Zwar hat der Generalbundesanwalt nie gegen die Bürgerwehr selbst ermittelt. Die personellen Verbindungen zwischen »Bürgerwehr FTL/360« und »Gruppe Freital« aber liegen offen. Sieben der acht inhaftierten Neonazis sind wegen versuchten Mordes angeklagt. Die Liste der Vorwürfe wurde im Verlauf der gut ein Jahr dauernden Ermittlungen immer länger: ein Sprengstoffanschlag auf das Auto des Freitaler Linken-Fraktionschefs Michael Richter in der Nacht des 27. Juli 2015; die Anklage geht davon aus, dass Timo S. die Idee dazu hatte. Zwei Brandanschläge auf Flüchtlingsunterkünfte in Freital in den Nächten zum 20. September und 1. November 2015. Ein Sprengstoffanschlag auf das örtliche Büro der Linkspartei am späten Abend des 20. September 2015. Angriff auf das alternative Wohnprojekt »Mangelwirtschaft« in Dresden in der Nacht zum 19. Oktober 2015.

Außerhalb des Freital-Verfahrens läuft die Verfolgungsjagd vom 24. Juni 2015. Flüchtlingsunterstützer, die an einer Solidaritätsdemonstration in Freital teilgenommen hatten, waren mit ihrem VW Golf zurück auf dem Weg nach Dresden. Sie wurden mit zwei Autos verfolgt. Bei einem saß Timo S. am Steuer. Er gab das Kommando: »Da, Zecken, los, hinterher.« Als das Auto der Flüchtlingsunterstützer an einer Tankstelle hielt, schlug einer der Kumpels von Timo S., ein Heranwachsender, mit einem Baseballschläger auf den Golf ein, die Frontscheibe ging zu Bruch, später auch eine Seitenscheibe. Einer der Insassen wurde verletzt: Johann Dulig, Sohn des sächsischen SPD-Chefs Martin Dulig. Wegen seiner Beteiligung an der Verfolgungsjagd wird Timo S. im April 2016 vom Jugendschöffengericht beim Amtsgericht Dresden zu einem Jahr auf Bewährung verurteilt.

Der Generalbundesanwalt hat im selben Monat die Ermittlungen gegen die mutmaßlich rechtsterroristische »Gruppe Freital« übernommen, weil die sächsische Justiz mehrere Tatvorwürfe kaum ausermittelt, keine organisatorischen Zusammenhänge zwischen den Angriffen und Anschlägen erkennen und andere – wie beispielsweise die versuchten Morde – lediglich als einfache Körperverletzungen vor dem Dresdner Amtsgericht verhandeln wollte. Mehr als 200 Polizisten, angeführt von der Eliteeinheit GSG 9, waren im April 2016 im Einsatz, um fünf Verdächtige festzunehmen. Die beiden Anführer der neonazistischen Gruppe und ein weiterer Tatverdächtiger saßen bereits seit November 2015 in Untersuchungshaft, unter anderem wegen eines Sprengstoffanschlags.

Nachdem im Frühjahr 2016 bekannt wurde, dass die »Gruppe Freital« in Tschechien reichlich Pyrotechnik gekauft hatte – hochexplosive Polenböller mit Bezeichnungen wie »La Bomba« und »Viper« –, schrieb der

Freitaler AfD-Fraktionschef Norbert Mayer auf Facebook an seine Anhänger: »Passt bloß auf, dass bei Euch niemand Polenböller kauft, sonst
kommt die GSG 9 auch zu Euch!« Straftaten müssten aufgeklärt werden,
aber die Ereignisse in Freital würden »hochgespielt, als würde hier eine
neue ›rechte‹ RAF entstehen«. Das ist nur ein Beispiel dafür, wie in der
Stadtgesellschaft von Freital Rechtsterrorismus relativiert wird.

Einer der Sprengstoffanschläge, die den mutmaßlichen Rechtsterroristen zur Last gelegt werden, fand im September 2015 in der Bahnhofstraße statt. In einem Mehrfamilienhaus sind dort ebenerdig 14 Flüchtlinge aus Eritrea untergebracht. Das Fenster, das bei der Explosion
zerstört wurde, war Monate danach noch kaputt. Darunter ein Graffito:
»N. S.« Die Bewohner sagen auch heute noch, sie trauten sich abends
nicht aus dem Haus. Allerdings bekämen sie fast täglich Besuch von Jugendlichen. Die riefen Beleidigungen und oft auch »We kill you«. Einer
der Flüchtlinge sagt, er sei im vergangenen Sommer nach Deutschland
gekommen und zunächst in München gelandet. Dort hätten ihm Menschen zugewunken. Deute in Freital eine fremde Hand in seine Richtung, sei es entweder die geballte Faust oder der ausgestreckte Mittelfinger. »Wir haben gehofft, es würde besser«, sagt der junge Mann. Aber
es wurde nicht besser.

Haben die Ermittler geschlafen?

Die örtliche Polizei war früh gewarnt worden. Ein Beispiel: Am 22. August 2015 schrieb eine Flüchtlingsaktivistin auf Twitter: »Liebe @Po-
lizeiSachsen Bürgerwehr Freital rufen wiederholt zu Gewalt auf.« Sie
nannte zwei Namen von Leuten, die inzwischen als Mitglieder der
»Gruppe Freital« angeklagt sind, dazu »#servicetweet«.

Die mutmaßliche Terrorgruppe ist spätestens seit dem Anschlag in
der Bahnhofstraße im Spätsommer 2015 von der Polizei überwacht
worden. Einiges spricht dafür, dass weitere Sprengstoffattacken hätten
verhindert werden können. Warum dies nicht geschah, prüfen jetzt die
Ermittler vom Bundeskriminalamt. Ebenso, ob ein Beamter der Bereitschaftspolizei der Gruppe Informationen aus Ermittlerkreisen verriet.
Es gibt zudem Hinweise auf ein »Kennverhältnis« einer Person oder
auch mehrerer aus dem Umfeld der »Gruppe Freital« zur rechtsterro-
ristischen »Oldschool Society« (OSS). Letztere ist aus einer Whatsapp-

Gruppe hervorgegangen und hatte Anschläge mit Brand- und Nagelbomben auf Unterkünfte von Flüchtlingen unter anderem in Borna geplant.

In Freital gibt es ein braunes Netzwerk. Zu ihm gehören nicht nur die mutmaßlichen Rechtsterroristen der »Gruppe Freital«, die aus einer Bürgerwehr heraus entstanden ist, sondern auch sogenannte Anti-Asyl-Initiativen, die sich »Frigida«, »Nein zum Hotelheim« oder »Widerstand Freital« nennen. Auch der neonazistischen »Freien Kameradschaft Dresden«, von der sechs Mitglieder im November 2016 nach einer Razzia festgenommen wurden, werden Straftaten gegen Flüchtlingsunterkünfte in Freital zur Last gelegt. Aktivisten der »Freien Kameradschaft Dresden« sollen zudem am Angriff auf die »Mangelwirtschaft« in Dresden beteiligt gewesen sein, der im Freital-Verfahren eine Rolle spielt.

Doch viele dieser Verbindungen wurden von den Behörden lange ignoriert.

Die Dresdner Rechtsanwältin Kati Lang, die im Freital-Verfahren eines der Opfer als Nebenklägerin vertritt, nennt die Anschlagserie »Terror mit Ansage und Billigung«. Langs Kollegin Kristin Pietrzyk spricht von einer »massiven Gewaltspirale gegen Geflüchtete, deren Unterstützer und Andersdenkende«.

Die mutmaßlichen Rechtsterroristen hatten es ziemlich leicht: Unter den sächsischen Städten und Dörfern, die seit Frühsommer 2015 durch rassistische Aktionen auffielen, gehört Freital zu denjenigen, in denen sich der Hass am offenkundigsten entlud. Bei Demonstrationen vor dem Heim wurde immer wieder der Hitler-Gruß gezeigt. Bei einer Straßenumfrage der *Dresdner Morgenpost* sagte eine Anwohnerin, die steineschmeißenden Rechten seien nicht gefährlich, denn sie würden ja keine Deutschen bewerfen.

Gar nicht fremdenfeindlich?

Die Bürger Freitals, behauptet nicht nur Kneipeninhaber Mock, seien in großer Mehrheit nicht fremdenfeindlich, sie hätten schlicht Beobachtungen gemacht. Zum Beispiel, dass in den Supermärkten deutlich mehr geklaut werde, seit hier Flüchtlinge lebten. Oder dass Nordafrikaner abends um elf an der Tankstelle Chipstüten kauften, obwohl diese doppelt so teuer seien wie tagsüber bei Aldi. Oder dass in der Hauptpost an der Dresdner Straße ständig Ausländer anstünden, die Geld, das sie vom deutschen Staat bekämen, an ihre Verwandten in der Heimat schickten. »Ich will sie dafür nicht verurteilen«, sagt Mock. »Das steckt einfach in ihrer Kultur.«

In der Kneipe sitzt ein kahlgeschorener Mann. Er sagt, er sei nicht rechts, es handele sich bloß um eine Frisur. Was ihn aber wundere: »Warum kommen die ganzen Syrer hierher, haben die denn zu Hause keine Armee, die sie beschützt?« Mock nickt. Man stelle sich vor, sagt er, die deutschen Männer wären damals im Krieg alle geflohen, anstatt für ihr Vaterland zu kämpfen, das wäre doch in einer Katastrophe geendet. Kurze Pause. Nein, er merkt es nicht.

Die Initialen N. S. sind überall

Wer durch die Tür von Mocks Kneipe auf die Straße tritt, blickt auf ein Graffito: »No Asyl«. Der Slogan ist im Stadtbild allgegenwärtig, ebenso »Kein Heim«, meist in Verbindung mit den Initialen »N. S.«. Sie finden sich dutzendfach an Häuserwänden, Stromkästen, Parkbänken, Kirchenfassaden – und stehen für Nationalsozialismus. Bei der Stadtverwaltung heißt es, die Schmierereien seien nicht umgehend entfernt worden, da es sich nicht um verfassungsfeindliche Inhalte handele. Ein privater Träger wollte gemeinsam mit Flüchtlingen einzelne Graffiti übermalen. Die Gruppe wurde so massiv von Passanten bedrängt, dass sie ihren Versuch abbrechen musste.

Bedroht wird, wer es wagt, offen für Nichtdeutsche Partei zu ergreifen. Die grüne Stadträtin Ines Kummer erhielt über Monate anonyme Anrufe, sie und »ihre Neger« würden alle erschossen, sagte die Stimme einmal. Im Internet wurde ihre Wohnanschrift veröffentlicht. Ihr Name stand, ebenso wie der von Linken-Stadtrat Michael Richter, auf einer sogenannten To-do-Liste, die Unbekannte an die Fensterfront des örtlichen Linken-Büros klebten.

Rechtes Gedankengut hat in Freital eine lange Tradition. Bevor die NPD in Dresden ihr Landtagsbüro eröffnete, operierte sie von Freital aus. Der Rockerklub »Gremium MC«, dessen Mitglieder zwar auch anderswo in Deutschland durch Straftaten auffallen, aber selten durch explizite politische Einstellungen, bestand hier jahrelang aus Rechtsextremen. Pegida-Gründer Lutz Bachmann hält sich häufig in Freital auf, hat hier etliche Freunde. Das bekannte Foto, auf dem er als Hitler posierte, entstand in einem Freitaler Friseursalon, allerdings ohne das später hineinmontierte Bärtchen. Viele Pediga-Unterstützer der ersten Stunde kommen aus der Stadt. Als im Juni 2015 das ehemalige »Leonardo«-Hotel von den Behörden zur »Interimslösung für die Erstaufnahme« erklärt wurde, war Lutz Bachmann sofort zur Stelle. Auf Facebook hetzte er gegen eine »Überrumpelungsaktion«, bei der »unangemeldet 150 Asylanten angekarrt« würden. »Das muss ein Ende haben! Auf die Straße! Wehrt Euch!«

Es sollte der Auftakt werden für wochenlange Proteste, von denen viele in Angriffe und rassistische Ausschreitungen gegen Flüchtlinge mündeten. Schon am 22. Juni 2015, dem ersten Abend der Aktionen, hatten sich »besorgte Bürger« auf den einschlägigen Facebook-Seiten Luft gemacht. »Kauft Euch Hunde, bringt Frauen und Kinder in Sicherheit!« Sogar zu einem Brandanschlag gegen den Bus, mit dem die Asylsuchenden nach Freital gebracht werden sollten, wurde aufgerufen: »Kann nicht jemand auf den Tank vom Bus schießen?« Ein Eintrag, der später im sächsischen Verfassungsschutzbericht landete. Als Beleg dafür, »wie gemeinsame Anti-Asyl-Aktionen von Rechtsextremisten zu neuen strukturellen Vernetzungen in der Szene führen können«.

Warum Freital? Experten führen Gründe an, die man so oder ähnlich schon von anderen Gegenden mit Neonazi-Problemen kennt. Die Deindustrialisierung der Region nach der Wende. Der Wegzug junger Menschen mit hohem Bildungsgrad, vor allem junger Frauen. Die Lage in der Peripherie. Das Gefühl von Abgehängtsein. Die Suche nach einer Identität. Aber kann das alles sein?

Im Freitaler Stadtrat kommt es gelegentlich zu Kooperationen, die in anderen Gemeindevertretungen undenkbar wären. Abgeordnete der CDU und AfD haben Geschäftsordnungsanträge der NPD durchgewunken. In Pausen wird zusammen geraucht. Auf den Vorschlag des NPD-Stadtrats, Flüchtlingen den Besuch von Spielplätzen zu verbieten, entgegnete ein ranghoher Christdemokrat lediglich, dies sei juristisch schwer umzusetzen. Ein anderer sagte, die Unterbringung von Flüchtlingen in Turnhallen könne keine »Endlösung« darstellen. Später rechtfertigte er sich, das Wort »Endlösung« stehe im Duden.

Menschen, die sich in Freital gegen Rechtsextremismus engagieren, halten das für aberwitzig. Es sind Menschen wie die Kellnerin Steffi

Brachtel. Sie gehört keiner Partei an, bis vor zwei Jahren interessierte sie sich wenig für Politik. Dann veröffentlichte ein Freund auf Facebook einen Witz:»Warum gibt es bei Star Trek keine Moslems? Weil Star Trek in der Zukunft spielt.« Steffi Brachtel schrieb darunter, dass dies nicht lustig sei, und wurde reihenweise als Hure und linke Zecke beschimpft. Da ahnte Brachtel, dass sie künftig den Mund halten muss oder es schwer haben wird.

Mit ein paar anderen gründete sie eine Ehrenamtlichengruppe namens»Organisation für Weltoffenheit und Toleranz«. Seitdem haben sich Freunde, Bekannte und Nachbarn von ihr abgewandt. Die Mutter einer Mitschülerin ihres Sohnes zischte sie an der Bushaltestelle an:»Du bist doch für die aus dem Heim.«

Der Riss geht mitten durch Freitaler Familien. Bei Steffi Brachtel ist es der jüngere Bruder. Er glaubt, Deutschland werde bis heute von den Amerikanern besetzt gehalten, die ganze Welt von Juden beherrscht. »Ich weiß schon länger, dass er so tickt«, sagt Brachtel. Aber früher war das nicht wichtig, früher konnten sie sich über Rockmusik oder Kleinstadttratsch oder Dynamo Dresden unterhalten. Seit Pegida und der Flüchtlingskrise gehe das nicht mehr.»Jetzt steht jeder auf einer Seite.«

Im Juli 2015 besuchte die damals 40-Jährige eine Bürgerversammlung. Stadtvertreter wollten erklären, wo die Flüchtlinge in Freital untergebracht würden. Im Saal wurde Brachtel beschimpft, man drohte, auch ihr Haus werde brennen. Als sie selbst sprechen wollte, wurde ihr das Mikrofon abgestellt. Nach der Veranstaltung fragte sie das Sicherheitspersonal, warum niemand eingegriffen habe. Antwort:»Lieber haben wir fünf von deiner Sorte gegen uns als 300 von den anderen.« Immerhin: Im November 2016 wurde Steffi Brachtel mit dem»Preis für Zivilcourage« des Förderkreises»Denkmal für die ermordeten Juden Europas« ausgezeichnet. Im Berliner Hotel»Adlon«, fernab von Freital.

In Mocks Kneipe kannte man Steffi Brachtel und ihre Mitstreiter schon lange vor dieser Ehrung mit Namen. Diese Gruppe von Ehrenamtlichen bestehe im Wesentlichen aus Wichtigtuern, sagt Mock. Und aus Frauen, die mal wieder gepoppt werden müssten.

Eines Abends wurde Brachtel auf dem Nachhauseweg von einem fremden Auto verfolgt. Seitdem holt ihr Sohn sie jeden Tag von der Bushaltestelle ab. Ein paar Wochen später wurde ihr Briefkasten in die

Luft gesprengt. Als Brachtel auf der Wache fragte, wie die Polizei ihre eigene Gefährdung einschätze, erwiderte die Beamtin: »Würden alle Menschen solche Fragen stellen, kämen wir hier gar nicht mehr zum Arbeiten.« In Freital mangelt es auch an engagierten Polizisten.

Steffi Brachtel sagt, rechte Umtriebe würden in der Stadt seit Jahren bagatellisiert. Vielleicht, weil das Angehen dagegen enormen Aufwand und Risiken bedeute. Vielleicht, weil der Kampf ohnehin aussichtslos erscheine. Vielleicht aber auch, weil viele zwar nicht die bloße Gewalt, aber doch die Positionen dahinter guthießen. Träfe dies alles zu, wäre es kein Wunder, dass die N.S.-Graffiti in der Stadt wochenlang bleiben. Es wäre Ausdruck eines Arrangements.

Zynische Erklärung der Stadt

Um die wenigen Engagierten und die Flüchtlinge zu unterstützen, plante die bundesweite Initiative »Laut gegen Nazis« Anfang Mai 2016 ein Konzert in Freital, Smudo von den Fantastischen Vier wollte auftreten. Als der Veranstalter die Stadt um Unterstützung bei der Suche nach einem geeigneten Bühnenstandort bat, lehnte die zunächst ab. In der Begründung hieß es, die Existenz einer Neonazi-Szene sei ein »Klischee«, das man nicht nähren wolle. Erst nach bundesweiten Protesten lenkte die Stadt ein.

Das Wort »Klischee« klingt zynisch, bestenfalls weltfremd, wenn man in Freital Menschen wie Joseph Parkes[*], 18, Flüchtling aus Ghana, trifft. Steht man abends um zehn mit Parkes auf dem Bürgersteig vor seiner Wohnung, dauert es keine Minute, bis von der anderen Straßenseite jemand »Scheißneger« herüberbrüllt. Das Wort ist Joseph Parkes geläufig, genau wie Bimbo, Kanacke, Dreckskanacke. Einmal haben fremde Männer Böller nach ihm geworfen. Seiner deutschen Pflegemutter legte jemand Bananenschalen vor die Tür. Als Parkes mit ihr auf dem Bahnsteig stand, musste sie in ihrer Handtasche kramen, also bat sie ihn, kurz ihren Kaffeebecher zu halten. Da wurde er wüst beschimpft: Wie er es wagen könne, hier zu betteln?

Frühjahr 2016. Joseph Parkes berichtet, in Freital würden Dunkelhäutige schlechter als Hunde behandelt. »Ich glaube, die Menschen in

---

[*] *Name geändert*

dieser Stadt sind stolz darauf, rechtsextrem zu sein.« Nachdem er nach Freital kam, lernte der Schüler schnell, die Hauptstraße zu meiden, Cafés sowieso. Er legt jetzt nur noch Wege zurück, die er nicht vermeiden kann: morgens zur Schule und nachmittags zurück. Zum Einkaufen begleitet ihn seine Pflegemutter. In der Bahn lachen ihn Mitreisende aus, haha, ein Schwarzfahrer. Ein Traumatherapeut riet ihm, er solle weghören, wenn ihn jemand »schwarze Ratte« schimpft. Das Gefühl der Erleichterung hält so lange an, bis Joseph Parkes wieder in Freital am Bahnhof ankommt und angepöbelt wird.

Der Oberbürgermeister schaut weg

Freitals Oberbürgermeister Uwe Rumberg (CDU) sagt nicht wie Mock, dass es in Freital keine Neonazis gebe. Er formuliert es anders: »Eine Neonazi-Szene, wie man sie klischeehaft aus den 1990ern kennt, gibt es in Freital nicht.« Die ganz überwiegende Mehrheit der Freitaler seien »friedliebende, fleißige Bürger, die hier gern leben, hier gern arbeiten«. Und dass er auch dunkelhäutigen Touristen einen Besuch seiner Stadt empfehlen könne, »auch des Nachts ist es in Freital friedlich«.

Aus seiner Haltung zu Flüchtlingen hat Rumberg nie einen Hehl gemacht: »Es muss stärker unterschieden werden zwischen wirklich Hilfsbedürftigen und sogenannten Glücksrittern, die nach Deutschland kommen, um auf Kosten der Gemeinschaft ein sorgloses Leben ohne Gegenleistung zu führen«, sagte er im Juni 2015, wenige Tage nachdem er zum Oberbürgermeister gewählt worden war. Und die Stadtbevölkerung wusste, wen sie bekommt und haben möchte. Im März hatte der Christdemokrat im Interview mit der *Sächsischen Zeitung* verkündet: »Die Politik da oben denkt, es ist immer alles Friede, Freude, Eierkuchen, wenn man Tür an Tür mit fremden Kulturen lebt, dass mit Verständnis und Vertrauen alles geregelt ist. Das dachte ich auch. Aber das ist nicht so. Auch eine Willkommenskultur hat irgendwo ihre Grenzen.«

Rumberg wurde mit 51,3 Prozent der Stimmen im ersten Anlauf gewählt, auf Platz zwei und drei lagen die Kandidaten von SPD und AfD mit 12,4 beziehungsweise 11,7 Prozent. Es ist nicht bekannt, ob sich Rumberg und Kneipenwirt Mock persönlich kennen. Sollte es so sein, würden sie sich vermutlich ziemlich gut verstehen.

Nun kommt ein heiß umkämpfter Begriff ins Spiel: Heimat. Deutschland ist ein Einwanderungsland und wird es bleiben. Punkt. Und die Versäumnisse und Fehler, die auf dem Weg zu einer vielfältigen Gemeinschaft gemacht hat, gilt es nun zu vermeiden. Denn an einem solchen Punkt steht Sachsen gegenwärtig: In 26 Jahren hat sich der Migrantenanteil nicht um ein Prozent verändert. Das muss man heute als Fehlentwicklung feststellen.

Durch die in den Alltag Einzug haltende Abwehrhaltung gegenüber Fremden katapultiert sich das Land nicht nur zurück in die politische Steinzeit, sondern leitet eine katastrophale Zukunftsperspektive ein: Kein gut ausgebildeter Migrant, kein ausländischer Forscher oder Student wird hier längerfristig eine Heimat suchen wollen. Und auch diejenigen, die es vielleicht in der sächsischen Identitätsblase, ihren aufgeschlossenen Geist bewahrend, ausgehalten haben, werden den Zeitpunkt als gekommen ansehen, diese Gegend zu verlassen. Allen sozialen und wirtschaftlichen Bindungen zum Trotz. Ich zähle mich dazu.

Was die selbsternannten »Asylkritiker« manchmal in ihrer kritischen Haltung zu beschwichtigen scheint, ist das Versprechen, die Ankommenden zu integrieren. Auch das ist es ja, was sie selbst fordern: die bedingungslose Anpassung an Werte, Traditionen, am liebsten gleich Religion. Ein Bekenntnis zur neuen Heimat kann nur auf Deutsch geschehen.

Das kann nicht der Ausgangspunkt der Debatte sein. Die Definition von Heimat, Volk oder Identität darf nicht verbohrten, rechtskonservativen Chauvinisten und die Diskussion über Einwanderung und Migration zu einem Monolog über Probleme für die hiesige Mehrheitsgesellschaft verkommen.

Das Wort Heimat darf uns nicht entgleiten und auch nicht durch die Deutungshoheit von Traditionalisten und Nationalisten bestimmt bleiben: denn jeder, der mit uns leben will, wird uns nach ihr fragen und danach, ob er an ihr teilhaben kann. Wie sollen wir sie mit ihm teilen, wenn wir sie für uns nicht definiert haben?

Wenn ich hier also von Heimat spreche, dann meine ich das Gegenteil von dem, was die sächsischen Heimathirsche Michael Kretschmer, Werner

Patzelt oder Matthias Rößler darunter verstehen. Im Zeitalter der Globalisierung und geografischer Mobilität muss endlich auch in Sachsen die gefährliche Illusion einer homogenen Leitgesellschaft einem Begriff von Heimat weichen, der nicht an nationale oder regionale Herkunft gebunden ist, sondern sich durch gelebte Solidarität realisiert. Denn dann könnte Heimat die Antwort auf die Frage sein, wie wir gut miteinander leben wollen.

Michal Tomaszewski ist Musiker und Architekt. Er wurde in Polen geboren und gründete 2001 mit Freunden in Dresden die Brassband »Banda Comunale«.

Freital, 31. Juli 2015: Nach mehreren rassistischen Angriffen und Bedrohungen kommt es am Rand einer Solidaritätsdemonstration für Flüchtlinge zu Störaktionen von Rechten.

Julia Oelkers

Hoyerswerda revisited
Ein Vierteljahrhundert nach dem rassistischen Pogrom in Hoyerswerda erinnern sich Betroffene und Zeitzeugen

»Wenn ich aus dem Haus gehe, kontrolliere ich zuerst einmal meinen Briefkasten und mein Klingelschild, weil dort relativ häufig rechte Aufkleber verklebt werden«, erzählt Grit Maroske, Sprecherin der Bürgerinitiative »Hoyerswerda hilft mit Herz«. »Ich weiß, dass ich selbst gemeint bin damit. Das sorgt natürlich dafür, dass man sich in seinem eigenen Wohnumfeld nicht mehr so unbedingt sicher fühlt.« »Wie reagierst du darauf?« »Ich mache sie ab. Jeden Tag aufs Neue.«

Grit Maroske setzt sich seit vielen Jahren in der 33 000-Einwohner-Stadt für die Belange von Geflüchteten ein, gibt Interviews, nimmt an Demonstrationen teil, bezieht Stellung und zeigt Gesicht. Dafür erhält sie Drohungen, Hassmails, wird beschimpft. Von der Polizei fühlt sie sich nicht wirklich geschützt, erzählt die engagierte Frau. Erstattet sie Anzeige, habe sie schon Antworten bekommen wie: »Sie wussten doch, worauf sie sich einlassen. Was sollen wir jetzt machen? Nun müssen Sie eben aufpassen, wohin Sie gehen.«

In Hoyerswerda zu leben und sich für Geflüchtete zu engagieren ist auch 25 Jahre nach dem rassistischen Pogrom von 1991 nicht selbstverständlich. »Früher oder später muss sich jeder, der sich in der Initiative engagiert und das öffentlich äußert, damit auseinandersetzen, dass es Leute in seinem Umfeld gibt, in der Familie, Arbeitskollegen, aber auch direkt in der Nachbarschaft, die dieses Engagement nicht so toll finden. Und früher oder später muss man sich dann auch öffentlich dazu positionieren. Das ist für viele nicht einfach«, sagt Grit Maroske.

Im Jahr 2013 traf das Landratsamt die Entscheidung, in Hoyerswerda ein neues Wohnheim für Geflüchtete zu eröffnen. Seit 1991 waren keine Asylsuchenden mehr in der Stadt untergebracht worden. Noch bevor die Flüchtlinge kamen, begannen zunächst einige wenige Menschen sich in einer Bürgerinitiative zur Unterstützung der neuen Nachbarn zu organisieren. Im Bewusstsein um die Geschichte der Stadt waren sie bereit, Verantwortung zu übernehmen und sich mit den Flüchtlingen solidarisch zu zeigen. Eine Situation wie in den Septemberwochen von 1991, als sich niemand den Angreifern entgegenstellte, sollte sich nicht wiederholen.

Die Angriffe Anfang der 1990er Jahre

Im September 1991 griffen in Hoyerswerda Neonazis mit der Unterstützung von Anwohnerinnen und Anwohnern tagelang die Wohnheime von ehemaligen DDR-Vertragsarbeitern und Geflüchteten an. Unter dem Beifall von Nachbarinnen und Nachbarn warfen Jugendliche Steine und Molotowcocktails auf die Unterkünfte, bedrohten, beschimpften und beleidigten die dort lebenden Migrantinnen und Migranten. Die Polizei sah sich nicht in der Lage, die rassistische Mobilisierung zu stoppen. Stattdessen wurden deren Opfer unter dem Beifall einer großen Menge in Bussen aus der Stadt gebracht. Nach dieser Kapitulationserklärung des Staates feierten die Angreifer und Angreiferinnen ihren Sieg und bezeichneten Hoyerswerda als »erste ausländerfreie« Stadt. Hoyerswerda wurde zum bundesweiten Fanal für unzählige Angriffe und Brandanschläge in den folgenden Monaten und Jahren auf als »fremd« Wahrgenommene, junge Linke und sozial Randständige in Ost- und Westdeutschland. 1483 rechtsextreme Gewalttaten registrierte das Bundeskriminalamt (BKA) Ende 1991, 1992 stieg die Zahl um mehr als das Doppelte auf 2584 Fälle. Angesichts der großen Dunkelziffer bei rechten Gewalttaten in den frühen 1990er Jahren muss man davon ausgehen, dass diese Zahlen nur einen kleinen Ausschnitt der Realität widerspiegeln.

1991 lebten etwa 100 Vertragsarbeiter und -arbeiterinnen aus Mosambik in Hoyerswerda. Sie waren in einem Wohnheim in der Albert-Schweitzer-Straße untergebracht. Hier begannen damals die tagelangen Attacken. Für die Mosambikaner kamen die Angriffe nicht überraschend. Die Auflösung der DDR und die deutsche Wiedervereinigung war für die Migrantinnen und Migranten überwiegend mit Ausgrenzung und Verunsicherung einhergegangen. Agostinho Forena[1] war Anfang der 1990er Jahre als Vertragsarbeiter im Braunkohletagebau in der Lausitz beschäftigt, er lebt noch immer in Deutschland. Er erinnert sich sehr deutlich an die Stimmung, die nach dem Fall der Mauer in

Hoyerswerda herrschte, und beschreibt, was seine Arbeitskollegen ihm signalisierten:»Endlich werden wir wieder ein Volk, und dann müssen wir die, die nicht dazugehören, außer Landes schaffen. Viele haben so gedacht und auch danach gehandelt.«

Nur wenige Monate nach der Wende, am 1. Mai 1990, versammelte sich eine größere Gruppe Rechter zum Angriff auf das Wohnheim der Mosambikaner. Einige der mosambikanischen Kollegen hatten den »Tag der Arbeit« auf dem Rummelplatz in Hoyerswerda verbringen wollen. Dort wurden sie von einer Gruppe deutscher Jugendlicher angepöbelt und aufgefordert, das Fest zu verlassen. Es kam zu einer Schlägerei, und die Mosambikaner flüchteten vor den Angreifern in ihr Wohnheim. »Die sind flüchtend gekommen, sind dann hoch in ihre Wohnungen, und die Meute war dann draußen und hat angefangen, Steine zu werfen. Da sind schon die ersten Fenster zu Bruch gegangen«, erinnert sich Agostinho Forena. »Am Anfang waren es nur wenige, doch nach und nach kamen immer mehr Menschen hinzu, beteiligten sich an den Angriffen oder klatschten Beifall.« Nicht nur die Angriffe selbst, sondern vor allem die breite Zustimmung der Zuschauenden stellten eine unmissverständliche Bedrohung dar. »Das war ein traumatisches Erlebnis. Man muss sich vorstellen, man hat in Hoyerswerda die ganze Zeit gewohnt und auf einmal wird man direkt zu Hause angegriffen«, sagt Agostinho Forena. Sein mosambikanischer Kollege Andreas Muro berichtete am 18. Oktober 1991 in einen Interview von den Ereignissen des 1. Mai 1990: »An diesem Tag gab es unter uns drei Schwerverletzte. Zwei kamen vom Rummel, einer wurde an der Kreuzung zusammengeschlagen. Sie waren eine Woche im Krankenhaus. Die Polizei kam auch her und schickte uns ins Wohnheim. Die deutschen Schläger blieben frei.«[2] Am 20. Oktober 1991, zwei Tage nach dem Interview, bestieg der damals 32-Jährige ein Flugzeug nach Mosambik. Nach zehn Jahren Arbeit in Deutschland wurde er wie die meisten seiner Kollegen und Kolleginnen in das vom Bürgerkrieg gebeutelte Land zurückgeschickt. Hier verliert sich seine Spur, was aus ihm geworden ist, ist unbekannt.

Rassistische Gewalt in der DDR

Die Erfahrung, dass rassistische Angriffe von der Polizei und Justiz nicht geahndet wurden, hatten viele Vertragsarbeiter und -arbeiterinnen schon zu DDR-Zeiten gemacht. Agostinho Forena kam 1982 als Zwölfjähriger in die DDR. In der »Schule der Freundschaft« in Staßfurt in Sachsen-Anhalt erhielten 900 mosambikanische Kinder eine Schul- und Berufsausbildung. Danach wurden sie nach Mosambik zurückgeschickt. Viele der Jugendlichen wurden ohne Vorwarnung direkt vom Flughafen zur mosambikanischen Armee eingezogen und an die Front geschickt. Wenn sie es schafften, den Militärdienst zu überleben, standen sie vor einer perspektivlosen Zukunft. Einige versuchten in dieser Situation, in das noch geteilte Deutschland zurückzukommen. Hier hatten sie schließlich den größten Teil ihrer Kindheit verbracht. Sie bewarben sich als Vertragsarbeiter für Arbeitsaufenthalte in der DDR, die einzige Möglichkeit zur Rückkehr. So landete Agostinho Forena zwei Wochen vor dem Fall der Mauer im sächsischen Hoyerswerda.

Was er hier erlebte, kannte er schon aus Staßfurt. Als die Jugendlichen den geschützten und abgeschotteten Bereich der Schule verlassen hatten und zur Ausbildung in die Betriebe gingen, wurden sie auf der Straße und in öffentlichen Verkehrsmitteln häufig rassistisch beleidigt: »Es gab oft Beschimpfungen, es war eine Zeit, die schon sehr voller Spannung war. Zurückblickend kann ich sagen, diese Spannung, die sich aufgebaut hat und die sich vielleicht dann später entladen hat, auch in Hoyerswerda und andernorts, die war in der DDR wohl schon immer vorhanden«, resümiert der Mittvierziger.

Ein besonders drastisches Erlebnis war der Mord an einem Mitschüler im Sommer 1987 in Staßfurt. Nach einem Diskobesuch verprügelten sechs Staßfurter den Lehrling Carlos Conceicao und warfen ihn in den Fluss, der mosambikanische Jugendliche ertrank. Obwohl es Zeugen gab, erhielten seine Mitschüler keine Informationen über den Tathergang. Was genau mit Carlos Conceicao passiert war, erfuhren sie nicht. Auf einer offiziellen Schulversammlung wurden sie über seinen gewaltsamen Tod informiert, aber die Tat wurde wie ein Unfall dargestellt.

»Man hat versucht, uns zu besänftigen, weil wir natürlich sehr aufgebracht waren – das ist ja klar«, sagt Aghostino Forena, und noch immer spürt man in seiner Stimme den Schmerz, die Verunsicherung und den Zorn darüber, dass der Tod von Carlos Conceicao nie aufgeklärt wurde. »Wir hatten noch zwei Jahre an der Schule in Staßfurt und die Frage war: Wer ist der Nächste? Wenn Carlos jetzt runtergeschmissen worden ist, was passiert dann mit uns? Man hat dann gesagt, das ist nur eine kleine Gruppe von dummen Jungs. Man sprach nie von Mord. Das war es, was uns so sehr gestört hat«, betont Agostinho Forena.

Nur einer der sechs Tatbeteiligten von Staßfurt wurde am Ende bestraft. Bei den Betroffenen blieb seitdem der Eindruck, dass staatliche Behörden ihnen keinen Schutz vor rassistischer Gewalt gewähren würden.

»Wir hatten das Gefühl, man versuchte irgendwas zu verbergen. Wenn man gesagt hätte, da sind einige besoffene Jugendliche, die haben ihn ins Wasser geschmissen, aber die sind jetzt festgenommen worden, dann wäre das etwas anderes gewesen. Doch wir wissen bis heute nicht, was mit denen passiert ist, die das gemacht haben. Und ich weiß auch nicht, ob jemals die Zeugen unsererseits vernommen wurden. Meines Wissens nicht«, beschreibt Agostinho die Situation der kleinen Gruppe mosambikanischer Schüler in den letzten Jahren der untergehenden DDR.[3]

Hoyerswerda vor der Wende

In Hoyerswerda spielte sich in den 1980er Jahren das Freizeitleben der Vertragsarbeiter und -arbeiterinnen in erster Linie in den eigenen vier Wänden ab. Gearbeitet wurde im Dreischichtsystem, das Feierabendbier tranken sie lieber im Wohnheim, in die Kneipe zu gehen war gefährlich. Auch ein Diskoabend verlief in der Regel nicht ohne Konflikte.

Agostinho Forena beschreibt die damalige Situation so: »Angenommen, ein junger Mosambikaner Mitte 20 geht in die Diskothek, in eine deutsche Diskothek, wahrscheinlich ist er der einzige Schwarze, vielleicht sogar mit einer weißen Freundin, dann war der Stress eigentlich vorprogrammiert. Irgendwann wird jemand anfangen, entweder die Frau oder ihn zu beschimpfen. Was man auch machte, es würde immer falsch sein, es würde zu Kämpfen führen oder zu Auseinandersetzungen.«

Sein Kollege Manuel Nhacutou kam schon Mitte der 1980er Jahre als

Vertragsarbeiter aus Mosambik nach Hoyerswerda, wo er zum Betriebsschlosser ausgebildet wurde.

»1986 haben wir im Schichtbetrieb gearbeitet. Es gab Anrufe, dass die Mosambikaner zusammengeschlagen wurden, dort auf Arbeit, oder es gab Streit zwischen Deutschen und Mosambikanern. Ein mosambikanischer Kollege von uns ist sogar gestorben, aber es ist keine Aufklärung erfolgt. Die Betriebsleitung hat sich ohne uns zu informieren mit der Vertretung von unserem Arbeitsministerium kurzgeschlossen«, sagte Manuel Nhacutou in einem Interview 1992. »Hinterher hieß es dann, der Verstorbene sei in eine Bandanlage gestürzt und habe dabei seinen Arm verloren. Aber meine ehemaligen Kollegen und ich befürchteten, dass er umgebracht wurde.«[4]

Das Gefühl der eigenen Schutzlosigkeit und der Straflosigkeit für die Täter zieht sich durch fast alle Zeitzeugenberichte von mosambikanischen Vertragsarbeitern.

Es habe natürlich auch gute kollegiale Beziehungen mit Arbeitskollegen und -kolleginnen gegeben, doch in zugespitzten Situationen hielten die netten Kollegen sich bedeckt, erinnert sich Agostinho Forena. »Es gab auch unter Arbeitskollegen tolle Freundschaften. Nur in der Zeit, als es dann gekriselt hat, als zusehends Distanz hergestellt wurde zwischen den Deutschen und den Nicht-Deutschen, da waren sogar die guten Freunde verunsichert, also sind sie sicherheitshalber auf Distanz gegangen. Es gab nicht sehr viele, die in Zeiten der Krise öffentlich auf der Seite der Mosambikaner standen.«

Während Agostinho Forena aus Sachsen wegzog und sich eine neue Existenz als Englischlehrer in Baden-Württemberg aufbauen konnte, verlief das Leben von Manuel Nhacutou ganz anders: Anfang der 1990er Jahre hatte er noch an einem Fachkräfteprogramm in Berlin teilgenommen und sich dort weiterqualifizieren können, bevor er nach Mosambik zurückkehrte. Dennoch gelang es ihm nicht, in dem ökonomisch und gesellschaftlich zerstörten Land eine wirtschaftlich tragfähige Existenz für sich und seine Familie aufzubauen. Im September 2016 verstarb Manuel Nhacutou an einer behandelbaren Krankheit aufgrund der in Maputo noch immer herrschenden medizinischen Unterversorgung.

Erinnerungen aus der Nachbarschaft

Eine der wenigen, die nach 1990 den Mut hatten, den belagerten Mosambikanern zu helfen, ist die heute 75-jährige Waltraud Spill. Die
Zahntechnikerin hatte freundschaftliche Kontakte zu einigen Vertragsarbeitern und war öfter im Wohnheim zu Besuch: »Ich bin nach der
Arbeit in das Wohnheim der Mosambikaner und Vietnamesen gefahren, und da war der ganze Stadtteil voller Menschen, viele haben aus
dem Fenster geguckt, die Leute haben gerufen, Ausländer raus, auch
Nachbarn, mit denen die Mosambikaner sonst ganz gut klargekommen
sind, haben dann angefangen, sich gegen ihre Anwesenheit zu stellen.«

Während der Angriffe im September 1991 half sie einem jungen
Mann, sein Moped in ihrer Garage sicher unterzustellen. Um ihn ohne
größere Schwierigkeiten mit dem Auto zurück in sein Zimmer zu fahren, traf sie erhebliche Vorsichtsmaßnahmen: »Ich hab dann Victor ins
Wohnheim gebracht, er musste sich auf den Rücksitz legen, damit er
nicht gesehen wurde. Aber er kam nicht mehr ins Wohnheim rein, weil
der Tumult davor zu groß war. Er hat dann bei uns übernachtet.«

Stimmen aus der Nachbarschaft, die die rassistischen Angriffe von
1991 kritisch kommentierten, waren lange Jahre in Hoyerswerda kaum
zu hören. Auch bei Jan Krüger hat es 25 Jahre gedauert, bis er zum
ersten Mal öffentlich über seine Erinnerungen sprach. Die Eltern des
Mittfünfzigers wohnten direkt neben dem Vertragsarbeiterwohnheim
in der Albert-Schweitzer-Straße. Als der damals knapp 30-Jährige dort
am 17. September 1991 ankam, erlebte er, wie sich zwei Gruppen ge-
genüberstehen: Die Mosambikaner, die sich verteidigten, und die Deutschen, die angriffen.

»Der angreifende Teil sah nach Überlegung aus: Jetzt machen wir sie
fertig. Und die Leute ringsum haben gejubelt und haben sich gefreut,
dass es so ist. Die Mosambikaner hatten wirklich Stress, das hat man
ihnen auch angesehen, und die Deutschen fanden das einfach riesig«,
erzählt der ehemalige Brigadeführer.

Weil zunächst gar keine Polizeibeamten zu ihrem Schutz abgeord-
net wurden, hatten die Mosambikaner notgedrungen ihre Verteidigung
selbst übernommen. Sie standen auf den Dächern und vor dem Haus,
warfen auch mit Steinen und Flaschen und versuchten, die Angreifer
auf Distanz zu halten. Jan Krüger: »Sie wussten nicht, in welcher Gefahr

sie wirklich schwebten. Sie wussten nicht, ob da jemand reingeht in die Häuser und versucht, da zu randalieren wie ein Jahr später in Rostock-Lichtenhagen. Sie mussten sich selbst verteidigen, geholfen hat ihnen niemand.«

Es dauerte Stunden, bis die ersten Polizeibeamten eintrafen. Am zweiten Tag des Pogroms verhinderten sie immerhin, dass die Angreifer das Wohnheim stürmten.

Über die Identität der Angreifenden wurde in Hoyerswerda jahrelang geschwiegen. Die meisten seien von auswärts gekommen, hieß es. Viele der Neonazis seien sogar aus dem Westen angereist, lautete die gängige Erklärung. Manuel Nhacutou hingegen betonte schon 1992 im Interview:»Viele Leute habe ich erkannt. Sogar Namen könnte ich jetzt nennen. Aber das ist sinnlos, weil es zu viele Angreifer waren, sonst würde ich hier bis morgen aufzählen. Aber der große Teil waren unsere Nachbarn, unsere Arbeitskollegen.«[5] Auch Jan Krüger sagt:»Die Leute in Hoyerswerda wissen ganz genau, wer das gemacht hat, die wissen das immer noch ganz genau, wer da federführend war. Es wurde einfach unter den Teppich gekehrt. Obwohl viele sich damit gebrüstet haben, was sie getan haben und wie viel Spaß sie dabei hatten. Aber öffentlich wurde nicht darüber geredet.«

Während der Angriffe von Hoyerswerda 1991 gab es zahlreiche Verletzte, aber nur wenige Festnahmen. Bis auf drei junge Männer, die ein halbes Jahr in Untersuchungshaft saßen, verbüßte keiner der Täter eine Gefängnisstrafe.

Die Stadtbewohnerinnen und -bewohner verhielten sich wie in den Jahren zuvor: Über rassistische Gewalt wurde nicht gesprochen, die Taten wurden nicht geahndet, die Angegriffenen nicht unterstützt. Nachdem die Betroffenen Ende September 1991 aus der Stadt evakuiert worden waren, galt für die Mehrheit der Bevölkerung das Problem als gelöst. Die Schuld für das Pogrom wurde nun bei anderen gesucht: Medien, Neonazi-Kader aus dem Westen, die die Jugend verführt hätten, und zugereiste Schaulustige. Die Täter verstanden diese faktische Komplizenschaft der Bevölkerung und die Evakuierung der Migranten als einen Freifahrtschein. In den nächsten Monaten und Jahren terrorisierte eine gewaltbereite, organisierte Neonazi-Szene in Hoyerswerda alle, die ihre Vorherrschaft in Frage stellten. Vor allem alternative Jugendklubs waren nun das Ziel ihrer Attacken. Die Folge der Auseinandersetzungen waren zwei Tote – die 44-jährige Aushilfskellnerin Waltraud Scheffler in Geierswalde 1992 und der Musiker Mike Zerna (22) vor dem linken Jugendklub »Nachtasyl« im Februar 1993 in Hoyerswerda – und unzählige Verletzte. Für eine sehr lange Zeit war die Atmosphäre in Hoyerswerda für Andersdenkende von Angst geprägt, und viele verließen die Stadt.

Offizielles Gedenken

Auch in den späteren Jahren wollte eigentlich niemand mehr über die Pogromwochen von 1991 reden. An weiterer Aufarbeitung und Reflexion bestand kaum Interesse. Als 2011 eine Gruppe junger Erwachsener aus Hoyerswerda öffentlich ein Mahnmal forderte und sich selbst den Namen Initiative »Pogrom 91« gab, war die Empörung in der Stadt groß. Man sah die Jugendlichen als Nestbeschmutzer an, ein Mahnmal in der Stadt sei überflüssig, es habe schließlich keine Toten gegeben, deshalb sei der Begriff Pogrom als reine Provokation zu verstehen. Zum 20. Jahrestag organisierte die Initiative »Pogrom 91« eine Demonstration zum Gedenken an die Ereignisse von 2011. Auch Grit Maroske nahm daran teil. Die Reaktionen der Mehrheit der Bevölkerung schockierten sie. »Das war für mich ein krasses Erlebnis. Du weißt, dass du auf der richtigen Seite stehst. Aber du siehst, die Mehrheit der Gesellschaft lehnt das völlig ab.«

Obwohl viele sich dagegen wehrten, war durch die Initiative das Thema Mahnmal und Gedenken in der öffentlichen Diskussion von Hoyerswerda angekommen. Nach langem Hin und Her wurde 2014 tatsächlich ein offizieller Gedenkort eingeweiht. Endlich begannen ganz unterschiedliche Kreise der Stadtgesellschaft über die jüngste Vergangenheit zu sprechen – allerdings immer noch ohne die Betroffenen. Einige ehemalige mosambikanische Vertragsarbeiter aus Hoyerswerda leben auch heute noch in Deutschland – keiner wurde zur Einweihung des Mahnmals eingeladen.

Gesicht zeigen

25 Jahre nach den Angriffen hat sich die Stadt verändert. Heute leben mehrere Hundert Geflüchtete in Hoyerswerda – auch sie erleben Rassismus und Vorurteile. Aber die aggressive gewalttätige Ablehnung ist

nicht mehr so präsent. Das liegt auch daran, dass immer mehr Menschen Gesicht zeigen und öffentlich eintreten gegen rechte Parolen und für das Zusammenleben mit den neuen Nachbarn. Sie wollen das Feld nicht mehr den Rechten überlassen. »Ich habe eingesehen, dass sich nichts ändert, wenn man kein Gesicht zeigt«, sagt Jan Krüger heute. Er glaubt nicht, dass viele der Menschen, die damals applaudiert haben, ihre Meinung geändert haben. Aber er hat Gleichgesinnte gefunden, engagiert sich beim Verein der Verfolgten des Naziregimes (VVN) und hat die Erfahrung gemacht, dass dieses Engagement ihn stärkt.

Zum 25. Jahrestag des Pogroms gab es einige dezentrale Veranstaltungen in Schulen und Vereinen in Hoyerswerda. »Der Umgang mit dem Thema ist unaufgeregter geworden«, findet Grit Maroske. »Viele wollen das Ereignis anerkennen und über ihre persönlichen Erlebnisse sprechen, ihre eigene Rolle hinterfragen.« Ein wichtiger Prozess auf dem Weg in eine Gesellschaft, in der sich die Menschen nicht in der schweigenden Mehrheit verstecken, sondern selbstbewusst eintreten und Verantwortung übernehmen für das, was in ihrer Stadt passiert.

»Aus der Erfahrung des Entsetzens und der Hilflosigkeit, die man damals hatte, ist doch noch etwas Gutes geworden«, sagt Grit Maroske: »nämlich die Bereitschaft, sichtbar und hörbar zu werden mit der eigenen Position und auch etwas zu riskieren.«

(Weitere Interviews und Material der Autorin sind in der Webdokumentation www.hoyerswerda-1991.de verfügbar.)

Anmerkungen

1 Name geändert und der Autorin bekannt
2 Das Gespräch wurde 1991 aufgezeichnet und freundlicherweise zur Verfügung gestellt durch Waltraud Spill vom Projekt Mosambik e.V.
3 Siehe auch Waibel, Harry: Der gescheiterte Antifaschismus der SED. Rassismus in der DDR, Frankfurt am Main 2014
4 Manuel Nhacutou im Interview mit Helmut Dietrich, Berlin 1992. Siehe auch das Video »Viele habe ich erkannt« der autofocus Videowerkstatt auf www.hoyerswerda-1991.de
5 Interview von Manuel Nhacutou mit Helmut Dietrich, ebd.

Wolfgang Berghofer (ehemaliger Bürgermeister)

Mein Sachsen

Die Zeit, die mich besonders prägte, waren meine Dresdner Jahre. Dresden war damals aus der Sicht der SED-Machtzentrale in Berlin die am schwierigsten zu regierende Großstadt der DDR, mit der sich am stärksten verweigernden Bevölkerung und den größten Problemen in allen gesellschaftlichen und wirtschaftlichen Bereichen. Das fehlende Westfernsehen machte sie zum »Tal der Ahnungslosen« und einen ihrer bekanntesten Bewohner zum Gegenstand des Volkswitzes: »Prof. Ardenne hat das Fernsehen erfunden und ist nach Dresden gezogen.«

Als Sachse geboren, ist mein Lebensfaden tief eingewoben in dieses Dresdner Tuch. Dresden ist eine Weltanschauung – diese Erkenntnis ist nicht von mir, aber ich habe sie aufgesogen in fünf Amtsjahren von 1986 bis 1990. Zwar habe ich nur noch Ahnungen vom »Kriegsrest Elbflorenz«, also mehr Barack als Barock angetroffen. Trotzdem haben mich Geschichte, Dichtung, Realität und Wahrheit dieser Stadt zutiefst gefesselt und geprägt. Ich habe mich bemüht, der Stadt zu dienen. Ich wollte ein guter Oberbürgermeister sein und sollte ein guter Genosse sein. Als Oberbürgermeister sah ich den Verfall und den wirtschaftlichen Niedergang Dresdens und die wachsende Bereitschaft seiner Bürger, der DDR den Rücken zu kehren. Als Genosse sollte ich dagegen alles schönreden. Diesen Spagat konnte und wollte ich nicht meistern. Am Zustand dieser sozialistischen Großstadt und am Freiheitsdenken ihrer Bürgerinnen und Bürger musste ich erkennen: Der Sozialismus hat komplett versagt.

Die schöne Illusion Liberté, Égalité, Fraternité funktionierte nicht in der Diktatur des Proletariats. Dresden fiel schneller zusammen, als das Bauprogramm der SED den Wiederaufbau versprach. Hier musste ich begreifen, wenn Fassaden und Dächer der Häuser verfallen, dann verfällt auch die Identität ihrer Bewohner. Und so lagen auf meinem Schreibtisch im Oktober 1989 mehr als 25000 Ausreiseanträge von Dresdnerinnen und Dresdnern.

Der Widerspruch zwischen Propagandalügen der SED und der Lebensrealität war nicht mehr zu ertragen. Insofern verdanke ich es im hohen Maße der Begegnung mit Dresden und seinem unerschütterlichen Selbstwertgefühl, dass ich im Jahre 1989 während der friedlichen Revolution unter dem Druck der Demonstranten auf der Straße versuchte, meinen Beitrag zu leisten, um Gewalt und Blutvergießen zu verhindern.

Als Verwalter der Mangelwirtschaft habe ich hier Ende der 1980er Jahre des 20. Jahrhunderts meine realsozialistischen Illusionen begraben und begriffen, dass eine moderne Form des Zusammenlebens der Menschen ohne Freiheit, Demokratie und leistungsfähige Wirtschaft nicht funktionieren kann.

Wolfgang Berghofer war von 1986 bis 1990 letzter SED-Oberbürgermeister von Dresden.

Hoyerswerda, 24. Januar 2015: Gegen einen Aufmarsch der extrem rechten Hoygida-Gruppe demonstrieren rund 100 Menschen.

Dirk Laabs

»Wir arbeiten weiter«
Der »Nationalsozialistische Untergrund« in Sachsen

Vorbemerkung

Wenn man die streng juristische Sichtweise der Bundesanwaltschaft zu Grunde legt, gelten bislang ausschließlich Uwe Böhnhardt, Uwe Mundlos und Beate Zschäpe als Kern- und Gründungsmitglieder des »Nationalsozialisten Untergrund« (NSU). Dieser sehr enge Maßstab wird jedoch der rechtsextremistischen Terrorgruppe bei weitem nicht gerecht. Mindestens 15 Personen waren Mitglieder und zentrale Unterstützer und Unterstützerinnen des NSU. Sie alle haben den rechten Terror erst möglich gemacht. Sie besorgten Waffen, Wohnungen, Geld – und schwiegen jahrelang. Ob alle die späteren konkreten Anschlagspläne kannten, ist dabei unerheblich – die Stoßrichtung der Gruppe war ihnen klar. Gemeinsam hatte man sich über Jahre zunächst offen politisch und später klandestin radikalisiert, militarisiert und auf die späteren Taten hingearbeitet. Am Ende hatte sich das Netzwerk einer rassistischen Internationale verschrieben. Viele der Unterstützungstaten mögen mittlerweile strafrechtlich verjährt sein, die historische Rolle der Unterstützer und Unterstützerinnen sowie der Kernmitglieder ist unbestritten. Nicht zufällig beginnt auch der Bekennerfilm des NSU mit dem Satz: »Der Nationalsozialistische Untergrund ist ein Netzwerk von Kameraden.«

Der NSU war also eine große Gruppe, zu keinem Zeitpunkt ein abgeschottetes Trio. Dabei fällt auf, dass die Mehrzahl seiner Akteure und Akteurinnen aus Sachsen stammt. Sachsen war für den »Nationalsozialisten Untergrund« zugleich Geburtsort, Lebensraum und Tatort. In Sachsen raubten die Kernmitglieder der Terrorgruppe Banken und Postämter aus, von Zwickau aus planten sie ihre Morde und arbeiteten an dem NSU-Propagandafilm. Und in Sachsen konnten sie auf ein großes Reservoir von Unterstützern und Unterstützerinnen zurückgreifen. Vor allem aber fand das sogenannte Kerntrio des NSU – Zschäpe, Mundlos und Böhnhardt – in Sachsen ein entscheidendes Element: den ideologischen Unterbau für ihre Taten.

Organischer Anfang: Jenaer und Chemnitzer Neonazis lernen sich kennen

1992, im Jahr der Angriffe auf das Vertragsarbeiterwohnheim in den Plattenbauten von Rostock-Lichtenhagen, lernten die zwei jungen Neonazis Uwe Mundlos und Beate Zschäpe aus Jena einen wesentlich älteren Rechtsradikalen kennen: Thomas Starke aus Chemnitz. Der Beginn einer mindestens acht Jahre währenden engen, verhängnisvollen Freundschaft. Den Kontakt hatte Zschäpes älterer Cousin Stefan A. hergestellt. Thomas Starke (Jahrgang 1967), ein ehemaliger DDR-Fußballhooligan und Spitzel der DDR-Kriminalpolizei, wurde zehn Jahre vor Uwe Böhnhardt geboren und war immerhin noch knapp sechs Jahre älter als Uwe Mundlos. Erfahrung, Alter und »Kampfjahre« sind Faktoren, die in der rechten Szene nicht zu unterschätzen sind. Von den Beteiligten wird das inzwischen umgedeutet: Starke, Beschuldigter im NSU-Komplex und jahrelang Informant des LKA Berlin, beschreibt sich seit der Selbstenttarnung des NSU im November 2011 wenig überraschend als interessierter Zuschauer, nicht als treibende Kraft. Dabei war Starke in der Szene wesentlich besser vernetzt als etwa Mundlos oder Böhnhardt. Und vor allem war er während der 1990er Jahre der engste Weggefährte des ebenfalls in Chemnitz lebenden einflussreichen Neonazis Jan Werner. Werner und Starke galten zeitweise als die radikalsten Neonazis in Sachsen.

Zusammen mit anderen sächsischen Neonazis hatte Starke Anfang der 1990er Jahre eine Veranstaltung von Bundeswehrsoldaten überfallen und wurde dafür zu einer Gefängnisstrafe verurteilt. Während Starke in der Justizvollzugsanstalt Waldheim einsaß, schrieb ihm der »Kamerad« Uwe Mundlos aus Jena regelmäßig Briefe. Er wollte etwa über das Gefängnis wissen: »Und wie sieht es dort mit Ausländern aus?« Es sei überraschend ruhig, antwortete Starke, er sei nur mit Deutschen auf der Zelle, fast alle »Skins«, die Anstaltsleitung mische die Häftlinge kaum. Die Briefe offenbaren eine klare Hierarchie: Mundlos war ein Lehrling, der den Veteran Starke im Gefängnis oft um Rat fragte: Welche Preise sollte er für Nazi-Rock-CDs nehmen, die er verkaufte? Welche anderen »Nationalisten« kontaktieren? Welche Anwälte anrufen, wenn es mal Ärger gab? Starke und andere Neonazis im Knast antworteten geduldig. Mundlos beschrieb im Gegenzug sein Leben voller eskalierender Konflikte.

Die Briefe und die Schilderungen Mundlos' bestätigen, was Jahre später durch diverse Untersuchungsausschüsse ans Licht kam: Die Behörden hatten Mundlos und seine »Kameraden« aus Jena frühzeitig auf dem Schirm. Für die Chemnitzer Szene galt genau das Gleiche. Während Starke im Gefängnis saß, professionalisierten sich seine Freunde um Jan Werner – und das blieb der Polizei nicht verborgen. Einige rechtsradikale Chemnitzer Skinheads gaben sich den Namen »88er« – die 8 steht dabei für den achten Buchstaben im Alphabet; 88 ist mithin der Code für »Heil Hitler«. Die »88er« waren nicht mehr bloß betrunkene Skinheads, die Ärger suchten. Sie bedruckten schwarze Bomberjacken mit roten Achten, sie organisierten Konzerte, verlegten Fanzines, verkauften CDs, fotografierten sich vermummt mit Waffen in der Hand. Starke stieg in die Gruppe nach seiner Haftentlassung Mitte der 1990er Jahre ein und wurde neben Jan Werner zur treibenden Kraft. Schon bald ermittelte das sächsische Landeskriminalamt gegen die »88er« wegen der Bildung einer kriminellen Vereinigung. Ob diese Ermittlungsakten noch vorhanden sind, konnte bislang noch kein parlamentarischer Untersuchungsausschuss klären.

Auf dem Radar

Als Thomas Starke 1996 aus dem Gefängnis entlassen wurde, besuchte er sofort wieder die »Kameraden« in Jena. So fiel Starke gemeinsam mit Mundlos, Böhnhardt und anderen der Polizei auf, als sie in der Gedenkstätte Buchenwald israelische Journalisten provozierten. Böhnhardt und Mundlos trugen dabei braune Hosen und Hemden im Stil von SA-Uniformen. In dieser Zeit wurden die Jenaer Neonazis bereits vom Verfassungsschutz überwacht, was auch Mundlos und anderen Neonazis nicht verborgen blieb. Tatsächlich beeinflussten verschiedene Verfassungsschutzbehörden die rechte Szene durch ihre V-Männer bereits damals. Nirgendwo war das so augenscheinlich wie in Thüringen, wo die beiden wichtigsten rechtsradikalen Strippenzieher Informanten waren: Tino Brandt, der Chef des »Thüringer Heimatschutzes«, arbeitete für den Thüringer Verfassungsschutz. Michael See, ein gut vernetzter militanter Rechtsextremist aus Nordthüringen, arbeitete für das Bundesamt für Verfassungsschutz (BfV).

Unter den Augen der Sicherheitsbehörden und zum Teil mit Hilfe ihrer Informanten hatten die Jenaer Neonazis – parallel zu den Chemnitzer »Kameraden« – ab 1995 ihre Aktionen immer mehr strukturiert. Böhnhardt, Mundlos, Zschäpe und weitere Weggefährten hatten sich als Kameradschaft Jena dem »Thüringer Heimatschutz« angeschlossen. In dieser Phase steckten die Jenaer Neonazis zunächst viel Energie in Flugblattaktionen, Demonstrationen und Versammlungen. Man wollte den öffentlichen Raum erobern und gab sich dabei als eine Art rechte außerparlamentarische Opposition.

Vielen Mitgliedern der rechten Szene war in dieser Phase durchaus bewusst, dass man unterwandert wurde. Uwe Mundlos thematisierte das in mehreren Briefen an inhaftierte Neonazis. Einer von ihnen antwortete Mundlos: »Die überparteiliche Vernetzung hat unzweifelhaft ihre Vorteile, aber man sollte auch ihre Nachteile nicht außer Acht lassen. Gerade dadurch wird der Polizei und dem VS der Anhaltspunkt geliefert, um die Sache mit aller Macht anzugehen. Bedenke, je schwerer es den Spitzelorganisationen ist, in die Vernetzung einzudringen, desto leichter ist es für sie, zu behaupten, dass diese Vernetzung der Illegalität und der Deckung, Planung und Ausführung von Straftaten dienen würde.«

Man dachte in der Szene also nüchtern und taktisch über die Rolle der V-Männer nach: Erst wenn kein V-Mann aus einer Organisation oder einer Bewegung berichtete, werden die Behörden misstrauisch, so die Analyse. V-Männer zu kontrollieren, könnte also auch eine nützliche Ablenkung der staatlichen Verfolger sein. Nach außen – in Fanzines, Interviews – prangerte die rechte Szene die Einmischung an und nutzte die Gratwanderung des Staates propagandistisch aus. Diese Sichtweise brachte der langjährige Chef des »Thüringer Heimatschutzes« Tino Brandt in einem Interview mit dem Autor Anfang 2016 auf den Punkt. Brandt, selber V-Mann, sagte:

»Die vielen V-Leute … sollte es nicht geben in der rechten Szene. […] Aus heutiger Sicht würde ich das nicht wieder machen. Ich empfinde es als unmöglich, dass dieser Staat sich so einmischt in eine politische Oppositionsbewegung.«

Brandt behauptete, dass der Staat die »Drei« – Mundlos, Böhnhardt und Zschäpe – durch diverse Repressionsmaßnahmen quasi in den Untergrund getrieben hätte. Dieser Märtyrer-Moment ist in der Entwicklung fast jeder terroristischen Bewegung entscheidend: Ob man sich dabei einbildet, verfolgt zu werden oder wirklich verfolgt wird, spielt bei der Radikalisierung keine entscheidende Rolle.

Inspiration und Vorbild für diese Doppelstrategie bezogen deutsche Neonazis in den 1990er Jahren vor allem aus den USA. Dennis Mahon, ehemaliger Grand Dragon im Ku-Klux-Klan und dann Mitglied der radikaleren Gruppe »White Aryan Resistance« (W. A. R.), erklärte diese Strategie bei einem seiner zahlreichen Besuche in Deutschland in einem Interview mit dem Magazin *Tempo* – die Bundesanwaltschaft fasste diesen Ansatz in einem Vermerk zusammen:

»Auf die Frage, warum er nach Deutschland gekommen sei, erwiderte MAHON, dass er seit zwei Jahren in Kontakt mit rechtsradikalen Gruppen in Ost- und Westdeutschland stehe. Es wäre Zeit für ihn, ihren Widerstand gegen die Ausländer mitzuerleben. Seine Leute in Deutschland operierten eigenständig. [...] Seine Ziele wolle er erreichen, indem er wie die PLO und die IRA eine Doppelstrategie anwende. Auf der einen Seite eine zivile Front, die sich in dem politischen Prozess eingliedere, auf der anderen Seite eine Terrorfront im Untergrund.«

Und wer diese Terrorfront bilden sollte, stand für die Vordenker von W. A. R. ebenfalls schon fest. Der W. A. R.-Chef Tom Metzger sagte Anfang der 1990er, es ginge nun darum, dass man das Gewaltpotenzial der rechten Skinheads nutze. Sie sollten an vorderster Front die »weiße Rasse« verteidigen. Eine rassistische Internationale müsse initiiert werden, damit sich die »weiße Rasse« verteidigen könne. Die US-amerikanischen Rassisten inspirierten anfangs insbesondere die britische Szene, die bald dem Konzept des »Rassenkriegs« folgte. Die einflussreichste Gruppe wurde dabei »Blood & Honour«, zunächst ein Zusammenschluss von Rechtsrock-Bands.

Dennis Mahon erklärte auch, warum die Rassisten aus den USA sich so intensiv mit Europa beschäftigten: Die weißen Amerikaner bräuchten »einen Rückzugsort, wenn der Rassenkrieg« im Heimatland verloren« ginge.

Vorbereitung für den Untergrund

In Chemnitz war die Umsetzung dieser Ideologie ab Mitte der 1990er Jahre zu beobachten. Der gewaltbereiten Skinheadbewegung wurde eine Struktur gegeben. Die Schlüsselrolle spielte dabei Jan Werner. Die »88er« hatten sich inzwischen unbenannt und einer größerer Bewegung angeschlossen: Sie waren die sächsische Sektion von »Blood & Honour« geworden. Werner und Starke übernahmen dabei die Propaganda- und Untergrundkonzepte aus Großbritannien und den USA. Jan Werner baute nicht nur internationale Kontakte auf, sondern übersetzte die Ideologie von »Blood & Honour«, übertrug sie nach Deutschland und verbreitete sie durch die Musik und sogenannte Fanzines.

Im Mittelpunkt der Hetze standen zwar man immer noch der Staat und die politischen Gegner – »die Rotfront«, »die Zecken« – aber gleichzeitig fokussierte man den Hass zunehmend auf alles Fremde. Zur Ideologie gehörte auch die Realität der Alltagsgewalt. So schoss 1997 der Berliner Neonazi Kay Diesner erst auf einen PDS-Buchhändler in Berlin, zwei Tage später ermordete er einen Polizisten und verletzte dessen Kollegen schwer. Diesner erklärte bei seiner Festnahme, er sei ein Soldat des »Weißen Arischen Widerstands«. Die Chemnitzer Szene reagierte auf ihre Weise. Das Fanzine *Foier Frei,* das auch Jan Werner zu verantworten hatte, zeigte nach Diesners Taten das berühmte Gemälde eines US-amerikanischen Farmer-Ehepaars von Grant Woods auf der Titelseite. Anstelle von Mistgabeln hielten die beiden jedoch Maschinenpistolen in den Händen, und darunter prangte die Zeile:
»›Wir arbeiten weiter‹.
Kurz: W. A. W.
Für: ›Weißer Arischer Widerstand‹.«
Bewaffnete Anschläge wie die von Diesner setzten die Szene weiter unter Druck. Worte oder Solidaritätsbekundungen alleine reichten nicht. So griffen auch die Anführer der Chemnitzer Szene zu Gewalt, um die Anhänger zu mobilisieren und den eigenen Machtanspruch zu legitimieren. Jan Werner beispielsweise soll laut unter Verschluss gehaltenen Unterlagen einen Überfall auf einen linken Jugendtreff 1997 angeführt haben. Die Organisation von Gewalttaten wiederum legitimierte ihn als Anführer von »Blood & Honour«. Die Neonazis um Thomas Starke und Jan Werner machten also nicht nur Musik für und Geld

mit der rechten Szene, wie später von den meisten Zeugen im NSU-Prozess behauptet wurde. Sie stießen auch nicht nur leere Drohungen aus. Sie waren vielmehr verantwortlich für konkrete Gewalttaten und fachten das Feuer weiter an.

Mitte der 1990er Jahre – bevor durch das Internet für jeden alles jederzeit nutzbar war – war es viel schwerer für die extremistische Szene, an illegales Propagandamaterial zu kommen. Jan Werner schaffte Abhilfe. Er nutzte die »Blood & Honour«-Kontakte, um Terrorpropaganda zu beschaffen und zu verteilen, beispielsweise die begehrten »Kriegsberichter«-Videos, hergestellt von skandinavischen »Blood & Honour«-Aktivisten. In den Filmen wird die gezielte Erschießung von politischen Gegnern, von Juden und Schwarzen gezeigt. Der Zwickauer Neonazi Ralf Marschner, ein enger Freund von Jan Werner, brachte diese Videos persönlich in seinem Auto nach Thüringen und verkaufte sie dort. Marschner war zu der Zeit bereits V-Mann des Bundesamtes für Verfassungsschutz. Auch in der Kameradschaft Jena schaute man die »Kriegsberichter«-Videos. Die Kameradschaft beschäftigte sich auch konkret mit dem »Weißen Arischen Widerstand«. So fand sich die – korrekte – Adresse von Tom Metzger, dem US-amerikanischen Anführer des W. A. R., in einer Garage, die die Kameradschaft Jena als Lager und Bombenwerkstatt benutzte.

Allerdings hatten in Thüringen größtenteils noch Neonazis das Sagen, die der SA und der SS nacheiferten, denen die Anglizismen der »Blood & Honour«-Bewegung fremd blieben. Thüringer »Heimatschützer« besuchten lieber den letzten Chef der Hitler-Jugend, Artur Axmann, in Berlin, träumten weiter von der Rückkehr der NS-Zeit, schmiedeten grandiose Pläne zur Machtergreifung. In Chemnitz machte dagegen der britische Chef von »Blood & Honour«, Wilf Browning, bei einem Besuch großen Eindruck auf die deutschen Neonazis. Browning und andere hatten sich dabei bereits klar als die Underdogs und Unterdrückten positioniert, die die Speerspitze des »Weißen Arischen Widerstands« im globalen Rassenkrieg bilden, weil sie »die Gefahr« als Erste erkannt hätten und als einzige »Weiße« mutig genug für entschlossenen Widerstand seien. Ihr Schlachtruf: »Race before Nation«.

Gedanklich mussten sich die Thüringer Neonazis wie Böhnhardt, Mundlos und andere auf diesen Ansatz erst einstellen. Aber es gibt Belege, dass sich die beiden unterschiedlichen neonazistischen strategischen Ansätze und Strukturen aus Thüringen und Sachsen bereits ab 1996 beeinflussten. In dem Datenwust der Sicherheitsbehörden, der seit Ende 2011 in Sachen NSU-Komplex aufgearbeitet werden muss, findet sich ein interessantes Detail: Schon 1996 wurden Uwe Mundlos und Uwe Böhnhardt gemeinsam mit André Eminger aus Johanngeorgenstadt, einer Kleinstadt im sächsischen Erzgebirge, und Max-Florian Burkhardt aus Chemnitz im Auto eines führenden Kaders des »Thüringer Heimatschutzes« festgestellt. Sowohl Eminger als auch Burkhardt wurden wenige Jahre später zentrale Unterstützer des NSU in Sachsen: Eminger muss sich mit Beate Zschäpe vor dem Oberlandesgericht München verantworten. Max-Florian Burkhardt hat zugegeben, im Januar 1998 das von der Polizei gesuchte Jenaer Trio in seiner Wohnung in Chemnitz untergebracht zu haben. Man kannte sich also schon sehr früh – und unterstützte sich.

Der »Thüringer Heimatschutz« hatte es bereits ab 1996 nicht bei öffentlichen Aktionen belassen. Die Kameradschaft Jena – Mundlos, Böhnhardt und ihre engen Freunde – verschickten etwa anonyme Bombenattrappen per Brief an die Stadtverwaltung und Polizei in Jena. Drei Jahre lang wurden an vielen Orten Thüringens aus dem »Thüringer Heimatschutz« heraus immer wieder Bombenattrappen und Sprengsätze abgelegt. Böhnhardt hatte da auch schon begonnen, in seinem Kinderzimmer Schwarzpulver aus Feuerwerksraketen zu kratzen und Bomben zu präparieren. Es gibt Anhaltspunkte, dass er diese erste Bombe bei einem Angriff auf ein Flüchtlingsheim bei Rudolstadt eingesetzt hat, ausermittelt wurde dieser Anschlag jedoch bis heute nicht.

Ideologisch – und auch technisch – war die Kameradschaft Jena im Herbst des Jahres 1997 offenbar noch nicht so weit, den Sprengstoff in einem gemeinsamen großen Anschlag einzusetzen. Die erste zündfähige Bombe, wenn auch mit einer geringen Menge an Sprengstoff, wurde im Herbst 1997 in Jena abgelegt. Wieder war es allerdings ein symbolischer Akt, bei dem es vor allem darum ging, auf die lokale Bevölkerung in Jena Eindruck zu machen. Die Bombe wurde in einem Koffer vor dem städtischen Theater abgestellt. Der Koffer war mit einem Hakenkreuz bemalt, in dem Sprengsatz befanden sich wenige Gramm des Sprengstoffs TNT.

Ein Detail belegt in diesem Zusammenhang die frühe enge Verbindung zwischen den Gruppen in Chemnitz und Jena sehr anschaulich: In dieser Phase waren es die Chemnitzer Neonazis, die der Jenaer Kameradschaft professionellen Sprengstoff besorgten. Thomas Starke hatte seinem Freund Uwe Mundlos den Sprengstoff über einen weiteren sächsischen Neonazi besorgt, das gab Starke nach 2011 zu. Er behauptete aber, Mundlos sei die treibende Kraft gewesen. Ob das wirklich so war, ist nicht mehr nachzuprüfen. Eines steht fest: An dieser Schnittstelle zwischen Propagandataten und Terroranschlägen ergänzten sich die Thüringer und sächsische Neonazis.

Ideologisch gab es zudem mittlerweile eine große Schnittmenge: Die Kameradschaft Jena und die ehemaligen »88er« in Chemnitz waren zeitgleich zu dem Schluss gekommen, dass der politische Kampf auch aus dem Untergrund heraus beziehungsweise klandestin geführt werden musste. Das war die Ausgangslage Anfang 1998, als die Thüringer Polizei die Bombenwerkstatt der Jenaer Kameradschaft in der Garage Nr. 5 an der Saale fand und Böhnhardt, Mundlos und Zschäpe trotzdem flüchten konnten. Einen Tag vor ihrer Flucht waren sie noch in Dresden gewesen, bei einer Demonstration gegen die Wehrmachtsausstellung. Der erste Stopp auf ihrer Flucht führte sie knapp 24 Stunden später erneut nach Dresden zu Thomas Starke.

Dieser Schritt war konsequent: Die durch äußere Umstände notwendig gewordene Flucht schuf dazu am Ende eine willkommene Gelegenheit.

Abgetaucht, aber nicht im Untergrund

In Sachsen kamen Mundlos, Zschäpe und Böhnhardt bei Freunden von Thomas Starke in Chemnitz unter, dem Zentrum der Bewegung des deutschen »Weißen Arischen Widerstands« (WAW). Dort übernahm vor allem Jan Werner die Organisation der Hilfe für das Trio und ging dabei auch ein hohes Risiko ein. Die Stimmung in der rechten Szene war zu diesem Zeitpunkt bereits aufgeheizt, doch sie sollte noch weiter eskalieren. Die rechten Aktivisten wussten längst, dass ständig Polizei- und Verfassungsschutzoperationen gegen sie stattfanden. Wohnungen von »Blood & Honour«-Mitgliedern in Chemnitz wurden regelmäßig durchsucht. Zudem waren Behörden aus Thüringen – Polizei und

Verfassungsschutz – in Sachsen auf der Suche nach den sogenannten Drillingen – Zschäpe, Mundlos und Böhnhardt. Unterstützt wurden sie dabei vom Bundesamt für Verfassungsschutz. Die Telefone von Starke, Werner und anderen Kernmitgliedern von »Blood & Honour« wurden zudem zeitweise von mehreren Behörden gleichzeitig abgehört. Diesen Fahndungsdruck registrierten die Chemnitzer Neonazi-Aktivisten und -Aktivistinnen – und er bestätigte sie in ihren radikalen Plänen.

Bei einem Szene-Treffen im Juni 1998 forderte eines der Mitglieder von »Blood & Honour« – Antje Probst –, »die Politik« nun in Form von Anschlägen aus dem Untergrund heraus weiterzuführen. Ein V-Mann des Landesamtes für Verfassungsschutz Sachsen berichtete seinem Dienst von diesem Treffen, die brisante Information erreichte auch das Bundesamt für Verfassungsschutz (BfV). Dort, wie ein Mitarbeiter des BfV später vor dem ersten NSU-Untersuchungsausschuss des Bundestages aussagte, hätte man die Information jedoch relativiert: Der Frau sei ein Anschlag nicht zuzutrauen, sie habe sich nur über eine erneute Durchsuchung geärgert. Auch Werner sei im Prinzip harmlos. Ob das BfV im Jahr 1998 tatsächlich die »Blood & Honour«-Szene derart falsch einschätzte, ist jedoch mehr als fraglich. Das LfV Sachsen zum Beispiel führte Böhnhardt, Mundlos und Zschäpe schon 1998 als Rechtsterroristen.

In dieser Phase erfuhr auch das BfV, dass der Kopf von »Blood & Honour« Sachsen, Jan Werner, weiter große Risiken auf sich nahm, um das sogenannte Trio trotz des enormen Fahndungsdrucks weiterhin zu unterstützen: Die abgetauchten Drei aus Thüringen brauchten Unterkunft, Waffen, Geld. Die interne Kommunikation der Szene von damals zeigt, dass mehrere Chemnitzer Kader eng in die Wohnungssuche für das Trio eingebunden waren. Zudem ging man arbeitsteilig vor. Nicht jedes »Blood & Honour«-Mitglied musste den gleichen Wissensstand haben.

In dieser Zeit zeigte sich auch, dass »Blood & Honour« Sachsen keine Mittel im Überfluss hatte. Selbst wenn es Werner gewollt hätte, konnte Blood & Honour Sachsen die Kosten für die flüchtigen Drei aus Thüringen nicht aus der Portokasse bezahlen. Geld musste her.

Die erste kriminelle Handlung in Sachsen, die Böhnhardt und Mundlos zugerechnet wird, ist daher wenig überraschend ein Raubüberfall.

Im Dezember 1998, kurz vor Weihnachten, hatte man sich einen Edeka-Supermarkt in Chemnitz als Ziel ausgesucht. Gerade als die Einnahmen aus den vollen Kassen von einer Mitarbeiterin in einer Tasche gesammelt worden waren, schlugen zwei Täter zu, erbeuteten umgerechnet 15 000 Euro. Im Weglaufen schossen sie auf einen jungen Mann, der sie verfolgte. Zwei der engsten Gefolgsleute von Jan Werner arbeiteten damals in einer Chemnitzer Edeka-Filiale und dürften mit den Abläufen – etwa: wann werden die Kassen geleert – vertraut gewesen sein. Durch einen V-Mann aus Brandenburg, Deckname Piatto, wusste man bei verschiedenen Verfassungsschutzbehörden zudem, dass das flüchtige Thüringer Trio auf der Suche nach Waffen war, um »weitere Überfälle« zu begehen. Für die Waffensuche war Jan Werner zuständig, auch das meldete der V-Mann.

Konsequenzen hatten diese Meldungen jedoch angeblich nicht, erklärten nach 2011 Vertreter der Verfassungsschutzämter von Brandenburg, Thüringen und Sachsen. Auch den Edeka-Überfall prüfte man nie hinsichtlich einer Tatbeteiligung der bekanntermaßen flüchtigen Neonazis – obwohl die Ermittler damals sicher waren, dass die Täter mit dem Bus oder einem kleinen Motorrad mit geringer Reichweite geflohen waren und wahrscheinlich aus der Umgebung stammten. Der Überfall wurde auch ausführlich im lokalen Fernsehsender *MDR* thematisiert, doch brachte das weder Polizei noch Verfassungsschutz auf die Spur von Böhnhardt, Mundlos und Zschäpe. Dass man bei Jan Werner bei einer Durchsuchung Überweisungsträger fand, die belegten, dass im Dezember 1998 wenige Tage nach dem Überfall hohe Bargeldbeträge auf dem Konto seiner damaligen Freundin eingingen, fiel angeblich ebenfalls niemandem auf.

1999 – der erste Anschlag

Eine Befehlskette – Zentrale befiehlt, Filiale handelt – lässt sich bei der rassistischen Internationalen, dem »Weißen Arischen Widerstand«, nicht feststellen. Wohl aber inspirierte man sich gegenseitig, setzte sich durch konkrete Handlungen unter Druck. Als im April 1999 der Brite David Copeland innerhalb von wenigen Wochen drei Nagelbomben in London zündete, dabei drei Menschen tötete und Dutzende schwer verletzte, wurde das sowohl in deutschen Medien als auch von der rechtsradikalen Szene wahrgenommen. Copeland hatte gezielt Migranten und Homosexuelle angegriffen. In seinem Geständnis bezog er sich explizit auf das Konzept des »Rassenkrieges«, das unter anderem in dem Buch »The Turner Diaries« des US-amerikanischen Neonazi-Anführers William Pierce und auf der Homepage des britischen »National Socialist Movement« (NSM) detailliert erklärt wurde: Es gehe darum, »Terror und Angst bei ethnischen Minderheiten zu erzeugen, Brand- und Sprengstoffanschläge auf ihre Häuser zu verüben und Einzelpersonen zu töten«.

Im Juni 1999 – wenige Wochen nach den Anschlägen von London – begingen auch Mundlos und Böhnhardt ihren ersten Anschlag. Unweit des Nürnberger Bahnhofs legten sie in der kleinen Kneipe namens »Sonnenschein« eine Bombe ab. Die Bar wurde von einem Türken geführt. Der Sprengkörper sah aus wie eine Taschenlampe, knipste man sie an, sollte sie explodieren. Ein junger Kellner türkischer Herkunft fand die Sprengfalle: Sie zündete mit Verzögerung und verletzte den 18-Jährigen daher nur leicht. In den frühen 1990er Jahren waren vor allem im Raum Köln Migranten mit ähnlichen Bomben verletzt worden. Immer handelte es sich dabei um ein Haushaltsgerät oder andere Gegenstände, die man erst anschalten musste, um die Bombe zu zünden. Diese Gemeinsamkeiten wurden aber damals von den zuständigen Ermittlern nicht herausgearbeitet.

Kein abgeschottetes Trio

Laut der Anklageschrift der Bundesanwaltschaft sollen Mundlos, Böhnhardt und Zschäpe völlig abgeschottet agiert haben. Über Jahre hätten sie die Hilfe von Unterstützern und Unterstützerinnen in Anspruch genommen, ohne Informationen über ihre mörderischen Aktionen zu teilen. Das allerdings ist nicht mehr haltbar. Ein Mitangeklagter sagte vor dem Oberlandesgericht in München im NSU-Prozess aus, dass er von einem Unterstützer der Drei von dem Nürnberger Anschlag in der Gaststätte »Sonnenschein« erfahren hatte. Auf diesem Wege erfuhren auch die Ermittlungsbehörden erst im laufenden Prozess, dass der NSU auch hinter dieser Bombe steckte. Die Aussage des Mitangeklagten von Beate Zschäpe bedeutet im Klartext: Böhnhardt und Mundlos haben sich mitgeteilt, sie haben gegenüber Unterstützern mit ihren Taten geprahlt.

Naheliegend wäre es, dass auch die Chemnitzer Helfer Bescheid wussten, zumal insbesondere Jan Werner ohnehin schon in die Waffensuche eingebunden war und auch sonst Interesse an militanten Aktionen gezeigt hatte. Zudem mussten Böhnhardt und Mundlos irgendwo die Bombe zusammenbauen, darüber hinaus brauchten sie Material für den Sprengsatz – bis heute ist auch die Frage, wo und mit wessen Hilfe diese erste Bombe gebaut wurde, nicht geklärt.

Ende 1999 verschärften Mundlos und Böhnhardt das Tempo, über die alten »Heimatschutz«-Kontakte besorgten sie sich eine Waffe mit Schalldämpfer: Eine Česka 83, Kaliber 7,65. Zudem gingen die Überfälle weiter. Ende 1999 schlugen Mundlos und Böhnhardt erneut in Chemnitz zu. Sie überfielen dabei auch eine Postfiliale, untergebracht neben einem Friseursalon. Darin arbeitete eine der wichtigsten Unterstützerinnen des Trios zu der Zeit – Mandy Struck. Aber auch diese Verbindung soll damals auf Seiten der Behörden niemand aufgefallen sein.

2000 – der erste Mord und der angebliche Bruch

Bis in den April 2000 hinein gingen etwa beim Thüringer Verfassungsschutz Informationen ein, dass Jan Werner dem Trio half. Als im Juli 2000 in Düsseldorf eine Bombe explodierte und vor allem jüdische Migranten verletzt wurden, überschlugen sich die Ereignisse. Plötzlich gab es in Deutschland Sondersendungen im Fernsehen über den rechten Terror. Die Opposition – damals unter anderem die CSU und CDU – forderte das Verbot der NPD. Die Bundesregierung zog nach und ließ »Blood & Honour« verbieten. Zwar hatte sich die sächsische Sektion schon zuvor offiziell von der deutschen Gesamtorganisation getrennt, die Verbindungen waren dennoch weiter eng. Ebenfalls im Sommer 2000 wurde der V-Mann Piatto in der Presse enttarnt – jener Informant also, der der rechten Terrorgruppe in Chemnitz am nächsten gekommen war. Der Druck auf die flüchtigen Neonazis und ihre Helfer war enorm, schreckte die Mitglieder des NSU aber offenbar nicht ab, im Gegenteil.

Am 9. September 2000 wurde Enver Şimşek am Rande von Nürnberg mit zwei Waffen von Mitgliedern des NSU erschossen. Der erste von zehn Morden der Gruppe. Die Mörder machten ein Foto von ihrem sterbenden Opfer, das später für den NSU-Bekennerfilm verwandt wurde. Wie die Täter auf ihr Opfer stießen, ob sie Hilfe hatten, ist weitestgehend unklar. Sie hielten sich offenbar aber an die ideologischen Vorgaben aus England:»Angst und Terror« zu erzeugen und»Einzelpersonen zu töten«.

Angeblich, so ist auch fünf Jahre nach der Selbstenttarnung des NSU unverändert der Stand der Beweisaufnahme, hatte sich das Kerntrio unmittelbar vor dem ersten Mord von den Helfern und Helferinnen der ersten Jahre abgeschottet, obwohl man sich ideologisch so nahe stand und vor allem die Chemnitzer über Jahre fanatisch das Konzept eines »Rassenkriegs« propagiert hatten. Das gilt vor allem für Thomas Starke und Jan Werner. Mit Starke etwa hätten sich Mundlos, Zschäpe und Böhnhardt verkracht, sagte ein Zeuge dem BKA. Für Werner gibt es einen solchen Zeugen nicht – ob und wann der Kontakt abriss, warum und ob Werner den Dreien nicht mehr half, ist völlig offen. Zwar waren Böhnhardt, Mundlos und Zschäpe schon im Mai 2000 von Chemnitz weg und nach Zwickau gezogen, aber sie benutzten dabei wieder die Hilfe eines Chemnitzer Kaders. Zudem hielten sie bis zum Schluss regelmäßigen Kontakt zu dem Ehepaar Susann und André Eminger und zu Matthias Dienelt, in der Szene vernetzte Neonazis. Sie brachen also keineswegs mit ihrem alten Umfeld. Vor allem soll Uwe Mundlos in dieser Zeit bei dem V-Mann Ralf Marschner in dessen Baufirma in Zwickau gearbeitet haben. So berichtete es ein glaubhafter Zeuge dem 2. NSU-Untersuchungsausschuss in Berlin. Ein weiterer Zeuge hatte Beate Zschäpe des Öfteren im Laden bei Marschner gesehen. Ein dritter Zeuge will Böhnhardt und Mundlos schon 1998 mit dem V-Mann zusammen beobachtet haben, als dieser sich am Rande eines Fußballturniers nach Waffen erkundigte.

Marschner wiederum war seit Jahren eng mit Jan Werner bekannt – gemeinsam hatten sie»Blood & Honour«-Propaganda vertrieben, Konzerte organisiert. Dass das sogenannte Trio nach Zwickau zog, ohne dass Werner dies mitbekommen haben soll, ist äußerst fraglich. Schließlich wurde Werners engster Mitstreiter Thomas Starke ausgerechnet im November 2000 nach dem ersten NSU-Mord vom LKA Berlin als Informant geworben. Er berichtete dann auch mit Verzögerung über Werner, dessen Hilfe für die Drei und seine Verstrickung in den Waffenhandel. Das LKA Berlin will die Informationen aber nie in konkrete Handlungen umgesetzt haben.

Wichtig ist auch, dass sich Mundlos, Zschäpe und Böhnhardt in

Chemnitz und Zwickau nie so unsicher fühlten, dass sie ganz aus Sachsen weggezogen wären oder den Kontakt zu sächsischen Neonazis komplett abgebrochen hätten. Bis zum Ende blieben sie in Zwickau. Wann und ob überhaupt der Kontakt zu den über lange Jahre wichtigsten Unterstützern – Werner und Starke – wirklich abbrach, ist auch nach fünf Jahren Ermittlungen und Recherchen völlig offen. Erst wenn in dieser Sache alle Akten – etwa die des LfV Sachsen über dessen diverse V-Leute in der Umgebung des NSU – offengelegt werden, ist ein abschließendes Urteil möglich. Die These jedenfalls, dass Mundlos, Zschäpe und Böhnhardt am Ende »abgeschottet« in Sachsen gelebt hätten, hat schon die Beweisaufnahme diverser Untersuchungsausschüsse schlüssig widerlegt.

Zudem herrschen auch bei Mitarbeitern sächsischer Institutionen ernste Zweifel daran, dass das untergetauchte Trio in Chemnitz dem lokalen Verfassungsschutz nicht aufgefallen sein soll, obwohl Mundlos, Zschäpe und Böhnhardt über Jahre mit den notorischsten Neonazis Sachsens engen Kontakt hatten.

Die Aufklärung steht hier erst am Anfang. Viele Antworten dürften sich in Sachsen und seinen Behörden finden.

Unter ständiger Beobachtung in Sachsen

Tarek Khello (Journalist)

Mein Sachsen

Nach jedem Angriff auf Flüchtlinge oder Auseinandersetzungen zwischen Rechten und Linken in Sachsen schreiben mir meine deutschen Freunde. Sie fragen, ob es mir gut geht und alles okay sei. »*Mir ist nichts passiert*«*, antworte ich dann.* »*Der Angriff war weit weg, z. B. in Connewitz. Die Medien machen aus allem eine große Geschichte. Wir hingegen haben uns schon daran gewöhnt.*«

Meine Freunde meinen, ich sollte darüber nachdenken, aus Sachsen wegzuziehen. Sie fragen: »*Kann man als Flüchtling in Sachsen noch leben?*«

Doch gibt es wirklich Unterschiede zwischen Sachsen und anderen Teilen Deutschlands? Mein Eindruck ist, dass es nicht nur in Sachsen viele Angriffe auf Flüchtlinge und Auseinandersetzungen zwischen Rechten und Linken gibt.

Untereinander, im kleinen Kreis, reden Flüchtlinge darüber, ob es vielleicht besser sei, Leipzig und überhaupt Sachsen zu verlassen. Nach diesen Diskussionen stelle ich mir die Frage: Existiert die Mauer noch um Sachsen herum, die Flüchtlinge passieren müssen? Um dann an einen anderen Ort in Deutschland zu gelangen, wo es schöner ist?

Viele in Sachsen lebende Flüchtlinge glauben, dass das Leben in anderen Teilen Deutschlands besser ist als hier. Unter ihnen sind auch viele sogenannte unbegleitete Minderjährige, die einfach abgetaucht sind und ohne Erlaubnis der Behörden Sachsen verlassen.

Ich wäre gern Deutscher: Dann könnte ich Menschenrechte geltend machen oder eine andere Haarfarbe haben. Dann hätte ich viele Rechte im Alltagsleben. Dann könnte ich woanders hinziehen. Wenn Geflüchtete privat miteinander sprechen, wird dieser Wunsch oft genannt.

Manchmal frage ich mich: Müssen wir immer von woanders träumen? Ist die Mauer um Sachsen herum wirklich weg? Oder existiert die Mauer nur in unseren Köpfen und Gefühlen?

So oder so: Auf jeden Fall bedeutet woanders hinzugehen noch einmal zu fliehen.

Tarek Khello hat in Damaskus Journalistik studiert und für nichtstaatliche Medien in Syrien gearbeitet. Er floh 2013 aus Syrien und arbeitet als freier Journalist in Leipzig.

Arndt Ginzel

Die Welt außerhalb des Steinhauses

Wie in Bautzen Hass gegen die sorbische Minderheit und Gewalt gegen Flüchtlinge entstand

Es ist der 8. November 2014, kurz nach 19 Uhr, auf der Schäfferstraße in Bautzen fällt die Straßenbeleuchtung aus. Plötzlich ist es dunkel. Und still. Eben noch skandierten rund 600 Mann:»Kriminelle Ausländer raus!«,»Die Stadt gehört der deutschen Jugend« oder die aus dem 60 Kilometer entfernten Dresden frisch importierten Pegida-Schlachtrufe:»Volksverräter« und»Lügenpresse auf die Fresse!« Jetzt sind nur noch die Schritte der rechten Kameraden zu hören. Von der Dunkelheit überrascht, klappt ein Kameramann hektisch den Sucher nach unten – offenbar befürchtet er, dass das Licht ihn verraten könnte. Auf Schutz durch die wenigen Polizeibeamten mag er nicht vertrauen.

Bautzen – die ostsächsische Stadt, von der später der seit August 2015 amtierende parteilose Oberbürgermeister Alexander Ahrens tapfer behaupten wird:»Wir sind kein braunes Nest.«

Kurz vor dem Stadtteil Gesundbrunnen wird es hell. Und vor allem laut. Eine Polizeikette trennt die Nazis von den Gegendemonstranten, die von einer Seitenstraße aus mit einem Pfeifkonzert den NPD-Aufmarsch empfangen. Die rechten Kameraden kommen vorerst nicht weiter, ein paar Meter entfernt wird die Straße blockiert. Die Bautzener NPD-Stadträtin Daniela Stamm greift zum Mikrofon:»Wir sind heute alle hier, wegen dem aktuellen Thema Asylpolitik in Sachsen und speziell in Bautzen auf die Straße gegangen.« Eine Politikerkaste würde gegen den Willen des Volkes regieren. Stamm hetzt gegen das»Spreehotel« am Bautzener Stausee, seit Monaten fährt die NPD eine Kampagne gegen die Flüchtlingsunterkunft.

Die Kampagne der rechtsextremen Partei wird Eingang in die Materialsammlung des Bundesrates für das NPD-Parteienverbot finden, unter der Überschrift»Nutzung von Protestankündigungen als Druckmittel«. Zitiert wird ein Brief des NPD-Landtagsabgeordneten Jürgen Gansel vom März 2014 an den Betreiber des»Spreehotels«:»Für die

NPD kündige ich schon jetzt die Ausschöpfung aller friedlich-legalen Protestformen von der Flugblatt-Verteilung bis zur Mahnwache und Demonstration an, um den Dammbruch der Asylanten-Unterbringung in einem Vier-Sterne-Hotel zu unterbinden.«

Auf die Bautzener Wählerklientel konnte die NPD stets bauen – die Region ist eine ihrer Hochburgen. Bei der Landtagswahl 2014 stimmten 8,4 Prozent der Bautzener für die NPD – ein Zuwachs von 1,8 Prozentpunkten gegenüber 2009. Zum Vergleich: Sachsenweit verlor die Partei an Stimmen und verpasste mit 4,9 Prozent knapp den Einzug in das Landesparlament. Auch bei den Kommunalwahlen im selben Jahr gab es Zugewinne für die NPD: In Bautzen zog sie mit zwei Stadträten ins Kommunalparlament ein. Mit 5,7 Prozent brachte es die Partei erneut auf fünf Abgeordnete im Bautzener Kreistag.

Später am Abend auf der Schäfferstraße: Der rechte Aufmarsch setzt sich wieder in Bewegung. Entlang der Strecke stehen Gegendemonstranten, die Plakate mit »Bautzen bleibt bunt« oder »Kein Mensch ist illegal« in den Abendhimmel strecken. Ein junger Mann – Typ Student – schwenkt eine sorbische Nationalfahne. Im Stadtzentrum von Bautzen waren Graffitis aufgetaucht: »Hooligans gegen Sorben«. Die rechte Szene orientiert sich offenbar am Motto westdeutscher »Hooligans gegen Salafisten«.

Die sorbische Minderheit ist seit einigen Wochen im Aufruhr. Berichte über vermummte Rechtsextremisten, die sorbische Jugendklubs in Dörfern um Bautzen bedrohen, machen die Runde. Ein Schüler des sorbischen Gymnasiums hat in einem Leserbrief an die Tageszeitung *Serbske Nowiny* die Attacken öffentlich gemacht. Was genau passiert ist, erzählen er und weitere Zeugen dem *MDR*. Im Oktober 2014 feierten sie in einem Gasthof in der obersorbischen Gemeinde Schönau ein Schulfest. Während der Veranstaltung platzte eine Gruppe schwarz gekleideter Jugendlicher in den Festsaal. Offenbar waren die Aktionen gut geplant. »Einige von ihnen fielen nicht sofort auf. Ich glaube, sie sollten aushorchen und melden, ob es Leute gab, die sorbisch sprechen«, berichtet der Schüler. Vorzeitig verließen er und ein Klassenkamerad das Fest. Kurz hinter dem Gasthof erwarteten sie 15 Maskierte: »Sie standen direkt mit Masken vor dem Auto und haben versucht, uns zu drohen. Mit Parolen wie ›Scheiß Sorben‹ oder ›Sorbenschweine!‹«.

Der sorbenfeindliche Angriff in Schönau reiht sich in eine Serie von Attacken ein: in Ralbitz (Ralbicy), Ostrow (Wotrow) und Cunnewitz (Konjecy). In Cunnewitz (Konjecy) sprengen Maskierte einen Tanzabend, provozieren und zeigen den Hitler-Gruß. Bereits im September 2014 traf es einen sorbischen Jugendlichen, der in einer Gaststätte von einer deutschen Clique angegriffen wurde. Er konnte sich in ein Taxi retten. Die Angreifer hätten ihn aus dem Auto zerren wollen und dabei gebrüllt:»Komm raus, du hässlicher Sorbe!« Es sind nicht die ersten Angriffe dieser Art. In der Vergangenheit war es immer wieder zu Beschimpfungen sorbischer Fußballer, Schändungen katholischer Kruzifixe auf den sorbischen Dörfern und Schmierereien gekommen.

Die Ressentiments gegen die rund 60 000 in Sachsen und Brandenburg lebenden Sorben reichen weit zurück. Zu DDR-Zeiten sorgte die Förderung der sorbischen Kultur und Sprache für Neidgefühle bei der deutschen Mehrheitsbevölkerung. Dabei drohte der Minderheit noch unter den Nationalsozialisten der Totalverlust ihrer Identität. 1937 verbot der NS-Staat die sorbische Sprache. Sorbische Institutionen wie der Dachverband»Domowina« mussten abgewickelt werden, sorbische Zeitungen durften nicht mehr erscheinen. Zahlreiche sorbische Intellektuelle kamen in Konzentrationslager.

Die Aufarbeitung dieser Geschichte in der DDR blieb weitgehend abstrakt, sie hatte sich den ideologischen Prämissen der Partei- und Staatsführung unterzuordnen. In den Jahren nach der Wende blockierte vor allem die Angst, das sensible Verhältnis zwischen Sorben und Deutschen könnte belastet werden, sowie die Furcht vor der Rufschädigung Bautzens die öffentliche Auseinandersetzung mit sorbenfeindlichen Einstellungen.

Im Herbst 2014 lässt sich das Thema nicht mehr verdrängen. Selbst die»Domowina« schaltet sich ein. David Statnik, Anfang 30, ist zu diesem Zeitpunkt Verbandsvorsitzender. Er findet klare Worte: Die Bedrohungen hätten eine»neue Dimension« angenommen, seien ganz klar organisiert.»Unsere Jugendlichen haben Angst, und das macht mir Angst.« Statnik fordert mehr Polizeipräsenz in den ländlichen Gebieten. Die Jugendklubbetreiber fühlen sich im Stich gelassen. Sie wollen wissen, wie sie sich künftig vor Übergriffen schützen können. Aber die Polizei schenkt ihren Sorgen offensichtlich nur wenig Aufmerksamkeit. So ist lediglich ein Beamter gekommen. Gutgelaunt begrüßt er die Runde: »Viele von euch kennen mich sicher noch – von der Verkehrserziehung.«

Noch später am Abend des 8. November 2014 erreicht der NPD-Aufmarsch die Plattenbauten von Gesundbrunnen. Ein Kameramann wird von einem Neonazi bedroht. Die Atmosphäre ist aggressiv. Unter den rechten Demonstranten sollen auch Teilnehmer sein, die an den Attacken auf die sorbischen Jugendklubs beteiligt waren. Auf Bildern von der Demonstration, die Journalisten tags darauf Zeugen vorlegen, können diese mehrere mutmaßliche Täter identifizieren. Die von der zuständigen Staatsanwaltschaft eingeleiteten Ermittlungen laufen ins Leere: Zwei Jahre später sind fast alle Verfahren eingestellt. Aus Justizkreisen heißt es, es habe an den notwendigen Strafanzeigen gefehlt.

Die NPD feiert auf ihrer Facebook-Seite den Aufmarsch als ihre bislang größte »Anti-Asylmissbrauchs-Demo« in Sachsen seit Schneeberg. Erst eine Woche zuvor protestierten in dem Erzgebirgsort rund 1800 sogenannte Heimgegner gegen eine Asylunterkunft. Die Übergriffe auf die sorbischen Jugendlichen sind Vorboten einer um sich greifenden Enthemmung und Verrohung.

Verwaltung resigniert, NPD mobilisiert

Sommer 2015: Wie im gesamten Bundesgebiet steigt die Zahl der Flüchtlinge auch in Sachsen. Im Landkreis Bautzen werden die Unterkünfte knapp. Erschwert wird die Suche nach geeigneten Objekten durch die Proteste von »Nein-zum-Heim-Initiativen«, die vielerorts organisatorisch von der NPD und ihren parteinahen Kreisen getragen werden. Das Ganze folgt einem einfachen Kalkül: Bürgerinitiativen gegen die Asylpolitik oder ein Flüchtlingsheim senken die Mobilisierungsschwellen. Menschen, die sich distanziert gegenüber der NPD verhielten, sind über Bürgerinitiativen einfacher erreichbar. Auch die Materialsammlung des Bundesrats für das NPD-Verbotsverfahren widmet sich dieser Strategie: »Angepasst an die jeweilige regionale Konstellation, organisieren Funktionäre und Parteimitglieder Proteste vor Ort gegen den Zuzug von Migranten, nehmen auf anderweitig organisierte Veranstaltungen Einfluss oder wirken an diesen als Teilnehmer mit.«

Wie das funktioniert, lässt sich zum Beispiel im Internetforum der

»Bürgerinitiative« in Großröhrsdorf nachlesen. Einer der Mitorganisatoren bittet dort um Unterstützung einer geplanten Demo: »Wer organisiert was in Großröhrsdorf??? 50 ledige Männer aus verschiedenen Nationen ziehen am 1.12. neben unsere Schule in eine Turnhalle. [...] Bitte helft uns in Großröhrsdorf, wir wollen keine Asylanten [...] lasst uns auf die Straße gehen.«

Der damalige Bautzener NPD-Kreisrat Jürgen Kötzing antwortet: »Dein Hilferuf ist hier angekommen. Die Hilfe steht bereit. Dass diese auch wirksam wird, müssen zuerst die Großröhrsdorfer aktiv werden. Also meldet Euch und nennt Ansprechpartner. Wir werden keine Aktivitäten von außen in Großröhrsdorf entwickeln. Die Initiative muss von den Großröhrsdorfern kommen.«

Das Kalkül geht auf. Monate später versammeln sich neben szenetypischen Teilnehmern vor allem »besorgte Bürger« zu den Protestveranstaltungen in Großröhrsdorf. Man versteht sich als Bürgerbewegung und fühlt sich von den »Mainstreammedien« zu Unrecht als rechtsextrem an den Pranger gestellt. Wie in zahlreichen anderen Orten im Landkreis Bautzen haben die NPD-Mandatsträger zu diesem Zeitpunkt längst ihre Zurückhaltung aufgegeben und treten offen als Demoanmelder und regelmäßige Redner auf.

Bei der Mobilisierung bürgerlicher Kreise setzt die NPD auf eine weitere Taktik. Dabei nutzt sie die bei der Kommunalwahl erzielten Mandate im Bautzener Kreistag. Der Kreistag berät über künftige Flüchtlingsunterkünfte und wird im Voraus über Planungen informiert. Der Bautzener Linken-Kreistagsabgeordnete Sven Scheidemantel beobachtet seither immer wieder, dass NPD-Vertreter Informationen über geplante Flüchtlingsunterkünfte durchstechen: »Sie gehen ganz knallhart an die Bürgerschaft ran und sagen: Man will euch etwas vorenthalten. Wir, die NPD, wir sind so transparent und bürgernah, wir geben euch die Informationen.«

Das Muster wiederholt sich, wo immer in dieser Zeit Flüchtlingsunterkünfte geplant sind. Auch in Döberkitz, einem kleinen Vorort von Bautzen. In einem ehemaligen Kinderheim sollen unbegleitete minderjährige Flüchtlinge einziehen. Im Sommer 2015 informiert die Kreisverwaltung die Gemeinde und ihre Einwohner schriftlich über die Heimpläne. Doch die NPD ist schneller als der Brief. Sie warnt die

Anwohner. Wer zuerst kommt, sichert sich die Deutungshoheit. Unter den 70 Einwohnern des Ortes herrscht Verunsicherung. Eine Frau auf dem Nachbargrundstück neben der geplanten Unterkunft fühlt sich hilflos:»Wie soll ich den Flüchtlingen gegenübertreten? Ob die überhaupt mit Frauen gut umgehen können? Man weiß es ja, dass im Islam eine Frau eine andere Bedeutung hat als ein Mann.«Ihr Ehemann winkt verzweifelt ab:»Das haben die Volksvertreter wieder schön über unsere Köpfe hin entschieden. Mir braucht man nichts mehr zu erzählen.«

Gegen die NPD-Taktik wirken Kreis- und Stadtverwaltung machtlos. Der Bürgermeister und die Verantwortlichen des Landkreises werden von den Rechten vorgeführt. In der Bevölkerung verbreitet sich der Eindruck, überrumpelt und bei der Unterbringung von Flüchtlingen vor vollendete Tatsachen gestellt zu werden. Auf der damaligen Facebook-Seite»Neues Bautzen« der Heimgegner werden Gerüchte verbreitet. Nutzer posten die Informationsbriefe des Landratsamts und kommentieren sie, oft hasserfüllt.

Auch die unbegleiteten Minderjährigen sind im August 2015 auf der Facebook-Seite ein Thema:

Joerg Jeschke [Name geändert]:»Das werden marodierende Kinderbanden. Die Deppen meinen wohl, hier handelt es sich um behinderte gutmütige deutsche Bürger? [...] Naja, vielleicht sind das ja die NEUEN Sorben, die sich der Bürgermeister soooo wünscht!!!!«

Rico Brehme [Name geändert]:»Kinder und Jugendliche, die allein geflüchtet sind ohne ihre Familien! Ist doch klar! Der Witz des Tages!«

Joerg Jeschke:»... Wer es nicht geschnallt hat, diese Kinder haben auch Familien, die ihre stärksten und gesündesten Bälger losgeschickt haben ... und falls mal einer hopsgehen sollte, wird der NÄCHSTE in die Spur geschickt.«

Am 26. August 2015 findet im Steinhaus Bautzen eine Anwohnerversammlung zum Thema Döberkitz statt. Die Atmosphäre ist angespannt. Ein Vertreter der Landeszentrale für politische Bildung moderiert den Abend. Für Alexander Ahrens ist es einer seiner ersten öffentlichen Auftritte als Oberbürgermeister von Bautzen. Linke, SPD und Bürgerbündnis Bautzen hatten Ahrens als gemeinsamen Kandidaten ins Rennen geschickt. Der parteilose Bewerber erhielt gleich im ersten Anlauf die notwendige Stimmenmehrheit. Seit Jahren lebt der aus

Berlin stammende Jurist in Bautzen, er versprüht nach wie vor groß-
städtische Lässigkeit – und kann zugleich vermitteln, dass er die Provinz
verstehe. Ob es Ahrens auch vor den Anwohnern gelingt, kleinstädti-
sche Überfremdungssorgen zu nehmen? Ahrens sagt: Bautzen drohten
keine Neuköllner Verhältnisse. Auch in Berlin habe man dazugelernt.

Bautzen ist auch …

Es gibt auch das andere Bautzen. Es könnte die Züge eines in die Jahre
gekommenen Seemanns tragen. Karl-Heinz Biesold ist sein Leben lang
über die Weltmeere gefahren. Im Hochsommer 2015 ist Biesold viel
unterwegs, sein Aktionsradius beschränkt sich allerdings auf den Groß-
raum Bautzen. Der Rentner ist einer von 25 Ehrenamtlichen, die sich in
der Region um Flüchtlinge kümmern: Er und seine Mitstreiter geben
Deutschunterricht, sie übersetzen Amtsbriefe, begleiten syrische Familien auf Behördengängen.

15 Kilometer nördlich von Bautzen hat das Landratsamt 80 Flüchtlinge in einem ehemaligen Motel an der B 96 in der Nähe von Nesch-
witz einquartiert. Der 66-jährige Biesold sorgt sich um deren Sicherheit. Weitab vom Schuss, im Ländlichen, seien sie Übergriffen nahezu
schutzlos ausgeliefert.»In der Gegend leben viele Sorben«, sagt Biesold:
»Über die Sorben wird auch immer viel dummes Zeug gesagt. Und jetzt
merkst du, dass solche Sachen auch über die Ausländer transportiert
werden. Dass sie alle solche Faulenzer sind beispielsweise, so etwas.«

Wie sich Fremdenhass breitmacht und selbst das vertraute Umfeld
erfasst, hat Biesold auch in seinem Sportverein beobachtet:»Kürzlich
auf einer Grillfeier. Da sprach mich ein älterer Herr an. Die sollen die
jungen Männer nach Hause schicken, die sind abgehauen, statt gegen
ISIS zu kämpfen. Da habe ich ihm gesagt, dass er mit seinen Eltern aus
Ostpreußen geflohen ist. Darauf er, das ist etwas anderes. Für mich
nicht, habe ich gesagt. Dann hat er geschwiegen.«

Inzwischen sind auch Biesold und seine Mitstreiter Zielscheibe des
Hasses der Heimgegner geworden. Biesold klagt:»Wir haben Leute,
die Zettel in ihren Briefkästen finden, auf denen sie bedroht werden,
in denen steht, wenn du weiter die Ausländer betreust, dann sehen wir
uns. Wir wissen, wo dein Auto steht. Den Leuten soll Angst gemacht
werden.«

Biesold wird am Motel erwartet, weil er Englisch spricht, was ihn zu einem gefragten Mann macht. Ein junger Syrer wedelt mit einem Amtsbrief und bittet um eine Übersetzung. Eine Familie möchte einen Fahrtermin nach Bautzen vereinbaren, die Frau muss zum Arzt. Einige Flüchtlinge erhoffen von Biesold Informationen, wie es für sie in der Unterkunft weitergeht. Sein Blick fällt auf einen alten Mann, der auf der Bank vor dem Flachbau sitzt und über ein auf dem Schoß ruhendes Segelschiffmodell streicht. Er hat es aus ein paar Holz- und Stoffresten gebastelt. Für einen Moment vergisst Biesold die vielen Menschen um sich herum: »Ich bin Seemann, das muss ich mir ansehen«, sagt er und lässt sich das Segelboot reichen: »Das ist ein Dreimastschoner. Das ist das Schiff in die Freiheit.«

Das Herz des anderen Bautzens schlägt im Steinhaus. Auch im Herbst 2016. In dem Jugendzentrum organisiert sich das bürgerliche Engagement, es gibt die Initiativen »Bautzen bleibt bunt« und »Willkommen in Bautzen«. Die Mitglieder kümmern sich um die Integration von Flüchtlingen, sie treten auf gegen Rassismus und Fremdenfeindlichkeit. Wer das Steinhaus besucht, spürt die offene Atmosphäre. Teenager spielen Tischtennis, aus einem Radio dröhnt Musik. Einige Jungen an der Tischtennisplatte kommen aus den nahegelegenen Flüchtlingsheimen. An einer Bar wird Kaffee und Club Mate ausgeschenkt.

Zum Haus gehört der moderne Veranstaltungssaal, in dem sich vor einem Jahr noch die Döberkitzer zum Informationsabend trafen. Es ist Mittwochnachmittag: Auf der Tanzfläche verrenken sich heute Kinder, weil ihnen ein gewisser »Bremi« Breakdance-Basics beizubringen versucht. Im Obergeschoss probt eine Band, der Schlagzeuger quält die Trommelfelle. Daneben liegt das Büro von Reno Rössel. Der 43-jährige Sozialarbeiter verkehrt seit den 1990er Jahren im Jugendhaus, damals zunächst noch als Besucher. In den Jahren nach der Wende diente das Steinhaus vor allem als Treff- und Rückzugsort jener, die sich gegenüber der rechten Jugendszene abgrenzen wollten.

20 Jahre später hat das Haus als linksalternativer Klub ausgedient. Das Gebäude wurde von Grund auf saniert und trägt den Namenszusatz »soziokulturelles Zentrum«. Wehmut über das Steinhaus der 1990er Jahre lässt Rössel nicht aufkommen: »Für wen sollte das so bleiben? Es kam keiner mehr. Die Leute von damals sind fast alle weg.« Wie

überall in Ostdeutschland verließen vor allem gutausgebildete junge Leute die Stadt, um zu studieren, oder wanderten den Arbeitsplätzen hinterher nach Westdeutschland. Geblieben seien vor allem die, die es nicht geschafft hätten. Viele hätten resigniert, meint Rössel. Wie oft der Sozialarbeiter das schon Journalisten erzählt hat? Er weiß es nicht mehr genau. So oft, wie sie in den vergangenen Monaten da waren. Los ging es im Februar 2016, als der »Husarenhof«, ein ehemaliges Hotel, in das Flüchtlinge einziehen sollten, brannte. Rechte Gaffer applaudierten und widersetzen sich der Polizei. Im März beschimpften sogenannte besorgte Bürger Bundespräsident Joachim Gauck bei dessen Besuch in Bautzen als »Volksverräter«. Ende September der vorläufige Höhepunkt: Rund 60 Rechtsextremisten jagen minderjährige Flüchtlinge durch die Stadt.

Anfang November 2016 drücken sich erneut Medienvertreter die Klinke des Steinhauses in die Hand. Rechte Jugendliche sollen mit Schreckschusswaffen auf dem Kornmarkt Flüchtlinge bedroht haben. Die Polizei spricht von »waffenähnlichen Gegenständen«, so selbstverständlich wie sie nach der Hetzjagd im September 2016 Neonazis als »eventorientierte Jugendliche« verharmloste.

Die Strategie geht auf

Die Welt außerhalb des Steinhauses ist eine andere. Der größte Teil der Bautzener schweigt nach wie vor zu den fremdenfeindlichen Ausschreitungen. Nach der Gewaltnacht im September kommen von 40 000 Einwohnern gerade einmal 500 zu einer Lichterkette. Das ideologische Gift der NPD scheint bei Teilen der Einwohner nachzuwirken. Dabei befinden sich die Parteistrukturen in Auflösung: Drei der fünf Kreisräte gründeten zwischenzeitlich die Fraktion der »Bürgervereinigung für Meinungsfreiheit und Mitbestimmung« (BMM), zwei NPD-treue Kreisräte verlieren ihren Fraktionsstatus. Der letzte NPD-Stadtrat stirbt im März 2016, NPD-Stadträtin Daniela Stamm lässt seit ihrem Parteiaustritt das Mandat verwaisen. Die verlorene Landtagswahl in Sachsen und das zu diesem Zeitpunkt drohende Parteienverbot lassen den NPD-Apparat erodieren. Zudem konkurriert die Partei mit der AfD um Themen und Wähler. Bei der Landtagswahl 2014 entschieden sich 9,7 Prozent der Sachsen für die rechtspopulistische Partei.

Seit einiger Zeit formieren sich dafür neue rechtsextreme Strukturen, vor allem in den sozialen Netzwerken: »StreamBZ«, »Nationale Front Bautzen« und »Das Rechte Kollektiv BZ«. Teilweise rekrutieren sie sich aus dem Umfeld der Freien Kameradschaften und gehören zum Spektrum der »Neonationalsozialisten«, wie das sächsische Innenministerium im Oktober 2016 auf eine Anfrage der Grünen im Landtag antwortet.

Neben den einschlägig rechtsextremen Seiten bringen fremdenfeindliche Facebook-Seiten wie die »Bürgerbewegung Bautzen« Falschmeldungen in Umlauf und schüren Angst vor Migranten, vor allem vor den jugendlichen Flüchtlingen. Ende Oktober 2016 vermeldet die »Bürgerbewegung«, ein »Problemflüchtling« würde einen Bombenanschlag auf das Stadtzentrum auf Bautzen planen. Meldungen wie diese verbreiten sich in einer Stadt wie Bautzen rasend schnell. Allein die Facebook-Seiten der »Bürgerbewegung Bautzen« und der »Nationalen Front Bautzen« kommen auf rund 11 000 Likes. Das rechte Potenzial der Stadt ist groß – und die Szene ist sich dessen bewusst. Nach den fremdenfeindlichen Ausschreitungen im September stellen mehrere rechtsextreme Gruppen dem Oberbürgermeister ein Ultimatum. Und haben Erfolg: Ahrens lässt sich auf ein Treffen mit den Neonazis ein. Hatte der 50-jährige Lokalpolitiker nach dem Brand des »Husarenhofes« noch klar Position gegen Fremdenfeindlichkeit bezogen, was ihm bundesweit Anerkennung einbrachte, gerät er nun in die Kritik. Stadträte werfen ihm einen »Alleingang« vor, Ahrens sei vor dem rechten Mob eingeknickt. Der Rathauschef rechtfertigt sich, er habe den Rechten »in die Augen schauen« wollen.

Die rechte Szene feiert das Treffen als Coup. Marco Wruck, inzwischen Kreischef der NPD und einer der Teilnehmer, lobt das »wirklich gute Gespräch« mit dem Oberbürgermeister, in dem es keine gegenseitigen »Schuldzuweisungen« gegeben habe. Mitte Dezember trifft sich der Landrat und CDU-Kreisvorsitzende Michael Harig mit einem NPD-Vertreter. Die Saat geht auf.

Mein Sachsen

*In Sachsen, wo die drallen Mädchen wachsen,
die tolle Weihnachtsbutterstollen backsen, da
leben die Sachsen mit Elb-Otter, Waldreh und
ihren vielen Dachsen. Verziehen bei all zu groben
Faxen nicht eine Visage, geraten bei der Saalkeilerei
nicht so flink in Rage; aber wenn, wehe dem enorm,
werden sie rot vor Zorn, die Augen ganz grell, und
treten wüterich schnell aus, beginnen um sich zu
treten, schlagen gegen jedermann, jeden Gummi,
Panzer, jeden Stahl, jede Tarnkappe, auf jedes Leder
und noch so steife Haxen; rufen sich Mut zu: Fürs
freie Sachsen, wider den Feinden: Dich, dich, du
und du, ganze widerspenstige Gemeinden, ich pack
se, verjack se alle und kack se wieder aus, den großen
wie den kleinen Klaus, den spindeldürren wie den
dicken Maxen, ich finde die Schlawiner selbst unter
den Splitternacksen, tu sie grob am Ohro packsen
und in den Boden stacksen, in jenen, aus dem immer
nur Sachsen, nimmer Sachsens Gegner wachsen.*

Peter Wawerzinek ist Schriftsteller. Er war 2016 Stadtschreiber von Dresden.

Thomas Datt

Flucht aus Colditz
Eine rechtsfreie Zone im mittelsächsischen Hügelland

Ralf Gorny sitzt im Dunklen auf der Holzveranda seiner Pension in Colditz und raucht Zigarre. Es ist der zweite Advent, die Temperatur unter null. Die Kälte stört den 50-Jährigen nicht. Jeden Abend sitzt er hier draußen und beobachtet die Gasse, die an den Seitenfenstern seiner Pension zum Stadtzentrum führt. Seit mehr als zwei Jahren wird Gornys Haus immer wieder von Vermummten angegriffen. Jedes Mal muss er danach neue Fensterscheiben einsetzen.

Die Anschlagsserie begann am 16. Oktober 2014, wenige Stunden nach Ausstrahlung eines Fernsehbeitrags im *MDR*. Gorny hatte als einziger Einwohner des Ortes ein Interview über den Colditzer Neonazi Uwe N. gegeben, der mit 1,8 Kilogramm Crystal gefasst worden war. »Über die letzten zehn Jahre hat er Gäste meiner Pension belästigt. Er hat gesagt, ihr seid Ausländer und wir brauchen euer Geld nicht.« Noch in der Nacht wurde eine Farbbombe vor Gornys Pension deponiert. Zwei Tage später folgten Drohanrufe: »Du weißt, was du angestellt hast. Das ist die letzte Warnung«. Dabei blieb es nicht. Bis Dezember 2016 wurde Gornys Haus mehr als zehn Mal mit Böllern beworfen. Am 11. April 2015 flog um 1.30 Uhr eine Kugelbombe, ein für Höhenfeuerwerke bestimmter Sprengkörper mit gefährlicher Streu- und Druckwirkung, auf die Terrasse. Scheiben barsten, ein Tisch und Stühle brannten. Gorny und ein Nachbar verhinderten, dass die Holzveranda in Flammen aufging. Im Oktober 2016 zerstörten zwei zusammengebundene »Viper 12«, in Deutschland verbotene Böller von großer Sprengkraft, drei Scheiben. »Ich hatte Gäste, ein deutsches Pärchen«, sagt Gorny. »Der Mann saß gerade am Fenster am Laptop, als es unter ihm knallte. Die sind am nächsten Morgen abgereist.«

Bis heute hat die Polizei keinen der Angriffe aufgeklärt. Nach einem weiteren Anschlag im Frühjahr 2016 verbrachte Gorny zwei Wochen lang jede Nacht auf dem Lidl-Parkplatz hinter seiner Pension. Er saß in seinem Passat und starrte auf sein Haus. Dann konnte er nicht mehr.

Inzwischen fährt Gorny jede Nacht zweimal Streife. Die Zeiten variiert er, damit sie nicht berechenbar sind. »Ich werde nachher wieder fahren«, sagt er an diesem Adventsabend. »Eine Runde durch die Innenstadt und dann zu McDonald's. Und später fahre ich noch mal um den Block rum.«

Eine rechtsfreie Zone entsteht

Seit den 1990er Jahren hat es in der 9000-Einwohner-Stadt, die nur 50 Autokilometer von Leipzig entfernt liegt, immer wieder rechtsextreme Übergriffe gegeben. 1998 wurde ein elfjähriges Mädchen bei einem Brandanschlag auf das Haus einer türkischen Familie schwer verletzt. Zwei junge Rechtsextremisten wurden als Haupttäter zu Gefängnis verurteilt, die betroffene Familie verließ die Stadt. Fast zur gleichen Zeit eröffnete ein Mann aus dem Leipziger Umland in Colditz einen Holzhandel und zog nach Möseln, ein eingemeindetes Dorf am Stadtrand: Ralf N., Jahrgang 1956. Er scharte die Neonazis der Gegend um sich, machte das Firmengebäude seines Holzhandels zu ihrem Treffpunkt. Die Truppe um Ralf N. jagte regelmäßig Andersdenkende, N. tobte sich außerdem in seinem Heimatdorf an unliebsamen Nachbarn aus. Unter seinem Einfluss wurde Colditz zu einer weitgehend rechtsfreien Zone.

Mit seinen Kameraden feierte Ralf N. häufig Partys. In seinem Firmengebäude in Colditz hatte er extra eine Bar einbauen lassen, vor seinem Privathaus in Möseln zündete er manchmal im Wochentakt Feuerwerk. In der Osternacht 2010 brüllten die Feiernden minutenlang so laut »Sieg Heil«, dass es durchs ganze Dorf schallte. Die Polizei wurde gerufen, kam aber nicht.

»Entschuldige, dass ich angerufen habe.«

Es gab einige Colditzer, die den Neonazis ihre Stadt nicht überlassen wollten. Einer von ihnen war Uwe Lewkowitz, der bis heute in der Innenstadt eine Firma für Fernseh- und Antennentechnik betreibt. Er hatte die alte Turnhalle hinter seinem Geschäft gekauft. Seine beiden Söhne organisierten dort Punkkonzerte. Mehrere Male überfielen Neonazis Konzertbesucher, die Scheiben der Halle mussten bald durch Sperrholzplatten ersetzt werden. Am 23. Februar 2008 kam es zum Großangriff. Circa 100 vermummte Neonazis aus der Region versammelten sich an ihrem Stammlokal, dem Gasthof Zollwitz, und marschierten zwei Kilometer zum Laden von Lewkowitz. Mit dem Betonfuß eines Sonnenschirms schlugen sie die gesicherten Scheiben ein, warfen einen Sprengböller und einen Nebeltopf aus NVA-Beständen in den Laden. Der Schaden: 9000 Euro. Die Polizei, die schon Tage vorher Hinweise auf mögliche Auseinandersetzungen zwischen Rechten und Linken erhalten hatte, stand eine Ecke weiter mit fünf Streifenwagen, griff aber nicht ein. Bei ihrem unbehelligten Abzug demolierten die Neonazis, unter ihnen Mitglieder des damals schon verbotenen »Sturm 34«, noch den Dönerladen des türkischen Ehepaars D.

Das (gekürzte) Notrufprotokoll der damaligen Polizeidirektion West-sachsen dokumentiert, wie verzweifelte Anwohner über drei Stunden versuchten, die Polizei zum Eingreifen zu bewegen:
»17.35 Uhr, männlicher Anrufer
Anrufer: Ja, schön guten Tag. Ich weiß nicht, ob Sie das wissen […] irgendwelche Rechts- oder Linksgearteten stehen da mit 60 Fahrzeu-gen vor der Gaststätte.
Polizist: Hausdorf, Zollwitz.
Anrufer: Gaststätte Zollwitz in Hausdorf. Da sind eine ganze Menge Jugendliche.
Polizist: Und was lässt Sie darauf schließen, dass das Rechtes oder Linkes ist?
Anrufer: Na ja, das sieht man schon.
Polizist: Lassen Sie mich mal was sagen. Rechte und Linke sind nicht [unverständlich] beisammen. Da müssen Sie sich entscheiden, guter Mann.
Anrufer: Ja, das weiß ich nicht […]
Polizist: Sagen Sie mir Ihren Namen noch?
Anrufer: Nein, nein, ist klar. Hat sich erledigt.

19.40 Uhr, Herr V.
Anrufer: In Colditz ist ja heute bekanntlich Nazi-Aufmarsch und da wollte ich halt melden, dass die jetzt bei Penny sind. Das ist eine Gruppe von ca. 70 Mann.
Polizist: Alles klar, Herr V.

19.49 Uhr, Frau S.
Anruferin: Ja, guten Tag, hier ist die Frau S. Auf dem Sophienplatz in Colditz geht jetzt gleich was los.
Polizist: Was gehtn da los?
Anruferin: Die Maskierten sind ja alle hier unten. Auf dem Sophienplatz.
Polizist: Ja und?
Anruferin: Die treten hier unten alles ein. [...]
Polizist: Gut, alles klar, Frau S. Wir kümmern uns drum.

19.50 Uhr, Herr S.
Anrufer: Schönen guten Abend, mein Name ist S. Wir sind hier in Colditz auf dem Sophienplatz und hier sind ungefähr 50 Vermummte, die hier Fensterscheiben einschlagen von Geschäften. Geschäfte schon anzünden [...]
Polizist: Ich kümmere mich darum, Herr S.

19.51 Uhr, Frau W.
Anruferin: Ich rufe aus Colditz an. Ich habe einfach eine Frage [...] Ob hier Nazis oder Linke gegeneinander auftreten. [...] Sind Sie da informiert und sind Sie vor Ort?
Polizist: Wir sind darüber informiert. Ich bin nicht vor Ort.
Anruferin: Gut. [...] ich meinte Sie nicht persönlich.
Polizist: Ach so.
Anruferin: Nein, ich kenne Sie nicht.
Polizist: Weil Sie gefragt haben, ob Sie vor Ort sind.
Anruferin: Ob Sie vor Ort sind? Ich meine die Polizei, »sie« klein geschrieben.
Polizist: Polizei ist vor Ort.

19.51 Uhr, Herr J.
Anrufer: In Colditz auf dem Sophienplatz stehen über 50 vermummte Gestalten.
Polizist: Ja, es ist bekannt. Und warum rufen Sie an?
Anrufer: Weil diese Gestalten unten gegen ein Haus, wo der Tele-Service drinnen ist, treten, schlagen, Sprengkörper werfen.

Polizist: [...] Sind Sie nur ein normaler Hinweisgeber oder wer sind Sie?

Anrufer: Ich bin nur ein normaler Hinweisgeber.

[...]

Anrufer: Was wird da gemacht? Kann ich ...

Polizist: Hören Sie, das kann ich Ihnen nicht sagen, was da gemacht wird. Das ist polizeitaktisch [...] Aber das will ich Ihnen jetzt nicht am Telefon sagen, Herr J.

19.52 Uhr, Herr K.

Anrufer: Hier in Colditz auf dem Sophienplatz. Da wird randaliert gerade eben. Schaufenster und Autos.

Polizist: Wie ist denn Ihr Name?

Anrufer: K., aber ich will auch nichts weiter mit den Leuten zu tun haben. [...]

Polizist: Ja, ist klar, Herr K.

19.55 Uhr, Her H.

Anrufer: Hier ist H. aus Colditz, Sophienplatz. Da ist wieder Randale aufm Platz.

Polizist: Ist bekannt.

Anrufer: Ist bekannt?

Polizist: Ja.

19.55 Uhr, Anruferin

Anruferin: Guten Tag, hier sind gerade Randalierer unterwegs, auf der Sophienstraße. [...]

Polizist: Das ist bereits bekannt. [...] Wir kümmern uns darum.

19.58 Uhr, Anrufer

Anrufer: [...] Es wurde auch schon angerufen von hier. Alles Vermummte. Haben die Schaufensterscheiben von dem Tele-Service-Laden eingeschlagen, lassen hier Böller los. [...]

Polizist: Hm. Ist bereits bekannt.

Anrufer: Na hoffentlich kommt auch mal jemand.

Polizist: Ja.

20.04 Uhr. Frau S. (ruft zum zweiten Mal an)
Anruferin: Die haben beim Teleshop auf'm Sophienplatz alles ein-geschlagen.
Polizist: Ja.
Anruferin: Und die sind, die ganze Truppe ist jetzt durch'n Tunnel unten in die Töpfergasse gelaufen.
Polizist: [...] Sind das ca. 50–100 Mann?
Anruferin: Ach, über 100 Leute.
Polizist: Ja, die Kollegen sind alle unterwegs und auch schon vor Ort.
[...]
Anruferin: Und die wollten auch hier oben beim Jugendklub auch irgendwas anstecken.
Polizist: Aha, gut.
Anruferin: Hab ich mitgehört.
Polizist: Also, wenn Sie Beschädigungen festgestellt haben, können Sie jederzeit zur Anzeige dann aufs Polizeirevier gehen, ja?!
Anruferin: Ja, die haben hier unten schon alles eingeschlagen beim Tele-Service.

20.23 Uhr, Anruferin
Anruferin: [...] Ich habe bloß mal eine Frage. Als besorgter Bürger. Also bei uns in Zschadraß hinten am Haus stehen ganz, ganz viele Autos und Jugendliche. Geht das in Ordnung?
Polizist: Das geht in Ordnung.
[...]
Anruferin: Oh, mir wurde es himmelangst. Da wissen Sie Bescheid?
Polizist: Ja.

20.28 Uhr, Frau D. (Mitbesitzerin eines Döner-Ladens in Colditz)
Anruferin: [...] Wir brauchen hier Polizei. Bei uns ist Scheibe kaputt gemacht. Bitte schicken Sie jemanden hierher.
Polizist: Ja, wir schicken jemanden hin.

20.43. Uhr, Frau D. ruft zum zweiten Mal an.
Anruferin: Ich habe vorhin angerufen. Arbeitet die Polizei?
Polizist: Ja, die arbeitet.

Anruferin: Aber wo? Seit um acht ich warte auf Polizei, noch niemand ist gekommen.

Polizist: In Colditz, das bearbeiten die alle.

Anruferin: Aber wo?

Polizist: In Colditz, aufm Sophienplatz.

Anruferin: Bitten einen schicken Sie hier.

Polizist: Ja.

Anruferin: Wir haben schon vorher gesagt, schicken Sie jemanden.

Polizei: Ja, aber wenn ich keine habe, Frau D.

Anruferin: Bitte, bitte, aber bitte schicken Sie jemanden.

Polizist: Ja, ich sage noch mal Bescheid.

20.44 Uhr, Herr W.

Polizist: Herr W.

Anrufer: Ja, ich bin da.

Polizist: Das freut mich. Das war's dann schon, ne?

Anrufer: Nein, das war's noch nicht.

Polizist: Sollten Sie sich noch mal melden?

Anrufer: Nein, [...] Aber ich wollte noch was sagen.

Polizist: Na, dann sagen Sie mal was.

Anrufer: Hier fahren jetzt die Jugendlichen zweimal hoch und runter. Kontrolle machen. Ob ich da bin.

Polizist: Na, das ist doch schön.

Anrufer: Ja. Dankeschön für die Auskunft.

Polizist: Was wollen Sie denn eigentlich von mir?

Anrufer: Ist heute Abend was passiert, oder was?

Polizist: Wo denn?

Anrufer: Wo denn? Na, bei mir daheim.

Polizist: Was soll denn da passieren?

Anrufer: Die haben mir schon fünf-, viermal die Scheiben eingedroschen. Ein fünftes Mal nicht noch mal.

Polizist: Und was soll ich da jetzt machen? Soll ich mich jetzt vor die Scheibe stellen oder wie haben Sie sich das gedacht?

Anrufer: Entschuldige, dass ich angerufen habe. Ich werde es nie wieder machen.«

Holzhändler Ralf N. war der einzige, der an diesem Abend festgenommen wurde. Er war den Polizisten zweimal aufgefallen, weil er und sein Sohn Uwe im Audi A8 die Einsatzkräfte auskundschafteten. Dann fing N. an, die Beamten zu beleidigen und versuchte, sie anzugreifen. Ein Zeuge berichtete später der Polizei, N. habe ihn schon eine Woche vorher gewarnt, er solle sich am Sonnabend besser vom Stadtzentrum fernhalten. N. kam mit einer Bewährungsstrafe davon – die Überfälle auf Lewkowitz' Geschäft und auf den Dönerladen der Familie D. blieben ungeahndet.

Lewkowitz zog daraufhin vor das Verwaltungsgericht Leipzig und bekam im November 2012 recht. Unmissverständlich stellte das Verwaltungsgericht fest, dass es die Polizei »trotz Kenntnis einer Gefährdungslage« versäumt hatte, sein Geschäft zu schützen. Auf Grundlage dieser rechtskräftigen Entscheidung verklagte der Fernsehmechaniker den Freistaat Sachsen auf Schadenersatz, scheiterte aber am Oberlandesgericht Dresden. Dass der damalige FDP-Bürgermeister als Reaktion auf die Naziüberfälle weitere Konzerte in Lewkowitz' Halle verbot und 2009 ein vom Deutschen Fußballbund unterstütztes antifaschistisches Fußballturnier verhinderte, hat auch seine Einstellung zu Colditz verändert. »Colditz als Ort interessiert mich nicht mehr«, stellt Lewkowitz lapidar fest. »Ich gehe hier nicht mehr aus, ich engagiere mich nicht mehr, ich sponsere nichts mehr. Wenn, dann mache ich das in Leipzig.« Seine Söhne haben die Stadt längst verlassen.

Auf die Frage, wer in Colditz das Sagen habe, antwortet der Unternehmer: »Monate nach dem Überfall auf den Laden kam auf einmal Ralf N. rein. Er hat ja immer bestritten, dass er mit den Angriffen auf uns was zu tun hat. Er sagte: ›Wir müssen doch eigentlich keinen Krieg gegeneinander führen.‹ Ich antwortete: ›Von mir aus ist es sowieso keiner.‹ Ab da war bei uns Ruhe.«

Doch woanders gingen die Überfälle weiter. Nicht selten war die »braune Halle«, wie Colditzer den Holzhandel von Ralf N. nannten, der Ausgangspunkt. Mal schlug er selbst zu, mal seine beiden Söhne, die anderen Mitangreifer konnten oft nicht identifiziert werden. Die Opfer: Linke, Bundeswehrsoldaten, Ex-Kameraden. 2010 erlitten zwei Attackierte ein Schädel-Hirn-Trauma. In dem erst zwei Jahre später folgenden »Sammelprozess«, in dem auch Beleidigungen und Fahren ohne Führerschein zur Anklage kamen, verhängte der Richter am Amtsgericht Grimma Bewährungsstrafen und stellte den N.s eine günstige Sozialprognose aus:»Bei den Angeklagten Andreas, Uwe und Ralf N. ist davon auszugehen, dass sie sich nunmehr die Bewährungsstrafe zur Warnung dienen lassen, zukünftig ein straffreies Leben zu führen.« Der »alte« N. brachte es zu diesem Zeitpunkt in 2012 bereits auf 21 Vorstrafen.

»Die wollten uns totschlagen«

Am Telefon will Max gar nichts sagen. Wir treffen ihn in einer Nachbarstadt von Colditz. Obwohl seit dem Überfall sechs Jahre vergangen sind, braucht Max eine Stunde, bevor er darüber reden kann. Als er im Sommer 2010 mit Freunden von einer linken Demo zurückfuhr, wurden sie ab dem Holzhandel der Familie N. in Colditz von vier Autos verfolgt. »Wir sind dann auf die Bundesstraße gerast, um wegzukommen. Aber einer überholte uns und stellte das Auto quer.« Vermummte sprangen aus den Wagen und droschen wie entfesselt mit Baseballschlägern auf den Pkw ein. »Ich hörte es splittern und dachte nur, die Scheiben haben sie geschafft, gleich sind wir dran. Die waren so voller Hass, die wollten uns totschlagen«, erinnert sich Max. »Ich war so aufgeregt, dass ich es nicht einmal hinbekam, die 110 zu wählen.« Plötzlich waren aus der Ferne Polizeisirenen zu hören. Die Täter flüchteten. Andere Autofahrer hatten die Polizei gerufen. Zwar wurden später Verdächtige ermittelt, doch nur einer erhielt eine Strafe: Wegen gefährlichen Eingriffs in den Straßenverkehr musste ein Kampfsportler aus Colditz Arbeitsstunden leisten.

Der Schikanepferch

Uwe Leisering war sehr zufrieden, als er nach der Jahrtausendwende nach Möseln zog. Ein ruhiges 80-Einwohner-Dorf zwischen sanften Hügeln, ein neues Haus. Endlich hatte der Lokführer Platz, um für seine Sammlung über die stillgelegte Muldentalbahn ein kleines, privates Museum einzurichten. Schnell nahm der gesellige Nachbar Ralf N. Kontakt zu ihm auf, brachte verbilligte Scheite aus seinem Holzhandel vorbei. Beide Männer gingen gemeinsam in die Sauna. Als wir Leisering im Herbst 2014 kennenlernen, sitzt er mit fünf dicken Leitz-Ordnern an seinem Wohnzimmertisch. Die Akten dokumentieren seine Auseinandersetzungen mit N. Der Lokführer und seine Familie durchlebten eine zehnjährige Tortur, die Leisering im Telegrammstil zusammenfasst:»Dauerhaftes, permanentes Stalking. Täglich, mehrfach. Von früh bis spät, bis in die Nacht hinein. Wir mussten uns um unser Grundstück herum regelrecht verbarrikadieren.« Es fing damit an, dass N. mit einer Schatulle vorbeikam und Leisering um einen Freundschaftsdienst bat. Das Finanzamt sei hinter ihm her, ob er einige Wertsachen für ihn aufheben könne. Leisering legte die Schatulle in seinen Schuppen. Er erinnerte sich erst wieder daran, als seine Frau aufräumte und ihn fragte, seit wann sie denn einen Revolver besäßen. Der erschrockene Beamte gab die Schatulle zurück. N. bot ihm mehrfach Dinge unklarer Herkunft an, Leisering lehnte dankend ab. Dann forderte N., Leisering solle ihm helfen, eine Nachbarsfamilie fertigzumachen. Der Lokführer weigerte sich. Es kam zum Bruch.

Von da an beleidigte und bedrohte N. ihn und seine Frau, lauerte der kleinen Tochter auf dem Weg zum Schulbus auf, drohte, ihr die Kehle durchzuschneiden. Das Kind musste psychologisch betreut werden. Leisering erstattete Anzeigen, am Ende waren es mehr als 80. Viele Verfahren stellte die Justiz ein, anderes kam erst zur Anklage, nachdem sich Leisering eine Anwältin genommen hatte. N. erwarb auf den Namen seines Sohnes ein Stück Land unmittelbar hinter Leiserings Haus und errichtete einen»Schikanepferch«, wie Leisering ihn nennt. Bis zu 100 Hühner hielt N. dort, zusammen mit Gänsen und Wildschweinen. Ständig warfen Ralf N. oder seine jungen Nazi-Kameraden neue Tiere in das Gatter. Der Lokführer nahm den Lärm hinter seinem Schlafzimmerfenster auf: Es klingt, als stehe man mitten in einer Massentierhaltungsanlage. Erst 2013 verschwand der Pferch. Trotz mehrerer Bewährungsstrafen terrorisierte Ralf N. seine Nachbarn weiter, verstieß permanent gegen das schließlich vom Gericht verhängte Annäherungsverbot. Leisering protokollierte die Vorfälle penibel, benannte Zeugen und schrieb Anzeige um Anzeige. Mit seiner Hartnäckigkeit setzte er sich durch: Im Juni 2014 musste Ralf N. wegen Verstoßes gegen die Bewährungsauflagen für anderthalb Jahre ins Gefängnis. Der Lokführer hatte den selbsternannten Herrscher von Colditz aus dem Gleis geschoben.

In den Selbstmord getrieben

Andere Opfer in Möseln hatten nicht so viel Kraft wie Leisering. Frau S. ist 2008 weggezogen. Ihr Haus ließ sie unverkauft zurück. Im Dorf tuscheln die Leute: wegen Ralf N. Der habe ihren Mann in den Selbstmord getrieben. Frau S. hat es bisher geschafft, ihre neue Adresse vor Ralf N. zu verbergen, und wir treffen sie in einer weit entfernten Stadt. Als die schmale Mittvierzigerin hört, dass wir sie vergeblich gesucht haben, lacht sie. Ihr Anwalt habe geraten, eine erfundene Adresse anzugeben. Später hat sie von Bekannten gehört, dass Ralf N. an eben dieser Anschrift nach ihr gesucht habe. Dann werden ihre Sätze karger, als berichte sie aus einem fremden Leben. »Mein Mann hatte 1998 seine Arbeit verloren. Dann fing er an, mir zu erzählen, dass ihn Ralf N. bedrohe. Ich habe die Schilderungen für übertrieben gehalten, weil mir nie etwas aufgefallen war. Ich dachte, er will sich wichtigmachen, weil er zu Hause sitzt und ich arbeite.« N. drohte, er werde ihren Mann umbringen. Einmal war der Auspuff seines Autos mit Bauschaum zugesprüht. Spätestens da wusste Frau S., dass ihr Mann nicht fantasierte. Das Gurkenzelt wurde zerstört, die Scheiben der nebenan wohnenden Eltern schwarz angemalt. Zeugen zogen nach Einschüchterungen ihre Aussagen zurück. Sie habe dann aufgehört, bei der Polizei anzurufen, sagt Frau S. Die sei oft einfach nicht gekommen. Einmal habe N. auf der Straße geprahlt, er brauche den Krieg. Angefangen hatte es, wie bei Leisering, wegen einer Nichtigkeit. Ihr zunehmend zermürbter Mann ging schließlich von Haus zu Haus, wollte Unterschriften sammeln, um die Behörden zum Eingreifen gegen N. zu bewegen. Doch niemand im Dorf außer ihren Eltern und einer anderen gemobbten Familie wollte unterschreiben. »Später hat mein Mann mich gebeten: ›Lass uns wegziehen.‹« Aber ich wollte nicht. Da sah er offenbar keinen Ausweg mehr.« Ein paar Tage später fuhr ihr Mann, 42 Jahre alt, in sein Elternhaus und schnitt sich die Pulsadern auf.

Uwe Leisering und seine Familie haben die Attacken von Ralf N. noch länger ausgehalten als Frau S. Dann sind auch sie weggezogen, haben ihr Haus in Möseln mit Verlusten verkauft. »Die ersten zwei, drei Jahre waren meine Frau und ich uns einig, dass er es nicht schafft, uns hier rauszutreiben«, sagt Leisering. »Aber du hast ein Herz und ein Gewissen, was dieser schwerkriminelle Psychopath nicht hat. Als er ins

Gefängnis kam, haben wir uns gesagt, wir nutzen die anderthalb Jahre und suchen das Weite.« Leiserings haben auch alle offenen Verfahren zurückgenommen. Zu oft erlebten sie, dass nichts rauskommt. Der Eisenbahner hat sich seine Erlebnisse von der Seele geschrieben. Die ersten 50 Seiten des Manuskripts lesen sich wie der lange unterdrückte Entsetzensschrei eines Bürgers, der sich vom Staat verraten fühlt.

Eine zu kurze Atempause

2012 vollzog sich eine kleine Wende. Bis dahin kam die Polizei in Colditz oft zu spät oder überhaupt nicht. Doch nun brodelte es in der Bürgerschaft. N. und seine Söhne rasten so oft im Porsche, Audi oder Mercedes durch die verwinkelte Altstadt, dass sich Anwohner und Touristen bedroht fühlten. Anzeigen beeindruckten sie nicht. Im Frühjahr posierte eine Gruppe vermummter Neonazis vor dem Schloss, in dem im Zweiten Weltkrieg kriegsgefangene Offiziere der Alliierten interniert waren. Nicht allein der neue Bürgermeister begann, um das Image der Touristenstadt zu fürchten. Als das Naziproblem endlich im Stadtrat auf die Tagesordnung gesetzt wurde, erschien auch Ralf N. und rief einfach dazwischen. Sein Begleiter, der Betreiber des Gasthofes Zollwitz, jammerte lautstark, er lebe von den Nazis. Wenn die wegblieben, könne er zumachen. Der Leipziger Polizeipräsident Bernd Merbitz, an diesem Abend als offizieller Gast im Colditzer Stadtrat eingeladen, fuhr den Gastwirt an: Für Nazis habe er kein Verständnis. Wenig später schickte Merbitz junge Bereitschaftspolizisten nach Colditz. Sie versuchten, die Rasereien der N.s zu unterbinden. Mit dem jüngeren Sohn Uwe, der längst keinen Führerschein mehr hatte, lieferten sie sich filmreife Verfolgungsjagden.

Als zwei Beamte im September 2014 in Frohburg Streife fuhren, entdeckten sie Uwe N. An seinen Mercedes gelehnt, unterhielt er sich mit einem Bekannten, der erst kürzlich eine Haftstrafe wegen Drogenhandels abgesessen hatte. Beide Männer wirkten benebelt, die Polizisten machten einen Amphetamintest: positiv. Uwe N. stieß einen Beamten um und versuchte erfolglos zu flüchten. In seinem Mercedes fanden die Polizisten 1,8 Kilogramm Crystal. Ein Insider aus der Drogenszene erklärt, Uwe N. habe das Crystal in Mengen ab 100 Gramm meist per Motorrad in den Nachbarstädten verteilt. Er wurde als Einzeltäter zu vier Jahren und acht Monaten Haft verurteilt. Als er kurz nach seiner Verhaftung bei einem Prozess wegen Fahrens ohne Führerschein über seine Crystal-Abhängigkeit sprach, brachte der 26-Jährige kaum einen verständlichen Satz heraus.

Während Ralf und Uwe N. im Gefängnis einsaßen, wurde es ruhiger in Colditz. Keine lauten Nazi-Partys mehr, keine Rasereien. Die engagierten Bereitschaftspolizisten wurden versetzt. Betrieb herrscht nachts nur im ehemaligen Dönerladen. Die türkische Betreiberfamilie hat auf Spielautomaten umgestellt. An denen hocken bis in die Morgenstunden die Crystal-Abhängigen der Stadt. Ralf N. durfte die Haftanstalt im Oktober 2015 frühzeitig wieder verlassen, steht aber noch unter Bewährungsauflagen. In der Öffentlichkeit hält er sich auffällig zurück. In Colditz lässt sich Ralf N. seitdem nur bei Tageslicht blicken. Dort saniert er zwei Mehrfamilienhäuser, die seine in einer Wäscherei angestellte Frau 2013 erworben hat. N. selbst, der den Holzhandel offiziell an seinen älteren Sohn übertragen hat, gibt sich seitdem als Hartz-IV-Empfänger aus und hat schon mehrfach Prozesskostenbeihilfe beantragt.

»Es geht weiter«

Bei Ralf Gorny bleibt es an diesem zweiten Adventssonntag im Dezember 2016 ruhig. Er sitzt wieder auf der Veranda vor seiner Pension. Er hat die Akten geholt. Die Ermittlungen wegen der Farb- und der Kugelbombe sowie der Drohanrufe sind inzwischen eingestellt. Die Kriminaltechniker beschreiben den auf den Farbeimer geklebten Sprengsatz als »professionell selbstgebaut«. Nur ein Fehler in der Zündschnur habe die Explosion verhindert. Die Kugelbombe, die fast das Haus in Brand gesetzt hätte, ist in Deutschland nicht zugelassen. Viel mehr wurde nicht ermittelt: Gornys Hinweise auf Tatverdächtige ließen den zuständigen Leipziger Staatsanwalt kalt. Zwar identifizierte die Polizei anhand der Nummer, die Gorny notiert hatte, den Inhaber des Mobiltelefons, von dem mutmaßlich die Drohanrufe kamen. Doch der Mann, ein Ex-Holzhändler aus der Gegend und bereits durch gemeinsame Straftaten mit Uwe N. aufgefallen, erschien einfach nicht zur Vernehmung. Der Staatsanwalt nahm das hin. Als ihm einfiel, die Standort- und Verbindungsdaten des Mobiltelefons vom Tatabend zu erheben, waren diese längst gelöscht.

24 Stunden nach dem Besuch meldet sich Gorny erneut. Wie immer beginnt er mit »Es geht weiter«, dann berichtet er im Stakkato von einem neuen Anschlag. Drei Böller, ein Fenster kaputt, einen Täter erkannte er. Vier Tage später taucht Ralf N. das erste Mal seit seiner Haftentlassung vor der Pension auf. Neben ihm steht ein junger Mann, den Gorny beim Anschlag wegrennen sah. Mit der Bierflasche in der Hand stiert N. minutenlang auf Gornys Veranda und dreht sich dann wortlos um. Gorny weiß: Es wird weitergehen.

Frank Richter
(ehemaliger Direktor der Landeszentrale für politische Bildung)

Ich mag sie beide. Die eine liegt breit und genüsslich im flachen Gras und öffnet freigiebig ihre Arme. Die andere lockt und dominiert. Ihre Schönheit blendet und verführt – hinunter ins versteckte Tal. Ich mag sie beide. Ich empfinde warme und anhaltende Sympathie für die eine, heiße Hassliebe für die andere. Sie sind Rivalinnen. Sie buhlen um meine Zuneigung. Die eine tut es heftig, die andere nonchalant.

Ich bin hin- und hergerissen. 120 Kilometer Autobahn liegen zwischen der einen und der anderen. Ich hab die Strecke Hunderte Male zurückgelegt. Ich kenne die Stelle genau, an der meine Gefühle wechseln. Die Städte Leipzig und Dresden sind Diven, zwei sächsische Charakterdarstellerinnen, auf die sich die Scheinwerfer richten. Sie wissen es. Sie sind sich der Aufmerksamkeit sicher. Sie sind Stars. So treten sie auf. Die sächsische Leuchtturmpolitik der 1990er Jahre hat sie aufgebaut.

»Unter dem Leuchtturm war und blieb und ist es dunkel« – so urteilen die politischen Kritiker nicht ganz zu Unrecht, aber doch ein wenig zynisch. Wer sich in Sachsen verlieben will, obwohl er vor den benannten Gefühlsausschlägen zurückschreckt, muss nicht gleich aufgeben. Es bieten sich ihm an: Görlitz, Meißen und Bautzen, vielleicht auch Freiberg und Torgau. Eher von herber Schönheit sind Chemnitz, Zwickau und Plauen.

Nicht ganz so leicht fällt es derzeit, das Liebenswerte in der ostdeutsch-sächsischen Wildnis zu entdecken. Dort mag der eine oder andere Pro-

vinztölpel Schwierigkeiten bereiten. Der fühlt sich verlassen, verraten und verkauft. Das muss man verstehen. Es treibt ihn in die großen Städte, die schönen Diven, um dort Dampf abzulassen. In deren blendender Schönheit findet er Aufmerksamkeit. Doch das ist nur die eine Seite der sächsischen Provinz. Sie hat ihre eigene Schönheit. Und die hat es verdient, gesucht und gefunden zu werden. So kann man sich in das ganze Sachsen verlieben.

Frank Richter war 1989 Mitbegründer der oppositionellen »Gruppe der 20« in Dresden.
Von 2009 bis 2016 war er Direktor der Sächsischen Landeszentrale für politische Bildung.

Heike Kleffner

Die tödliche Dimension rechter Gewalt
Kamal Kilade und Patrick Thürmer starben, weil sie »anders« aussahen und »anders« dachten

Der kniehohe Findling am Rand der Promenadenanlagen gegenüber dem Leipziger Hauptbahnhof fällt kaum ins Auge. Passanten hasten auf dem Weg vom Bahnhof ins Stadtzentrum oder zum Brühl-Forum an dem großen marmornen Denkmal für den ehemaligen Leipziger Oberbürgermeister Carl Wilhelm Müller vorbei, das die Parkanlage dominiert. Nur wenige Menschen stutzen vor der erloschenen Grabkerze, die den grau-rot-braun gesprenkelten Findling im Schatten der großen Pappeln und Sträucher markiert. Manchmal bleiben Vorübergehende dann kurz stehen und beugen sich über einen Brief, der zum Schutz vor der Witterung – und vor rechtem Vandalismus – mit einer Plastikplatte an dem Gedenkstein angebracht wurde. So wie eine Jugendliche, die mit ihren Skateboard unter dem Arm vor dem Stein anhält und ihrer Begleiterin halblaut den Text vorliest: »An diesem Ort wurde am 24. Oktober 2010 das hoffnungsvolle Leben meines Sohnes Kamal Kilade, geboren am 10.7.1991, und das Glück meiner Familie durch die Tat zweier Neonazis zerstört. […] Jeden Tag habe ich meine Kinder ermahnt, die Straßen vorsichtig zu überqueren und auf Verkehrsampeln zu achten. Doch Kamal kam nicht durch einen Verkehrsunfall ums Leben. Stattdessen traf er auf jemanden, der sein Leben auslöschte, weil er Ausländer war. […] Mir fehlen sein Lachen und seine Träume. Träume, die nun für immer verschwunden sind.« Noch einmal beugt sich die junge Frau über den Stein, berührt ihn leicht mit der Hand, streicht ihre schwarzen Locken aus dem Gesicht und sagt kurz angebunden dann auf die Nachfrage, warum sie hier stehengeblieben ist: »Weil es gut ist, dass es einen Ort gibt, der an Kamal erinnert – und daran, dass es nur eine Frage der Zeit ist, wann wieder jemand von uns ein Messer in den Rippen hat und liegenbleibt.«

Rechtsanwalt Sebastian Scharmer, der die Familie von Kamal Kilade nach dem Tod des 19-Jährigen im Prozess vor dem Landgericht Leipzig als Nebenkläger vertreten hat, sagt, er sei froh, dass es der Familie von Kamal Kilade und deren Unterstützern gelungen sei, mit dem Stein ein öffentlich sichtbares Mahnmal inmitten von Leipzig zu errichten. Dann betont der Anwalt, der im Münchener NSU-Prozess gegen Beate Zschäpe die Familie des in Dortmund ermordeten Kioskbesitzers Mehmet Kubaşik vertritt:»Im Fall von Kamal Kilade bündeln sich wie unter einem Brennglas die sächsischen Verhältnisse und die tödliche Dimension von rassistischer Alltagsgewalt.« Der Rechtsanwalt zählt die zentralen Merkmale des Falls auf: vorbestrafte Neonazis, die unter laufender Bewährung zur Jagd auf Migranten losgezogen seien. Polizeibeamte, die einen der beiden Täter ganz unverhohlen gedeckt hätten. Lokalmedien, die bis zum Beweis des Gegenteils»in klassischer Täter-Opfer-Umkehr« über einen»Milieu-Streit« unter Security-Firmen nichtdeutscher Herkunft spekuliert hatten, weil der ältere Bruder von Kamal Kilade als Türsteher arbeitete. Und eine Staatsanwaltschaft, die»noch nach dem Ende der Beweisaufnahme das rassistische Motiv der Tatbeteiligten einfach leugnete«.

Die Tatbeteiligten: zwei mehrfach wegen Gewaltdelikten vorbestrafte Rechtsextremisten – der gebürtige Leipziger Daniel K., Jahrgang 1982, mit langen Haaren, Bart, tätowiertem Hakenkreuz, SS-Runen und Nazisprüchen auf der Brust, sowie Marcus E., Jahrgang 1978, mit tätowierter Glatze, Hakenkreuz und Hitler-Porträt auf dem Oberarm und Keltenkreuz auf dem Rücken. Daniel K., Sohn eines sächsischen Polizisten, hatte nach der Jahrtausendwende mehrere Jahre in Aachen gelebt und war dort schon als gewalttätiger Neonazi im Umfeld der»Kameradschaft Aachener Land« aufgefallen. Von März 2008 bis zum Frühjahr 2010 verbüßte er in der JVA Waldheim (Sachsen) eine verkürzte Haftstrafe von insgesamt drei Jahren und drei Monaten – unter anderem für seine Beteiligung an einer Körperverletzung und der Geiselnahme einer Frau aus dem Umfeld der»Kameradschaft Aachener Land«. Der 32-jährige Marcus E. war sogar erst zehn Tage vor dem Zusammentreffen mit Kamal Kilade in die Freiheit entlassen worden. Er hatte wegen Vergewaltigung in drei Fällen, gefährlicher Körperverletzung in fünf Fällen und Körperverletzung in zwei Fällen – das Opfer war dabei immer ein

Mithäftling in der Jugendhaftanstalt Gotha – und wegen weiterer Gewaltdelikte eine Gesamtfreiheitsstrafe von achteinhalb Jahren verbüßt. Eine Psychologin wertete die Misshandlungen des Mitgefangenen durch E. als »Selbstjustiz« gegen einen Sexualstraftäter und als Verherrlichung abweichender Normen der »Subkultur«. Während seiner Haftzeit in der thüringischen Jugendstrafanstalt Ichtershausen wurde E. von der neonazistischen »Hilfsgemeinschaft für nationale Gefangene« (HNG) in einer monatlichen »Gefangenenliste« sogenannter nationaler Gefangener aufgeführt, die um »Briefkontakte« zu Gleichgesinnten bitten.[1] Unmittelbar bevor er sich auf den Weg nach Leipzig zu dem vier Jahre jüngeren Polizistensohn Daniel K. machte, hatte sich der 32-jährige E. noch eigens in einem Waffengeschäft in Erfurt ein Messer und ein Pfefferspray besorgt. Ohnehin scheint E. seine Haftzeit vor allem dazu genutzt zu haben, sich fester an die Neonazi-Szene zu binden. In einem beschlagnahmten Brief aus der Haftanstalt Waldheim berichtete Marcus E. dem Empfänger, er erhalte Unterstützung von »Kameraden«, höre viel »patriotische Musik« und befinde sich seit circa »acht Jahren in der Bewegung«. Bereits während seiner Inhaftierung in der JVA Tonna (Thüringen) im Jahr 2007 waren in der Zelle von E. eine Bauanleitung für einen Brandsatz und eine schwarz-weiß-rote Fahne gefunden worden.

»Kick off Antifascism«, frei übersetzt »Verpisst Euch, Antifaschisten«, lautete der Schriftzug auf dem T-Shirt, das der 29-jährige Daniel K. auf den Fotos, die unmittelbar nach seiner Festnahme am 25. Oktober 2010 gemacht wurden, über seinen Kopf und seinen tätowierten Unterarm zog. K. und E. hatten sich in der sächsischen Haftanstalt Waldheim kennengelernt, am Tatabend waren sie zu einem »Kampftrinken mit Kameraden« verabredet.

Tödlicher »Rassenhass«

Offenbar verlief die Sauftour am Abend des 24. Oktober 2010, an der sich noch ein Dritter beteiligte, trotz einiger Pöbeleien und Rauswürfe aus Diskos aus Sicht der beiden »Kameraden« E. und K. zu ereignislos. Denn am Ende der Nacht ließen sich E. und K. bewusst auf der Suche nach »Feinden wie Junkies oder Ausländern« – so der Vorsitzende der Schwurgerichtskammer am Landgericht Leipzig bei der Urteilsverkündung am 8. Juli 2011 – von ihrem Begleiter zu dem kleinen Park gegenüber den Straßenbahnhaltestellen am Leipziger Hauptbahnhof fahren.

Dort wurden die beiden Neonazis auf Kamal Kilade und seine Begleitung wohl deshalb aufmerksam, weil sich der junge Iraker lauthals mit seiner Freundin über den Verlauf des Abends stritt, während ein jüngerer Freund etwas abseits auf einer Parkbank den Streit verfolgte. »Gibt es ein Problem?«, soll Kamal noch gefragt haben, als er sah, dass E. und K. zunächst auf seinen Freund einredeten. Daraufhin soll Daniel K. gesagt haben: »Jetzt ja.« Daniel K. ging dann nach Überzeugung des Gerichts direkt mit Faustschlägen auf Kamal Kilade los. Zunächst gelang es dem 19-Jährigen noch, auszuweichen. Dann jedoch setzte Daniel K. das mitgeführte Pfefferspray ein. Währenddessen bedrohte Marcus E. zunächst den Freund von Kamal und stach schließlich mit seinem Messer auf Kamal Kilade ein. Das Motiv: Marcus E. habe »das vor ihm kniende Opfer nicht als Mensch gesehen, sondern als Ausländer«. Denn »hier stand ein Ausländer im Kampf gegen seinen Kameraden und damit hatte der sein Leben verwirkt«, so der Vorsitzende Richter bei der Urteilsverkündung. Den Ausländerhass, den Marcus E. unter anderem mit dem tätowierten Schriftzug »Rassenhass« zur Schau stellt, wertete die Kammer dann auch als niedrigen Beweggrund und verurteilte E. wegen Mordes zu 13 Jahren Haft mit anschließender Sicherungsverwahrung. Daniel K., der den tödlichen Angriff provoziert hatte, kam hingegen mit einer dreijährigen Haftstrafe wegen gefährlicher Körperverletzung davon. Zwar schenkte das Gericht seiner Behauptung, er sei längst aus der extrem rechten Szene ausgestiegen, keinen Glauben. Schließlich hatte Daniel K. in einer Bewährungsprüfung gegenüber einem Gutachter noch im Jahr 2010 angegeben, dass er in Aachen enge Kontakte aufgrund seiner Kameradschaftszugehörigkeit habe und diese Verbindungen auch brieflich weiter halte. Der Gutachter schrieb daraufhin, dass Daniel K. seine politische Haltung keineswegs ändern, jedoch nicht mehr aktiv bei Demonstrationen in Erscheinung treten wollte. Aber da Kamal Kilade keine sichtbaren Schlagverletzungen aufwies, ging das Gericht davon aus, dass dem 28-Jährigen vorrangig der Einsatz des Pfeffersprays zuzurechnen war.

»Wir hatten nicht erwartet, dass das Gericht den tödlichen Rassismus so deutlich als Motiv benennen würde«, sagt Rechtsanwalt Scharmer, der die Familie von Kamal Kilade als Nebenkläger im Prozess gegen Daniel K. und Marcus E. vertrat. Auch Sachsens von 2009 bis 2014 amtierender Ausländerbeauftragter Martin Gillo (CDU), der an Kamal Kilades Beerdigung teilgenommen hatte, kommentierte damals sichtlich bewegt, das Urteil zeige, »dass Straftaten gegen Ausländer in Sachsen entsprechend geahndet« würden. Genau daran hatten Kamal Kilades Familienangehörige, deren Anwälte und Unterstützerinnen und Unterstützer lange gezweifelt. Denn zum einen hatte die Staatsanwaltschaft Leipzig schnell den Tatvorwurf gegen E. und K. auf Totschlag herabgestuft und der Entlassung von Daniel K. aus der Untersuchungshaft vier Tage vor Weihnachten 2010 zugestimmt. Und zum anderen hatte die Anklagebehörde von Anfang an in ihren öffentlichen Stellungnahmen einen rassistischen Hintergrund für den tödlichen Angriff auf den Teenager verneint. Und bei dieser Haltung blieb die Anklagebehörde auch bis zum Ende der Hauptverhandlung, als die Sitzungsvertreterin der Staatsanwaltschaft für Marcus E. elf Jahre Haft wegen Totschlags forderte und erneut einen politischen Hintergrund ausschloss.

Zudem hatte die fünftägige Hauptverhandlung auch einige Zweifel am Vorgehen der Ermittler aufgeworfen: Während in der Wohnung von Marcus E. drei Kisten mit neonazistischem Propagandamaterial und einschlägigen Devotionalien beschlagnahmt wurden, die offenbar noch aus E.'s vorheriger Haftzeit stammten, fotografierten die Beamten bei Daniel K. lediglich eine kleine Dose mit neonazistischen Ansteckern – sogenannte Pins. Erst auf Nachfragen von Nebenklagevertreter Sebastian Scharmer räumten Polizeizeugen im Gerichtssaal ein, dass sie in der Wohnung von Daniel K. lediglich nach verbotenen Symbolen gesucht hatten – und so weitere Hinweise auf dessen Zugehörigkeit zur rechten Szene nicht beschlagnahmt wurden. Und offensichtlich war die Wohnung vor dem Eintreffen der Ermittler schon von Dritten »gesäubert« worden. Eine Dienstaufsichtsbeschwerde, die Rechtsanwalt Sebastian Scharmer deswegen nach dem Ende des Prozesses gegen zwei namentlich bekannte Polizeibeamte und zwei bis heute nicht identifizierbare Beamte des Leipziger Staatsschutzdezernats beim sächsischen Innenministerium und beim Landespolizeipräsidium einreichte, blieb ergebnislos.

Der Traum von Zugehörigkeit

»Warum?« lautete das einzige Wort auf dem weißen T-Shirt mit einem Foto des getöteten Teenagers, das dessen muslimischer Stiefvater am Tag der Urteilsverkündung im Gerichtssaal trug. Dass das Landgericht Leipzig dieser Frage tatsächlich nachgegangen ist, war für die Familie ein wichtiges Signal. Denn Kamal sei eben nicht »Opfer eines gewöhnlichen Streits geworden, wie die Staatsanwaltschaft behauptete«, hatte Kamals Mutter in ihrem Schlusswort vor Gericht betont. Ihr Sohn sei vielmehr einer rassistischen Ideologie zum Opfer gefallen, »die bereits Millionen von Juden das Leben gekostet hat«. Die ganz in Schwarz gekleidete Frau, deren kurze schwarze Haare und dunkelbraune Augen die Ähnlichkeit mit ihrem getöteten Sohn unterstrichen, war während der Hauptverhandlung mehrmals zusammengebrochen. »Kamal dachte, Deutschland sei seine Heimat«, betonte sein älterer Bruder Ali im Gerichtssaal. »Er glaubte wirklich, er gehöre einfach dazu.« Alle Familienmitglieder waren stolz, als Kamal wenige Tage vor seinem Tod mit einem Ausbildungsvertrag nach Hause kam und wie sein älterer Bruder eine Ausbildung im Sicherheitsgewerbe beginnen wollte. »Am Tag vor seinem Tod hatten wir gerade darüber gesprochen, zusammen zur Ausländerbehörde zu gehen und endlich die deutsche Staatsbürgerschaft zu beantragen. Dann wollte Kamal seinen Führerschein machen und später seinen Traum verwirklichen: zur Bundeswehr zu gehen«, erinnerte sich Ali Kilade am Rand des Prozesses. »Wir sind hier aufgewachsen, wir haben hier viele Freunde, ich kann nicht verstehen, dass wir hier nicht sicher sein können.«

Kamal und Ali Kilade kamen als kleine Kinder Anfang der 1990er Jahre mit ihrer Mutter aus dem Irak nach Leipzig. »Wie jede andere Mutter träumte ich damals davon, in einer sicheren Gesellschaft zu leben, in der jeder Mensch seine private und religiöse Freiheit genießt«, sagte Kamals Mutter, eine koptische Christin aus dem Irak. »Ich nahm meine Kinder, meine Bibel und mein Kreuz mit auf eine harte Reise, deren Ende schließlich Leipzig war.« Ihr jüngstes Kind wurde in Sachsen geboren; die Familie hat längst ein dauerhaftes Aufenthaltsrecht in Deutschland. Durch den Mord an Kamal sei die Familie jetzt auf immer mit Leipzig verbunden, betonte dessen Stiefvater. Und: Mit einem Gedenkstein gebe es immerhin einen konkreten Ort zum Trauern.

Während die Familie von Kamal Kilade auch sechs Jahre nach dessen Tod noch immer um Normalität ringt, verläuft das Leben der Tatbeteiligten scheinbar ohne große innere Brüche: Marcus E. verbüßt seine Haftstrafe mit anschließender Sicherungsverwahrung in der JVA Straubing in Bayern und ist auch dort unter Mithäftlingen als Neonazi bekannt. Daniel K. hat seine kurze Strafe dagegen längst abgesessen. Umso wichtiger sei es, sagt Rechtsanwalt Scharmer, dass das Opfer der beiden, Kamal Kilade, vom Freistaat Sachsen und vom Bundesinnenministerium ganz offiziell als Todesopfer rechter Gewalt anerkannt sei. Denn einem Drittel der bislang bekannten 15 Todesopfer rechter Gewalt in Sachsen seit 1990 wurde diese offizielle Anerkennung bisher verweigert.[2]

Der lange Kampf um Anerkennung

Im Fall von Patrick Thürmer dagegen dauerte es zwölf Jahre, bis der Freistaat Sachsen im Februar 2012 mitteilte, nach einer Überprüfung möglicherweise politisch rechts motivierter Tötungsdelikte anlässlich der Selbstenttarnung des »Nationalsozialistischen Untergrunds« würde nun auch der Tod des 17-jährigen Punks als Todesopfer rechter Gewalt in die behördlichen Statistiken aufgenommen.

Der schmächtige, 1,56 Meter große Jugendliche war zusammen mit einem Freund in der Nacht vom 2. zum 3. Oktober 1999 auf dem Nachhauseweg von einem Punkfestival in Hohenstein-Ernstthal bei Chemnitz. Plötzlich bemerkten die beiden einen blauen Kleintransporter.»Da ist einer«, rief einer der drei Männer, die aus dem Auto heraussprangen und sich auf den 17-jährigen Patrick und seinen Freund stürzten. Mit einem Axtstiel, einem Hammer und einem Billardqueue prügelten sie auf die beiden Punks ein. Patrick Thürmer erlitt schwerste Kopfverletzungen. Gegen 7.30 Uhr morgens fanden ihn Passanten blutüberströmt auf dem Boden liegend vor einem Bauernhof in Oberlungwitz (Landkreis Chemnitzer Land). Wenige Stunden später starb der Malerlehrling im Zwickauer Krankenhaus.[3]

Während die überregionale Öffentlichkeit kaum Notiz von dem tödlichen Angriff auf den Punk nahm, wurden in der Region die Ereignisse dieser Nacht und die nachfolgenden Proteste linker Jugendlicher breit diskutiert: Vor allem die Regionalmedien und die politisch Verantwortlichen machten massiv Stimmung gegen die Jugendlichen aus der

Punkszene, die auf den Tod ihres Freundes mit wütenden Demonstrationen in der als Geburtsort von Karl May bekannten 15 000-Einwohner-Kommune Hohenstein-Ernstthal reagierten. Dabei verschwiegen sowohl die Lokalzeitungen als auch Kommunalpolitiker lange Zeit die Tatsache, dass der Ausgangspunkt für die tödliche Hetzjagd auf Patrick Thürmer ein Angriff von mehr als 50 Naziskins auf das zweite »99er Punkfestival« im alternativen Jugendhaus »Off Is« in Hohenstein-Ernstthal war. Notrufe von Festivalbesuchern und -besucherinnen und mindestens drei verletzte Punks führten allerdings zu keinerlei erkennbaren polizeilichen Maßnahmen. Gegen Mitternacht entschlossen sich dann rund 30 Punks zu einem Besuch der nahegelegenen Diskothek »La Belle«, wo sie die Angreifer auf ihr Festival vermuteten. In der Diskothek würden »sehr viele Besucher kurze Haare haben«, räumte auch ein Polizeipressesprecher ein. Polizeieinheiten, die die Hilferufe der Punks ignoriert hatten, reagierten nun auf einen Notruf des Diskobetreibers. Allerdings hatten zuvor schon die Türsteher der »La Belle« die Punks vertrieben. Dennoch nahmen Polizeibeamte elf Punks wegen Landfriedensbruchs fest und kontrollierten die Personalien nahezu aller Besucher und Besucherinnen des Jugendhauses.[4] Im Laufe der Nacht fanden sich dann ein Dutzend Naziskins und rechte Türsteher zusammen, um Jagd auf Punks zu machen.

Stellvertretend für andere Linke

Patrick Thürmer, der nur wenige Wochen vor seinem Tod den lang ersehnten Ausbildungsplatz als Maler und Lackierer erhalten hatte, starb »stellvertretend für jene Linken«, die an dem Angriff auf die Diskothek beteiligt gewesen seien, stellte das Landgericht Chemnitz im September 2000 im Prozess gegen drei Angeklagte im Alter von 21 bis 24 Jahren aus Zwickau und Niederlungwitz fest.[5] Dennoch erkannte das Gericht keinen rechtsextremen Hintergrund. Der 23-jährige Haupttäter wurde wegen Totschlags zu elf Jahren Haft verurteilt, sein 21-jähriger Mittäter erhielt eine achtjährige Jugendstrafe. Bei dem 24-jährigen Angeklagten ging das Gericht davon aus, dass er nicht selbst zugeschlagen hatte, und verurteilte ihn wegen vorsätzlicher Körperverletzung mit Todesfolge zu fünfeinhalb Jahren Haft. Die Täter hatten behauptet, sie hätten den Punks lediglich »einen Denkzettel« verpassen wollen, und eine Zugehörigkeit zur rechtsextremen Szene bestritten.[6] Dabei waren es Ermittlungen der Sonderkommission Rechtsextremismus (Soko Rex) in der Mischszene von organisierten Naziskins, Türstehern und rechten Hooligans gewesen, die an Weihnachten 1999 überhaupt zur Festnahme der Täter geführt hatten.»Ein nicht ganz typischer Fall für die Soko Rex, weil diese Leute nicht grundsätzlich dem rechtsextremen Umfeld zuzuordnen sind«, kommentierte Lothar Hofner, Sprecher des Landeskriminalamtes Sachsen, die Festnahmen in der *Freien Presse*.[7]

Wie sehr der Tod von Patrick Thürmer, jüngster Sohn einer alleinerziehenden Mutter aus Chemnitz, die alternative und nichtrechte Jugendszene in der Region geprägt hat, wurde auch an dessen zehnten Todestag im Oktober 2009 deutlich: Rund 250 linke Jugendliche kamen zu einer Gedenkdemonstration nach Hohenstein-Ernstthal. Sie forderten von der Lokalpolitik und den Sicherheitsbehörden, einen Gedenkstein für Patrick Thürmer zu errichten und die nach wie vor massiv präsente Neonazi-Szene in der Region endlich ernst zu nehmen. »Er stand noch am Anfang seines Lebens und hatte noch viele Wünsche und Träume«, sagte Patrick Thürmers Schwester damals. Die Trauer um ihn könne »auch am zehnten Jahrestag seines Todes von Angehörigen und Freunden noch nicht bewältigt werden«. Und an den langjährigen CDU-Oberbürgermeister von Hohenstein-Ernstthal, Erich Homilius, gerichtet, fügte die junge Frau hinzu: Die Tatsache, dass dieser mit »allen Mitteln« die Errichtung des Gedenksteins verhindert habe, stoße bei den Angehörigen »auf Unverständnis«. Schließlich solle das Mahnmal doch an Patrick Thürmer erinnern und »gegen menschenverachtende Ideologien in der Gesellschaft stehen«.[8] Dennoch dauerte es noch bis zum 27. Januar 2015, bis vor Ort dann tatsächlich eine Gedenktafel für Patrick Thürmer errichtet werden konnte.[9] Damit schien ein Schlusspunkt unter einen langen Kampf um die Anerkennung tödlicher Folgen rechter Gewalt gegen junge Linke gesetzt.

Umso überraschter haben ehemalige Freunde von Patrick Thürmer dann in den Medien verfolgt, dass der Tod des jungen Punks auch im NSU-Untersuchungsausschuss des Bundestages thematisiert wurde. Erst durch die Beweisaufnahme im Parlament im Juni 2016 erfuhren sie, dass ein langjähriger V-Mann des Bundesamtes für Verfassungsschutz, der Zwickauer Neonazi Ralf Marschner, mit den Tätern im Fall Patrick Thürmer nicht nur bekannt gewesen war, sondern diese auch noch nach der Tat warnte, dass ihr auffälliger Lieferwagen vom Tatabend von der Polizei gesucht würde und sie das Fahrzeug daher umspritzen sollten.[10] Von einer vollständigen Aufklärung, da sind sich in der Region inzwischen viele sicher, ist man auch in diesem Fall noch ziemlich weit entfernt.

Anmerkungen

1 Hilfsorganisation für nationale Gefangene und deren Angehörige e.V. (HNG) (Hg.): Nachrichten der HNG, Nr. 231/2000, S. 4

2 Vgl. Todesopfer rechter Gewalt zwischen 1990 und 2010. Ein Projekt der Tageszeitung Tagesspiegel und der Wochenzeitung Die Zeit. Im Internet unter: www.zeit.de/themen/gesellschaft/todesopfer-rechter-gewalt/index [gesehen am 1.12.2016]

3 Weller, Andreas: Punker (17) nach Festival erschlagen, Chemnitzer Morgenpost, 4.10.1999, sowie: Rache für Disko-Überfall. Punker (17) totgeprügelt, Bild Chemnitz, 4.10.1999.

4 Ulrich Hübler, Manuela Wagner: Nächtliche Schlacht in der Stadt, Freie Presse, 4.10.1999, www.terz.org/texte/texte_11_99/Jagdszenen.htm [gesehen am 1.12.2016]

5 Deutsche Presseagentur: Hohe Haftstrafen nach Tod eines Punks, Meldung vom 8.9.2000

6 Associated Press: Prozess gegen drei Schläger wegen Tod eines Punkers, Meldung vom 30.8.2000

7 O. A.: Dem Gewalttäter die Stiefel ausgezogen, Freie Presse, 1.3.2000

8 Vgl. Redebeitrag der Schwester von Patrick Thürmer. Im Internet unter: http://02okt1999.blogsport.de/images/redebeitrag_schwester_1.jpg [gesehen am 1.12.2016]

9 Vgl. Rede der Opferberatung der RAA Sachsen anlässlich der Einweihung der Gedenktafel, zum Nachlesen unter www.raa-sachsen.de/index.php/newsbeitrag/rede-der-opferberatung-fuer-betroffene-rechtsmotivierter-und-rassistischer-gewalt-des-raa-sachsen-ev-zur-einweihung-der-gedenkta.html [gesehen am 5.1.2017]

10 Sitzung des NSU-Untersuchungsausschusses des Bundestages am 2.6.2016, vgl. unter anderem Bericht bei NSU Watch, www.nsu-watch.info/2016/07/v-mann-corelli-und-v-mann-primus-vs-muss-sich-erklaeren-bericht-aus-dem-bt-ua/ [gesehen am 5.1.2017]

Leipzig, 20. Februar 2012: Ein Erinnerungsfoto an den am 24. Oktober 2010 ermordeten Teenager Kamal Kilade, das sein Bruder auf dem Handy gespeichert hat.

David Hagenbäumer (Projektmanager)

Für mich kam der Rassismus nicht erst mit den Legida-Aufmärschen oder den »Asylkritikern« nach Leipzig. Er war schon lange vorher in meinem Alltag präsent – wie andernorts auch. Es ist kein offener Hass, keine Gewalt, die mir täglich entgegenschlägt. Vielmehr sind es Alltagssituationen, in denen ich merke, dass die Menschen mich verbal ausgrenzen, mich als einen Fremdkörper betrachten.

Ich wurde in Südkorea geboren und wuchs als Adoptivkind deutscher Eltern in der Nähe von Osnabrück auf. Vor diesem Hintergrund sind mein Aussehen und mein Auftreten für die meisten meiner Mitbürgerinnen und Mitbürger erklärungsbedürftig. In ganz Deutschland musste ich Menschen bereits erklären, warum ich so gut Deutsch spreche und was für ein »Landsmann« ich bin. Seit September 2012 lebe ich in Leipzig und schon vorher habe ich die Stadt regelmäßig besucht, denn seit 2009 bin ich mit meiner heutigen Ehefrau zusammen – einer Leipzigerin.

Während ich in meiner Heimatstadt Osnabrück in der Regel für einen Chinesen gehalten werde, haben die Leipziger entschieden, dass alle Asiaten »Fidschis« sind. Eine Bekannte meiner Frau erzählte uns einmal, dass »wir Fidschis« doch ohnehin »alle gleich aussähen«, und eine weitere Bekannte versicherte mir vor einem Jahr, das Wort Fidschi sei nicht böse gemeint. Es hat sich als Synonym für alle Asiaten hier »einfach so eingebürgert«. Ich frage mich bis heute, wie ein kleiner Inselstaat im Südpazifik die gesamte Bevölkerung des asiatischen Kontinents bei sich aufnehmen kann.

Doch viele Leipzigerinnen und Leipziger interessiert diese Tatsache nicht. Sie fühlen sich wohl mit dem Gedanken, alle asiatisch aussehenden Menschen mit nur einem Begriff beschreiben zu können. Oft genug ignorieren sie sogar gegensätzliche Signale und gehen stattdessen davon aus, dass ich ein Ausländer bin. Ein Beispiel: Frühmorgens in einem IC kurz nach der Abfahrt am Leipziger Hauptbahnhof. Ich hatte es mir mit einer deutschen Tageszeitung gemütlich gemacht, als mich ein freundlicher Bundespolizist fragte, ob ich Deutsch spreche. Das war mir zuvor noch in keinem Zug passiert. Bei Zugkontrollen an der deutsch-österreichischen Grenze waren wenigstens alle Menschen aus meinem Abteil nach ihren Ausweisen gefragt worden. Etwas irritiert gab ich dem Polizisten meinen Personalausweis und sagte:»Natürlich.« Er gab ihn mir lächelnd zurück und entgegnete mir:»Hätte ja sein können.«

Ist meine Frau allein mit unserer zweijährigen Tochter unterwegs, wird sie gelegentlich darauf angesprochen, wie süß die Kleine sei und dass doch noch»etwas anderes mit drin sein« müsse. Antwortet sie, dass der Vater aus Korea stamme, freuen sich die Leute darüber, mit ihrem Gefühl richtigzuliegen. Dann fallen mitunter Begriffe wie»Mischling« oder»Mischlingskind«, die nicht einmal böse gemeint sind. Dennoch erinnern sie mich unweigerlich an Gespräche unter Hundebesitzern.

Irgendwann werden die Anhänger von Legida und die»Asylkritiker« zu Hause bleiben und mit ihnen ihre rassistischen Botschaften, irgendwann werden die Extreme dem Alltag weichen. Und dann bleiben immer noch die vielen unschönen Situationen auf der Straße oder beim Einkaufen – die es mir offensichtlich schwer machen sollen, mich als Leipziger oder gar Deutscher zu sehen.

David Hagenbäumer ist 30 Jahre alt und arbeitet als Projektmanager bei einem Preisvergleichsportal mit Sitz in Leipzig.

Maik Baumgärtner

Die extreme Rechte und Crystal Meth
Die Legende von den Saubermännern und -frauen

Aktivisten und Sympathisanten der extremen Rechten gefallen sich in der Rolle der Saubermänner und -frauen. Vom Parteikader bis zur Kameradschaftsaktivistin und den Pegida-Demonstranten werden sie nicht müde zu propagieren, wie sehr illegale Drogen dem sogenannten deutschen Volkskörper schaden. Der Konsum von und der Handel mit verbotenen Rauschmitteln passen überhaupt nicht in das selbstpropagierte völkisch-nationalistische Weltbild – und werden in der Propaganda der extremen Rechten vor allem den politischen Gegnern und gesellschaftlichen Minderheiten zugeschrieben. Entsprechend dumpfe Parolen beherrschen auch das auf schärfste Repression ausgelegte drogenpolitische Programm von AfD, Pegida, NPD oder Neonazi-Gruppen: Die Dealer? Kommen aus dem Ausland. Die Junkies? Sind die Linken. In der Neonazi-Szene ist die Forderung nach einer »Todesstrafe für Drogendealer« ausgesprochen populär – sie prangt auf Aufklebern und Plakaten. Der Slogan wird immer wieder in Rechtsrock-Songs und auf Demonstrationen zitiert.

Kampagnen gegen die »Todesdroge«

Politisches Kapital aus dem zunehmenden Drogenhandel im Grenzraum zu Tschechien versuchte bis zur Landtagswahl in 2015 vor allem der sächsische Landesverband der Nationaldemokratischen Partei Deutschlands (NPD) zu schlagen. Im April 2014 beispielsweise brachte die Fraktion den Antrag »Weg mit dem Crystal-Dreck – Verbreitung und Schmuggel der Todesdroge Crystal Meth wirksam verhindern!« in das Landesparlament ein. Darin forderte die Neonazi-Partei mehr Polizisten und Drogenfahnder im Grenzgebiet, das der damalige Fraktionsvorsitzende Holger Szymanski als »Eldorado für Junkies, Dealer und Drogenköche« bezeichnete. Sein Nachredner und Parteifreund Arne Schimmer mutmaßte in verschwörerischem Unterton, dass der Einfluss der tschechischen Crystal-Händler »womöglich [...] bis in die politischen Zirkel« reiche.

Auch an der Basis setzten die Jungen Nationaldemokraten (JN), die Jugendorganisation der NPD, im Landtagswahlkampf 2014 auf das Thema Crystal Meth. Mit einem Plüsch-Maskottchen, dem sogenannten Platzhirsch, tourte der Parteinachwuchs durch sächsische Schulen (»Euer Platzhirsch im Kampf gegen Drogen«) und versuchte sich als Kümmerer zu inszenieren. Am Ende scheiterte die NPD bei den Wahlen Ende August 2014 mit 4,9 Prozent knapp an der Fünf-Prozent-Hürde und verfehlte den dritten Wiedereinzug in das Landesparlament. Im August 2015 griff die JN in Dresden abermals das Thema Drogen öffentlichkeitswirksam auf und protestierte mit über 50 Anhängern unter dem Motto »Drogensumpf austrocknen! – Kriminelle Ausländer raus! – Mehr Sicherheit für unsere Stadt!«.

Was die extrem rechte Bewegung in ihrer Außendarstellung verschweigt, ist der große Anklang, den die Droge innerhalb des eigenen Milieus findet.

Geschäftemacher und Konsumenten

Der Crystal-Rausch lässt sich umstandslos in den Dienst der von Gewaltvisionen nur so strotzenden Ideologie stellen. Dass Methamphetamin, der Wirkstoff der Droge, aggressiv machen kann und jedes Schmerzempfinden raubt, wussten schon die Nationalsozialisten zu Kriegszeiten an dem Medikament Pervitin zu schätzen. Bei gewalttätigen Angriffen und Bedrohungen spielt Crystal regelmäßig eine Rolle. Bundesweite Aufmerksamkeit erhielt 2016 beispielsweise ein Fall aus Bautzen: Im November meldete ein 39-jähriger Flüchtling der Polizei, mit einer Pistole bedroht worden zu sein. Als die Polizei einen Tatverdächtigen stellte, trug dieser nicht nur eine Schreckschusspistole, sondern auch Crystal Meth bei sich.

Nur auf den ersten Blick scheint die gefährliche Droge Crystal Meth nicht in die Milieus von Rechtsaußen zu passen. Bei genauer Betrachtung gibt es jedoch viele Ähnlichkeiten sowie personelle Verstrickungen und Überschneidungen zwischen den Milieus der organisierten Kriminalität und der rechtsextremen Szene. Wie stark Rechtsextremisten in das Crystal-Geschäft verstrickt sind, offenbaren Ermittlungen sächsischer Sicherheitsbehörden und die anschließende Verurteilung von drei Neonazis aus Delitzsch und Eilenburg im August 2013 zu Haftstrafen zwischen sechseinhalb und neun Jahren und acht Monaten durch das Landgericht Leipzig. Die Richter sahen es als erwiesen an, dass die Dealer-Gruppe insgesamt drei Kilogramm Methamphetamin in Tschechien gekauft und dann nach Deutschland transportiert und dort weiterverkauft hatte. Das Urteil war das Ergebnis intensiver Ermittlungen durch Dresdner Zollfahnder, die Ende August 2012 zunächst einen 54-Jährigen in der Nähe von Pirna mit 300 Gramm Crystal geschnappt hatten. Die Lieferung war von drei jungen Männern aus der Neonazi-Szene erwartet worden. Ein Spezialeinsatzkommando nahm die Beschuldigten fest. Bei Durchsuchungen von zehn Objekten stellten die Ermittler dann rund ein halbes Kilogramm Crystal im Marktwert ca. 40 000 Euro sowie weitere synthetische Drogen sicher. Einer der Beschuldigten war im Jahr 2009 erfolglos als Stadtratskandidat für die NPD in Nordsachsen angetreten und unterhielt beste Kontakte zum damaligen Vize-Landesvorsitzenden der sächsischen NPD, Maik Scheffler, der im Mai 2015 aus der NPD austrat. Die beiden hatten auch gemeinsam in der Kameradschaft »Freies Netz« zusammengearbeitet. Maik Schefflers damaliges Internetportal »Aktionsbüro Nordsachsen« hatte sich erst wenige Monate vor den Razzien darüber beschwert, dass »unsere Rosenstadt immer mehr zu Umschlaglagern der Leipziger Drogen- und Waffenmafia« verkomme. »Zum Schutz unserer Stadt und vor allem der Kinder« müsse gegen angeblich »heroin- und crystalsüchtige […] Chaoten« aus der linken Szene Gesicht gezeigt werden, hieß es weiter. Wer die Delitzscher Szene tatsächlich auch mit Drogen versorgte, stellte nach der Verhaftung und Verurteilung der drei Neonazis zu mehrjährigen Haftstrafen auch das sächsische Innenministerium klar: »Nach Erkenntnissen des Verfassungsschutzes sind Rechtsextremisten vereinzelt in Drogengeschäfte involviert.«

Im Herbst 2014 erregt abermals ein Dealer aus der sächsischen Neonazi-Szene öffentliches Aufsehen. Polizisten war das Auto von Uwe N. auf einem Grundstück in Frohburg aufgefallen. In der Vergangenheit hatte die Polizei immer wieder mit ihm zu tun bekommen – der 26-Jährige war wiederholt ohne Führerschein unterwegs. Daran lag es allerdings nicht, dass der in Nordsachsen bekannte Neonazi beim Anblick der Beamten nervös wurde: In seinem Auto fanden die Beamten 1,8 Kilogramm Crystal (vgl. die Reportage »Flucht aus Colditz« von Thomas Datt auf S. 211 ff.). Nach Informationen des *MDR*-Magazins »Exakt«, das den Fall im Oktober 2014 öffentlich machte, war es der bis dahin drittgrößte Einzelfund von Crystal im Freistaat.

»Nazis und Drogen sind kein Widerspruch«, entgegnete Freya-Maria Klinger für Die Linke im Dresdner Landtag dann auch auf den NPD-Antrag. »Crystal passt als Droge ganz hervorragend zur gewaltbereiten Naziszene, stärkt es doch das Ego und setzt Hemmschwellen herab, auch […] für Gewaltausübung.«

Die Bandbreite der Konsumenten und Händler von rechts reicht vom rassistischen Pöbler in Ostsachsen, der beim Crystal-Schmuggel an der tschechisch-deutschen Grenze erwischt wird, über den dealenden Rechtsrockmusiker an der Grenze zu Brandenburg bis zu gewaltbereiten Neonazis in Chemnitz, die sich mit Crystal Meth für den

Straßenkampf aufputschen – und damit nahtlos an die nationalsozialistische Tradition anknüpfen, die mit dem Wirkstoff Methamphetamin der heute als »Crystal Meth« bekannten Droge verknüpft ist. Der war unter dem Markennamen »Pervitin« seit 1938 auf dem Markt und im ersten Jahr ohne Rezeptzwang in jeder Apotheke frei erhältlich. Die Pillen kamen millionenfach bei den Soldaten der deutschen Wehrmacht zum Einsatz. Allein zwischen April und Juli 1940 wurden 35 Millionen Pillen Pervitin und Isophan, einem identischen, von der Ingelheimer Knoll AG eigens für die Wehrmacht produzierten Methamphetaminpräparat, an Heer und Luftwaffe geliefert. Was der Volksmund »Panzerschokolade«, »Hermann-Göring-Pille« oder »Stuka-Tablette« nannte, trieb die Infanteristen scheinbar mühelos auf bis zu 60 Kilometer langen Gewaltmärschen übers Gelände an und nahm den Kampffliegern jeden Skrupel vor dem nächsten Angriff. Soldaten verwandelten sich damit in aggressive und ausdauernde Kampfmaschinen. Indem Pervitin Leistung, Selbstbewusstsein und Risikobereitschaft der Truppe steigerte, wurde es zum Treibstoff der »Blitzkriege«. Im Widerspruch zur propagierten Ideologie wurden Drogen wie Methamphetamin und Morphium gezielt durch das NS-Regime eingesetzt.

Inzwischen greift die Alternative für Deutschland (AfD) im Sächsischen Landtag das Thema Crystal Meth auf – mit Forderungen nach mehr Grenzkontrollen und härteren Strafen. Eine Strategie und echte Problemlösungsansätze sind bei der Partei kaum zu erkennen. Carsten Hütter, sicherheitspolitischer Sprecher und Mitglied im Innenausschuss, sagte im März 2015 in Richtung der Sozialministerin Barbara Klepsch (CDU), wer glaube, »dass man das Problem Crystal mit Suchtberatungsstellen, Präventionsstunden – also quasi mit gutem Zureden – in den Griff bekommen würde, ist […] schief gewickelt«. Acht Monate später erklärte der Generalsekretär der sächsischen AfD, Uwe Wurlitzer, es sei »aus Sicht der AfD-Fraktion unerlässlich, dass die Aufklärungsarbeit gerade über diese Droge an Sachsens Schulen immens intensiviert wird«.

Schlagzeilen über Politiker wie den grünen Bundestagsabgeordneten Volker Beck, den Polizeibeamte in Berlin mit Crystal Meth erwischten, greift nicht nur die AfD (»Beck muss weg!«) auf. Auch Anhängerinnen und Akteure der Pegida-Bewegung nutzen solche Nachrichten als Munition in ihrem Kampf gegen die »etablierten Parteien«. Dass in den Reihen der Pegida-Demonstranten und Demonstrantinnen Hooligans marschieren, die regelmäßig Crystal konsumieren, ist dem Milieu keine Hetzkampagne auf Facebook oder Twitter wert. Im November 2016 beispielsweise verurteilte das Amtsgericht Dresden eine Frau zu einer Geldstrafe von 2000 Euro. Sie war auf dem Weg zu einer Pegida-Demonstration und hatte ein Pfefferspray in ihrer Tasche, als sie von Beamten kontrolliert wurde. Die hohe Strafe hatte zwei Gründe. Das Pfefferspray war in Deutschland nicht zugelassen und die Frau war zum Zeitpunkt der Kontrolle auf Bewährung: Im Zusammenhang mit einer »Crystal-Geschichte« *(Sächsische Zeitung)* war sie bereits 2015 zu einer sechsmonatigen Freiheitsstrafe verurteilt worden.

Strukturen der organisierten Kriminalität, die von strengen Hierarchien, körperlicher Stärke und Gewalt bestimmt sind, fügen sich oft nahtlos in ein völkisch-nationalistisches Weltbild. Die extreme Rechte missbraucht das Thema Crystal Meth für politische Zwecke. Sie schreit nach Abschottung und Ausgrenzung und sucht die Sündenböcke gesellschaftlicher Missstände jenseits der deutschen Grenzen. Gesellschaftlichen Aufgaben, die auf vielen Ebenen gelöst werden müssen, wollen sich die Akteure nicht stellen – sie bieten keine Lösungen an und vergessen, dass ihr eigenes Milieu oft Teil des Problems ist.

Jens Drews (Unternehmenssprecher)

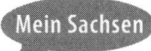

Mein Sachsen, das ist auch die Wiege der industriellen Revolution in Deutschland im 19. Jahrhundert. Die pure Lust der Sachsen am Machen und Tun, am Tüfteln und Verbessern ist sprichwörtlich. (Der Sachse fühlt sich zu Hause, wo es klopft und hämmert, nicht wo es blökt und muht, soll Peter von Zahn gesagt haben.) Daran zu erinnern ist Balsam für die lädierte sächsische Seele in diesen Zeiten. Wenn es etwas gibt, das wirklich alle Sachsen eint, dann ist es der Stolz auf die Ingeniosität von einem August Horch, einer Melitta Bentz, einem Karl August Lingner. Die Liste ließe sich beliebig fortsetzen. Habe ich etwa Manfred von Ardenne vergessen? Oder Chemnitz, einst das deutsche Manchester?

Doch Geschichte stellt keine Freifahrscheine für die Zukunft aus. Wir steuern mittlerweile auf die vierte industrielle Revolution in nur 200 Jahren zu (daher das Stichwort »Industrie 4.0«). Sachsen will, Sachsen kann auch hier mithalten und mitgestalten. Wichtige Voraussetzungen sind, zumindest teilweise, erfüllt:

- *Eine exzellente, breit aufgestellte Lehr- und Forschungslandschaft? Haben wir, manchmal sogar mit Professoren, die im Herzen Entrepreneure sind.*
- *Innovative und global wettbewerbsfähige Unternehmen? Ist noch im Kommen, aber die Entwicklung seit 1990 ist sehr ermutigend.*
- *Gründer? Hier setzt sich das Rad langsam in Bewegung. Immerhin, es geht los (und in Leipzig sowieso schneller als woanders).*

Damit aus diesen Ingredienzen ein erfolgreiches Ganzes wird, muss Sachsen offen und attraktiv sein für die Top-Talente aus aller Welt. Der Wohlstand von morgen wird längst nicht mehr aus dem Boden geschürft oder auf Messen erwirtschaftet, er entspringt den Köpfen der Menschen. Und den kreativen Köpfen, den Visionären wie den Machern, den Erfindern wie den Gründern steht die ganze Welt offen. Eine starke Zivilgesellschaft ist inzwischen ein positiver Standortfaktor. Dazu gehört, dass Weltoffenheit nicht nur von 8 bis 18 Uhr im Labor, im Lehrsaal oder im Betrieb praktiziert wird, sondern auch im ganz alltäglichen Miteinander. Eine Gesellschaft, die sich im Zweifelsfall selber genug ist, verpasst ganz einfach ihre Chancen.

Die Welt wartet nicht auf mein Sachsen.

Jens Drews ist seit 20 Jahren Sprecher von Europas größtem Chipwerk, Globalfoundries Dresden. Das Unternehmen beschäftigt Mitarbeiter aus mehr als 50 Ländern.

3

Wie viel Hoffnung bleibt?

»Die Pegida-Bewegung hat an vielen Orten ein Klima des Hasses erzeugt«

Ein Interview mit Robert Kusche und Andrea Hübler von der Opferberatung des Vereins Regionale Arbeitsstellen für Bildung, Integration und Demokratie Sachsen e. V.

Frau Hübler, Herr Kusche, erleben Sie in Sachsen eine neue Form des Rechtsterrorismus?

Robert Kusche: Die Feindbilder der extremen Rechten und organisierter rassistischer Gewalttäter haben sich in den vergangenen 25 Jahren nicht verändert: Die Ziele von Sprengstoff- und Brandanschlägen sowie gezielten Überfällen sind wie schon Anfang der 1990er Jahre Geflüchtete, Migranten und Migrantinnen und sogenannte politische Gegner – also Linke, ehrenamtliche Flüchtlingsunterstützerinnen und -unterstützer sowie Mandatsträger der Linken und Grünen. Auch die Tatmittel – Sprengstoff, Brandsätze – werden schon lange eingesetzt.

Andrea Hübler: Neu als Feindbilder und Angriffsziele hinzugekommen sind Journalistinnen und Journalisten. Ebenfalls neu ist – das sehen wir beispielsweise in Freital, aber auch bei Gruppen wie der »Oldschool Society« –, dass langjährig aktive Neonazi-Kader sich mit radikalisierten Frauen und Männern aus der sogenannten gesellschaftlichen Mitte zusammenschließen. Zu den neueren Entwicklungen gehört dann auch, dass die Kommunikation dieser Gruppen in verschlüsselten Chats oder internen Foren stattfindet und dadurch auch eine überregionale Kommunikation und Koordinierung möglich ist.

Robert Kusche: Neben den klassischen Neonazis, die organisiert in Kameradschaften und Gruppen Sprengstoffanschläge begehen oder zu Ausschreitungen wie in Heidenau im Sommer 2015 mobilisieren, gibt es viele rassistische Gelegenheitstäter, einzelne Männer um die 40, die in dem aktuellen gesellschaftlichen Klima Rückenwind spüren, um ihren Hass in die Tat umzusetzen – sei es an der Straßenbahnhaltestelle, wo sie auf eine Frau mit Kopftuch treffen, oder im Regionalexpress oder im

Supermarkt, und die dann zuschlagen. So wie zwei wegen Drogendelikten vorbestrafte Brüder Anfang 20 aus Karlsruhe, die in Dresden Anfang Januar 2016 »wegen Köln« mit Hitler-Gruß auf eine Gruppe Geflüchteter losgegangen sind – zum Glück haben sich da viele Menschen schützend vor die Angegriffenen gestellt, aber das ist eher eine Ausnahme.

Und dazu kommen dann noch in kleineren Städten die selbsternannten Bürgerwehren, die in größeren Gruppen – wie beispielsweise in Wurzen – bewaffnet in Parks oder im öffentlichen Raum patrouillieren, um »mal aufzuräumen«.

Sie unterstützen unter anderem die Opfer der rechten Angriffe in Freital, aber auch in zahlreichen anderen Orten in Sachsen. Was bereitet Ihnen derzeit am meisten Sorgen?

Robert Kusche: Die Pegida-Bewegung hat an vielen Orten ein Klima des Hasses erzeugt. Wir haben seit dem Jahr 2014 eine dramatische Zunahme von rechten Angriffen registriert, die sich quasi wellenförmig durch alle Regionen in Sachsen zieht. Innerhalb von drei Jahren hat sich die Anzahl rechter Gewalttaten in Sachsen mehr als verdoppelt: Allein 2015 waren es 477 rechte Gewalttaten – und auch für 2016 sehen wir ein anhaltend hohes Niveau bei den Angriffen. Zwei Drittel davon sind Körperverletzungsdelikte, Sprengstoff- und Brandanschläge. Das heißt, täglich ereignet sich in Sachsen im statistischen Durchschnitt mindestens eine rechte oder rassistisch motivierte Gewalttat. Damit liegt Sachsen in Bezug auf die Einwohnerzahl bundesweit an der Spitze.

Andrea Hübler: Die Hemmschwelle ist so gesunken, dass bei Brand- oder Sprengstoffanschlägen auf bewohnte Häuser – wie beispielsweise auf die Moschee in Dresden – tatsächlich Menschenleben gefährdet sind. Und nicht nur Freital zeigt, dass das Potenzial für rechte Terrorgruppen in Sachsen vorhanden ist. Die Befürchtung, dass sich in einem Klima rassistischer Hetze und Mobilisierungen ein neuer »Nationalsozialistischer Untergrund« entwickelt, ist keineswegs aus der Luft gegriffen.

Robert Kusche: Wir waren deshalb auch sehr erleichtert, als mit dem Leipziger Polizeipräsidenten Bernd Merbitz ein hochrangiger Vertreter der Polizei in Sachsen im Frühjahr 2016 vor einer »Pogromstimmung« gewarnt hat. Denn vielerorts erleben wir von Seiten der Behörden eine klassische Täter-Opfer-Umkehr: Ein Beispiel ist Bautzen, wo die unbegleiteten minderjährigen Flüchtlinge von den Behörden nach der rassistischen Hetzjagd mit Ausgehverboten bestraft wurden, während sich der Landrat und der Bürgermeister öffentlichkeitswirksam mit Vertretern von rechten und neonazistischen Gruppen treffen, diese dadurch enorm aufwerten und ihnen noch mehr Selbstbewusstsein und Einfluss verschaffen.

Gibt es aus Ihrer Perspektive regionale Schwerpunkte?

Andrea Hübler: Im Jahr 2015 gab es eine große Zunahme von Angriffen im Landkreis Sächsische Schweiz-Osterzgebirge. Wir haben viele Angriffe und Gewalttaten in Freital und dann nach den rassistischen Mobilisierungen in Heidenau registriert. Seit dem Beginn der Pegida-Aufmärsche gehören auch Dresden und das Umland dazu. Bautzen hat sich ab Anfang 2016 ebenfalls als Schwerpunkt herauskristallisiert – die Hetzjagd auf Geflüchtete im September 2016 ist da nur die Spitze des Eisbergs. Hinzu kommen die Stadt Wurzen sowie die Großstädte Leipzig und Chemnitz und der Landkreis Leipzig.

Robert Kusche: Viele Angriffe, die für die Betroffenen schwerwiegende Folgen haben, werden jenseits einer lokalen Öffentlichkeit kaum noch wahrgenommen. Zum Beispiel gab es am gleichen Wochenende im Februar 2016, als durch einen Brandanschlag auf das Hotel »Husarenhof« in Bautzen die dort geplante Geflüchtetenunterkunft in Flammen aufging, auch einen Brandanschlag auf eine bewohnte Flüchtlingsunterkunft in Löbau. Und nach der Hetzjagd auf jugendliche Flüchtlinge im September 2016 in Bautzen hat auch in Löbau eine große Gruppe von Neonazis Flüchtlinge durch die Stadt gejagt. Dabei erlitt ein syrischer Mann mehrfache Knochenbrüche, und als dann der Krankenwagen kam, um den Verletzten abzutransportieren, hat eine größere Gruppe von Rechten auch noch den Einsatz der Rettungskräfte blockiert. An manchen Wochenenden können wir quasi live in den sozialen Medien verfolgen, wie sich potenzielle Täter durch »erfolgreiche« Angriffe und Anschläge ermutigt fühlen, auch loszuziehen und zuzuschlagen. Und da die Aufklärungsquote noch immer viel zu gering ist, müssen sie auch nicht befürchten, strafrechtlich zur Verantwortung gezogen zu werden.

Andrea Hübler: Die gestiegenen Angriffszahlen bedeuten, dass wir einen extrem hohen Bedarf an professioneller Beratung und Begleitung haben – und damit ein Beratungsaufkommen, das uns vor neue Herausforderungen stellt. Allein in Freital gibt es zwei Dutzend Betroffene der rechten Anschläge und Angriffe, die Unterstützung gesucht haben. Nach jedem Wochenende kommen neue Anrufe und Bitten um Unterstützung hinzu, aber in unseren Anlaufstellen in Leipzig und Chemnitz arbeiten wir mit jeweils nur zwei Beraterinnen und Beratern, die auch keine Vollzeitstellen haben. In Dresden sind wir zu dritt auf Teilzeitstellen, hier bieten wir inzwischen zusätzlich auch noch eine Online-Beratung für akute Fälle an, die in einem Flächenland wie Sachsen helfen soll, die weiten Strecken zu überbrücken.

Wie können Sie konkret Hilfe anbieten?

Robert Kusche: Wenn wir beispielsweise erfahren haben, dass eine Erdgeschosswohnung oder eine Unterkunft von Asylsuchenden mit Steinen, Böllern oder Sprengsätzen beworfen wurde, nehmen wir aktiv mit den Betroffenen Kontakt auf und klären die dringendsten Probleme: Je nach Angriffsfolgen und der Situation vor Ort geht es dabei um so praktische Fragen wie:»Woher bekomme ich eine neue Fensterscheibe oder eine neue Haustür?«oder:»Wie kommen meine Kinder ohne weitere rassistische Belästigungen zur Schule?« Wir erklären, wie ein Strafverfahren abläuft und welche Rechte die Betroffenen haben – zum Beispiel als Nebenklägerinnen und Nebenkläger. Wir bieten an, dass wir sie zur Polizei oder vor Gericht begleiten und sie bei der Suche nach qualifizierten Anwältinnen und Anwälten unterstützen.

Andrea Hübler: Und wir führen viele Gespräche darüber, was diese Angriffe mit den Menschen machen. Wir können sicherlich eine Menge Unterstützung anbieten. Aber für die zentrale Frage, nämlich:»Was haben die Leute gegen uns? Wir sind doch vor Krieg und Terror geflohen und wollen hier einfach nur in Ruhe leben«, können wir keine Lösung anbieten. Wir wissen, dass es hier ein Problem mit Rassismus gibt, das wir nicht von heute auf morgen ändern können.

Robert Kusche: Sich selbst einzugestehen, dass wir als Beraterinnen und Berater oft in einer ohnmächtigen Situation sind – das war ein harter Lernprozess in den vergangenen zwei Jahren. Wir können keine Garantie für Sicherheit geben, wir können nur versuchen, dafür zu sorgen, dass die staatlichen Institutionen, die für alle hier Lebenden Sicherheit garantieren sollen – Polizei und Justiz –, dieser Aufgabe nachkommen.

Andrea Hübler: Ein gutes Beispiel dafür ist Bautzen. Wir haben nach der Angriffsserie auf sorbische Jugendliche dort seit 2015 verstärkt Betroffene begleitet und waren vor Ort aktiv. Ab 2015 gab es in der Stadt quasi monatlich Naziaufmärsche und Kundgebungen – und im Anschluss daran gab es schon Hetzjagden auf nichtrechte und alternative Jugendliche. Wir haben dann Zeugen und Betroffene zur Polizei begleitet und haben – wie auch andere Initiativen – darauf hingewiesen, dass das Problem immer stärker wird. Aber es gab einfach keine adäquate Reaktion der Behörden darauf. Als dann Anfang 2016 unbegleitete minderjährige Flüchtlinge in Bautzen untergebracht wurden, haben wir und andere von Anfang an gewarnt – denn die Situation war schon länger problematisch. Es gab weiterhin keine Reaktionen und wenn, dann waren fast immer die Geflüchteten das Problem.

Robert Kusche: Zwei Tage vor der Hetzjagd im September waren wir noch mal vor Ort. Wir haben darauf hingewiesen, dass die permanenten Polizeikontrollen der jugendlichen Geflüchteten nur die Rechten bestärken. Und als es dann geknallt hat, waren wir wirklich nicht überrascht und gleichzeitig wahnsinnig frustriert. Denn wir hatten letztendlich nie ausreichende Ressourcen, um in Bautzen wirklich wöchentlich beim Bürgermeister oder Polizeipräsidenten oder Jugendamt vorzusprechen und ihnen die Perspektive der Betroffenen aufzuzeigen.

Andrea Hübler: Das allgegenwärtige Gefühl bei vielen unserer Klientinnen und Klienten ist schlichtweg Angst. Wir sind damit konfrontiert, dass erwachsene Männer Kinder allein aufgrund ihrer Herkunft oder Hautfarbe bedrohen und schlagen. Unmittelbar nach Beginn der Pegida-Bewegung beispielsweise hat in Dresden ein Mann zwei kleine Kinder bedroht – das Mädchen wollte er am Kopftuch aufhängen und den Jungen erschießen. Da sind inzwischen jegliche Hemmschwellen gefallen.

Robert Kusche: Noch schwieriger ist es, wenn wir von dem ganz alltäglichen Rassismus erfahren – wenn die Menschen auf der Straße oder in der Nachbarschaft, beim Einkaufen oder im Bus mit den immer gleichen Halsabschneidegesten, Hitler-Gruß, Affenlauten und kleinen Schubsereien konfrontiert sind und wissen, dass sie, wenn sie sich zur Wehr setzen, auf jeden Fall mehr Probleme haben als die Täter. Wir erleben verzweifelte Eltern und wütende Jugendliche, die vor allem eines wollen: Weg aus Sachsen – und das ist nicht möglich.

Andrea Hübler: Es gibt so viele Beispielfälle dafür, wie die Menschen im Alltag zermürbt werden. Zum Beispiel die syrische Mutter, die allein mit ihrer kleinen Tochter und ihrem Sohn in Dresden ist, weil ihr Ehemann im Libanon festsitzt. Wenn sie ihren Sohn mit der Straßenbahn zur Schule bringt, begegnet sie einer Frau, die ihr den Mittelfinger zeigt. Unbekannte haben ihr Wohnungsschloss mit Sekundenkleber zugeklebt. Sie verlässt inzwischen aus Angst vor Anfeindungen die Wohnung nach Einbruch der Dunkelheit nicht mehr.

Was müsste sich Ihrer Ansicht nach ändern bei staatlichen Institutionen wie Polizei und Justiz?

Andrea Hübler: Aus unserer Perspektive muss sich gerade im Bereich der Justiz eine Menge ändern – sowohl in Bezug auf die Anerkennung von rassistischen Tatmotivationen als auch ganz schlicht bei der Bearbeitungszeit. Wir haben aktuell zwei Fälle, bei denen wir mit den Betroffenen seit nun zwei beziehungsweise drei Jahren auf eine Gerichtsverhandlung warten. In beiden Fällen sind mehrere junge Männer mit zum Teil rechtem Hintergrund angeklagt. Die Prozesse waren mehrfach angesetzt und platzten jedoch wiederholt, weil Angeklagte oder Anwälte fehlten. Die Betroffenen und Zeugen erschienen mehrfach umsonst vor Gericht und warten nun weiter auf einen neuen Termin. Da es weder ein Ordnungsgeld noch andere Zwangsmittel gab, ist das Signal an die Täter, dass der Rechtsstaat es nicht sonderlich ernst meint und sie kaum mit Konsequenzen zu rechnen haben. Das entmutigt nicht nur die unmittelbar betroffenen Opfer, sondern auch deren Familien und Freunde, die sich beim nächsten Mal sehr genau überlegen werden, ob sie noch einmal Anzeige bei der Polizei stellen werden.

Robert Kusche: Für pogromartige Zustände wie in Heidenau und Bautzen braucht es die rassistische gewaltbereite Menge, die applaudierende Deckungsmasse und eine nicht handelnde Ordnungsmacht.

Leider sind wir weit davon entfernt, sagen zu können, dass sich Szenen wie in Heidenau im September 2015 nicht noch einmal wiederholen werden. Denn auf landespolitischer Ebene passiert eindeutig zu wenig. Dem Bekenntnis durch Ministerpräsident Tillich, dass Sachsen ein Problem hat, das zu lange nicht gesehen worden ist, müssen jetzt Taten folgen.

Das Interview führte Heike Kleffner.

Hannah Eitel (Stiftungsmitarbeiterin)

Der völkische Nationalismus fordert eine vollkommene und ethnische Gemeinschaft, die als natürlich gewachsen gilt. Nach dieser Vorstellung können Eingewanderte nie wirklich deutsch sein, auch wenn sie die deutsche Staatsbürgerschaft besitzen. Dazu kommt, dass die Nation einen einzigen gemeinsamen Willen auf mystische Weise in sich zu tragen scheint. Diesen Volkswillen müssten alle teilen; wer davon abweicht, kann nicht wirklich zum Volk gehören. Es gibt keinen Platz für Verschiedenheit.

Wer den »Volkswillen« nicht teilt, gehört nicht mehr dazu – ist Lügenpresse, Volksverräterin, Minderheitenterrorist, heimliche Diktatorin, Invasor oder ferngesteuerte Marionette.

Das hängt zusammen mit einem autoritären Bild von Demokratie. Weil im völkischen Denken alle völlig gleich sind, muss Pegida nicht diskutieren, sondern nur den Volkswillen ausrufen. Tatjana Festerling hat die Dresdner Dialogforen »Quasselrunden« geschimpft, weil am Ende kein eindeutiger Wille verkündet wurde. Sie beschreibt Demokratie als Beziehung von Befehl und Gehorsam: Der Politiker führt als »Angestellter« des Volkes dessen »Anweisungen« durch. Undenkbar zu zweifeln, zu widersprechen oder zu verhandeln. Der Wille des Volkes muss hart durchgesetzt werden.

Die bisherige Debatte über Pegida hat dieses autoritäre Demokratieverständnis meist ausgeblendet. In Umfragen fanden die meisten der Pegida-Teilnehmenden Demokratie eine gute Idee. Nur: Die Forschungsteams fragten kaum danach, wie die Demonstrantinnen und Demonstranten sich Demokratie eigentlich vorstellen.

Der »Sachsen-Monitor« kommt daher wie eine böse Überraschung: Die Mehrheit der Befragten in Sachsen spricht sich für eine Einheitspartei aus, die den Volkswillen umsetzen soll, und für eine Politik mit harter Hand. Das zeigt erneut: Die völkische Rechte ist nicht von einem anderen Stern, sondern Teil dieser Gesellschaft. Die sächsische CDU etwa fährt seit Jahren einen autoritären Politikstil mit nationalistischer Rhetorik. Sie schrieb 2005 von der »Schicksalsgemeinschaft der Nation« und wünschte sich einen Patriotismus, der »opferwillige Diener am Gemeinwohl« hervorbringe. Auch hier gibt es nur das Volk, die einzelnen Bürgerinnen und Bürger verschwinden dahinter.

Die völkische Bewegung knüpft an verbreitete autoritäre und nationalistische Einstellungen an. Wenn es derzeit um Asyl geht, ist kaum Platz, um über das bedingungslose Grundrecht des Einzelnen zu sprechen. Stattdessen wird allseits gefragt, wie viel das Volk »vertragen« kann.

Hannah Eitel arbeitet bei Weiterdenken – Heinrich-Böll-Stiftung Sachsen zum Thema Rechtspopulismus.

Matthias Meisner

Netzaktivismus als Gegenöffentlichkeit
Über die Projekte »Perlen aus Freital«, »Hoaxmap« und »Straßengezwitscher«

»Bekannt aus den Perlen aus Freital«, twitterte ein Reporter der *Dresdner Morgenpost*, als er im November 2016 über den Strafbefehl gegen den »Facebook-Hetzer« Robert Z. aus Freital berichtete. Unter dem Pseudonym »Mike Heß« hatte Z. Flüchtlingen und anderen Migranten den Tod gewünscht. Er schrieb etwa: »Nur ein toter Pole ist ein guter Pole.« Über den Linken-Stadtrat Michael Richter postete er: »Der gehört an die Wand gestellt.«

Z. muss eine Geldstrafe von 1125 Euro zahlen – das Amtsgericht Dippoldiswalde hatte die Summe halbiert, weil Z. seit mehr als einem Jahr arbeitslos ist, mehr als 3000 Euro Schulden hat und – wenn auch unregelmäßig – Unterhalt für seinen Sohn zahlt.

Womöglich ist die Verurteilung von Robert Z. tatsächlich erst möglich geworden, weil die »Perlen aus Freital« dessen Hass-Postings publik machten – so wie viele andere auch. »Perlen aus Freital« ist ein im Sommer 2015 gestartetes Projekt, mit Tumblr-Blog, Facebook-Auftritt und Twitter-Account. Allein den Tumblr-Blog hatten nach dem Start binnen einer Woche mehr als 3000 Menschen aufgerufen – es war die Zeit, als die Kleinstadt Freital bei Dresden bundesweit in den Schlagzeilen war. Nach wochenlanger Hetze und Demonstrationen gegen die Unterbringung von Flüchtlingen im ehemaligen »Leonardo«-Hotel war eine Bürgerversammlung völlig aus dem Ruder gelaufen.

Die »Perlen aus Freital« dokumentierten und dokumentierten. Ein Beispiel von Hunderten aus dem Sommer 2015: Ein Mann postete auf der Facebook-Seite »1 000 000 Stimmen gegen die Islamisierung«: »Ich geh immer im Supermarkt und stech in die verkackten Halal Sachen Löcher rein...... empfehle ich Jeden hier, lasdt Euch aber nicht erwischen.« Auf der Facebook-Seite des Freitaler Pegida-Ablegers Frigida hieß es: »Wer weis was die Schmarotzer noch für Krankheiten mitbringen, gerade Afrika hat ja eine hohe HIV rate.«

Die Gesichter auf den Facebook-Posts werden von den Bloggern verpixelt, die Namen und die Quellen aber genannt. Dokumentiert wurden zunächst nur Wortmeldungen aus Freital, bald aber aus ganz Deutschland. So erfolgreich, dass etwa die Berliner Polizei berichtete, Hass-Postings, die von dem Internet-Blog »Perlen aus Freital« öffentlich gemacht werden, würden häufig auch den Strafverfolgungsbehörden gemeldet.

Das Projekt polarisierte und wurde für die anonymen Betreiber schon bald gefährlich. Facebook-Hetzer drohten den Betreibern mit Anzeigen und sogar dem Tod.[1] Einer schrieb auf Facebook, er werde »selbstjustiez üben und sie ausfindig machen«. Und weiter: »Es wurde eine Gruppe eingerichtet die dazu bereit ist Sie zu lünchen.«

Den Netzaktivisten der ersten Stunde wurde die Situation bald zu heikel. Sie gaben nach Morddrohungen auf, fanden aber bald Nachfolger, die die Arbeit – wiederum anonym – fortführten.

Aus vielen Parteien gab es Solidarität. Sachsens Ausländerbeauftragter Geert Mackenroth (CDU) etwa verwies darauf, dass die »Perlen aus Freital« die Arbeit der Strafverfolgungsbehörden erleichtern könnten. »Unaufrichtig und feige« sei es, sich mit harschen Kommentaren hinter der Anonymität des Internets zu verstecken. Dort beobachte er eine »teilweise erschreckende verbale Aufrüstung«, die, wie er weiter sagte, »umschlagen kann in handfeste Gewalt«. Eine Einschätzung, die sich allzu oft und nicht nur in Freital als sehr wahr erweisen sollte. Mackenroth warnt: »Der Rechtsstaat muss darauf achten, dass es nicht zu einer Täter-Opfer-Umkehr kommt. Wer rassistische Hetze im Internet verbreitet, sollte Post vom Staatsanwalt bekommen, nicht jene, die über Rassismus berichten.«

Bei Facebook selbst muss sich diese Linie erst noch durchsetzen. Allzu oft blieben und bleiben volksverhetzende und strafrechtlich relevante Einträge ungelöscht – obwohl die Politik Rassismus im Netz zum Thema gemacht und Bundesjustizminister Heiko Maas (SPD) eine eigene Task-Force ins Leben gerufen hat.

Trotzdem kam es im Februar 2016 zu einem absurden Vorgang: Facebook setzte die Seite der »Perlen aus Freital« auf »unveröffentlicht«. Gepostete Inhalte entsprächen nicht den Gemeinschaftsstandards, hieß es zur Begründung.

Doch das soziale Netzwerk machte rasch einen Rückzieher. Sogar Heiko Maas hatte öffentlich protestiert: »Auch Seiten, die rassistisches Gedankengut dokumentieren, können ein wichtiger Beitrag einer aktiven Zivilgesellschaft beim Kampf gegen rechten Hass sein. Strafbare Inhalte sollten aus dem Netz verschwinden, nicht der Kampf der Zivilgesellschaft gegen Hasskriminalität.«

Die »Perlen aus Freital« sind eine Erfolgsgeschichte, selbst wenn die Reichweite ihrer Seiten zuletzt etwas zurückgegangen ist. So wie auch ein gleichfalls im Jahr 2015 in Sachsen gestartetes Projekt – der Twitter-Account »Straßengezwitscher«.

Bürgerjournalismus live

Anfang März 2015: Johannes Filous und Alexej Hock, damals Studenten und beide Mitte 20, beobachteten, wie mehrere Hundert Angreifer nach einer der montäglichen Pegida-Kundgebungen auf ein Protestcamp Geflüchteter vor der Dresdner Semperoper losgingen.

Aus der Horde habe man »Weg mit dem Dreck!« gehört, und immer wieder Rufe »Räumen, Räumen«, schilderten die beiden ein gutes halbes Jahr später, als sie in Berlin von Lea Rosh ausgezeichnet wurden mit dem Preis für Zivilcourage, den der Förderkreis »Denkmal für die ermordeten Juden Europas« und Berlins Jüdische Gemeinde jährlich vergeben.[2] Es war der Zeitpunkt, als sich Filous und Hock mit ihrem Twitter-Projekt @streetcoverage hinauswagten aus der Anonymität. 2016 kam der Grimme Online Award dazu.

Der Angriff gegen die vor der Semperoper campierenden Flüchtlinge war zum Impuls geworden für Bürgerjournalismus neuer Form – fortan verbreiteten die beiden Gründer über den Kurznachrichtendienst Twitter Informationen über Anti-Flüchtlings-Proteste in Sachsen, Texte, Fotos, bald auch Videos. »Ohne große Planung« war »Straßengezwitscher« entstanden, wie Alexej Hock sagt, als Zwei-Mann-Projekt. Ein handgemaltes Logo, im Twitter-Profil hieß es dazu: »Reportagen und Liveticker von dort, wo es brennt«.

Die Reichweite stieg rasch: Nach Attacken gegen Flüchtlinge in Freital und Heidenau stieg die Followerzahl, inzwischen liegt sie bei mehr als 20 000. Die »Straßengezwitscher«-Reporter und Reporterinnen waren unter den Ersten, die live und vor Ort von rassistischen Mobilisierungen berichteten, oft vor den professionellen Berichterstattern der Lokalpresse. Das Team hatte sich bald vergrößert, inzwischen sind mehr als ein Dutzend Reporter und Reporterinnen regelmäßig unterwegs. Anlass für Einsätze gab es mehr als genug: Bis zu 30 rechte Demonstrationen innerhalb einer Woche wurden im Herbst 2015 in Sachsen registriert.

»Straßengezwitscher« versteht sich als Gegenöffentlichkeit. Nachrichten, harte Fakten, aber auch immer ein kritischer Blick. Zum Beispiel im Juni 2015, Freital, eine Zusammenrottung gegen Flüchtlinge vor dem ehemaligen »Leonardo«-Hotel, das zur Erstaufnahmeeinrichtung für Asylsuchende geworden war. Filous twittert: »Persönliches Empfinden: Polizei nicht als Schutz vor Ort, sondern zur Deckung eines gewaltbereiten Mobs. #sächsischeverhältnisse #freital«.[3]

Das Ehrenamts-Projekt »Straßengezwitscher« wurde bald auch zur geschätzten Quelle von klassischen Medien. Derweil gingen die Macher und Macherinnen immer systematischer vor: Sie verlangten Auskünfte von den Behörden, wann wo welche rechten Kundgebungen geplant sind. Manchmal bekamen sie die freiwillig. In bestimmten Regionen mussten sie dafür allerdings auch erst den Rechtsweg wählen, zum Beispiel im Landkreis Sächsische Schweiz-Osterzgebirge, zu dem auch Freital und Heidenau gehören. Mit Hilfe der Journalistengewerkschaft »dju in Verdi« konnten sie schließlich den Anspruch durchsetzen, Informationen über angemeldete Anti-Flüchtlings-Aufmärsche zu bekommen.[4] Die bilden nun auch die Basis für das nächste Projekt: #crowdgezwitscher. Damit soll eine Plattform geschaffen werden, auf der sachsenweit alle Informationen zu rechten Kundgebungen und den dazugehörenden Facebook-Seiten erfasst werden. Alexej Hock kündigt ein Netzwerk von mobilen Reporterinnen und Reportern an, »die unter Einhaltung von journalistischen Standards« berichten. In einer Datenbank werden Hintergründe zusammengefasst. #crowdgezwitscher will so zur »ersten Anlaufstelle« für Recherchen auf dem Gebiet der rechten Szene werden.

Wider die Gerüchte

Gegenöffentlichkeit, Bürgerjournalismus – ohne ein weiteres Projekt nicht zu denken, das Anfang 2016 ebenfalls keinesfalls zufällig in Sachsen gestartet wurde: die »Hoaxmap«. Von Leipzig aus initiierte Karolin Schwarz ein Portal, das im gesamten deutschsprachigen Raum Gerüchten über Geflüchtete nachgeht. Aber, wie Schwarz sagt, »aus den sächsischen Umständen heraus« entstanden sei. »In Sachsen«, so die Macherin, »besteht ständig die Gefahr, dass auch konstruierte Vorfälle für die Mobilisierung zu rassistischen Demonstrationen und Kundgebungen genutzt werden.« Die, wie sie hinzufügt, im Freistaat »im Übermaß« angemeldet würden.

Schwarz kam während ihrer ehrenamtlichen Arbeit in einer Leipziger Erstaufnahmeeinrichtung auf die Idee mit der »Hoaxmap«. Inzwischen konnte sie bis Ende 2016 gemeinsam mit weiteren Helfern mehr als 400 Fälle dokumentieren – Belästigung, Betrug, Raub, Diebstahl, Mord –, die sich als unwahr herausgestellt hatten. Der erfundene tote Syrer vom Lageso in Berlin findet sich ebenso wie der Fall der 13-jährigen Lisa aus Marzahn-Hellersdorf, deren Vergewaltigung durch »Südländer« frei erfunden war.

Karolin Schwarz hält ihr Projekt gerade in Sachsen für besonders wichtig. Hier sei jahrelang zu wenig getan worden, um rechtsextremistische Übergriffe zu verhindern, die Zivilgesellschaft deshalb in besonderer Weise gefragt. Unter den Städten war Dresden Ende 2016 mit elf Fällen Gerüchte-Spitzenreiter – darunter die Falschbehauptung von AfD-Chefin Frauke Petry, Mitarbeiter der Technischen Universität dürften unter Androhung von Sanktionen nicht an Pegida-Demonstrationen teilnehmen. Und unter den 20 ersten Gerüchten und Falschmeldungen, die für die »Hoaxmap« gesammelt wurden, kamen allein vier aus Bautzen. Inzwischen sind weder »Hoaxmap« noch »Perlen aus Freital« und »Straßengezwitscher« wegzudenken – weder für diejenigen in Sachsen, die an der Seite der bedrohten demokratischen Kultur stehen, noch für diejenigen, die außerhalb Sachsens wissen wollen, was vor Ort passiert.

Anmerkungen

1 Matthias Meisner: Morddrohung gegen Flüchtlingsaktivisten, Tagesspiegel, 14.07.2015, www.tagesspiegel.de/politik/blog-perlen-aus-freital-morddrohung-gegen-fluechtlingsaktivisten/12048210.html [gesehen am 23.1.2017]

2 Andrea Dernbach: Preis für Dresdner Zwitscherer, Tagesspiegel, 2.11.2015, www.tagesspiegel.de/politik/gegen-fremdenhass-preis-fuer-dresdner-zwitscherer/12533104.html [gesehen am 23.1.2017]

3 Matthias Meisner: Der Rassismus organisiert sich – aber auch seine Gegner, Tagesspiegel, 10.7.2015, www.tagesspiegel.de/themen/reportage/freital-und-meissen-der-rassismus-organisiert-sich-aber-auch-seine-gegner/12035928.html [gesehen am 23.1.2017]

4 Daniel Drepper: Wie zwei Reporter sich nach zehn Monaten gegen das Landratsamt Pirna durchsetzten, Correctiv, 19.8.2016, https://correctiv.org/blog/auskunftsrechte/artikel/2016/08/19/wie-zwei-reporter-sich-nach-zehn-monaten-gegen-das-landratsamt-pirna-durchsetzten/ [gesehen am 23.1.2017]

Mein Sachsen

Neustadt, Dresden. Ich ging mit Freunden aus, wir waren ausgelassen, heiter. Plötzlich rief irgendjemand von der Seite: »Hier in Deutschland darf man nur mit gültiger Staatsbürgerschaft sein!« Der Abend war gelaufen. Alltagsrassismus trifft hart und vor allem unerwartet. Dass Glatzen mit einschlägigen Tattoos und Klamotten keinen Hehl aus ihrer Ideologie machen, ist kein Geheimnis. Dass aber potenziell alle Menschen rassistisch handeln, ist weit weniger bekannt. Und so ist jede Begegnung mit einem mir unbekannten Menschen wie ein Minenfeld. Es stellt sich mir nicht die Frage, ob, sondern wann etwas Rassistisches passiert, ganz ohne eigenes Zutun. Das auffälligste Accessoire ist und bleibt in Deutschland immer noch meine Hautfarbe.

Dennoch überrumpelt mich dieser locker-flockige Rassismus jedes Mal aufs Neue. Es sind diese kleinen Stiche auf dieselbe Stelle, die mich hier unwillkommen fühlen lassen. Wie kann es sein, dass – nicht nur in Dresden, sondern in Leipzig, Halle und auch in Berlin – mir wildfremde Menschen immer wieder den gleichen Blick zuwerfen, unabgesprochen die gleichen rassistischen Sachen sagen, und der Schmerz immer wieder an derselben Stelle auftritt?

Ich fühle noch mehr Unwohlsein, wenn ich in die Sächsische Schweiz fahre. Dort komme ich mir vor wie ein Fremdkörper. Deutsche Bergnatur und vietnamesisches Migrationskinddasein geht für viele nicht zusammen, manchmal selbst für mich nicht. Rassismus verzerrt deine Eigenwahrnehmung. Du bist dir nicht mehr sicher, ob du so sein darfst, wie du willst, weil ständige Fremddefinierung mit unausgesprochenen Labels wie »typisch asiatisch« oder »Ach, so etwas machst du als Asiatin?« dir ein vorgefertigtes Bild liefern, das du weder einhalten kannst noch willst. Dagegen hilft nur: radikale Ehrlichkeit sich selbst gegenüber. Und beständige, radikale Zurückweisung gegen rassistische Aggressorinnen und Aggressoren. Aber das ist oft einfacher gesagt als getan. Doch es gibt Hoffnung.

Erst neulich war ich in einem kleinen Örtchen in der Sächsischen Schweiz: Als zwei weiße Jungs auf ihren Rädern an mir vorbeifuhren, rief einer der beiden mir etwas zu. Ich hatte es nicht richtig verstanden, aber konnte gerade so noch die Laute »Chi-« und irgendwas mit »Cho-« heraushören.

Als ich zu einer bissigen Antwort ansetzte, kam mir sein Kumpel jedoch zuvor: »Ey, das ist 'ne Beleidigung, Alter!«, zischte der Junge erschrocken. Der andere erwiderte kleinlaut irgendetwas und beide eilten davon. Ich war amüsiert und mein Abend war danach nicht gelaufen.

Han Le ist Kommunikationsdesignerin und antirassistische Feministin.

Imran Ayata
Deutschland liegt in Sachsen

Die vermeintlich gute Nachricht vorneweg: Rechte Gewalt und Rassismus sind weder Exklusivprobleme Ostdeutschlands noch Sachsens. Gruppenbezogener Hass begegnet uns selbstverständlich auch von Schleswig-Holstein bis Baden-Württemberg, in Europa und auf anderen Kontinenten. Abgesehen davon ist rassistische Ausgrenzung und Gewalt sehr viel älter als das wiedervereinigte Deutschland. Vereinfacht gesprochen ist Rassismus ein universelles Phänomen, das vor Ort soziale Wirklichkeiten entfaltet und sich von dort über die sozialen Medien in Windeseile verbreitet. Er lässt sich also gar nicht mehr lokal eingrenzen. So spezifisch gesellschaftliche Strukturen oder ökonomische wie soziale Rahmenbedingungen in Sachsen auch sind, so wenig hat Rassismus etwas mit sächsischer Mentalität zu tun. Rassismus ist ein dynamisches Feld, in dem politische Ideologien, sozialpsychologische Einstellungen, Apparate, Akteure und Milieus, soziale und politische Kontexte und öffentliche Diskurse zusammenfinden. Er ist Konjunkturen und Kämpfen unterworfen. Daraus lassen sich spezifische Muster des Rassismus und Antirassismus gleichermaßen erkennen. Dennoch bleiben Verbindungslinien.

Als sich im Februar 2016 der rechte Mob in Clausnitz stundenlang grölend einem Bus mit Geflüchteten in den Weg stellte und sie daran hinderte, ihre Unterkunft zu beziehen, verbreitete sich dies nicht nur über antirassistische Netzwerke, sondern vor allem über gängige Kanäle im Netz sowie das Radio und Fernsehen. Schon war Sachsen ein weiteres Mal über seine Landesgrenzen hinweg im Fokus der Öffentlichkeit. Gerade auf Plattformen wie Twitter und Facebook konnte man beobachten, wie diese Aggression des rechten Mobs bei den einen Wut und Fassungslosigkeit, bei den anderen Reflexe des Verständnisses auslöste – schließlich fühlten sich Menschen in Clausnitz durch die Ankunft von Geflüchteten bedroht. Die rechtsextreme Szene in Sachsen glorifizierte und feierte die Wehrhaftigkeit der sächsischen Bürger. In allem zeigte sich aber auch eins: Deutschland liegt in Sachsen. Denn was dort geschieht, geht uns alle an.

Das könnte ein möglicher Ausgangspunkt für eine neue gesellschaftspolitische Auseinandersetzung sein, in deren Mittelpunkt die Frage steht, wie in Zeiten der Globalisierung, der fortwährenden Bewegung von Menschen über Grenzen hinweg, trotz aller Differenzen, ein gemeinsames, pluralistisch-solidarisches Leben möglich ist. Ob wir es wollen oder nicht, die Grenzen von In- und Ausland, drinnen und draußen oder »wir« und »sie« verschwinden zunehmend. Daraus erwächst nicht nur die Notwendigkeit, sich globalen Entwicklungen wie Migration und Einwanderung zu stellen, sondern zu akzeptieren, dass man weder in Sachsen noch sonst wo in Deutschland in einer *gated community* leben kann, auch wenn von rechten Nationalisten über die AfD bis hin zu Politikern aus dem bürgerlichen und sozialdemokratischen Lager dieser Eindruck immer wieder erweckt wird. Zudem beobachten wir, wie sich Landes- und Bundespolitiker aus allen demokratischen Parteien, gesellschaftliche Akteure, Wissenschaftler und Medien in die menschenverachtende Politik der AfD hineinzudenken versuchen und ihren offen artikulierten Rassismus dechiffrieren wollen. Ähnliche Muster erkennt man auch in Empathiebekundungen für Wutbürger oder Pegida-Anhänger. Rechten Extremisten und selbsternannten Rechtspopulisten nach dem Mund zu reden, führt zuallererst dazu, ihren politischen Vorstellungen und Forderungen im Ergebnis mehr Legitimation zu verschaffen, selbst wenn das nicht intendiert war. Wer aber glaubt, so die Unterstützung für AfD & Co. zu schwächen, ignoriert, dass solche Vorhaben in anderen europäischen Ländern krachend gescheitert sind. Lieber das Original statt die Kopien, scheint für viele die Leitorientierung zu sein.

Vielversprechender wäre eine Aufkündigung des hassproduzierenden Dialogs mit jenen, die Rassismus instrumentalisieren, um daraus politisches Kapital für sich zu schlagen. Wir sollten aufhören, den Rechten und der AfD das Wort zu reden und gleichzeitig den sich radikalisierenden politischen Islam bekämpfen, der ein solidarisches Miteinander existenziell bedroht. Der Kampf gegen den sich radikalisierenden Islam und Terror ist ein politischer, der auch hier bei uns geführt werden und sich gleichzeitig gegen den Anti-Islamismus à la AfD und anderen wenden muss. Es muss darum gehen, Menschen, unabhängig ihrer Herkunft und sozialen Lage, ein Angebot zu unterbreiten, dass ihnen ermöglicht, die Bedingungen des gesellschaftlichen Zusammenlebens hier gleichberechtigt mitverhandeln zu können.

Das ist alles andere als einfach. Im Gegenteil: Das ist extrem kompliziert. Für eine solche Auseinandersetzung sind grundlegende Klärungen notwendig. Eine davon lautet, nicht mehr vom Rechtspopulismus zu sprechen, wenn es doch um Rassismus geht. Es eröffnet außerdem neue Perspektiven und politische Optionen, endlich Abschied davon zu nehmen, soziale Fragen zu ethnisieren.

In einem Interview mit den *Blättern für deutsche und internationale Politik* (11/16) führte Jürgen Habermas die Kritik aus, dass das politische Establishment und etablierte Medien »von Anfang an die falsche Richtung eingeschlagen« haben. »Der Fehler bestand darin, die Front anzuerkennen, die der Rechtspopulismus definiert: ›Wir gegen das System‹.« Wer mit Rechtspopulisten öffentlich debattiere, verschaffe ihnen Aufmerksamkeit und mache den Gegner stärker. Rechtspopulismus aber, so Habermas weiter, verdiene Verachtung statt Aufmerksamkeit. Wie artikuliert sich Verachtung politisch, wenn sie nicht öffentlich wird? Ist das überhaupt möglich? Wie kann dann eine diskursive Verschiebung in Gang gesetzt werden? Greift Habermas' Vorschlag, mit »Dethematisierung« dem »Rechtspopulismus das Wasser ab(zu)graben«, nicht zu kurz? Steckt darin nicht das Eingeständnis politischer Schwäche und ein Rückzug aus politischen Debatten, die aber mehr denn je geführt werden müssen, selbstverständlich auch in Sachsen?

Denn es hilft alles nichts: Gerade wegen der »demokratischen Polarisierung«, die Habermas einfordert, müssen wir uns dem Rassismus und dem rechten Nationalismus stellen, nicht nur in den sozialen Medien und TV-Talkshows. Diese haben einen großen Anteil daran, dass sich die überwiegende Mehrheit der Gesellschaft daran gewöhnt hat, dass rassistische Diskriminierungen verharmlost, Menschengruppen stigmatisiert, Flüchtlingsheime, Aktivisten und Politiker angegriffen werden. Indem wir der Gewöhnung nichts entgegenstellen, erfahren rechter Nationalismus, Ressentiment sowie Hass weiter Akzeptanz.

Ein weitverbreiteter Irrglaube besteht darin, dass man Bautzenern, Dresdenern, Heidenauern und allen anderen Bürgern, die den sozialen Abstieg erleben oder um ihre Zukunft fürchten, genau zuhören und verstehen müsse. Seit Jahren werden wir damit konfrontiert, die Sorgen und Ängste »der Menschen« ernst zu nehmen. Genauer genommen werden wir permanent Zeuge davon, wie Medien und Politiker im Loop diese Notwendigkeit artikulieren und die Angst der Mittelschicht vor dem sozialen Abstieg rassistisch instrumentalisieren. Dass Geflüchtete mit lange existierenden sozialen Problemen in Verbindung gebracht werden – genau darin liegt die Instrumentalisierung. Ihre Fortschreibung erfährt sie in dem Aufbau von Bedrohungsszenarien, die durch fortwährende Migration und die Ankunft von Geflüchteten als Vorboten einer weiteren Prekarisierung gelten, der man am besten damit begegnet, die europäischen Grenzen zu sichern, Einwanderung zu regulieren und sich noch besser abzuschotten. Das Versprechen der Politik lautet dann: Deutschland bleibt Deutschland. Sachsen bleibt Sachsen. Unsere Werte haben Bestand, auch morgen.

Auch wenn heute viele wieder von der deutschen Identität reden, niemand kann sagen, was genau das sein soll. Die Erklärungen von Politikern wirken antiquiert und hilflos. Deutsche Identität und sächsische Identität geraten zum Klamauk, wenn man sich verzweifelt an Symbolen festhält, um sich gegen das imaginäre Andere abzugrenzen. Durch den Rechtsruck in der Gesellschaft erscheint der Kosmopolitismus wie ein bourgeoises Relikt aus vergangenen Jahrzehnten, weswegen der Rückfall ins Nationale immer weitere Kreise zieht und sich in einem Anti-Europa-Kurs politisch artikuliert.

Die Globalisierung der Wirtschaft und des gesellschaftlichen Lebens sowie die vielbeschworene Flexibilisierung haben dazu geführt, dass viele Menschen abgehängt werden. In Sachsen wie anderswo stehen wir vor vielen, sehr komplizierten Herausforderungen. Eine davon lautet, wie angesichts der »politischen Kultur der Destabilisierung« (Tobias Rüther), der Fragmentierung der Gesellschaft und eben einer entfesselten Globalisierung neue Formen der Solidarität und des Zusammenlebens aussehen könnten. Daraus leitet sich die Notwendigkeit neuer Allianzen ab, die in den Kommunen, auf Landes- und Bundesebene geschmiedet werden müssten. Die entscheidende Trennungslinie ist dabei heute keine ethnische, sie geht auch nicht zwischen Migranten und Deutschen oder Geflüchteten und Sachsen. Sie zieht sich zwischen jenen, die diese neue Formen der Solidarität wollen, die uns hilft, Barrieren zwischen uns und den anderen, zwischen Etablierten und Außenseitern abzubauen, und jenen, die Hass schüren und Ausgrenzung produzieren, um eigene Interessen gegen noch Schwächere zu verteidigen.

Eric Hattke (Vereinsvorsitzender)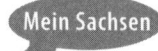

»Mein« Sachsen, habe ich schon mehrfach belächelt, verflucht und wieder lieb gewonnen. Als mein Engagement begann, war ich schlicht naiv. Erst jetzt nach zwei Jahren weiß ich, was ich damals nicht wusste und, vielleicht sogar wichtiger, was ich heute noch nicht weiß. Der bedeutendste Unterschied zu meinem früheren Ich ist der Verlust der Gewissheit des weiteren Fortbestehens der Gesellschaft, in der ich groß geworden bin. Die Tatsache, dass die Rechtspopulisten weltweit in so kurzer Zeit so viel Macht gewinnen konnten, hat mich aus meiner bürgerlichen Sicherheitsblase geradezu herausgerissen. Vor allem eine Studie der Sächsischen Landesregierung, der zufolge 58 Prozent der Sachsen finden, dass die Bundesrepublik durch zu viele Ausländer gefährlich überfremdet ist, 18 Prozent glauben, die Deutschen seien anderen Völkern von Natur aus überlegen, und 25 Prozent laut dem MDR die AfD wählen würden, hat mich unerwartet aufs Neue erschüttert. Hinzu kommt ein Landesvater, der im Interview mit der Sächsischen Zeitung (17. 11. 16) erklärt, dass er einfach so weiter handeln wolle wie in den letzten Jahren. Nicht zuletzt hat diese Äußerung, zwei Jahre nach Pegida und mehreren Vorfällen, durch die sächsische Städte zum bundesweiten Synonym für Ausländerfeindlichkeit geworden sind, mein Vertrauen in den Handlungswillen mancher politischer Ver-

antwortlicher stark beschädigt. In pessimistischen Phasen kreisen meine
Gedanken um Aufgabe, Wegzug und Neuorientierung. Die Vorstellung,
in einem Land leben zu müssen, in dem die Würde des Menschen nichts
weiter ist als eine Phrase in einer Fensterrede gespielter Anständigkeit,
ist mir unerträglich. Und oft passiert es mir dann, dass ich realisiere, wie
viel Engagement es trotz aller Widrigkeiten in Sachsen gibt. Ich erwähne
das nicht deshalb, weil es sich angenehm anfühlt, das Ehrenamt zu loben
(das tut es zweifelsohne), sondern vor allem weil dies der Grund ist, nicht
aus Sachsen wegzuziehen, nicht mit dem Holzhammer auf »alle« Sachsen
draufzuschlagen und, für mich der wichtigste Aspekt, die Hoffnung auf ein
würdiges und friedliches Zusammenleben nicht aufzugeben. Der häufigste
Unterschied, der mir von Zeitzeugen zu den ausländerfeindlichen Angrif-
fen in den 1990er Jahren erklärt wird, ist, dass es jetzt viele Menschen
und Organisationen gibt, die sich entschlossen dem Hass und der Gewalt
entgegenstellen. Was für eine verpasste Chance wäre es, jetzt nicht hierzu-
bleiben um zu handeln.

Eric Hattke ist Vorsitzender des Vereins »Atticus«, der sich in Dresden für ein besseres
gesellschaftliches Miteinander einsetzt.

Jaroslav Rudiš

Sachsen in Böhmen, Böhmen in Sachsen

Denke ich an Sachsen, denke ich an Böhmen. An Tschechien. Und
denke ich an mein Land, denke ich an Sachsen. Das geht nicht anders.

Ich denke an den Musiker und Komponisten František Jiránek,
vielleicht den bekanntesten Sohn von Lomnice nad Popelkou, wo ich
aufwuchs. Jiránek wanderte 1724 aus. Er verließ das Böhmische Paradies, wie unsere Gegend heißt, ging nach Venedig, um bei Antonio
Vivaldi Musik zu studieren. Das Schicksal verschlug ihn später nach
Prag und nach Dresden, wo er in der Kapelle des sächsischen Staats-
manns Heinrich von Brühl musizierte. Denke ich an Sachsen, denke

ich an Jiránek aus Lomnice und sein Grab irgendwo in der sächsischen Hauptstadt.

Denke ich an Sachsen und Böhmen, denke ich an die gemeinsame Geschichte. An die Städte in der Lausitz, die Teil der Länder der Böhmischen Krone waren, an die Städte mit dem böhmischen Löwen im Stadtwappen. An die Städte, die alle im Tschechischen eine schöne Übersetzung fanden: Zittau – Žitava. Görlitz – Zhořelec. Löbau – Lobava. Und auch bei den anderen sächsischen Städten hört sich es auf Tschechisch so lautmalerisch an: Plauen – Plavno. Chemnitz – Saská Kamenice. Leipzig – Lipsko. Zwickau – Cvikov. Hoyerswerda – Hojeřice. Bad Schandau – Žandov. Sebnitz – Soběnice. Dresden – Drážďany. Nur bei Glauchau ist man vielleicht als Tscheche leicht verwirrt. Glauchau heißt auf Tschechisch Hluchov. Und »hluchý« bedeutet taub. Sind also die armen Menschen von Glauchau alle taub, fragt sich dann der Tscheche.

Ich denke an die Hussiten, die einige der Städte ausgeplündert haben. Ich denke an den Dreißigjährigen Krieg, als Sachsen gegen Böhmen kämpfte. Ich denke an das Jahr 1866, als Sachsen mit Böhmen und Österreich gegen Preußen kämpfte. Ich denke an die Schlacht bei Königgrätz. An das vom grünen Moos zugewachsene und fast unsichtbare Denkmal für die sächsischen Soldaten auf dem Dorffriedhof von Libuň, wo meine Großeltern neben vielen Sachsen begraben liegen. Die blutige Schlacht bei Königgrätz veränderte 1866 das Europa für die nächsten 50 Jahre. Ich denke an die 140 Lokomotiven, die die Eisenbahner aus Chemnitz, Dresden oder Zwickau 1866 nach Eger herüberfuhren, um nicht in die Hände der preußischen Armee zu gelangen. Dieses Ereignis ging in die Eisenbahngeschichte als »Lokomotivflucht nach Eger« ein.

Ich denke an das brachiale, pathetische und scheinheilige Panoramabild von Mikoláš Aleš »Das Niedermetzeln der Sachsen unter Hrubá Skála« aus dem Jahr 1895 im Stadtmuseum von Turnov, das eine mittelalterliche Schlacht im Böhmischen Paradies darstellt, die sich nie abgespielt hat. Viele Tschechen glaubten damals, dass sich diese Schlacht tatsächlich ereignete und mit glorreichem Sieg der Tschechen über die Sachsen ausging.

Ich denke an meine Landsleute, die nach dem Dreißigjährigen Krieg das ausgeplünderte und gewaltsam rekatholisierte Böhmen und Mähren verlassen mussten, weil sie evangelisch waren. Tausende von ihnen zogen damals, arm und geschlagen, durch Schlesien und Sachsen bis nach Berlin. Und gründeten eine sächsische Stadt mit: Herrnhut – Ochranov. Ich denke an die deutschen Kommunisten, Sozialdemokraten und Antifaschisten, die nach 1933 Deutschland verlassen mussten und nach Liberec und Prag in die demokratische Tschechoslowakei übersiedelten.

Ich denke an die Freischärler vom Sudetendeutschen Freikorps in Zákupy, wo mein Großvater Alois – das Vorbild für die Graphic Novel »Alois Nebel« – auf dem Bahnhof als Weichensteller arbeitete, und an die Nazis, die bewaffnet aus dem Dritten Reich kamen und die Tschechen terrorisierten und drangsalierten. Ich denke an die Tschechen, die im Sommer 1945 aus Rache ihre einstigen deutschsprachigen Nachbarn terrorisierten und drangsalierten. Ich denke an unsere Deutschen, die nach dem Krieg aus der Tschechoslowakei vertrieben wurden, nach Bayern oder Sachsen umsiedelten und von denen viele keine Freischärler oder Nazis waren.

Ich denke an eine Szene, die mir Josef, ein guter Freund meines Vaters, erzählte. Er lebte als Jugendlicher nahe der deutschen Grenze. Es war eine warme Sommernacht im August 1968 und es lärmte von der Grenze. Er dachte, es seien vielleicht die ostdeutschen Mähdrescher, es waren aber sowjetische Panzer, die vor dem Schlagbaum zwischen der DDR und der ČSSR standen und in dem Moment, als Josef ankam, losfuhren, um den Prager Frühling niederzuwalzen. Ich denke an einen älteren Mann aus dem Erzgebirge, der mir erzählte, wie er 1968 Soldat der NVA war und panische Angst hatte, auch er müsse jetzt die Tschechoslowakei überfallen. Ich denke an einen älteren Herrn aus Dresden, der mir beschrieb, wie er 1968 die tschechischen Zeitungen mit Hilfe eines kleinen Wörterbuches ins Deutsche übersetzte, weil die Hoffnung des Prager Frühlings auch Hoffnung für einen Frühling in Dresden und in Berlin bedeutete. Ich denke an das kleine Kino »Prager Frühling« in Leipzig, wo ich so oft war.

Ich denke an meine Reisen nach Sachsen vor der Wende. An das erste echte große Fußballspiel in meinem Leben, zwischen Dynamo Dresden und Hansa Rostock 1987. An die ersten echten Nazis, die ich sah und die sich zwischen den Fans tummelten. An meinen Freund aus der

Jugend, mit dem ich da war und mit dem ich mich bis heute hin und wieder treffe. Ich denke an den Bahnhof von Ebersbach in Sachsen. Damals, mit 15, waren wir noch mehr in die Loks und Eisenbahn als in die Mädchen verliebt. Wir fotografierten Züge, die letzten Dampfloks der Kriegsbaureihe 52, die man bei uns unter dem Spitznamen »Němka«, also »Deutsche«, kennt. Wir wurden beinahe verhaftet, weil das Fotografieren von Bahnhöfen und alten Dampfloks 1987 in der DDR immer noch als Spionage betrachtet wurde. Ich denke an die Schikane von den Grenzsoldaten. An meinen Vater, der in Seifhennersdorf fast verhaftet wurde, weil er zwei Salamistangen in unserem roten Lada schmuggelte und der Grenzpolizist sagte, damit untergrübe er die Wirtschaft der DDR. Ich denke daran, dass es vielleicht mein Vater und diese zwei geschmuggelten Salamistangen waren, die die DDR zu Fall brachten. Ich denke an das tolle Gefühl der Freiheit, als ich 2004 an der Grenze nicht mehr kontrolliert wurde. Ich denke an die Menschen, die sich heute wieder nach der Grenze und den Kontrollen sehnen, was mich traurig macht.

Ich denke an das gute hopfige Bier, das sich die Tschechen und Sachsen teilen, denn das erste Bier nach Pilsner Art soll in Deutschland 1872 in Radeberg gebraut worden sein. Ich denke an eine Kneipenszene neulich in Zittau, wo uns als regionales Bier ein tschechisches Bier aus Svijany angeboten wurde. Ich denke an die Ähnlichkeiten der Küche, an die Knödel und die Klöße, an »smažený sýr«, den überbackenen Käse, den man auf die tschechische Art auch in Leipzig und Dresden serviert bekommt. Ich denke an die vielen Menschen in Sachsen, die mein Land so lieben, dass sie sogar unsere kleine lustige und musikalische, aber auch komplizierte Sprache lernen, die mein Land besser kennen als viele Tschechen. Ich denke an einen Freund aus Leipzig, der jede Woche zum Fußballspiel nach Jablonec, Brno oder Prag fährt, Tschechien mit dem Baedeker für Österreich-Ungarn aus dem Jahr 1913 bereist und nur in den Hotels übernachtet, die in diesem Reiseführer empfohlen werden. Und gern dazu sagt: »Das stimmt alles noch bis heute.«

Ich denke an die Bücher von Otfried Preußler, Kito Lorenc, Uwe Tellkamp, Marcel Beyer, Clemens Meyer, Peter Richter, Martin Becker oder Wolfgang Hilbig. An die großartigen bodenständigen Lieder von Gerhard Gundermann, diesen zerrissenen Neil Young vom Lausitzer Tagebau. An die Leipziger Punkband »Wutanfall«, die mich beim Schreiben an meinem Roman »Vom Ende des Punks in Helsinki« inspirierte. Ich denke an »Die Art«, eine andere tolle Leipziger Punkband. Ich denke an Leipzig, wo der Roman teilweise spielt. Ich denke an die Leipziger Uni, die 1409 von abtrünnigen Professoren der Karlsuniversität in Prag gegründet wurde. Ich denke an die Leipziger Buchmesse, die wichtigste Literaturveranstaltung für alle tschechischen und mittelosteuropäischen Autoren und Verlage, ein Tor in die literarische Welt. Ich denke an den Verleger Kurt Wolff, der Franz Kafka aus Prag in Leipzig herausbrachte. Ich denke an die Freunde vom Verlag Voland & Quist, die in Leipzig und Dresden arbeiten und eine Anthologie der neuen tschechischen Literatur herausgeben. Ich denke an meine Lesungen in Sachsen, wo immer viel mehr Leute kommen als woanders in Deutschland und man nichts erklären muss.

Ich denke an meinen finnischen Übersetzer Eero Balk, der nicht nur ein perfektes Tschechisch spricht, sondern auch ein perfektes Deutsch und vor allem ein perfektes Niedersorbisch und Obersorbisch. Als ich ihn einmal fragte, wie viele Finnen die beiden sorbischen Sprachen können, sagte er: »Wir sind zwei. Ich und ein guter Freund von mir.« Ich denke daran, was wäre, wenn in der Lausitz irgendwann keiner mehr diese Sprachen spricht und es nur noch diese beiden Finnen sprechen werden.

Ich denke an eine Frau im Zug nach Dresden, die mir sagte, die Tschechen machen es richtig, wenn sie keine Fremden und Flüchtlinge aufnehmen. Und wie es mich wütend machte. Ich denke an die Bekannten aus der Kneipe in Lomnice, die mir sagen, dass die Deutschen spinnen, weil sie Fremde und Flüchtlinge im Land aufnehmen. Und wie es mich ähnlich wütend macht. Ich denke an diese Männer, die Angst haben, dass die Islamisten bald auch nach Böhmen kommen und uns das Bier verbieten. Ich denke an die Bilder aus Bautzen oder Freital. An den Hass, der in manchen Menschen schlummert. An die Ängste, die manche von uns teilen. An die Vorurteile und Vorbehalte. An die alten sozialistischen Schulen mit den einfachen Feindbildern, die manche von uns immer noch vor Augen haben. Ich denke oft an eine gute Bekannte von mir aus Dresden. Sie ist mit einem Tschechen seit vielen Jahren verheiratet, spricht ein wunderbares Tschechisch und arbeitet in der Klinik als Krankenschwester und versucht am Wochenende in Böhmen vergeblich, ihren tschechischen Freunden zu erklären, wie absurd deren Ängste sind. Sie sagt immer, ich sehe jede Woche jemanden sterben, das sind wahre Sorgen, das sind wahre Ängste. Die Leute, die bei mir sterben, haben echte Probleme, sagt sie, nicht die Menschen, die gegen den Untergang des Abendlandes jeden Montag in Dresden laut demonstrieren.

Ich denke an einen ehemaligen Fahrdienstleiter, der nicht den Hass und die Dummheit derjenigen Menschen verkraftete, die durch Dresden am 13. Februar marschieren, randalieren und sich als Opfer eines Bombenkrieges inszenieren. An jenem Tag brach er deswegen im Dienst zusammen. Ich denke an alle Sachsen, die »in die Tschechei« sagen, wenn sie nach Liberec fahren und es nicht böse meinen. Ich denke an die Tschechen, die »do rajchu« sagen, »ins Reich« also, wenn sie nach Dresden fahren und es auch nicht böse meinen. Ich denke an die Sachsen, die den tschechischen Humor lieben. Ich denke an die Tschechen, die glauben, die Deutschen haben keinen Humor und dann überrascht sind, dass es doch nicht stimmt. Ich denke an die verbitterten grauen Gesichter der Menschen, die durch Dresden bei Pegida marschieren und wirklich keinen Humor haben. Ich denke an die tschechischen Nationalisten, die auch keinen Humor haben.

Ich denke oft an die wunderschöne sächsische Landschaft. An die Elbe, die Spree, die Weiße und Schwarze Elster oder die Neiße. An die Bahnstrecke im Elbtal zwischen Ústí nad Labem und Dresden, an eine der spannendsten Strecken, die ich kenne. Ich denke an Görlitz, an die vielleicht schönste aller deutschen Städte, die so viel von Prag in sich trägt. Ich denke an die Kleinstädte im sächsischen Grenzgebiet, die in ihrer Architektur so sehr tschechisch aussehen. Ich denke an die Kleinstädte im tschechischen Grenzgebiet, die in ihrer Architektur so sächsisch aussehen. Ich denke an den sächsischen Dialekt, der in den tschechischen Ohren ein bisschen nach dem Tschechischen klingt. Ich denke an die vielen deutsche Wörter, die wir im Tschechischen haben.

Denke ich an Sachsen, denke ich an Böhmen. Wir stehen uns nah, wir Tschechen und Sachsen. Das war so. Das ist so. Das wird wohl so bleiben. Na zdraví. Zum Wohl.

Anna Kaleri

Mutmaßungen über einen Apfelwurf

Ich saß unter dem Apfelbaum, besser gesagt hing ich da, in einem Hängesessel, und telefonierte. Mit einem Mal krachte etwas gegen den Zaun. Ich richtete mich auf und sah auf dem Bach, an den unser Garten grenzt, einen Mann im Paddelboot. Etwas verdattert telefonierte ich zu Ende und ging dann auf den Damm. Ich entdeckte ein Holzstück, das vom Zaun abgebrochen war. Dann sah ich das Geschoss im Gras liegen. Mit spitzen Fingern nahm ich den Apfel hoch. Ich konnte mir vorstellen, wie sich der Mann über den Bootsrand gelehnt, den Apfel aus dem Bach gefischt und vor sich hin geflucht hatte:»Welche Assis werfen hier Äpfel ins Wasser?!« Der Bach war in diesem Moment sein Bach und er König und Richter über Ordnung, Recht und Gerechtigkeit. Als er den Garten mit dem windschütteren Zaun und den unordentlich abgeblühten Stockrosen entdeckte, schien klar, wer seine Ordnung störte.

Im Moment des Apfelwurfes entlud sich Ohnmacht, die pervertiert war zu angemaßter Omnipotenz. Wenn ein Mensch seine Wertvorstellungen zur Norm aller erhebt, keine anderen Lebensweisen duldet außer der eigenen und dann zu Selbstjustiz greift, beschreibt dies den Kern faschistoider Haltung.

Als Ende 1989 Menschen»Wir sind das Volk« proklamierten, geschah dies nicht zum ersten Mal in der Geschichte, und nicht zum letzten Mal wurde es zurechtgedeutet, aber wohl nicht in dem Sinne, in dem es die neuerlichen oder ewig Unzufriedenen gebrauchen:»Ich bin das Volk«, ergo»Der König bin ich.«. Tausende kronenloser Könige finden es kränkend ungerecht, dass nur einer auf dem Thron sitzen darf. Der oder die dort sitzt, kann nur durch Zufall dort hingeraten sein und verkörpert nicht einmal die Autorität, die Menschen erwarten, deren Ich kleingehalten oder ausgeprügelt wurde, bis sie als gefügige Masse lenkbar waren. Der Opferung eines eigenständigen Ichs standen die Sicherheit spendenden Regeln und Grenzen eines autoritären Systems gegenüber. Es machte das angepflockte Sein angenehm, wenn man maximal sein tägliches Tun verantworten, darüber hinaus sein Gehirn nicht schmerzhaft bemühen muss. Die Bequemlichkeit des Fortschritts, die Konsummöglichkeiten und neuen Technologien, die allen zugänglich sind, erleichterten Ende des 20. Jahrhunderts das Leben so weit, dass Menschen das Bewusstsein für ihre Angepflocktheit komplett abhandenkam. In der liberalen Gesellschaft konnte sich Egomanie frei entfalten und im Zusammenwirken mit der althergebrachten Bürokratie- und Rechtsgläubigkeit jeden nicht nur König, sondern auch Richter nach eigenem Gusto werden lassen. Auf die Mühle der Selbstgerechtigkeit fließt bei narzisstisch-defätistischen Menschen jeden Tag neues Wasser. Die Aufwertung des unsicheren Ichs durch Abwertung anderer erzeugt zumindest das Gefühl einer abgegrenzten Persönlichkeit. Bleibt noch die anstrengende Seite der Freiheit, die ständig Wachheit und Entscheidungen verlangt. Um die Gesellschaft mitzugestalten, müsste undurchdringlich Erscheinendes durchdrungen werden, man müsste auf dem neuesten Stand bleiben, sich vernetzen, Vorschläge einbringen, gelingend kommunizieren und sich von einem einmaligen Misserfolg nicht grundsätzlich entmutigen lassen. Man müsste.

Unzufriedene fordern etwas, das es nicht gibt: ein Leben ohne Frustrationen, einen Königsstatus ohne Verantwortung, gekrönte Unmündigkeit. Leichte Beute für Populisten, die ein Sammelbecken für die unterschiedlichsten Unzufriedenheitsauslöser und Projektionsfläche für die Erfüllung unterschiedlichster Bedürfnisse anbieten. Die pauschale Lösung für nebulöse Unzufriedenheiten besteht im Rückgriff auf eine idealisierte Vergangenheit. Demagogieanfällige geraten an Vernebelungsmaschinen, eine Verführung am Rande des Unsagbaren. Wenn man die negative Seite der Strahlkraft neuer Heilsbringer verdrängt und Ideen sogar wider besseres Wissen vorantreibt, ist Demagogie am Werke. Wir haben gelernt, dass in Zeiten, in denen das Rad der Geschichte zurückgedreht wurde, Hochkulturen in Barbarei versanken und dass Patriotismus jedes Landes, das aggressiver ist als die Schweiz, zu Krieg führt. Wir wissen, wie der Nationalsozialismus in Deutschland Einzug hielt. Und weil wir es wissen, halten wir uns vor einer Wiederholung gefeit. Dank dieser fatalen Hybris steuern wir sehenden Auges erneut in die Dunkelheit, verkennen augenfällige Parallelen, halten warnende Rufe für hysterisch. Und tatsächlich muss das Ziel darin bestehen, in ein paar Jahren sagen zu können, dass die Warnrufe übertrieben waren, was man nur sagen können wird, wenn alle demokratischen Kräfte jetzt gemeinsam und planvoll gegenlenken und die Chance erkennen, das Rad der Geschichte sogar voranzudrehen.

Dazu wird es notwendig sein zu schauen, wie viel von einem Apfelwerfer in jedem von uns steckt. Teil des aktuellen Problems ist Selbstgefälligkeit, die dazu führt, andere Menschen pauschal zu verurteilen. Dogmen verunmöglichen echtes Gespräch und echtes Angehen von Problemen. Rechtspopulisten haben (und man läuft als linksliberaler Mensch Gefahr, von weiter links ausgegrenzt zu werden, wenn man dies sagt) in manchen Punkten partiell recht – es macht das Glaubhafterscheinen ihrer Verschwörungstheorien aus, dass sie an einzelne Erfahrungen andocken. Wenn Rechtspopulisten die Laxheit der Nach-68er Zeit kritisieren, testen sie wie Pubertierende Grenzen aus und können diese ungehindert überschreiten, weil die Eltern den Laisser-faire-Stil mit demokratischer Erziehung verwechseln. Für diese vermeintliche Liebe verachten Extremisten die Regierung und stellen das System als Ganzes in Frage.

Wir alle müssen uns fragen, ob wir beflissentlich wegsahen, als Lebenswirklichkeiten weiter auseinanderdrifteten und soziale Ungerechtigkeit wuchs. Bürger im Osten Deutschlands, ein Vierteljahrhundert nach der Wende immer noch »Neue Bundesländer« genannt, erhalten immer noch für gleiche Arbeit weniger Geld, ebenso wie Frauen gegenüber Männern.

In den letzten zwei, drei Jahren wird immerzu über Ängste gesprochen – das größere Thema ist wohl Frustration. Beim Thema Ängste verlieren wir uns in Überlegungen, ob wir Menschen mit diffusen, aufgebauschten oder fehlgeleiteten Wahrnehmungen ignorieren, bloßstellen, bemitleiden oder aufklären sollten. Was Frustration auslöst, erscheint hingegen eher benennbar und veränderbar.

Wenn man etwas ändern möchte, geht das Erkennen des Status quo voraus und das Anerkennen von menschlich Verbindendem, auch wenn es sich in menschlichen Schwächen äußert. Demokratie braucht gleiche Augenhöhe eines jeden mit jedem, Selbstkritik, Bescheidenheit, Zweifel als Motor zum Mut. Wenn jeder ein Stück Ich-Bezogenheit aufgibt und zu realistischen Einstellungen gelangt, würde dies das gemeinsame Finden von Lösungen, also Kompromissen, erleichtern.

Aber was für eine Mühsal wäre es, wenn diese vernünftige Seite nicht ergänzt würde durch selbst erzeugte, konsumunabhängige Freude, durch ein ideologiefreies Gemeinschaftsgefühl. Gemeinschaft entsteht, wenn wir zusammen Ideen entwickeln und umsetzen, wenn wir uns ausdrücken, im Sinne der Katharsis Gefühle freisetzen. Indem wir dies gemeinsam tun, wozu momentan Mut gehört, wird der bestehende politische Graben aufgefüllt mit Leben. Vermittlung zwischen Extremen geschieht durch wertfreies Erzählen und wertfreies Zuhören, und im Austausch der Schätze unserer Hoch- und Alltagskultur. Durch das Internet unterliegen wir der Illusion eines allumfassenden Zugriffs auf Wissen. Auf mancher Ebene findet jedoch eine Verschmälerung statt, unter anderem weil der Wissenstransfer zwischen Menschen verschiedener Generationen und Herkunft nicht mehr persönlich erfolgt. Die Sehnsucht nach Zugehörigkeit, unmittelbare Reibung und lebendigen Austausch bleibt.

Dem Apfelwerfer möchte ich erzählen, wie der Apfel ins Wasser gelangte. Ab und zu werfe ich heruntergefallene Äpfel auf die andere Seite des Baches, wo manchmal Rehe sind. Ich glaube, dass Rehe Äpfel mögen. Beim Apfelweitwurf bin ich genauso schlecht wie damals in der Schule beim Schlagballwurf und deswegen landet der eine oder andere Apfel im Wasser. Dort gehören Äpfel nicht hin. Da haben Sie recht. Vielleicht können Sie mir zeigen, wie ich die Kraft der Wut nutze, um besser zu treffen. Und während ich die letzten Äpfel verschieße, flicken Sie den Zaun. Denn wer etwas kaputt macht, so geht die Regel, muss es auch reparieren.

Michael Kraske (Schriftsteller)

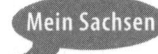

Ich werde in Interviews oft gefragt, ob Polizei und Justiz in Sachsen auf dem rechten Auge blind seien. Das ist mir zu allgemein. Es erklärt nichts und lenkt nur von konkreten Missständen ab. Statt ja oder nein zu sagen, erkläre ich lieber, es komme in Sachsen immer wieder vor, dass rechte Motive bei Straftaten ignoriert, sie nicht ermittelt und daher auch nicht verurteilt werden. Beispiel: Der Obdachlose André K. wurde in Oschatz von fünf

jungen Männern aus dem Schlaf geprügelt und so schwer verletzt, dass er starb. Das Gericht prüfte abstruse Motive, verwarf sie wieder, tappte bis zuletzt im Dunkeln. Angeblich hatten die Täter dem späteren Opfer Geld geliehen, das der nicht zurückzahlte. Fragt sich: Wer leiht einem Obdachlosen Geld? Das naheliegende Motiv wurde nicht ermittelt: dass K. sterben musste, weil man ihn für minderwertig und asozial hielt. Nach der Tat tauchten im Internet Fotos auf, die den Haupttäter auf einer NPD-Demo sowie unter einer Reichskriegsflagge zeigten. Opferanwälte forderten, die Fotos als Beweismittel zuzulassen und zu prüfen, ob die Männer aus sozialdarwinistischen Motiven töteten. Was ihre ungezügelte Brutalität die Opferauswahl erklärt hätte. Staatsanwaltschaft und Gericht lehnten das ab, obwohl Zeugen die rechtsextreme Gesinnung des Anführers bestätigten. Die Männer wurden schließlich nicht wegen Mordes, sondern wegen Totschlags verurteilt. Was nicht ermittelt wird, kann vom Gericht auch nicht verurteilt werden. Kein Einzelfall, sondern wiederkehrendes Muster in Sachsen. Ein Aufkleber, mit dem Neonazis in Limbach-Oberfrohna Kritiker mit abgebildetem Strick zum Selbstmord aufforderten, wurde nur als Sachbeschädigung verfolgt. Wenn in Bautzen Rechtsextremisten gegen Flüchtlinge mobilisieren und Flüchtlinge von Gewalttätern durch die Stadt verfolgt werden, bezeichnet der Polizeichef diese als »relativ eventbetont«. Egal, warum auf diese Weise verharmlost wird – ob aus Sorge um den guten Ruf oder aus Sympathie für rechte Ideologie: Diese unhaltbaren Missstände anzuprangern, ist kein »Sachsen-Bashing«, sondern journalistische und demokratische Selbstverständlichkeit.

P. S.: Das Urteil zum Mord an dem Obdachlosen in Oschatz wurde übrigens nach Auffliegen des NSU-Terrors gesprochen.

Der Autor ist Journalist und Buchautor. Zuletzt erschien sein Roman »Vorhofflimmern«, der von der Gleichgültigkeit gegenüber Hass und rechter Gewalt handelt.

Ali Schwarzer

Eine unversöhnliche Abschiedsrede

Neulich hab ich gelesen, dass in Berlin der Zeitgeist auf gepackten Koffern sitze, um nach Leipzig zu ziehen. Zuerst hab' ich gelacht. Dann hab' ich gemerkt:»Moment mal, die meinen das ja ernst!« Zeitgeist. Passt der überhaupt zu so einer Stadt wie Leipzig? Ich stell' mir das so vor: Da kommt dieses Kerlchen hier in Leipzig an, Jutebeutel umgehängt, 'n bisschen international Flair drin und vielleicht auch noch – oh Schreck – Migrationshintergrund. Das Erste, was dem passiert, wenn der am Hauptbahnhof ankommt, wird doch sein, dass er von Nazis Schrägstrich Rassisten dumm angemacht wird, deshalb zu in der Nähe stehenden Polizisten geht, Hilfe erbittet und dann hört: »Ausweis!« Den Ausweis wollen die natürlich von ihm – nicht von den Nazis Schrägstrich Rassisten.

Wahrscheinlich denken jetzt einige unter Ihnen, was Privilegierte halt so denken, wenn sie etwas über Rassismus erfahren:»DAS kann nicht sein!« Da möchte ich entgegnen: Doch, genau so was passiert. Nicht dem Zeitgeist. Der sitzt ja wohl noch in Berlin. Aber zum Beispiel dem afrikanischen Studenten, der eines Abends am Hauptbahnhof ankommt, um hier sein Studium zu beginnen. Vielleicht wehren Sie sich innerlich noch weiter und denken die für Leipzig typischen Sätze wie: »Wir sind doch die Heldenstadt, WIR sind weltoffen!!!«

Nun, ich kann Ihnen versichern: Das ist nicht der Fall. Wäre die Stadt so weltoffen, wie sie sich gern darstellt, dann würden schwarze und andere nichtweiße Leipziger und Wahlleipziger nicht das Weite suchen. Ein paar Beispiele.

1. Da wäre der schwarze Leipziger, der Meister für Elektrotechnik ist und sich weigert, mit der Straßenbahn zu fahren, wenn er doch mal in Leipzig verweilt. Zu gefährlich.

2. Oder die schwarze Leipzigerin, die hier ihr Studium absolviert hat, heute erfolgreich selbstständig ist und, wenn sie in ihrer Heimatstadt ist, sofort spürt, wie viel »negativer« die Menschen auf Nichtweiße reagieren.

3. Da wäre die schwarze Berlinerin, die hier studieren wollte, aber wieder nach Berlin floh, nachdem auch sie lernen musste, dass sie hier nicht erwünscht ist. Übrigens: Sie floh nicht, ohne vorher der weißen Mutter eines schwarzen Kindes zu sagen: »Wenn Sie Ihr Kind lieben, hauen Sie hier bloß ab!«

4. Oder die schwarze Studentin aus den USA, die nach einem Jahr Leipzig heilfroh ist, wieder weg zu sein. Eine junge Frau, die dachte, dass das Leben für schwarze Menschen in Deutschland entspannt sei. The Germans hätten ja gelernt.

Wenn Sie sich schon mal gefragt haben, wie Brain-Drain, also Talentschwund, funktioniert: Da hätten Sie ein Rezept. Das sind nur ein paar Beispiele – und ich könnte sicher einen ganzen Abend lang so weitermachen –, aber belassen wir es doch bei nur einem weiteren:

5. Nämlich dem sehr gut ausgebildeten Akademiker, der zwei Uni-Abschlüsse hat, über Auslands- und jede Menge Arbeitserfahrung verfügt, heute im akademischen Bereich arbeitet – und Ende des Jahres abhaut.

Sie haben es sich vielleicht schon gedacht: Hier geht es um mich. Und Sie können sich nicht vorstellen, wie erleichtert ich bin, dass für mich hier bald Schluss sein wird, dass ich diesen ewigen Terror nicht mehr aushalten muss. Im Folgenden ein paar Beispiele, damit Sie erahnen können, was ich mit Terror meine.

1. Gohlis: Auf dem Weg von Arbeit nach Hause fliegt eine brennende Zigarette in hohem Bogen aus einem Fenster und verfehlt mich um wenige Zentimeter.

2. Gohlis: Auf dem Weg zur Arbeit erblicken mich zwei weiße Leipziger fortgeschrittenen Alters an der vollen Haltestelle und fangen sofort an zu pöbeln: »De Asylanten krieschn andauernd das Geld in den Arsch geblasn und unsoreens muss von Hartz IV lähm.« Sie schreien extralaut, denn ich stehe etwas abseits und soll trotzdem alles mitkriegen.

3. Hauptbahnhof: Auf dem Weg von der Arbeit nach Hause erblicken mich drei weiße Leipziger in der Straßenbahn und fangen sofort an, mich zu beschimpfen und zu beleidigen. Die Straßenbahn ist voll, alle Zeugen drehen sich weg.

4. Gohlis, Hauptbahnhof, Waldstraßenviertel: Ich werde angespuckt.

Übrigens: Ich rede nicht von den 1990ern oder Anfang 2000ern. Ich meine das Jahr 2014.

5. Zentrum-Südost, Polizeidirektion: Ein schwarzer Student unseres Instituts wird mit einem Messer überfallen, und die herbeigerufene Polizei zuckt mit den Schultern. Sie reagiert erst adäquat, als sie annehmen muss, dass auch eine weiße Person betroffen ist. Die beiden Betroffenen tauschen sich nach deren Vernehmung aus und wundern sich. Sie stellen fest: Sie, die weiße Studentin, wurde sehr nett behandelt und durfte sich Fotos von polizeibekannten Tätern anschauen. Er, der schwarze Student, wurde sehr ruppig behandelt und durfte, obwohl sich die Aggression gegen ihn richtete, keine Fotos anschauen. Stattdessen log man auf Nachfrage: »Ach, Herr K., wir machen 'nen Termin mit Ihrem Betreuer aus, damit wir mal ein Phantombild anfertigen können.« Zu diesem Zeitpunkt wussten die Polizisten bereits, dass der Student wenige Tage später das Land verlassen würde. Den Rest dieser peinlichen Polizeigeschichte erspare ich Ihnen.

6. Zentrum: Als besagter Student überfallen wird, wird dabei auch sein Pass gestohlen. Den hatte er eingepackt, obwohl ich allen Studenten eingebläut hatte, ihren Pass niemals dabeizuhaben. Der Grund: Zuvor hörte er vor der Moritzbastei: »Ohne Pass kommst du hier nicht rein.«

7. Zentrum: Am Neuen Rathaus stehend, gebe ich meinen Studenten Orientierung. Eine alte Frau packt von hinten kommend wortlos einen meiner Finger und will ihn umdrehen. Platz war genug. Die Frau wollte mir nur mitteilen, dass sie sich gestört fühlt. Angesprochen hat sie mich nicht.

8. Grünau, Zentrum: Als ein paar meiner Studenten unterwegs sind, werden sie in der Straßenbahn erst 25 Minuten lang bösartig angegafft und dann angespuckt. Dass der Täter aussteigt und dann erst an die Scheibe rotzt, dürfte einzig dem Umstand zu verdanken sein, dass bei der Gruppe auch ein stereotyper Afrikaner stand: groß, breit, sehr dunkle Haut. Sonst wäre es denen wohl ergangen wie mir.

9. Zentrum-Südost: Einer meiner Studenten will sich bei McFit über Konditionen erkundigen. Er wird wie ein Straßenköter davongejagt. Man pöbelt ihn an: »HIER NUR DEUTSCH!«, und lügt abschließend, dass man voll sei. Als ich davon erfahre und ein wenig Stress

mache, reagiert das Social-Media-Team von McFit mit der wiederholten Behauptung: Wenn man sich an die Regeln hält, dann ist bei uns jeder willkommen.[1]

10. Studentenwerk: Während meines Studiums möchte ich vom Jobcenter des Studentenwerks die Kontaktdaten für einen Job bei einem Fliesenleger und in einem Büro. Die Daten für den Hilfsjob erhalte ich problemlos, die für den Bürojob dagegen gar nicht. Denn die Frau im Jobcenter weigert sich, diese rauszurücken. Ihre Begründung, warum die Daten des Fliesenlegers ausreichend wären, war unter anderem:»Sie können doch ganz gut Deutsch. Sie müssen ja nur verstehen, was man Ihnen sagt, und das müssen Sie dann ausführen. Ich sehe keinen Grund, warum Sie den Job beim Fliesenleger nicht kriegen sollten.« Später erfahre ich, dass das offenbar System hatte: Nichtdeutsche und solche, die man dafür hält, würden aus solchen Jobs rausgehalten, weil das von Leipziger Arbeitgebern so gewünscht würde. Ich schreibe es im Konjunktiv, glaube das aber vorbehaltlos, weil ich über die Jahre viele Situationen hatte, in denen man mir sehr deutlich machte, dass schwarze Arbeitnehmer nicht erwünscht sind. Übrigens: Den Job beim Fliesenleger habe ich nicht gekriegt. Der Typ, der am Telefon wirklich nett war, stellte sich nämlich tot – nachdem er meinen Lebenslauf mit Foto bekam.

11. Vergangene Woche, Galeria Kaufhof: Ich orientiere mich am Lageplan im Erdgeschoss und eine Frau schubst mich aggressiv von hinten zur Seite. Der geht es nicht darum, mir mitzuteilen, dass sie vorbei will. Es ist genug Platz, wie andere Kunden auch schon bewiesen haben. Sie will mir vermitteln:»DU darfst hier nicht sein. Ich fühle mich gestört. Ich darf dich angreifen.«

12. Noch mal Galeria Kaufhof, wenige Augenblicke später. Ich will mir einen Trolley aussuchen und werde dabei von einer Verkäuferin, nennen wir sie mal Frau Braun, peinlich genau überwacht. Weder werde ich bedient, noch erhalte ich eine Beratung. Dasselbe gilt für die Asiaten, die ebenfalls in der Abteilung sind. Stattdessen tut Frau Braun geschäftig, indem sie Koffer von A nach B nach A schleppt. Circa fünf bis zehn Minuten später: Drei weiße Kundinnen (vermutlich Mutter mit zwei Töchtern) betreten die Abteilung. Frau Braun, die kleine Stürmerin, hetzt sofort zu ihnen und berät sie ausführlich.

Nachdem sie mit der Beratung fertig ist, hat sie ein Problem: Der Schwarze und die Asiaten sind immer noch da. Jetzt müsste sie die beraten. Nicht mit Frau Braun. Die ist nämlich schlau. Sie schnappt sich den Koffer, sagt zu den weißen Kundinnen: »Ich bring' den schon mal zur Kasse«, und ist weg. Das geht so schnell, dass die drei Kundinnen total verdattert allein in der Abteilung stehen und beobachten, wie ihr Koffer auf zwei Beinen davonrennt.

Nachdem ich nun einen winzigen Einblick in die Erfahrungswelt schwarzer Menschen in Leipzig geboten habe, können Sie vielleicht besser verstehen, weshalb Menschen wie ich dieser Stadt den Rücken kehren. Vielleicht sind Sie gerade auch begeistert, wie beherrscht wir von Rassismus Betroffenen sind, dass nicht am laufenden Band jemand ausrastet und einen Rassisten ausknockt.

Verlassen würde ich mich darauf aber nicht.

Anmerkungen

1 Vgl. unter anderem »Es gibt schon voll nette Ausländer« auf http://trollbar. de/tag/mcfit

Michael Bittner

Die Rückkehr der Döner-Nazis

In dem sächsischen Dörfchen, in dem ich aufwuchs, wohnten keine Ausländer. Selbst als Besucher waren nur äußerst selten Fremde vorbeigekommen, nach dem Zweiten Weltkrieg war kurz als Eroberer »der Russe« zu Gast. Erst nach der Wende 1989 / 90 kamen regelmäßig Ausländer ins Dorf. Immer am Sperrmülltag fuhren Polen durch den Ort und durchsuchten den Kram am Straßenrand nach brauchbaren Dingen. Die Dorfbewohner beäugten die Fremden misstrauisch durch die Gardinen. Da meine Eltern den Urlaub auch nie in der Fremde verbrachten, begegnete mir in meiner ganzen Kindheit nie leibhaftig ein Mensch aus einem anderen Land.

In dem Städtchen, in dem ich später das Gymnasium besuchte, gab es beinahe keine Ausländer, abgesehen von wenigen Vietnamesen, die Gemüse oder billige Kleidung verkauften. Von den Deutschen wurden sie, ganz ohne böse Absicht, selbstverständlich »Fidschis« genannt. In all den Schuljahren bis zum Abitur hatten wir nie ausländische Mitschüler. Nur einmal bekamen wir zwei Spätaussiedler in unsere Klasse. Die trugen deutsche Namen, sprachen aber nur gebrochen Deutsch mit russischem Akzent. Wir belächelten die beiden wegen ihrer abgetragenen Klamotten. Unsere Lehrerin setzte einen der beiden neben mich. Ich half Andreas bei seinen Aufgaben, so gut es ging. Auf die Idee, ihn einmal zu Hause zu besuchen, kam ich nicht. Hinter seinen Namen setzte er bei Unterschriften immer einen Punkt, so wie man es aus sehr alten Büchern kennt. Nach kurzer Zeit verließen die beiden unsere Klasse wieder.

Es gab an unserer Schule einige wenige Punks. Die meisten aber hielten sich politisch für »neutral« oder bezeichneten sich als »national, aber kein Nazi«. Man hatte was gegen Ausländer, ohne wirklich welche zu kennen. Ich war in meiner Pubertät noch so infantil, dass ich mir kaum alleine die Schuhe zubinden konnte. Ich hatte von nichts eine Ahnung, geschweige denn eine eigene Meinung. Also quatschte auch ich abends beim Dosenbier an der Tanke über »die Ausländer« mit, was alle quatschten. Ich war ein armes Würstchen und wollte den Anschluss nicht verpassen. Von den Nazis mit grüner Bomberjacke und weißen Schnürsenkeln in schwarzen Stiefeln hielt man sich aber auf jeden Fall fern. Aus Mangel an Fremden und Linken polierten die Nazis nämlich regelmäßig auch einwandfreien Deutschen die Fresse, falls die sich zur falschen Zeit am falschen Ort befanden. Ich selbst entsinne mich eines etwas brenzligen Moments bei einem Maifeuer, in unserer Gegend sinnigerweise »Hexenbrennen« genannt. Eine besoffene Zweimeterglatze hatte mich am Kragen gepackt und drohte, mich in die Flammen zu schmeißen. Ein befreundeter Punk rettete mich: Er beschimpfte die etwas schwerfällige Glatze lautstark, lenkte sie so ab und ich verkrümelte mich unauffällig zum Bierstand.

In der Nähe gab es ein Heim für Asylbewerber. Man sah und hörte kaum etwas von den Menschen, die dort lebten. Nur manchmal berichtete eine Oma aufgeregt, sie habe einige der Fremden irgendwo am Wegesrand verdächtig herumstehen sehen. Als sich die Nachrichten über fremdenfeindliche Anschläge häuften, lud der Direktor unserer Schule einmal einige der Asylbewerber zu uns in die Schule ein. Nach einer Diskussion in der Aula stand man zusammen im Hof und redete. Wir stellten überrascht fest: Das sind ja ganz normale Leute! Sonst trafen wir Ausländer nur noch, wenn wir beim örtlichen Döner-Imbiss einkehrten. Und auch hier fühlte man sich überraschend schnell heimisch unter Fremden, nachdem man die anfängliche Furcht vor dem Dönersäbel überwunden hatte. Wahrscheinlich hat der Döner in Ostdeutschland mehr im Kampf gegen den Rechtsradikalismus bewirkt als alle politischen Aufklärungskampagnen zusammen. Es gab sogar sogenannte Döner-Nazis, die trotz aller ideologischen Überzeugung einfach nicht davon lassen konnten, das Schnetzelfleisch im Fladenbrot zu naschen. Regelmäßig wurden die Döner-Nazis wegen ihrer Schwäche für volksfremde Ernährung von Kameraden zusammengeschissen, aber es nutzte nichts. Es schmeckte einfach zu gut!

In den Jahren vorm Abitur lernte ich dann Freundinnen und Freunde kennen, die mir vernünftige Musik vorspielten und mir zeigten, dass man nicht nur *Cabinet Würzig* rauchen kann. Mit ihnen fuhr ich in die alternativen Jugendklubs der Umgebung, wo Hippies und Punks, Metaller und Normalos sich zwanglos und friedlich miteinander vergnügten. Das Brett vor meinem Kopf wurde durchlässiger, bis ich irgendwann halbwegs klar sah. Viel freier und freudvoller war das Leben nun. Vielen Freunden, die sich einst für »national« gehalten hatten, erging es glücklicherweise ebenso. Ich beschloss, dem Provinzdasein bald zu entfliehen und in einer Großstadt zu studieren. Und als Ort für diesen Aufbruch wählte ich – es darf gelacht werden – die Stadt Dresden. Für ein völlig unbedarftes Landei wie mich war die Dresdner Neustadt allerdings erst einmal wirklich eine neue und aufregende Welt. Dieses Viertel war aber auch untypisch für Dresden und überhaupt den größten Teil des Ostens: Die Dresdner Neustadt hatte sich seit den achtziger Jahren zu einem Biotop für linke Künstler und Lebenskünstler entwickelt. Und sie war nicht nur theoretisch, sondern praktisch weltoffen: Hier begegnete man Menschen aus verschiedensten Ländern. Ich traf feiernde Rucksacktouristen, neugierige Gaststudenten, Künstler auf Tournee, aber auch schon lange ansässige Zuwanderer. So wurde ich endlich leibhaftig mit Fremden bekannt und freundete mich mit Amerikanern und Israelis, mit Polen und Iranern an.

Es geschah in Dresden, im Jahre des Herrn 2014, dass »Abendspaziergänge« gegen eine »Islamisierung des Abendlandes« zur Massenbewegung wurden. Der Anführer dieser Märsche fotografierte sich einmal selbst beim Essen eines Döners, um zu beweisen, dass er kein Nazi sei. Hatte er keine Angst, die Kräutersauce könnte islamistisch kontaminiert sein? Und ein Demonstrant erzählte dem Journalisten Deniz Yücel: »Ich bin nicht gegen alle Ausländer. Wir kommen aus einem Dorf hier bei Dresden, da gibt es einen Dönermann, ein Türke. Der arbeitet hart und ist anständig. Der ist in Ordnung.« Offenbar hatten sich also auch viele ehemalige Döner-Nazis in die Reihen der neuen Montagsdemonstranten gemischt. Die Logik dieser Protestierer war bemerkenswert: Ich kenne einen Ausländer, den ich mag, also bin ich kein Ausländerfeind, obwohl ich doch dafür bin, dass die anderen Ausländer verschwinden. Es gibt offenbar auch Menschenfeinde, die Ausnahmen machen. Im Prozess gegen die Terroristen vom »Nationalsozialistischen Untergrund« erfuhr man, dass die Angeklagte Beate Zschäpe auch ab und zu heimlich Döner gegessen haben soll.

Was stimmt mich eigentlich so traurig, wenn ich die Selbstaussagen der fremdenfeindlichen Dönerfreunde höre? Es ist wohl die Tatsache, dass diese Menschen einen ganz einfachen Gedanken nicht fassen können oder wollen: Wenn der Ausländer, den ich kenne, ganz in Ordnung ist, sind es dann nicht vielleicht auch die meisten der Ausländer, die ich nicht kenne?

Die Demonstrationen der patriotischen Europäer, mehr aber noch die verbreitete Sympathie mit den Patrioten in der Dresdner Bevölkerung waren überraschend und deprimierend für all jene Menschen, die sich ein weltoffenes Dresden wünschen, so auch für mich. Doch der Schock war auch heilsam: Er machte schlagartig offenbar, in welch verschiedenen Welten die Dresdner über Jahre gelebt hatten. Viele Altstädter betreten die Neustadt sowieso nicht, die sie für ein verkommenes Viertel halten, in dem Islamisten, Drogendealer und Punks auf der Straße Ringelreihen tanzen. Aber auch die Neustädter hatten es sich recht gemütlich eingerichtet auf ihrer grünen Insel und darüber den Rest der Stadt vergessen, in dem eine ganz andere Mentalität herrscht und ein gewaltiger Zorn schleichend wuchs. Diese Entfremdung zwischen Bevölkerungsgruppen mag in Dresden besonders krass sein, untypisch für die Lage in unserer ganzen Gesellschaft ist sie nicht.

Vielleicht muss ich am Ende sogar lobende Worte für all den Trubel um die patriotischen Europäer finden: Nicht nur eine Stadt, sondern ein ganzes Land wurde aus Selbstbetrug und Trägheit geweckt und zu einer politischen Debatte über entscheidende Fragen gezwungen. Gleichgesinnte fanden nicht nur auf der einen Seite der Auseinandersetzung zueinander. Die Verbrüderung der Fremdenfeinde weckte bis dahin kaum gekannte Solidarität mit Fremden. Es gibt nach diesen verkorksten zwei Jahren gewiss keinen Grund zur Freude, aber auch keinen, die Hoffnung aufzugeben – nicht einmal für Dresden.

Anhang

Chronik ausgewählter politischer Ereignisse in Sachsen seit 1990

14. Oktober 1990: Bei der ersten freien Landtagswahl in Sachsen nach dem Ende der DDR erreicht die CDU eine absolute Mehrheit von 53,8 Prozent der Stimmen, nicht zuletzt dank ihres Spitzenkandidaten Kurt Biedenkopf. Die SPD weiß noch nicht, dass ihre 19,1 Prozent ihr bis heute bestes Wahlergebnis bleiben werden.

6. April 1991: Der 28-jährige Mosambikaner Jorge Gomondai erliegt seinen schweren Verletzungen, die er beim Sturz aus einer Dresdner Straßenbahn eine Woche zuvor erlitten hatte. Schlampige Ermittlungen konnten nicht klären, ob er von Neonazis aus der Bahn gestoßen wurde oder in Panik vor den Angreifern sprang.

1. Juni 1991: Der Neonazi-Anführer, Stasi-IM und Zuhälter Rainer Sonntag wird von zwei Männern aus dem Rotlichtmilieu in Dresden erschossen. Mehr als 1000 Neonazis ziehen daraufhin mit Reichskriegsflaggen durch die Stadt, skandieren »Deutschland den Deutschen, Ausländer raus« und zeigen den Hitler-Gruß. Der Neonazi Michael Kühnen ruft Dresden zur »Stadt der Bewegung« aus.

1. Juli 1991: Beim Landeskriminalamt wird eine »Soko Rex« gegründet. Die Sonderkommission hat zeitweise zwischen zehn und 50 Mitglieder und soll den Verfolgungsdruck gegen extrem rechte Strukturen erhöhen.

17. September 1991: In Hoyerswerda beginnen viertägige Angriffe auf ein Wohnheim von Vertragsarbeitern aus Mosambik und Vietnam und ein Flüchtlingswohnheim. Die Polizei kann die Betroffenen nicht wirksam vor dem Mob schützen, der bis zu 500 Personen umfasst. Weniger als ein Dutzend Beteiligte werden später verurteilt. Das Pogrom von Hoyerswerda löst eine bundesweite Welle rassistischer Gewalt aus.

27. Mai 1992: Die Sächsische Landesverfassung wird nicht durch Volksentscheid, sondern per Abstimmung im Landtag in Kraft gesetzt. Nachdem der Artikel 116 den Anspruch auf Wiedergutmachung willkürlicher Schädigung durch nationalsozialistische oder kommunistische Gewaltherrschaft regelt, heißt es in Artikel 117: »Das Land trägt im Rahmen seiner Möglichkeiten dazu bei, die Ursachen individuellen und gesellschaftlichen Versagens in der Vergangenheit abzubauen ...«

11. Oktober 1992: Bei einem Überfall von Neonazis auf ein Lokal in Geierswalde bei Hoyerswerda wird die Aushilfskellnerin Waltraud Scheffler so schwer verletzt, dass sie 13 Tage später stirbt. Scheffler hatte versucht, auf die mit »Sieg Heil«-Rufen eindringenden Skinheads einzureden.

19. Februar 1993: Der 22-jährige Mike Zerna wird bei einem Überfall von Naziskins auf den nicht-rechten Treff »Nachtasyl« in Hoyerswerda tödlich verletzt. Die Angreifer, darunter drei wegen des rassistischen Pogroms 1991 Vorbestrafte, prügeln mit Rufen wie »Schlagt die Zecken tot« auf Konzertbesucher und den Fahrer der Band »Necormance« ein. Dann kippen sie ein Auto auf den am Boden liegenden Mike Zerna. Polizei und Notarzt treffen erst nach einer knappen Stunde vor Ort ein.

11. September 1994: Bei den Landtagswahlen erzielt die CDU mit 58,1 Prozent der Stimmen ihr historisch höchstes Ergebnis in Sachsen und kann weiterhin mit absoluter Mehrheit den Freistaat allein regieren. Die beiden einzigen im Parlament verbleibenden Oppositionsparteien SPD und PDS / Die Linke liegen jeweils knapp über 16 Prozent.

1. Mai 1998: Am Leipziger Völkerschlachtdenkmal marschieren rund 5000 Neonazis unter dem Motto »Wir schaffen Arbeit – Bonn schafft nichts« auf, ihnen stehen aber mindestens doppelt so viele Gegendemonstranten und -demonstrantinnen gegenüber.

Juni 1999: Bei den Kommunalwahlen gewinnt die NPD erstmals acht Mandate bei einem Stimmenanteil von sachsenweit lediglich 0,3 Prozent der Stimmen. Im kommenden Jahrzehnt wird sich der Anteil kommunaler Mandatsträger der Neonazipartei beinahe verzehnfachen.

19. September 1999: Erstmals stimmen bei Landtagswahlen zusammengenommen mehr als 5 Prozent der Wähler für eine von mehreren extrem rechten Parteien. Die NPD landet mit 1,4 Prozent vor der FDP, die SPD fällt auf ihren historischen Tiefstand von 10,7 Prozent der Stimmen und die CDU holt mit 56,9 Prozent erneut die absolute Mehrheit.

Sommer 2000: Die *Deutsche Stimme*, Parteizeitung der NPD, verlegt ihren Verlags- und Redaktionssitz von Bayern ins sächsische Riesa.

28. September 2000: Im Interview der *Sächsischen Zeitung* behauptet Ministerpräsident Kurt Biedenkopf, die Sachsen hätten sich als »völlig immun gegenüber den rechtsradikalen Versuchungen erwiesen«. Überdies hätten in Sachsen »noch keine Häuser gebrannt, es ist auch noch nie jemand umgekommen.« Für den Zeitraum 1990 bis 2000 werden Stand 2017 für Sachsen allein zehn Todesopfer rechter Gewalt gezählt (vgl. Verweise am Ende dieser Chronik).

5. April 2001: Innenminister Klaus Hardraht (CDU) verbietet die »Skinheads Sächsische Schweiz« (SSS), eine 1997 aus der gleichfalls verbotenen Wiking-Jugend hervorgegangene paramilitärische Organisation. 18 SSS-Aktivisten werden in mehreren Prozessen bis 2006 überwiegend zu Geld- und Bewährungsstrafen verurteilt. Einige von ihnen tauchten bald als NPD-Kader wieder auf.

25. Oktober 2001: Der Stadtrat von Zittau an der Neiße überlässt dem neonazistischen Nationalen Jugendblock Zittau e. V. (NJB) ein Haus für 33 Jahre in Erbpacht, nachdem der NJB schon seit den frühen 1990er Jahren ein altes Haus von der Stadt mieten konnte.

17. April 2002: Nach Affären und Skandalen tritt Ministerpräsident Kurt Biedenkopf im Alter von 72 Jahren zurück. Nachfolger von »König Kurt« wird der bisherige Finanzminister Georg Milbradt (CDU).

4. Oktober 2003: Ein 19-jähriger Neonazi ersticht in Leipzig-Wahren den 16-jährigen Schüler Thomas K. Der Täter wollte vermeintliche Drogenkonsumenten »aufklatschen«. Erst im Januar 2015 wird Thomas K. vom Innenministerium des Freistaat offiziell als Todesopfer rechter Gewalt anerkannt.

13. Juni 2004: In Reinhardtsdorf-Schöna erhält die NPD ein Viertel aller Stimmen, im benachbarten Königstein kommt der einzige Fahrlehrer im Ort und NPD-Vertreter Uwe Leichsenring auf 21 Prozent. Die Sächsische Schweiz wird überregional zum Beispiel für die erfolgreiche kommunale Verankerung der NPD.

19. September 2004: Bei der vierten Landtagswahl seit 1990 verliert die Union erstmals die absolute Mehrheit und fällt auf 41,1 Prozent. Die SPD ist als Koalitionspartner erstmals an einer Regierung beteiligt, obwohl ihr Wahlergebnis von 9,8 Prozent ein historisches Tief markiert. Mit 9,2 Prozent zieht die NPD mit zunächst zwölf Abgeordneten in den Landtag ein.

7. November 2004: Ein Rohrbombenanschlag auf das Büro des Netzwerks Demokratische Kultur in Wurzen macht die Dominanzansprüche der Neonaziszene in Mittelsachsen deutlich.

November 2004: Mit dem Eintritt der SPD in die erste Regierungskoalition nach 1990 wird im Koalitionsvertrag ein Landesprogramm »Weltoffenes Sachsen für Demokratie und Toleranz« verankert.

21. Januar 2005: Im Sächsischen Landtag boykottiert die NPD das Gedenken an die Opfer des Nationalsozialismus. Der NPD-Abgeordnete Jürgen Gansel bezeichnet die Bombardements der Alliierten im Zweiten Weltkrieg unter anderem auf Dresden als »Bomben-Holocaust«.

April 2005: Die NPD-Ideologen Karl Richter und Jürgen Gansel beschreiben Inhalte einer neurechten »Dresdner Schule«, die der NPD und anderen nationalistischen Bewegungen ein theoretisches und programmatisches Fundament liefern soll.

5. November 2005: Auf dem 19. CDU-Landesparteitag in Schwarzenberg werden zwölf Thesen »Deutscher Patriotismus im vereinigten Europa« verabschiedet. Dort heißt es unter anderem: »Im vereinigten Europa ist die historische und kulturelle Schicksalsgemeinschaft der Nation unverzichtbar.« Das Papier geht maßgeblich auf den heutigen Landtagspräsidenten Matthias Rößler zurück, den »Patriotismusbeauftragten« der sächsischen CDU.

2. Oktober 2006: Der Datenschutzbeauftragte Andreas Schurig beanstandet die fortgesetzte Beobachtung der Organisierten Kriminalität durch das Landesamt für Verfassungsschutz. Dies hatte das Sächsische Verfassungsgericht im Juli 2005 als einen Verstoß gegen das Trennungsgebot von Polizei und Verfassungsschutz moniert. Die Hinweise auf entsprechende Aktensammlungen im Landesamt lösen im Mai 2007 die sogenannte Sachsensumpf-Affäre aus.

26. April 2007: Innenminister Albrecht Buttolo (CDU) verbietet die mittelsächsische Neonazigruppe »Sturm 34« mit Schwerpunkt im Raum Mittweida. In mehreren Prozessen wegen Bildung einer kriminellen Vereinigung werden bis 2012 lediglich Geld- und Bewährungsstrafen verhängt.

14. Mai 2007: Erste Veröffentlichungen im *Spiegel* und in der *Leipziger Volkszeitung* offenbaren, dass im Landesamt für Verfassungsschutz in sogenannten OK-Beobachtungsakten Informationen über korrupte Netzwerke in Sachsen befinden. Insbesondere in Leipzig seien angeblich hohe Justizbeamte mit der Rotlichtszene verquickt gewesen. Der »Sachsensumpf« beschäftigt Medien, Justiz und einen Untersuchungsausschuss des Landtages noch jahrelang. Aus der Justiz heraus werden Beamte und Journalisten, die zum »Sachsensumpf« ermitteln, unter Druck gesetzt.

26. August 2007: Mit der internationalen Finanzkrise gerät auch die zuvor bereits krisengeschüttelte Landesbank Sachsen unter akuten Druck und muss in einem Notverkauf von der Landesbank Baden-Württemberg übernommen werden.

28. Mai 2008: Stanislaw Tillich (CDU) wird Nachfolger des wegen der Landesbank-Affäre zurückgetretenen Ministerpräsidenten Georg Milbradt, der über die Skandale und die Kritik an der Gesamtstrategie stürzt.

14. Februar 2009: Mit rund 7000 Teilnehmenden aus ganz Europa erreicht der seit der Jahrtausendwende von der »Jungen Landsmannschaft Ostpreußen« angemeldete neonazistische »Trauermarsch« zum Jahrestag der alliierten Bombardierung von Dresden seinen Höhepunkt. Die Gegenwehr ist nach wie vor ungenügend organisiert, die Initiative »Geh Denken« mobilisiert etwa 6500 Dresdner und Dresdnerinnen. Ein Jahr später gelingt es, durch massenhafte Blockaden rund um den Neustädter Bahnhof einen Aufmarsch von 5000 Neonazis zu verhindern.

7. Juni 2009: Bei den Kommunalwahlen erhält die NPD 2,3 Prozent bzw. über 107 000 Stimmen. Sie gewinnt insgesamt 74 Mandate in 63 Städten und Gemeinden in allen zehn Landkreisen sowie den drei kreisfreien Städten Chemnitz, Dresden und Leipzig.

1. Juli 2009: Nach 18 Messerstichen eines jungen russlanddeutschen NPD-Sympathisanten stirbt die schwangere 31-jährige ägyptische Apothekerin Marwa El-Sherbini in einem Saal des Landgerichtes Dresden. Dort war sie als Zeugin im Verfahren gegen ihren späteren Mörder geladen, der sie auf einem Kinderspielplatz als »Terroristin« und »Islamistin« beleidigt hatte. Marwa El-Sherbini ist eines von 15 bekannten Todesopfern rechter und rassistischer Gewalt in Sachsen seit 1990.

30. August 2009: Bei den Landtagswahlen kommt die CDU auf 40,2 Prozent der Stimmen und bildet mit der FDP eine Regierungskoalition. Die NPD zieht mit 5,6 Prozent erneut in den Dresdener Landtag ein. Im Wahlkreis Sächsische Schweiz/Osterzgebirge 4 liegt der NPD-Direktkandidat wie schon bei den Landtagswahlen 2004 an dritter Stelle nach den Kandidaten von CDU und Linken.

13. November 2010: Ein Brandanschlag auf das Domizil des Sozialen und Politischen Bildungsvereins sorgt bundesweit für Aufsehen und macht deutlich, wie groß das Problem mit einer breiten rechten Szene in Limbach-Oberfrohna nahe Chemnitz ist. Eltern nichtrechter Schüler und Mitglieder des »Bunten Bürgerforums« werden terrorisiert. Die Stadt wird Förderschwerpunkt im Bundesprogramm »Zusammenhalt durch Teilhabe«.

19. Februar 2011: Mit rund 20 000 Gegendemonstranten sind die Proteste gegen den jährlichen Neonaziaufmarsch zum Dresdner Zerstörungsgedenken erstmals erheblich größer als der Zug der Rechtsextremen. Die generelle Handy-Funkzellenabfrage von allen Demonstranten und Anklagen wegen Landfriedensbruchs gegen Antifa-Demonstranten beschäftigen die Justiz bis ins Jahr 2017. Das spektakuläre Verfahren gegen den Jenaer Jugendpfarrer Lothar König wegen schweren Landfriedensbruchs (angeblich Aufruf zur Gewalt gegen Polizeibeamte) wird im Juni 2014 gegen eine Geldauflage eingestellt.

1. Mai 2011: In Bautzen findet der erste von einem knappen Dutzend Fackelmärschen der »Unsterblichen« mit circa 200 Teilnehmenden statt. Sachsen wird ein Schwerpunkt der von der Südbrandenburger Gruppe »Spreelichter« ausgehenden neonazistischen Flashmobs mit Fackeln und weißen Masken.

4. November 2011: Nach einem missglückten Banküberfall und dem Brand eines Hauses in der Zwickauer Frühlingsstraße 26 beginnt die Selbstenttarnung des »Nationalsozialistischen Untergrunds« (NSU). Das mutmaßliche NSU-Kerntrio – Beate Zschäpe, Uwe Mundlos und Uwe Böhnhardt – hatte seit Februar 1998 in Chemnitz und Zwickau gelebt.

29. November 2012: Innenminister Markus Ulbig (CDU) gibt die Einrichtung eines »Operativen Abwehrzentrums« OAZ zur Bekämpfung von politisch motivierter Kriminalität bekannt. Sachsen reagierte damit auf einen Anstieg rechter Gewalt. Die Zentrale des OAZ wird bei der Polizeidirektion Leipzig angesiedelt und vom ehemaligen Landespolizeipräsidenten Bernd Merbitz geleitet.

10. Dezember 2012: Die investigativen Journalisten Thomas Datt und Arndt Ginzel werden nach viereinhalb Jahren Verfahrensdauer endgültig vom Vorwurf der üblen Nachrede im Zusammenhang mit Recherchen zum sogenannten Sachsensumpf freigesprochen. Dieser Ausgang des »Dresdner Journalistenprozesses« wird bundesweit als ein Sieg der Pressefreiheit gefeiert. Im Juni 2014 verarbeitet der Erfolgsautor Lutz Hübner den Stoff zu einem Theaterstück »Ein Exempel – Mutmaßungen über die sächsische Demokratie«, das am Staatschauspiel Dresden aufgeführt wird.

1. November 2013: Etwa 1800 Bürger aus dem erzgebirgischen Schneeberg und Umgebung folgen einem Aufruf des NPD-Funktionärs Stefan Hartung zu einem ersten »Lichtellauf«. Der Fackelzug richtet sich gegen die Unterbringung von Asylsuchenden in einer leer stehenden ehemaligen Kaserne. Parolen wie »Lügenpresse – auf die Fresse« oder »Wir sind das Volk« nehmen spätere Pegida-Proteste vorweg.

31. August 2014: Bei der Landtagswahl löst die AfD mit 9,7 Prozent der Wählerstimmen die NPD ab, die knapp an der Fünf-Prozent-Hürde scheitert. Dieser Erfolg bestärkt die AfD-Landes- und Fraktionsvorsitzende Frauke Petry in ihren bundespolitischen Ambitionen. Die CDU liegt erstmals knapp unter 40 Prozent.

20. Oktober 2014: Zunächst von Medien und der Öffentlichkeit weitgehend unbeachtet, demonstrieren »Patriotische Europäer gegen die Islamisierung des Abendlandes« in der Dresdner Innenstadt. Innerhalb von vier Wochen wächst die Zahl der Teilnehmenden auf 4000. Der mehrfach vorbestrafte Lutz Bachmann leitet die montäglichen »Abendspaziergänge«. Am 19. Dezember 2014 wird Pegida als Verein eingetragen.

12. Januar 2015: Die Pegida-Montagsdemonstrationen in Dresden erreichen mit geschätzten 25 000 Teilnehmenden ihren Höhepunkt. Kurz darauf spaltet sich das sogenannte Orga-Team in zwei Flügel um Lutz Bachmann und Katrin Oertel.

25. Januar 2015: Im Interview mit der *Welt am Sonntag* widerspricht Ministerpräsident Stanislaw Tillich (CDU) dem ehemaligen Bundespräsidenten Christian Wulff und Kanzlerin Angela Merkel und erklärt, »Muslime sind in Deutschland willkommen und können ihre Religion ausüben. Das bedeutet aber nicht, dass der Islam zu Sachsen gehört.«

22. Mai 2015: Die seit Monaten anhaltenden und unter anderem von der Bürgerinitiative »Freital wehrt sich« geschürten rassistischen Proteste in Freital nahe bei Dresden gipfeln in der tagelangen Belagerung eines als Erstaufnahme vorgesehenen ehemaligen Hotels. Mit Angriffen, wiederholten Anschlägen auf das Büro der Linken und der Sprengung des Autos eines Linken-Stadtrates eskaliert rechte Gewalt.

21. August 2015: In Heidenau beteiligen sich bis zu 1000 Einwohner und organisierte Rechtsextreme an gewalttätigen Protesten gegen eine Notunterkunft für Flüchtlinge in einem ehemaligen Baumarkt. Bundeskanzlerin Angela Merkel (CDU) und Vizekanzler Siegmar Gabriel (SPD) besuchen daraufhin Heidenau.

30. August 2015: Im vogtländischen Plauen, wo 1989 die Montagsdemonstrationen in der DDR begonnen hatten, veranstaltet erstmals eine Bürgerinitiative namens »Wir sind Deutschland« (WsD) eine Kundgebung. Im Herbst folgen bis zu 5000 Teilnehmende deren Aufrufen. Der Versuch, mit Pegida in Dresden zu konkurrieren, scheitert jedoch.

1. September 2015: Landtags-Sondersitzung zum Thema Asyl. Unter dem Eindruck der rechten Angriffe in Heidenau und Freital und dem erneuten Anwachsen der Pegida-Teilnehmerzahl spricht Ministerpräsident Stanislaw Tillich (CDU) von einer »enthemmte Minderheit« und »dumpfen Demonstrationen«. Offenbar werden aber große Differenzen innerhalb der CDU, so etwa zum als sehr konservativ geltenden Landtags-Fraktionsvorsitzenden Frank Kupfer.

18. Februar 2016: Im osterzgebirgischen Clausnitz nahe der tschechischen Grenze blockieren etwa 100 Einwohner und Einwohnerinnen einen Bus, der Flüchtlinge in den Ort bringt und versetzen die Betroffenen in Panik. Polizisten versuchen, die Flüchtlinge mit Gewalt in das Heim zu bringen. Über diesen Vorfall und weitere Angriffe in Sachsen debattiert auch der Bundestag.

25. Februar 2016: Die mittelsächsische Gemeinde Königshain-Wiederau kämpft erfolgreich um den Verbleib »ihrer« 60 jungen männlichen

Flüchtlinge, die auf mehrere andere Unterkünfte verteilt werden sollten. Sie werden privat, in der Kirche und in Hotels versteckt, weil sich in zwei Monaten eine enge Beziehung zu ihnen entwickelt hat. Dafür erhält die Gemeinde im Herbst 2016 den Sächsischen Demokratiepreis.

29. Februar 2016: Die Opferberatung für Betroffene rechtsmotivierter und rassistischer Gewalt des RAA Sachsen e. V. geht in ihrer Statistik für das Jahr 2015 von 477 rechtsmotivierten und rassistischen Angriffen in Sachsen aus, ein massiver Anstieg gegenüber dem Vorjahr um 86 Prozent.

22. November 2016: Die Staatsregierung stellt den »Sachsen-Monitor« vor. Ergebnisse der repräsentativen Befragung unter anderem: Nur 18 bis 19 Prozent der Befragten trauen EU-Institutionen, rund ein Drittel dem Bundestag bzw. der Bundesregierung und 43 bzw. 46 Prozent dem Landtag bzw. der Landesregierung. 58 Prozent sind der Meinung, dass Deutschland durch Ausländer in einem gefährlichen Maß »überfremdet« sei.

Die Chronik wurde erstellt von Michael Bartsch.

Die Opferberatung der RAA Sachsen veröffentlicht seit 2001 eine Chronik rechter Gewalttaten: https://raa-sachsen.de/

Eine Chronik der meisten bekannten rechten Tötungsdelikte haben *DIE ZEIT* und *Tagesspiegel* veröffentlicht: www.tagesspiegel.de/politik/todesopfer-rechter-gewalt/

Literaturempfehlungen

Hans Joachim Asmus, Thomas Enke (Hg.): Polizeilicher Umgang mit migrantischen Opferzeugen: Eine explorative Untersuchung zur wissenschaftlichen Aufklärung von Vorwürfen mangelnder Sensibilität von Polizeibeamten in Einsätzen bei vorurteilsmotivierten Straftaten, Aschersleben 2014. Zum Download: www.fh-polizei.sachsen-anhalt.de/fileadmin/Bibliothek/Politik_und_Verwaltung/MI/Polizei/fhs/Forschung/Forschungsbericht_mit_Vorwort.pdf

Stefan Aust, Dirk Laabs: Heimatschutz. Der Staat und die Mordserie des NSU, München 2014

Maik Baumgärtner, Mario Born, Bastian Pauly: Crystal Meth: Produzenten, Dealer, Ermittler, Berlin 2015

Ingrid Brodnig: Hass im Netz. Was wir gegen Hetze, Mobbing und Lügen tun können, Wien / München 2016

Friedrich Burschel (Hg.): Durchmarsch von rechts. Völkischer Aufbruch: Rassismus, Rechtspopulismus, rechter Terror, April 2016. Zum Download: www.rosalux.de/fileadmin/rls_uploads/pdfs/Manuskripte/Manuskripte17_Durchmarsch_von_rechts.pdf

Dimap – Institut für Markt- und Politikforschung: Sachsen-Monitor 2016, Bonn 2016. Zum Download: www.staatsregierung.sachsen.de/download/Staatsregierung/Ergebnisbericht_Sachsen-Monitor_2016.pdf

Robert Feustel, Nancy Grochol, Tobias Prüwer, Franziska Reif (Hg.): Wörterbuch des besorgten Bürgers, Mainz 2016

Friedrich-Ebert-Stiftung (Hg.): Sachsen rechts unten 2016 – eine Analyse des Kulturbüro Sachsen e.V., Dresden 2016. Zum Download: www.kultur buero-sachsen.de/images/PDF/sachsen_rechts_unten_2016_web.pdf

Hajo Funke: Von Wutbürgern und Brandstiftern. AfD – Pegida – Gewaltnetze, Berlin 2016

Lars Geiges, Stine Marg, Franz Walter: Pegida. Die schmutzige Seite der Zivilgesellschaft?, Bielefeld 2015

Patrick Gensing: Rechte Hetze im Netz. Eine unterschätzte Gefahr, E-Book, Hamburg 2016

Anna Gorskih, Grit Hanneforth, Michael Nattke: Die parlamentarische Praxis der AfD in den Kommunalparlamenten Sachsens, Dresden 2016. Zum Download: www.weiterdenken.de/de/2016/06/22/die-parlamentarische-praxis-der-afd-den-kommunalparlamenten-sachsens.pdf

Alexander Häusler: Die AfD: Eine rechtspopulistische Partei im Wandel, März 2016. Download: www.dgb-bestellservice.de/besys_dgb/pdf/DGB10019.pdf

Tino Heim (Hg.): Pegida als Spiegel und Projektionsfläche. Wechselwirkungen und Abgrenzungen zwischen Pegida, Politik, Medien, Zivilgesellschaft und Sozialwissenschaften, Wiesbaden 2017

Institut für sächsische Geschichte und Volkskunde: Sachsen. Weltoffen!, Mobilität – Fremdheit – Toleranz, Dresden 2016

Olaf Kittel: Flüchtlinge in Sachsen. Fakten, Lebenswege, Kontroversen, Leipzig 2016

Michael Kraske: Vorhofflimmern, Roman, Greifswald 2016

Landesamt für Verfassungsschutz Sachsen: Sächsischer Verfassungsschutzbericht 2015, Dresden 2016. Zum Download: www.verfassungsschutz.sachsen.de/download/vsb_2015_internet_05_25.pdf

Michael Lühmann: Meinungskampf von rechts. Über Ideologie, Programmatik und Netzwerke konservativer Christen, neu-rechter Medien und der AfD, Februar 2016. Zum Download: www.boell.de/de/2016/03/16/meinungs kampf-von-rechts.pdf

Stine Marg, Katharina Trittel, Christopher Schmitz, Julia Kopp, Franz Walter: NoPegida. Die helle Seite der Zivilgesellschaft?, Bielefeld 2016

Werner J. Patzelt, Joachim Klose (Hg.): Pegida. Warnsignale aus Dresden, Dresden 2016

Gert Pickel, Oliver Decker: Extremismus in Sachsen. Eine kritische Bestandsaufnahme, Leipzig 2016

Karl-Siegbert Rehberg, Franziska Kunz, Tino Schlinzig (Hg.): Pegida. Rechtspopulismus zwischen Fremdenangst und »Wende«-Enttäuschung?, Bielefeld 2016

Peter Richter: 89 / 90. Das Lebensgefühl einer rebellischen Generation am Ende der DDR, Roman, München 2015

Peter Richter: Dresden Revisited. Von einer Heimat, die einen nicht fortlässt, München 2016

Andrea Röpke, Andreas Speit (Hg.): Blut und Ehre. Geschichte und Gegenwart rechter Gewalt in Deutschland, Berlin 2013

Andrea Röpke: 2017 Jahrbuch rechte Gewalt. Chronik des Hasses, München 2017

Jasmin Siri, Marcel Lewandowsky: Alternative für Frauen? Rollen, Netzwerke, geschlechterpolitische Positionen in der Alternative für Deutschland (AfD), Januar 2016. Zum Download: www.boell.de/de/2016/01/21/alternative-fuer-frauen.pdf

Lucius Teidelbaum: Pegida. Die neue deutschnationale Welle auf der Straße, Münster 2016

Hans Vorländer, Maik Herold, Steven Schäller: Pegida. Entwicklung, Zusammensetzung und Deutung einer Empörungsbewegung, Heidelberg 2016

Andreas Zick, Beate Küpper: Wut, Verachtung, Abwertung. Rechtspopulismus in Deutschland, Bonn 2015

Andreas Zick, Beate Küpper, Daniela Krause: Gespaltene Mitte. Feindselige Zustände: Rechtsextreme Einstellungen in Deutschland 2016, Bonn 2016

Ortsregister

Kursiv gesetzte Seitenzahlen verweisen auf Bildunterschriften.

Personenregister

Sachsen-
Anhalt

Delitzsch

Torgau

Elbe

Mulde

Leipzig

Wurzen

Oschatz

Machern

Riesa

DEUTSCHLAND

Borna

Colditz

Möseln

Freiberg

Meerane

Chemnitz

Chemnitz-
Einsiedel

Hohenstein-Ernstthal

Niederdorf

Jahnsdorf

Thüringen

Zwickau

Stollberg

Thalheim

Bad
Schlema

Zwönitz

Schönau

Schneeberg

Aue

Zschopau

Schlettau

Grünhain-Beierfeld

Johanngeorgenstadt

Plauen

Weiße
Elster

Bad Elster

Bayern

Brandenburg

POLEN

Bad Muskau

Hoyerswerda

Spree

Bautzen

Görlitz

Meißen

Großröhrsdorf

Löbau

Dresden

Neiße

ital

Heidenau

Sebnitz

Zittau

Pirna

Elbe

Schmiedeberg

Nassau · Altenberg

usnitz

N

S

TSCHECHISCHE
REPUBLIK

0   10   20   30 km

Verzeichnis der Zwischenrufe »Mein Sachsen«

Verzeichnis der Autorinnen und Autoren

Imran Ayata, Jahrgang 1969, Autor und Geschäftsführer einer Agentur für Kampagnen in Berlin; Mitbegründer des Netzwerks »Kanak Attak«; 2005 Erzählband »Hürriyet Love Express«, 2011 Roman »Mein Name ist Revolution«, 2015 Roman »Ruhm und Ruin«; Essays unter anderem in der *FAS, taz* sowie *Zeit Online.*

Michael Bartsch, Jahrgang 1953; bis 1989 Ingenieur in einem Rechenzentrum; über die DDR-Bürgerbewegung Anfang 1990 Wechsel in den Journalismus, ab 1993 freiberuflicher Journalist und Autor, vorrangig *taz*-Korrespondent, *MDR*-Hörfunk, Kulturjournalist und Theaterkritiker; lebt in Dresden.

Maik Baumgärtner, Jahrgang 1982, Investigativjournalist zum Thema Innere Sicherheit in Berlin; Redakteur im Deutschland-Ressort des Nachrichtenmagazins *Der Spiegel.*

Michael Bittner, Jahrgang 1980, Promotion; seit Januar 2009 regelmäßige Kolumnen in der *Sächsischen Zeitung;* literarische und politische Texte in *Das Magazin, taz, Süddeutsche Zeitung, The Guardian, Jungle World* und *konkret;* Bücher: »Wir trainieren für den Kapitalismus« (2013) und »Das Lachen im Hals« (2016). *www.michaelbittner.info*

Thomas Datt, Jahrgang 1967, freier Journalist in Leipzig, dreht hauptsächlich TV-Beiträge für das *MDR*-Nachrichtenmagazin »Exakt«, gelegentlich auch für das *ARD*-Politmagazin »Fakt«.

Amrei Drechsler, Jahrgang 1966, stellvertretende Vorsitzende des Vereins »Atticus«, der sich in Dresden für ein besseres gesellschaftliches Miteinander einsetzt.

Robert Feustel, Jahrgang 1979, Promotion; wissenschaftlicher Mitarbeiter an der Universität Leipzig; Veröffentlichungen unter anderem »Die Kunst des Verschiebens. Dekonstruktion für Einsteiger« und Mitherausgeber von »Das Wörterbuch des besorgten Bürgers« (2016).

Arndt Ginzel, Jahrgang 1972, arbeitet als freier Journalist für »Frontal 21«, das *ARD*-Politmagazin »Fakt« und die Wochenzeitung *Die Zeit.*

Oliver Hach, Jahrgang 1972, Journalist, seit dem Volontariat 1999/2000 Redakteur in unterschiedlichen Redaktionen bei der *Freien Presse* in Chemnitz, derzeit stellvertretender Ressortleiter im Ressort Recherche mit den Schwerpunkten Sachsen und Politik.

Joachim Huber, Jahrgang 1958, Promotion; seit Oktober 1990 beim Berliner *Tagesspiegel,* zunächst als Redakteur im Ressort Fernsehen und Radio, mittlerweile als Leiter des Ressorts Medien (Fernsehen, Radio, Print, Online). Mitglied der Jury des Adolf-Grimme-Preises.

Anna Kaleri, Jahrgang 1974, Studium am Deutschen Literaturinstitut Leipzig; seit 2002 freie Journalistin und Autorin; als ihre dritte Buchpublikation erschien der Roman »Der Himmel ist ein Fluss« (2012/2014). Im Februar 2016 rief sie die sächsische Autoren-Initiative »Literatur statt Brandsätze« ins Leben. Verschiedene Anerkennungen, darunter Lessing-Förderpreis 2017.

Dirk Laabs, Jahrgang 1973, Filmemacher und Autor; berichtet seit den Anschlägen vom 11. September 2001 über den Terrorismus in seinen verschiedenen Formen und beschäftigt sich zudem mit Wirtschaftsthemen; unter anderem schrieb er »Der deutsche Goldrausch – die wahre Geschichte der Treuhand« (2012) und realisierte den Film »Der Fall Deutsche Bank« für das *ZDF* (2015).

Sebastian Leber, Jahrgang 1977, ist Reporter des Berliner *Tagesspiegels* und Autor mehrerer Sachbücher. *@tieresindfreaks*

Stefan Locke, Jahrgang 1974, Journalist, berichtet als politischer Korrespondent in Dresden für die *Frankfurter Allgemeine Zeitung* über Sachsen und Thüringen; 2015 erschien sein Buch »Geteilte Geschichte: 25 deutsch-deutsche Orte und was aus ihnen wurde« (mit Ingolf Kern).

Noura Maan, Jahrgang 1989, zwischen 2008 und 2014 unter anderem freiberuflich als Journalistin bei der Nachrichtenagentur *Associated Press;* seit 2014 als Redakteurin im Ressort Außenpolitik bei der Tageszeitung *Der Standard* tätig.

Tino Moritz, Jahrgang 1975, Diplom-Journalist, schreibt seit 15 Jahren über sächsische Landespolitik: von 2002 bis 2009 Dresden-Korrespondent der Nachrichtenagentur *ddp,* von 2010 bis November 2012 Chemnitz-Korrespondent der Nachrichtenagentur *dpa,* seit Dezember 2012 Dresden-Korrespondent der *Chemnitzer Freien Presse.*

Michael Nattke, Jahrgang 1973, arbeitet seit 2009 als Fachreferent für das Kulturbüro Sachsen e.V., dem Träger der Mobilen Beratungsarbeit gegen Rechtsextremismus im Bundesland. Er beschäftigt sich seit 2002 wissenschaftlich und in ehrenamtlichen Gruppen mit organisiertem Neonazismus und rechtsextremen Einstellungen in Sachsen.

Julia Oelkers, Jahrgang 1967, seit Anfang der 1990er Jahre als freie TV-Journalistin und Dokumentarfilmerin tätig. Der erste Film, an dem sie mitgearbeitet hat, war der Bericht eines mosambikanischen Vertragsarbeiters über das rassistische Pogrom in Hoyerswerda 1991; seitdem beschäftigt sie sich in ihren Arbeiten immer wieder mit den Themen Rassismus, Flucht und Migration.

Tobias Prüwer, Jahrgang 1977, seit 2009 Theaterredakteur beim Leipziger Stadtmagazin *kreuzer;* schreibt als freier Autor unter anderem für *Der Freitag, Jungle World, Nachtkritik* und *Jüdische Allgemeine* in Leipzig, Mitbetreiber von *sprachlos-blog.de.* Mitherausgeber von »Das Wörterbuch des besorgten Bürgers« (2016).

Andreas Raabe, Jahrgang 1978, drehte Dokumentarfilme, war Pressefotograf und Dorfreporter in Mecklenburg; außerdem Autor unter anderem für *Die Zeit, taz, ZDF;* seit 2012 Chefredakteur beim Leipziger Stadtmagazin *kreuzer.*

Jaroslav Rudiš, Jahrgang 1972, tschechischer Schriftsteller, Dramatiker und Musiker; seine Romane »Der Himmel unter Berlin«, »Grand Hotel«, »Die Stille in Prag«, »Vom Ende des Punks in Helsinki« und »National-straße« sind auch auf Deutsch erschienen.

Fabian Schmid, Jahrgang 1989, Studium der Publizistik, daneben als freier Journalist tätig; seit 2013 Redakteur der Tageszeitung *Der Standard*, dort unter anderem für die Themen Netzpolitik, soziale Medien und Über-wachung zuständig.

Ali Schwarzer, Jahrgang 1982, wurde in Leipzig geboren und kennt die sehr hässlichen Seiten der Stadt; seit mehreren Jahren schreibt er über Rassismus und Empowerment aus schwarzer deutscher Perspektive, seit 2014 auf *trollbar.de*.

Paul Simon, Jahrgang 1989, Journalist, schreibt für das Leipziger Stadt-magazin *kreuzer* über rechte Bewegungen; Veröffentlichungen unter anderem in *konkret, Neues Deutschland, Freitag*.

Toralf Staud, Jahrgang 1972, freier Journalist und Buchautor; von 1998 bis 2005 Politikredakteur und Hauptstadtkorrespondent bei der Wo-chenzeitung *Die Zeit;* mehrere Bücher zum Thema Rechtsextremismus, unter anderem »Neue Nazis. Jenseits der NPD: Populisten, Autonome Nationalisten und der Terror von rechts« (mit Johannes Radke, 2012).

Olaf Sundermeyer, Jahrgang 1973, Journalist, arbeitet im Investigativteam des *Rundfunk Berlin-Brandenburg (rbb)* unter anderem über die rechte Szene. Zuletzt erschienen sind die Fernsehdokumentation »Die Stunde der Populisten – Die AfD greift nach der Macht« (2017) sowie das Buch »Rechter Terror in Deutschland« (2012). *www.olaf-sundermeyer.com*

Andreas Wassermann, Jahrgang 1962, Redakteur von *Der Spiegel*, Berliner Büro; begleitete die Ära Biedenkopf von der Gründung des Freistaates Sachsen 1990 bis zum Rücktritt Anfang 2002 erst für *Dresdner Morgen-post* und *Leipziger Volkszeitung*, ab 1995 als Dresdner Korrespondent des *Spiegels*.

Über Herausgeberin und Herausgeber

© Christian Ditsch

Heike Kleffner, Jahrgang 1966, Journalistin, seit den 1990er Jahren Veröffentlichungen über neonazistische Gewalt und die Situation von gesellschaftlichen Minderheiten vor allem in Ostdeutschland. Sie leitete die Mobile Beratung für Opfer von Gewalt in Sachsen-Anhalt und arbeitet derzeit als Fachreferentin für die NSU-Untersuchungsausschüsse im Bundestag für die Linke; Mitherausgeberin des Sammelbandes »Generation Hoyerswerda – Das Netzwerk militanter Neonazis in Brandenburg« (2016). @HeikeKleffner

© Kai-Uwe Heinrich

Matthias Meisner, Jahrgang 1961, Journalist, berichtet seit 1990 regelmäßig aus und über Sachsen unter anderem als *dpa*-Büroleiter in Dresden und Korrespondent der *Sächsischen Zeitung* in Bonn, seit 1999 Redakteur des *Tagesspiegel,* 2016 wurde ihm für die Berichterstattung über Pegida und die Anti-Asyl-Bewegung in Sachsen der Zweite Preis des Wächterpreises der deutschen Tagespresse verliehen. @MatthiasMeisner